독자의 1초를
아껴주는 정성을
만나보세요!

세상이 아무리 바쁘게 돌아가더라도 책까지 아무렇게나 빨리 만들 수는 없습니다.

인스턴트 식품 같은 책보다 오래 익힌 술이나 장맛이 밴 책을 만들고 싶습니다.

땀 흘리며 일하는 당신을 위해 한 권 한 권 마음을 다해 만들겠습니다.

마지막 페이지에서 만날 새로운 당신을 위해 더 나은 길을 준비하겠습니다.

 길벗 IT 도서 열람 서비스

도서 일부 또는 전체 콘텐츠를 확인하고 읽어볼 수 있습니다.
길벗만의 차별화된 독자 서비스를 만나보세요.

더북(TheBook) ▶ https://thebook.io

더북은 (주)도서출판 길벗에서 제공하는 IT 도서 열람 서비스입니다.

코딩 자율학습 **제로초의 자바스크립트 입문**

JavaScript for Beginners with Zerocho

초판 발행 · 2024년 2월 20일

지은이 · 조현영(제로초)
발행인 · 이종원
발행처 · (주)도서출판 길벗
출판사 등록일 · 1990년 12월 24일
주소 · 서울시 마포구 월드컵로 10길 56(서교동)
대표 전화 · 02)332-0931 | **팩스** · 02)323-0586
홈페이지 · www.gilbut.co.kr | **이메일** · gilbut@gilbut.co.kr

기획 및 책임편집 · 정지연(stopy@gilbut.co.kr) | **디자인** · 책돼지 | **제작** · 이준호, 손일순, 이진혁, 김우식
마케팅 · 임태호, 전선하, 차명환, 박민영, 지운집, 박성용 | **유통혁신** · 한준희 | **영업관리** · 김명자 | **독자지원** · 윤정아

교정교열 · 이미연 | **전산편집** · 책돼지 | **출력 및 인쇄** · 금강인쇄 | **제본** · 금강인쇄

ISBN 979-11-407-0840-6 93000

(길벗 도서번호 080409)

정가 28,000원

독자의 1초를 아껴주는 정성 길벗출판사

(주)도서출판 길벗 | IT교육서, IT단행본, 경제경영, 교양, 성인어학, 자녀교육, 취미실용
www.gilbut.co.kr
길벗스쿨 | 국어학습, 수학학습, 어린이교양, 주니어 어학학습, 학습단행본
www.gilbutschool.co.kr

페이스북 · https://www.facebook.com/gbitbook
예제 소스 · https://github.com/gilbutITbook/080409
코딩 자율학습단 · https://cafe.naver.com/gilbutitbook

코딩 자율학습

이러다 코딩천재?

JS

제로초의 자바스크립트 입문

만들면서 배우는
친절한 프로그래밍 자습서

조현영(제로초) 지음

길벗

베타 학습단의 한마디

결코 쉽지 않은 자바스크립트를 쉽게 만들어 버리는 마법 같은 책입니다. 많은 강의와 책으로 다져진 저자의 노하우로 생소할 수 있는 개념을 앞에서부터 조금씩 드러내고 깊이가 필요한 내용은 확실히 다루며 궁금해할 만한 부분도 빈틈없이 소개하고 있습니다. 무엇보다 문법을 배우는 것에 그치지 않고 12개의 풍족한 프로젝트로 개념을 실전으로 녹여 낼 수 있어서 실력 향상에 도움이 되었습니다. 자바스크립트 언어에 대한 탄탄한 기본기와 컴퓨팅 사고력을 확실하게 기를 수 있는 책입니다. _이용택

단순한 문법과 예제의 나열이 아닙니다. 순서도 그리기로 시작하고, 12개의 단계별 미니 프로젝트를 진행하며 이전에 학습한 문법의 적용 방식을 배우고, 문서 객체 조작법을 복습할 수 있습니다. 그리고 코드 개선 과정을 보면서 리팩토링의 방향성을 알게 됩니다. 이와 더불어 모든 개발 언어에 적용할 수 있는 프로그래밍 사고력 훈련의 필요성을 절실히 느끼게 해 주는 책입니다. _임승현

평소 관심 있던 자바스크립트를 기초부터 차근차근 공부할 수 있어서 좋았습니다. 특히 책에 수록된 예제들을 따라 하면서 공부하니 자바스크립트 문법, 구문들이 쏙쏙 이해가 됐습니다. 파이썬과 HTML/CSS도 길벗 출판사 책으로 기초를 쌓을 수 있었는데, 이 책으로 자바스크립트까지 기초부터 탄탄하게 학습할 수 있었습니다. 좋은 책을 만날 수 있게 해 주셔서 감사합니다. _박강인

국비 지원 학원에서 자바스크립트를 배운 적이 있긴 해도 코딩이 처음인 저에게 자바스크립트는 버거운 언어였습니다. 처음부터 다시 시작해서 제대로 배우고 싶다는 욕심이 생긴 찰나에 베타 학습단에 지원하게 되었습니다. 이 책의 장점은 몇 가지 꼽자면, 이론을 읽으면서 학습자로서 생길 수 있는 의문에 노트나 조언으로 답해 줘서 문법이 왜 이런 식으로 작동하는지 명쾌한 가이드라인이 되어 주었습니다. 또한, 중간중간 1분 퀴즈를 통해 배운 내용을 잊지 않고 직접 테스트해 볼 수 있는 점이 마음에 들었습니다. 무엇보다도 프로젝트 실습 전에 프로그래밍 사고력을 기르는 훈련법을 알려 주는 부분이 가장 좋았습니다. 문법만 알려 주고 바로 코드 작성으로 들어가는 게 아니라 다른 프로그램을 만들 때도 적용할 수 있는 사고의 절차를 세세히 알려 주고 스스로 생각해 순서도를 그릴 수 있게 한 부분이 비전공자인 저에게 큰 도움이 되었습니다. 기본 문법부터 실습 프로젝트까지 알차게 구성된 이 책 한 권으로 비전공자도 자바스크립트로 프로그램 만들기가 충분히 가능합니다. 저와 같이 애매하게 자바스크립트를 익히고 넘어간 프로그래밍 경험자뿐만 아니라 프로그래밍을 한 번도 해 본 적 없는 노베이스 학습자에게도 적극 추천합니다. _조채은

웹 개발을 꿈꾸는 사람에게 자바스크립트라는 언어가 갖는 영향력은 매우 큽니다. 많은 사람이 빨리 React.js, Vue.js 등의 도구를 활용해 멋진 웹 애플리케이션을 만들고 싶은 마음에 이런 도구들의 '활용법'을 익히는 데 주력합니다. 저 또한 이 책을 읽기 전에 그랬습니다. 하지만 이 책은 그런 도구들이 '왜 등장했는지' 넌지시 알려 주는 데 그 가치가 있습니다. 실무에서 어떤 개념이 활용되는지 사이사이에 팁이 있어서 학습하는 데 도움이 많이 됐습니다! 순서도 그리기부터 시작해 코딩하다 보니 자연스럽게 다양한 개념을 익힐 수 있었고 프로그래밍에 자신감도 생겼습니다. _홍창기

그동안 자바스크립트는 눈으로만 읽고 이해하는 식으로 공부해 왔습니다. 직접 코드를 쳐 보면서 공부하는 것이 가장 훌륭한 공부 방법이지만, 초보자에 독학하다 보니 코드를 치며 공부하는 것이 쉽지 않았습니다. 이 책은 예제들을 따라 치며 그동안 머리로만 알고 있던 개념들을 직접 손으로 익히고 제대로 배울 수 있어서 좋았습니다. 비전공자나 초보자가 이해하기 힘든 개념과 구조들을 차근차근 쉽게 알려 줘서 도움이 많이 되었습니다. 그리고 책에 나온 예제들도 배운 개념을 응용해 풀 수 있도록 구성되어서 더 재미있게 자바스크립트를 공부할 수 있었습니다. _권보령

스크립트는 못 만들고 수정이나 조금 하는 수준입니다. 책 초반을 살펴보고 처음에 매우 놀랐습니다. 실무를 하면서 뭐가 잘못된 건지 몰라서 울면서 찾아 헤매던 가장 기초적인, 그래서 놓치기 쉬운 부분까지 설명되어 있었거든요. 심지어 초보자라면 누구나 의문을 갖지만 '그냥 그래.' 하고 넘어갈 수 있는 부분까지도 짚고 넘어가 주는 책이더라고요. 화살표나 번호 등으로 실행 순서가 적혀 있는 부분도 좋았습니다. 실행 순서를 완벽히 이해하지 못해 어려움이 많았거든요. 코드 한 줄마다 설명이 있어서 독자가 쉽게 이해할 수 있게 최선을 다하는 책이라고 느껴졌습니다. 친절한 설명과 그림 등으로 기초부터 탄탄히 기르게 하려고 노력했다는 것이 느껴졌어요. 놓칠 수 있는 작은 부분까지 노트나 조언 등으로 상세히 설명해 책 한 권으로 개인 과외를 받는 느낌이 들었습니다. _이연희

여러 예제를 통해 실제로 자바스크립트를 어떻게 사용하는지 알 수 있었던 점이 정말 좋았습니다. 책의 설명 방식이 초보자인 저에게 쉽게 다가와서 개념을 쉽게 이해할 수 있었고, 처음부터 끝까지 따라갈 수 있었습니다. 예제를 따라 하고 직접 결과물을 확인하며 배우는 과정이 무척 재미있었습니다. 입문자가 이 책을 읽게 된다면 웹 개발을 시작하는 데 큰 도움이 될 것 같습니다. _정윤석

신입 개발자로 근무하며 자바스크립트 실력이 부족하다는 이야기를 사수께 많이 들었습니다. 그래서 자바스크립트를 공부하려고 여러 사이트를 돌아다녔지만, 흩어져 있는 조각 정보를 수집하다 보니 시간이 많이 걸렸습니다. 하지만 이 책을 접하고부터는 여러 사이트를 돌아다니지 않고 이 책 한 권으로 자바스크립트를 완성할 수 있었습니다. _김민경

개인 프로젝트를 하면서 '기초가 정말 중요하다'는 생각이 들 때, 우연히 이 책을 볼 기회가 생겼습니다. 단언컨대 이 이상의 자바스크립트 기초 수업은 없을 거라 생각합니다. 간단한 예제로 문법을 명료하게 설명하고, 개발자라면 꼭 필요한 선수 지식을 다루고, 미니 프로젝트를 통해 프로그래밍 사고력과 작동 원리를 확인할 수 있습니다. 이전에 제로초 님 강의를 본 적이 있어서 처음 볼 때보다 쉽게 이해할 수 있었습니다. 자바스크립트를 처음 공부하는 분이라면 이 책을 알기 전과 후에 실력 차이가 분명 있을 것입니다. _김나영

베타 학습단에 참여해 주신 모든 분께 감사드립니다.
여러분의 소중한 의견이 모여 더 좋은 책을 만들 수 있었습니다.

지은이의 말

「Let's Get IT 자바스크립트 프로그래밍」을 집필한 지 벌써 3년이 지났습니다. 그 사이 ChatGPT를 대표로 한 인공지능의 시대가 왔지만 여전히 프로그래머는 인기 있는 직업으로 자리매김하고 있습니다. 인공지능을 이용하더라도 프로그래머에게 프로그래밍 능력은 필수인지라 많은 사람이 프로그래밍을 공부하고 있습니다.

그동안 여러 책과 강의를 제작하면서 프로그래밍을 효과적으로 배우는 방법에 대해 많이 고민했습니다. 예전부터 했던 생각은 프로그래밍 언어를 배우는 것과 프로그램을 만드는 능력은 별개라는 것입니다. 그리고 실제로 강의하면서 제 생각이 옳았음을 점차 확신하게 되었습니다. 프로그래밍 언어를 배웠다는 분들에게 프로그램을 처음부터 만들어 보라고 하면 한 줄의 코드도 작성하지 못하는 경우를 많이 봤습니다. 프로그래밍 언어는 배웠으나 프로그램을 만드는 방법은 배우지 못해서 그렇습니다. 프로그램을 만드는 방법은 바로 순서도를 그리는 능력을 키우는 데서 시작합니다. 순서도는 알고리즘과도 밀접한 관련이 있습니다. 알고리즘은 순서도를 가장 효율적으로 그리는 것을 의미합니다.

따라서 이 책은 프로그래밍 언어를 배우는 것뿐만 아니라 순서도를 스스로 그릴 수 있게 하는데 초점을 맞췄습니다. 이 책에서 강조하는 '프로그래밍 사고력 기르기'는 순서도를 올바르고 효율적으로 그리는 훈련을 일컫습니다. 여러분도 책에 나온 순서도를 눈으로만 보지 말고 스스로 순서도를 그려 보길 바랍니다. 순서도를 올바르게 그릴 수 있다면 순서도를 코드로 옮기면 됩니다. 그러면 이 코드가 프로그램이 됩니다. 또한, 책에 나오는 1분 퀴즈와 셀프체크를 꼭 스스로 풀어 보길 바랍니다. 몇 날 며칠이 걸려도 상관없습니다. 스스로 고민하는 시간을 갖고 이것저것 시도해 보는 것이 중요합니다. 고민하는 와중에 사고력이 길러집니다.

프로그래밍 언어를 배우는 것보다 프로그래밍 사고력을 기르는 것이 더 우선입니다. 프로그래머는 프로그래밍 언어를 연구하는 사람이 아니라 좋은 프로그램을 만드는 사람임을 잊어서는안 됩니다. 프로그래밍 언어를 달달 외우기보다는 순서도를 그리는 연습을 먼저 하고, 순서도를 코드로 옮길 때 잊어버린 프로그래밍 언어의 문법을 복습하는 식으로 학습하면 좋습니다. 학습이 끝난 후에는 배운 내용을 바탕으로 자신만의 프로그램을 만들어 보세요. 이후에 React를 학습하는 것을 추천합니다. 이 책에서는 웹 프로그램 중에서 웹 게임을 배웠으니 다음으로 웹 사이트를 만드는 방법을 학습해 보세요.

향후 공부 방향을 조언해 줄 멘토를 구하는 것도 좋은 공부 방법입니다. 멘토를 구하기 어렵다면 제 블로그나 유튜브 채널에 글을 남겨 주세요. 어느 정도 방향을 잡아드리겠습니다.

이전 책에 이어 이번 책도 담당해 목차 작성부터 집필 후 학습단 운영까지 도와주신 정지연 편집자님께 감사드립니다. 또한, 책의 오탈자를 수정하고 난이도를 조절하는 데 도움을 주신 베타 학습단께도 감사의 마음을 전합니다.

조현영 (제로초)

지은이 소개 조현영(제로초)

문과 출신이지만, 자바스크립트로 프로그래밍의 매력에 빠졌습니다. 지금은 스타트업에서 CTO로 일하고 있으며, 데이터 수집과 정제 그리고 오픈 소스 기여에 관심이 많습니다. 개인 블로그와 유튜브를 운영하며 온라인 강의를 진행하고 있습니다. 저서로는 『Node.js 교과서 개정3판』(2022, 길벗), 『타입스크립트 교과서』(2023, 길벗)가 있습니다.

유튜브 https://www.youtube.com/@ZeroChoTV
블로그 https://www.zerocho.com
인프런 https://www.inflearn.com/users/@zerocho

코딩을 처음 배우는 사람도 자세한 설명과 친절한 지시선으로 막힘없이 따라 할 수 있습니다. 기본 설명 외에도 팁, 노트, 조언 등을 적재적소에 배치해 완벽한 자율학습을 할 수 있게 이끕니다. 예제로 문법을 익히고 1분 퀴즈, 셀프체크로 이어지는 단계별 학습으로 개념을 완벽하게 이해할 수 있습니다.

① 형식
문법을 이해하고 활용하기 쉽게 정리

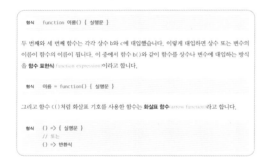

② 팁과 노트
팁과 노트로 실습 시 생길 수 있는 의문점 해결

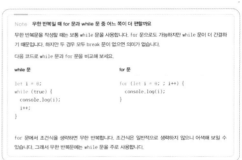

③ 1분 퀴즈
간단한 퀴즈 문제로 배운 내용을 바로 확인

④ 제로초의 조언
실무 경험이 담긴 저자의 조언으로 노하우 습득

⑤ 마무리

장마다 핵심 내용을 정리해서 제공

⑥ 셀프체크

배운 내용을 이해했는지 스스로 코드를 짜 보면서 확인

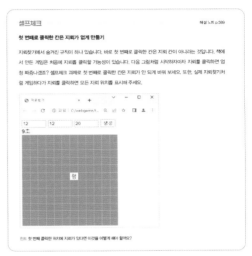

⑦ 웹 게임 만들기

웹 게임을 만들어 보며 배운 문법과 개념 적용

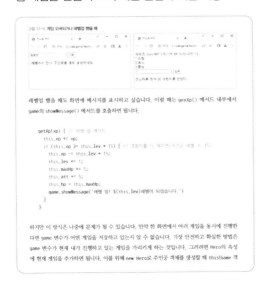

⑧ 웹북과 동영상

웹북과 동영상으로 자유롭게 학습

웹북 https://thebook.io

동영상 https://www.youtube.com/@ZeroChoTV

코딩 자율학습단과 함께 공부하기

혼자 공부하기 어렵다면 코딩 자율학습단에 참여해 보세요.

코딩 자율학습단은 정해진 기간에 도서 1종을 완독하는 것을 목표로 합니다. 학습단 운영 기간에는 도서별 멘토들의 공부 방법과 학습 팁을 제공하고, 완독을 위한 다양한 이벤트도 진행합니다.

학습단 제대로 활용하기 **1. 학습 가이드 따라 하기**

코딩 초보자들도 공부하기 쉽도록 도서마다 학습 멘토들이 공부한 내용을 정리해 학습 가이드를 제공합니다. 혼자 공부하면서 이해하기 어려운 부분이 있다면 학습 가이드를 활용해 보세요.

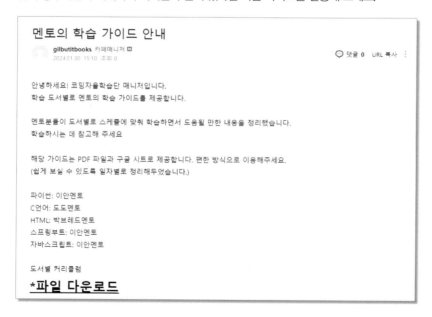

학습단 제대로 활용하기 2. 학습 질문 게시판 이용하기

공부하다가 모르거나 막히는 부분이 있다면 학습 질문 게시판에 물어보세요. 학습 튜터가 친절하게 답변해 드립니다.

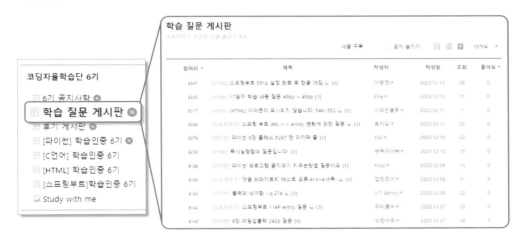

코딩 자율학습단 참여 방법

코딩 자율학습단 참여에 관한 자세한 내용은 코딩 자율학습단 공식 카페 (https://cafe.naver.com/gilbutitbook)의 공지사항에서 확인할 수 있습니다.

지원도 받고 공부도 하는 코딩 자율학습단 참여 혜택

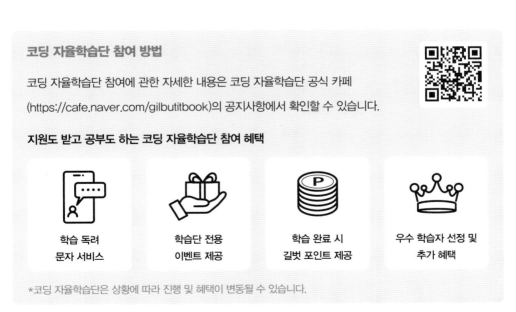

학습 독려
문자 서비스

학습단 전용
이벤트 제공

학습 완료 시
길벗 포인트 제공

우수 학습자 선정 및
추가 혜택

*코딩 자율학습단은 상황에 따라 진행 및 혜택이 변동될 수 있습니다.

목차

3장

심화 문법 배우기

4장
HTML과 DOM 조작하기   235

7장

8장

Part 3

배운 내용으로 완성하는 프로그램

483

Part 1

자바스크립트 기초

1장

Hello, JavaScript!

자바스크립트에 입문하려는(또는 이미 한 번 좌절을 맛본) 여러분, 환영합니다. 이 책은 여러분이 자바스크립트를 익히고, 자바스크립트로 프로그램을 만들 수 있게 도와주는 길잡이가 될 것입니다. 단순히 자바스크립트라는 프로그래밍 언어만 익히는 것이 아니라 프로그래밍 사고력을 길러 여러분이 원하는 프로그램을 만들 수 있는 힘을 기르는 것이 목표입니다. 12가지 프로그램을 만들며 자바스크립트 문법과 프로그래밍 사고력, 두 마리 토끼를 잡아 봅시다.

1.1

자바스크립트를 시작하기 전에

언어를 공부할 때 처음부터 무작정 공부를 시작하지는 않습니다. 영어 공부를 시작할 때는 학원에 등록하거나 교육용 앱을 설치하고 회화 책을 사기도 합니다. 이처럼 언어를 배우려면 먼저 배우기 위한 기본적인 환경을 조성해야 합니다. 여러분이 이 책을 산 것도 자바스크립트를 배우기 위한 환경을 꾸미는 행위와 같습니다. 그렇다면 자바스크립트를 공부하기 전에 어떤 것을 준비하면 좋을지 알아봅시다.

1.1.1 자바스크립트를 배울 때 도움이 되는 자료

이 책을 **모던 자바스크립트 튜토리얼**(https://ko.javascript.info)과 함께 보면 좋습니다. 모던 자바스크립트 튜토리얼은 'The Modern JavaScript Tutorial(https://javascript.info)'의 한글화 프로젝트로, 이 책을 집필할 당시 원문 대부분이 한글로 옮겨졌습니다. 번역되지 않은 부분은 웹 브라우저 번역기로 충분히 번역해서 볼 수 있습니다. 해당 사이트에서는 자바스크립트의 기본 개념과 고급 개념을 학습할 수 있으며, 예제도 간단하게 테스트해 볼 수 있습니다. 이런 점 때문에 리액트 공식 문서 등 다양한 곳에서 학습 자료로 추천합니다.

그림 1-1 모던 자바스크립트 튜토리얼 시작 화면

MDN 웹 문서(https://developer.mozilla.org/ko/docs/Web/JavaScript)도 강력히 추천합
니다. 파이어폭스 웹 브라우저를 만드는 모질라에서 운영해 공신력이 높고, 자바스크립트 외에
HTML과 CSS 등의 웹 관련 기술을 배울 수 있습니다.

그림 1-2 MDN 웹 문서 시작 화면

영문법을 다 안다고 해서 영어로 유창하게 말할 수 있는 것은 아닙니다. 이와 마찬가지로 자바스
크립트 문법을 영문법, 자바스크립트로 만든 프로그램을 외국인과 영어로 대화하는 것이라고 보
면 됩니다. 문법을 모두 외우더라도 프로그램을 만들 줄 모르면 아무런 소용이 없습니다. 그래서

이 책에서는 문법도 설명하지만, 프로그래밍 방법을 알려 주는 데 더 중점을 두고 있습니다. 만약 이해되지 않거나 책에 자세히 나오지 않은 문법이 있다면 해당 사이트들을 참고해 주세요.

1.1.2 Visual Studio Code 설치하기

자바스크립트로 프로그래밍할 때는 어떤 에디터(메모장도 가능)를 사용해도 상관없습니다. 하지만 좋은 에디터는 에러를 자동으로 교정해 주고 다음에 이어질 코드도 추천해서 좋은 코드를 빠르게 작성할 수 있게 도와줍니다.

이 중에서 가장 유명한 에디터는 Visual Studio Code(이하 VSCode)입니다. 개발자가 가장 많이 사용하며(2023년 기준, https://survey.stackoverflow.co/2023/#section-most-popular-technologies-integrated-development-environment) 심지어 무료입니다. 이 책에서도 VSCode를 사용하겠습니다.

> **Note** **자바스크립트에서 사용할 수 있는 소스 코드 에디터**
>
> 자바스크립트는 VSCode 외에도 다양한 에디터로 코딩할 수 있습니다.
>
> - **서브라임 텍스트(Sublime Text)**: 굉장히 가벼운 에디터입니다. 기본 기능은 부족하지만 지원하는 플러그인이 다양해서 부족한 기능을 보충할 수 있습니다. 평가판을 무료로 사용할 수 있습니다.
>   공식 사이트: https://www.sublimetext.com
> - **웹스톰(WebStorm)**: 유료 에디터지만 그만큼 기능이 막강합니다. 필자도 실무에서 웹스톰을 사용하고 있습니다. IntelliJ IDEA와 코틀린(Kotlin)으로 유명한 JetBrains에서 만들었습니다.
>   공식 사이트: https://www.jetbrains.com/webstorm

이제부터 VSCode를 설치해 보겠습니다. 컴퓨터에 이미 설치되어 있다면 이 부분은 건너뛰어도 됩니다.

1. VSCode 공식 다운로드 사이트(https://code.visualstudio.com/download)에서 운영 체제에 맞는 버전을 내려받으세요. 이 책에서는 윈도우에 설치하므로 해당 버전을 내려받습니다.

그림 1-3 VSCode 다운로드 사이트

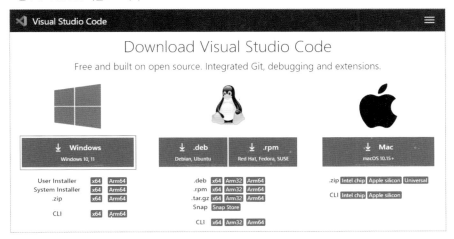

2. 내려받은 **VSCodeUserSetup-x64-1.84.2.exe** 파일을 클릭해 실행합니다. 자동으로 최신 버전을 내려받으므로 책과는 버전이 다를 수 있습니다. 사용권 계약에 동의해야 설치를 진행할 수 있습니다. **동의합니다**에 체크하고 [다음] 버튼을 클릭합니다.

그림 1-4 사용권 계약 화면

3. 설치 위치 선택 화면과 시작 메뉴 폴더 선택 화면이 나오면 기본 값을 그대로 둔 상태로 [다음] 버튼을 클릭합니다.

그림 1-5 설치 위치 선택 화면과 시작 메뉴 폴더 선택 화면

4. 추가 작업 선택 화면이 나오면 기타 항목을 모두 선택한 후 [다음] 버튼을 클릭합니다.

그림 1-6 추가 작업 선택 화면

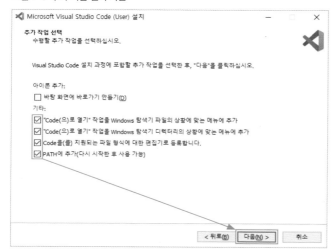

5. 설치 준비 완료 화면이 나오면 [설치] 버튼을 클릭해 설치를 진행합니다.

그림 1-7 VSCode 설치 준비 완료 화면

6. 설치 마법사 완료 화면이 나오면 **Visual Studio Code 실행**을 체크하고 [종료] 버튼을 클릭해 설치 작업을 끝냅니다.

그림 1-8 VSCode 설치 마법사 완료 화면

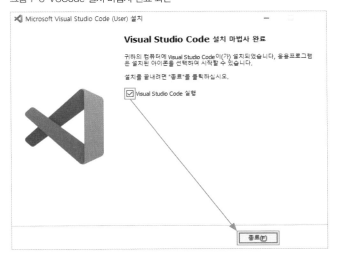

7. 설치가 끝나면 다음과 같이 영어로 된 VSCode 화면이 열립니다.

그림 1-9 VSCode 첫 실행 화면

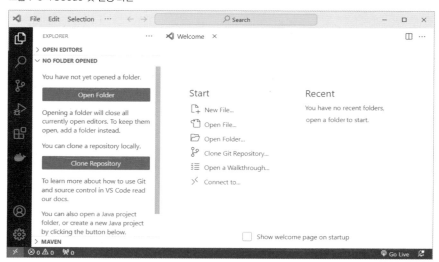

8. VSCode에서 한글 메뉴를 사용하고 싶다면 왼쪽 액티브 바(active bar)의 다섯 번째 메뉴인 **확장**(Extensions) 아이콘을 클릭한 후 검색창에 **korean**을 입력하세요. 검색된 프로그램 중에서 **Korean Language Pack for Visual Studio Code** 프로그램을 선택한 후 [Install] 버튼을 클릭합니다. 버튼이 설치 중(Installing)으로 바뀌고 설치가 진행됩니다.

그림 1-10 VSCode 한국어팩 설치

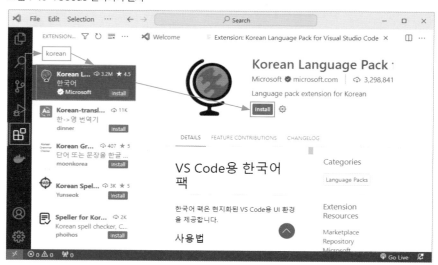

9. 확장 프로그램 설치가 끝나면 오른쪽 아래에 다음과 같은 메시지가 뜹니다. 여기서 [Change Language and Restart] 버튼을 클릭합니다.

그림 1-11 확장 프로그램 설치 후 VSCode 재시작

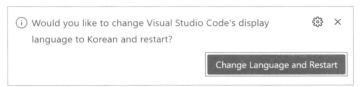

Note **명령 팔레트로 언어 설정하기**

앞에서와 같은 메시지가 뜨지 않는다면 Ctrl + Shift + P 를 누르세요. VSCode의 수많은 기능을 키보드로 입력해 실행할 수 있게 하는 **명령 팔레트**(Command Palette)가 열립니다. 명령 팔레트에 **display**를 입력하면 **Configure Display Language** 메뉴가 필터링되어 보입니다. 해당 메뉴를 클릭하거나 Enter 를 눌러 선택하면 VSCode에 설치된 언어 목록이 나옵니다. 여기서 **한국어**를 선택하고 [Restart] 버튼을 누르면 됩니다.

---

10. VSCode가 재시작되면 VSCode의 메뉴와 설명이 한글로 보입니다.

그림 1-12 VSCode 한글 메뉴와 설명

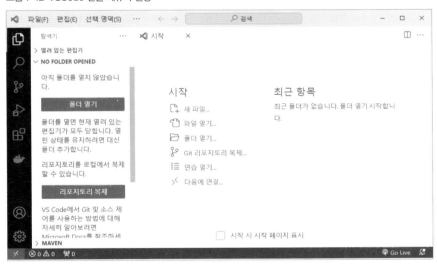

1.1.3 프로젝트 폴더 선택하기

다음으로 VSCode에서 작성한 자바스크립트 소스 파일(스크립트 파일)을 저장할 폴더를 지정해야 합니다.

1. 컴퓨터에서 원하는 위치에 **webgame**이라는 폴더를 만듭니다. 이 책에서는 C 드라이브에 만드는데, 원하는 아무 위치에나 만들어도 상관없습니다.

2. VSCode 시작 화면에 보이는 **폴더 열기(Open Folder)**를 클릭합니다. 또는 상단 메뉴에서 **파일(File) → 작업 영역에 폴더 추가(Add Folder to Workspace)**를 선택해도 됩니다.

그림 1-13 작업 영역 폴더 추가

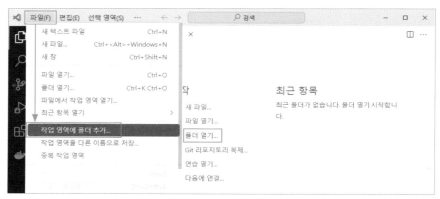

3. 폴더 열기 창이 뜨면 앞에서 만든 webgame 폴더를 선택하고 [폴더 선택] 버튼을 클릭합니다.

그림 1-14 webgame 폴더 선택

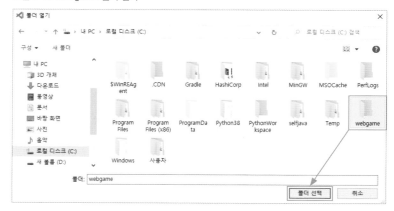

4. VSCode의 왼쪽에 있는 탐색기에 추가된 webgame 폴더가 보입니다.

그림 1-15 작업 영역에 추가된 webgame 폴더

1.1.4 크롬 설치하기

웹 브라우저(web browser)는 인터넷에 있는 서비스와 자료에 접속할 때 사용하는 프로그램입니다. 윈도우 운영체제에는 기본 웹 브라우저로 엣지(Edge)와 인터넷 익스플로러(Internet Explorer)가 탑재되어 있습니다. 하지만 전 세계에서 점유율이 가장 높은 웹 브라우저는 구글이 만든 **크롬**(Chrome)입니다(https://gs.statcounter.com/browser-market-share). 크롬에 들어가는 기술이 사실상 표준처럼 통용되고 있으므로 이 책에서도 크롬으로 실습을 진행합니다.

크롬을 설치한 후 자바스크립트 코드가 크롬에서 실행되도록 설정해 보겠습니다. 컴퓨터에 이미 크롬이 설치되어 있다면 다음 단계로 넘어가도 됩니다.

1. 기본 웹 브라우저를 실행해 **크롬 공식 사이트**(https://www.google.com/intl/ko_ALL/chrome)로 이동합니다. 다음과 같은 화면이 표시되면 [Chrome 다운로드] 버튼을 클릭합니다.

그림 1-16 크롬 다운로드 사이트

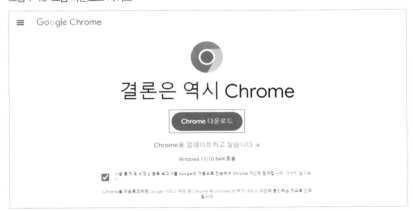

2. 내려받은 **ChromeSetup.exe** 파일을 클릭해 실행합니다. 사용자 계정 컨트롤 창이 표시되면 [예] 버튼을 클릭합니다.

그림 1-17 사용자 계정 컨트롤 창

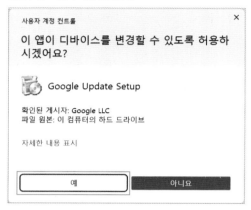

3. 설치가 끝나면 다음 화면이 보입니다. [닫기] 버튼을 클릭해 설치 창을 닫습니다.

그림 1-18 크롬 설치 완료

4. 윈도우 작업 표시줄의 검색창에 **기본 앱**을 입력하고 Enter 를 누르면 다음과 같은 창이 열립니다. 설정 검색에서 기본 웹 브라우저가 무엇인지 확인합니다. 크롬이 아니라면 크롬으로 변경하고 이미 크롬으로 설정되어 있으면 그대로 두면 됩니다.

그림 1-19 기본 웹 브라우저 설정

1.1.5 웹 브라우저 콘솔 사용법 익히기

자바스크립트는 웹 페이지의 작동을 담당하기 위해 개발된 언어입니다. 실제로 웹 사이트 대부분은 자바스크립트를 사용합니다. 자바스크립트 코드는 웹 브라우저로 실행할 수 있습니다.

그림 1-20 모든 웹 브라우저에서 자바스크립트 코드 실행 가능

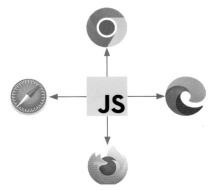

웹 브라우저는 어떻게 자바스크립트 코드를 실행할 수 있을까요? 바로 웹 브라우저 내부에 자바스크립트 코드를 실행하는 프로그램인 자바스크립트 엔진이 내장되어 있기 때문입니다. 크롬은 V8이라는 자바스크립트 엔진을 사용합니다. 이외에도 파이어폭스에서 사용하는 스파이더몽키

(SpiderMonkey), 사파리에서 사용하는 자바스크립트코어(JavaScriptCore)라는 자바스크립트 엔진이 있습니다.

표 1-1 웹 브라우저가 사용하는 자바스크립트 엔진

웹 브라우저	자바스크립트 엔진
크롬, 엣지, 오페라	V8
파이어폭스	스파이더몽키
사파리	자바스크립트코어

엔진마다 조금씩 기능 차이가 있지만, 모든 엔진은 자바스크립트 표준(ECMA-262)에 맞춰 자바스크립트 코드를 실행할 수 있습니다. 크롬에서 사용하는 **V8 엔진**은 오픈 소스(소스 코드를 공개한 소프트웨어) 엔진으로, 다양한 최적화 기법을 적용해 자바스크립트 실행 속도를 획기적으로 끌어올렸습니다.

웹 브라우저에 'Hello, world!'를 출력해 보며 웹 브라우저에서 자바스크립트 코드를 어떻게 실행하는지 알아보겠습니다.

1. 크롬을 실행합니다. 웹 브라우저에서 자바스크립트 코드의 실행 과정을 보려면 콘솔을 열어야 합니다. **콘솔**(Console)은 자바스크립트 명령어를 입력할 수 있는 도구로, 웹 브라우저의 개발자 도구에 있습니다. 크롬에 마우스 커서를 둔 상태로 키보드에서 F12 를 누르면 개발자 도구가 열립니다. MacOS에서는 option + command + I 를 누릅니다.

2. 개발자 도구가 열리면 상단에 있는 메뉴 중에서 **Console** 탭을 클릭합니다.

그림 1-21 크롬 개발자 도구의 Console 탭

3. Console 탭 아래 빈 공간에 〉 모양이 보입니다. 이를 **프롬프트**(prompt)라고 하며, 여기에 코드를 입력합니다. 다음 코드를 프롬프트에 작성해 보세요.

```
> console.log('Hello, world!')
```

4. 코드를 작성한 후 Enter 를 누르면 코드가 실행됩니다. 직접 작성한 후 실행해 보세요.

그림 1-22 개발자 도구의 콘솔에 Hello, world! 출력

축하합니다! 'Hello, world!'가 출력됐습니다! 이제 여러분은 자바스크립트 프로그래밍에 첫걸음을 내디뎠습니다. 출력된 'Hello, world!' 아래에 undefined라고 출력되고, 다시 프롬프트가 나오며 여러분의 입력을 기다립니다. console.log()나 undefined 같은 코드 는 나중에 배우니 지금은 몰라도 됩니다.

5. 조금 응용해서 'Hello, Javascript'도 콘솔에 출력해 보겠습니다. 앞에서 작성한 console. log() 안 글자만 바꾸면 됩니다. 코드를 작성한 후 Enter 를 누르면 'Hello, Javascript'가 출력됩니다.

```
> console.log('Hello, Javascript')
  Hello, Javascript
< undefined
```

이후 코드에서 굵게 표시되는 부분은 콘솔에 직접 입력하는 부분을 나타내고, 나머지는 결과를 의미합니다.

Note **흔하게 발생하는 에러**

콘솔에서 코드를 작성하다 보면 다음과 같은 에러가 발생할 수 있습니다.

- **Uncaught ReferenceError: consle is not defined**: console 입력 중에 오타(consle, comsole 등)가 나면 발생하는 에러입니다. console은 웹 브라우저에서 제공하는 기능이라서 오타가 나면 안 됩니다. 대소문자도 구분하므로 모두 소문자로 적어야 합니다.

- **Uncaught TypeError: console.lg is not a function**: console은 제대로 입력했으나 log에서 오타가 나면 발생하는 에러입니다. log는 console의 기능 중 일부라서 이 역시 오타가 나서는 안 됩니다. 대소문자도 구분합니다.

- **Uncaught SyntaxError: missing) after argument list**: 따옴표를 제대로 입력하지 않았을 때 발생하는 에러입니다. 'Hello, world!' 같은 문자열은 `(백틱)이나 '(작은따옴표) 또는 "(큰따옴표)로 감싸 줘야 합니다. 이 부분은 **2.2.1 문자열**에서 자세히 배웁니다.

- **Uncaught SyntaxError: Invalid or unexpected token**: 따옴표의 짝을 맞추지 않았을 때 발생하는 에러입니다. 'Hello, world!' 같은 문자열을 따옴표로 감쌀 때 여닫는 따옴표의 종류가 같아야 합니다. 예를 들어, 여는 따옴표가 작은따옴표였으면 닫는 따옴표도 작은따옴표여야 합니다.

여기서 언급한 에러 외에도 다양한 에러가 발생하는데, 대부분은 오타 때문입니다. 사람끼리 대화할 때는 어느 정도 문법 실수나 오타가 있어도 대화가 통합니다. 하지만 프로그램과 대화할 때는 문법 실수나 오타가 하나만 있어도 바로 에러가 발생하며 프로그램이 작동하지 않습니다. 그래서 프로그래밍할 때는 오타를 내면 안 됩니다.

지금까지 자바스크립트 코드를 콘솔에 입력하고 Enter 를 누르면 결과가 바로 나왔습니다 (undefined가 그 결과입니다). 이처럼 코드를 한 덩어리씩 실행해 결과를 출력하는 방식을 **인터프리터**(interpreter) 방식이라고 합니다. 한 덩어리라고 표현한 이유는 Enter 를 누르면 행갈이해서 여러 줄의 코드를 동시에 입력할 수 있기 때문입니다.

자바스크립트와는 다르게 코드를 컴퓨터가 이해할 수 있는 언어로 변환하는 과정을 거친 후 한 번에 실행하는 방식을 **컴파일**(compile) 방식이라고 합니다. C나 C++, 자바 등의 언어에서 이 방식을 사용합니다.

웹 브라우저의 콘솔은 코드를 한 줄씩 **입력**(Read)받아 이를 **평가**(Eval)하고 결과를 **출력**(Print)한 뒤, 다시 프롬프트가 나타나서 새로운 입력을 기다리는 과정을 **반복**(Loop)합니다. 이러한 특성 때문에 콘솔을 **REPL**(Read–Eval–Print Loop)이라고 합니다.

그림 1-23 REPL

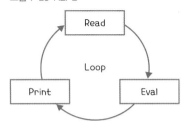

> **Note** **이전에 작성한 코드 불러오기**
>
> 콘솔에서 코드를 잘못 입력해 에러가 나면 코드를 올바르게 다시 입력해야 합니다. 특히 코드를 여러 줄 입력했는데 에러가 나면 다시 입력하기 귀찮습니다. 이럴 때 키보드의 위쪽 방향 키(↑ 또는 ▲)를 누르면 이전에 작성한 코드가 콘솔에 다시 표시됩니다. 그러면 잘못된 부분만 수정한 후에 다시 실행할 수 있습니다. 위쪽 방향 키를 계속 누를 때마다 이전에 입력한 코드가 역순으로 표시되는데, 일종의 히스토리 기능이라고 보면 됩니다.

1.2

프로그래밍 사고력 기르기

여러분은 '몇일'이라는 단어를 알고 있나요? 이 질문에 대한 반응은 크게 두 가지로 나뉩니다. '알고 있다'와 '맞춤법상 며칠이 맞다'는 반응이죠. 사실 반응이 중요한 것이 아니라 이 단어를 알고 있다는 점이 중요합니다. 여러분은 이 단어를 알고 있다는 것을 어떻게 알았나요? 단어를 보는 순간 순식간에 '몇일' 또는 '며칠'이라는 단어가 떠올랐을 겁니다.

이번에는 '뽁꾹'이라는 단어는 알고 있나요? 대부분 보자마자 '들어본 적 없다'고 할 겁니다. 실제로 존재하지 않는 단어이기 때문입니다. 그런데 이 단어를 들어본 적 없다고 어떻게 바로 대답할 수 있었을까요?

사람은 어떤 질문을 받았을 때 판단이나 추리보다 직관적으로 떠오르는 것을 답하는 경우가 많기 때문입니다. 사람이 직관과 다른 대답을 하려면 훈련이 필요합니다. 같은 문제를 낼 때 컴퓨터(또는 컴퓨터 프로그램)라면 안다와 모른다를 1초 안에 답할 수 있을까요? 성능이 매우 뛰어난 컴퓨터가 아니라면 어렵습니다. 컴퓨터는 자신이 이 단어를 아는지 모르는지 판단하기 위해 컴퓨터에 저장된 단어를 모두 찾아봐야 합니다. 이렇듯 사람과 컴퓨터는 사고하는 방식이 다릅니다.

다른 예를 하나 더 들어 보겠습니다. 자주 가는 동네 편의점에서 물건을 산 뒤에 핸드폰을 보며 집으로 돌아갈 때, 핸드폰에 집중하다가 정신을 차려 보니 어느덧 집 앞임을 알아차릴 때가 있습니다. 이것이 가능한 이유는 무의식의 도움이나 몸의 기억 때문입니다(둘 다 과학적인 표현은 아닙니다). '편의점에서 나와 100m 직진하고 우회전해 200m를 가서 다시 좌회전해 50m를 가면 집이 나온다'라는 정확한 명령이 없어도 우리는 무의식에 의존해 집에 도착할 수 있습니다. 컴퓨터도 사람과 같은 방식으로 집에 도착할 수 있을까요? 컴퓨터에는 무의식이 없습니다(물론

의식도 없습니다). 따라서 원하는 것을 무의식적으로 수행할 수 없습니다.

컴퓨터에 명령을 내리려면 명확한 절차와 순서를 알려 줘야 합니다. '편의점에서 나와 100m 직진한 후 우회전해 200m를 가서 좌회전해 50m를 가라'고 구체적으로 명령을 입력해야 합니다. 설령 컴퓨터가 길을 기억하고 있더라도 적어도 '저장된 길을 찾아서 그대로 가라'는 명령을 입력해야 컴퓨터는 집에 도착할 수 있습니다.

이렇듯 사람은 대부분 직관적으로 답하고 무의식적으로 행동하는 경우가 많지만, 컴퓨터는 알아서 할 수 없습니다. 현존하는 최고의 인공지능도 이 수준에는 다다르지 못했습니다. 아직도 대부분 프로그램은 정확한 명령과 절차를 통해 작동합니다. 문제는 대부분의 사람이 컴퓨터에 정확하게 명령하기는커녕 자신이 평소에 하는 행동조차 어떠한 절차로 이루어지는지 제대로 설명하지 못한다는 것입니다.

여러분은 이 책을 배우며 프로그램이 수행하길 원하는 행동을 명확한 순서와 절차로 설명할 수 있게 꾸준히 연습할 것입니다. 행동의 순서와 절차를 명확하게 설명할 수 있게 된다면 여러분은 '**프로그래밍 사고력**(programming thinking)', 다른 말로 '**컴퓨팅 사고력**(computational thinking)'을 갖게 될 겁니다.

1.2.1 프로그래밍 사고력 훈련법

'프로그래밍 사고력'을 기르는 훈련을 할 때 순서도 그리기를 많이 사용합니다. **순서도**(flowchart)는 프로그램이 수행하는 명령에 대한 순서와 절차를 도형과 기호를 사용해 도식화한 것입니다. 순서와 절차가 시각적으로 표현돼서 알아보기 쉽습니다. 순서도를 작성하고 순서도대로 코드로 옮기면 여러분이 의도한 동작을 프로그램이 그대로 수행합니다.

순서도를 그리는 방법은 워낙 다양해서 공식이 존재하지 않습니다. 혼자 프로그래밍한다면 혼자만 알아볼 수 있게 그리면 되고, 팀을 꾸려서 프로그래밍한다면 팀원 모두가 알아볼 수 있으면 충분합니다.

이 책에서는 필자의 방식대로 순서도를 사용합니다. 이 책에 나온 순서도를 사용할 때 불편한 점이 있다면 여러분이 마음대로 바꿔도 됩니다. 다음은 이 책에서 실제로 작성하는 순서도입니다.

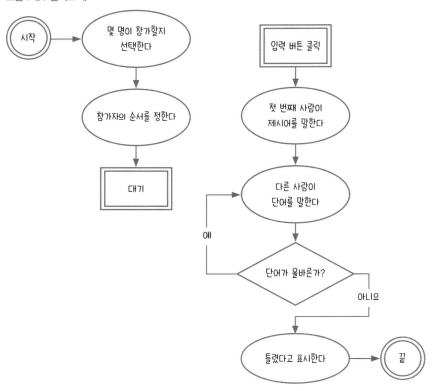

그림 1-24 순서도 예

시작과 끝은 **두 겹의 원**으로 표시합니다. 간혹 무한 반복되는 프로그램도 있으므로 끝 표시는 없을 수도 있습니다. 시작이 없는 프로그램은 의미가 없겠죠?

화살표를 따라가면 다음 순서로 이어지는데, 일반적인 절차는 **타원** 안에 표시합니다. 타원이 아닌 도형으로는 마름모와 두 겹의 사각형이 있습니다.

마름모에서는 특이하게 화살표가 두 개로 나뉩니다. 절차가 나뉘는 분기점 역할입니다. 살면서 '예' 또는 '아니요'로 판단을 내려야 하는 경우가 많을 겁니다. 프로그램도 그렇습니다. 프로그램에서 판단을 내릴 때 절차는 여러 개로 갈라집니다. '예/아니요'처럼 이분법으로 판단할 필요는 없습니다. 판단 결과가 여러 개로 나뉜다면 다음과 같이 화살표가 여러 갈래로 갈라집니다.

그림 1-25 판단 결과가 세 가지 이상일 때

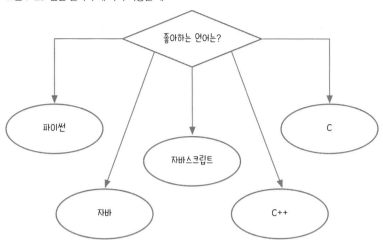

두 겹의 사각형은 특수한 상황을 의미합니다. 대기하거나 특정한 사건(프로그래밍에서는 **이벤트**라고 표현)이 발생할 때 사용합니다. 왜 대기와 이벤트만 두 겹의 사각형을 사용하는지 아직은 이해하지 못할 겁니다. 이는 자바스크립트 언어의 특성 때문인데, 문법을 배우면서 차차 설명하겠습니다.

두 겹의 원, 타원, 마름모, 두 겹의 사각형, 화살표까지 도형 4개와 기호 1개만 있다면 웬만한 순서와 절차는 다 표현할 수 있습니다. 순서도는 Part 2에서 본격적으로 사용합니다.

표 1-2 순서도에서 사용하는 도형과 기호

도형 또는 기호	의미
◎ 두겹의 원	시작과 끝
○ 타원	일반 절차
◇ 마름모	판단 절차
▭ 두 겹의 사각형	특수한 상황(대기, 이벤트 발생)
→ 화살표	다음 절차로 가는 흐름

코딩
자율학습

2장
기본 문법 배우기

이 장에서는 자바스크립트 기본 문법을 간단히 배워 보겠습니다. 프로그램을 만들려면 프로그래밍 언어의 기본적인 문법은 익히고 넘어가야 합니다. 여기서는 간단한 예제와 함께 문법 형식을 살펴보고 Part 2에서 프로그램을 만들면서 문법을 활용하는 방법을 배우겠습니다.

2.1

코드 작성 규칙

자바스크립트 코드를 작성할 때 공통되는 기본 문법 규칙을 소개합니다. 그리고 반드시 지킬 필요는 없지만, 통일된 코드 작성을 위해 이 책에서 따르는 규칙도 설명하겠습니다.

2.1.1 세미콜론

자바스크립트는 하나의 명령이 끝날 때 **세미콜론**(;)을 붙여도 되고 붙이지 않아도 됩니다. 앞에서는 세미콜론을 설명하지 않아서 붙이지 않았지만, 앞으로는 다음과 같이 붙이기를 권장합니다.

```
console.log('Hello, world!');
```

한 줄에 여러 명령을 넣을 때는 명령마다 세미콜론을 붙여 그다음 명령과 구분해야 합니다.

```
> console.log('Hello, world!'); console.log('Hello, javascript!'); console. log('Hello');
  Hello, world!
  Hello, javascript!
  Hello
< undefined
```

> **제로초의 조언**
>
> 코드에서 세미콜론을 붙이지 않으면 대부분 자바스크립트 엔진이 세미콜론을 자동으로 붙입니다. 하지만 일부 명령에서는 가끔 에러가 발생합니다. 그러므로 혹시 모를 에러 발생을 방지하고 통일성을 유지하기 위해 모든 명령 뒤에 세미콜론 붙이기를 권합니다. 끝에 세미콜론을 붙이는 것은 에러를 방지하는 좋은 습관입니다.

2.1.2 주석

다른 사람이 작성한 코드를 볼 때 코드를 이해하기 어려운 경우가 많습니다. 이럴 때 주석이 있으면 도움이 됩니다. **주석**(comment)은 사람만 알아볼 수 있도록(컴퓨터는 무시하고 넘어갑니다) 설명을 작성한 부분으로, 코드 실행에 영향을 미치지 않습니다. 보통 주석은 코드에 관한 자세한 설명을 작성하거나 특정 코드를 임시로 사용하지 않게 할 때 사용합니다.

주석에는 한 줄 주석과 여러 줄 주석이 있습니다.

● 한 줄 주석

주석이 한 줄일 때는 주석 앞에 **//** **기호**를 넣습니다. **//** 기호를 붙이면 **//** 기호 뒤에 오는 내용은 모두 주석이 됩니다. **//** 기호 뒤에 띄어쓰기가 필수는 아니지만, 주석이 보기 좋도록 띄어 씁니다.

```
// Hello, comment! 출력
console.log('Hello, comment!');
```

코드가 실행되지 않도록 코드 앞에 **//** 기호를 붙여 주석 처리할 수 있습니다.

```
// console.log('Hello, comment!');
```

다음처럼 코드 뒤에 **//** 기호를 붙여 주석을 작성할 수도 있습니다.

```
console.log('Hello, comment!'); // Hello, comment! 출력
```

● 여러 줄 주석

한 줄로 작성하기에는 주석이 너무 길 때 여러 줄 주석을 사용합니다. 이때는 주석 처리하고 싶은 부분을 **/* */** **기호**로 감쌉니다. 기호 사이의 내용은 몇 줄이든 상관없이 모두 주석이 됩니다.

```
/* console.log('Hello, world!');
console.log('Hello, comment!'); */
```

코드 중간에 여러 줄 주석을 넣을 수도 있습니다. 이때는 주석을 제외한 나머지 부분이 실행됩니다.

```
console.log('Hello, world!'); /* 여러 줄
주석
입니다 */ console.log('Hello, comment!');
```

2.1.3 들여쓰기

자바스크립트는 들여쓰기 제한이 없습니다. 보통 스페이스로 2칸, 스페이스로 4칸, 탭으로 4칸 공백을 두지만, 들여쓰기를 1칸이나 3칸을 해도 코드 실행에는 아무런 문제가 없습니다. 이 책에서는 들여쓰기를 **스페이스 2칸**으로 통일하겠습니다. 여러분도 코드를 작성할 때 들여쓰기는 통일하는 것이 좋습니다.

아직까지 들여쓰기가 없었지만, 문법을 배우다 보면 들여쓰기를 하는 경우가 자주 나옵니다.

```
if (condition) {
  console.log('Hello, world!');
}
```

다음과 같이 들여쓰기를 하지 않아도 실행하는 데 아무런 문제가 없습니다.

```
if (condition) {
console.log('Hello, world!');
}
```

하지만 들여쓰기만으로도 다른 의미가 있는 부분이라고 표시할 수 있어서 코드의 가독성(코드를 읽고 이해하기 쉬운 정도)이 향상됩니다. 그러므로 규칙적으로 들여쓰기하는 것을 권합니다.

2.2

자료형

이제부터 자바스크립트에 존재하는 값을 알아보겠습니다. **값**(value)은 프로그램에서 조작할 수 있는 데이터를 의미합니다. 값은 여러 종류가 있는데, 이런 값의 종류를 **자료형**(data type)이라고 합니다.

2.2.1 문자열

첫 번째로 알아볼 자료형은 **문자열**(string)입니다. 프로그래밍에서 하나의 글자를 문자라고 하는데, 문자들이 하나 이상 나열되어 있다고 해서 문자열이라고 합니다.

앞에서 이미 문자열을 사용해 봤습니다. 'Hello, world!'나 'Hello, comment'와 같이 시작과 끝이 **작은따옴표로 감싸진 값**이 문자열입니다. 웹 브라우저 개발자 도구의 콘솔에 다음 값을 입력해 보세요.

```
> 'Hello, world!';
< 'Hello, world!'
```

console.log()를 실행할 때는 undefined가 출력됐지만, 이번에는 Hello, world!가 출력됩니다. < 기호 뒤에 나오는 값은 콘솔에 입력한 명령의 값입니다. 문자열을 입력했기 때문에 그 값이 그대로 나옵니다. 이렇게 값이 나오는 명령을 **식**(또는 **표현식**, expression)이라고 합니다.

이번에는 문자열을 큰따옴표로 감쌌는데도 그대로 나옵니다. 이처럼 문자열은 **큰따옴표**로 감싸도 됩니다.

```
> "Hello, world!";
< 'Hello, world!'
```

다만, 시작과 끝이 다른 종류의 따옴표일 때는 문제가 발생합니다. 다음 코드를 실행해 보면 문법 에러가 발생했다는 메시지가 출력됩니다. 이처럼 문자열을 감싸는 따옴표는 시작과 끝을 같은 종류로 해야 에러가 발생하지 않습니다.

```
> "Hello, world!'; // 또는 'Hello, world!"일 때
  Uncaught SyntaxError: Invalid or unexpected token
```

현재 값이 문자열인지 확인하려면 문자열 앞에 typeof를 붙입니다.

```
> typeof "Hello, world!";
< 'string'
```

typeof를 **연산자**(operator)라고 하는데, 연산자는 어떠한 값에 특정 작업을 수행하라는 의미를 나타내는 기호입니다. 콘솔이 typeof 연산자 뒤의 값을 string이라고 알려 줍니다. 즉, 값의 자료형이 문자열이라는 뜻이죠. typeof 외에도 다양한 연산자가 있습니다. 다른 종류의 연산자는 사용하면서 하나씩 배우겠습니다.

따옴표 안에 문자가 전혀 없는 경우도 있습니다. 그래도 문자열입니다. ''나 ""처럼 작성하면 빈 문자열을 나타냅니다.

```
> typeof '';
< 'string'
```

빈 문자열은 내부에 띄어쓰기가 있는 문자열과는 다른 값입니다. 다른 값인지를 확인하기 위해 두 값이 같은 값인지 확인하는 **비교 연산자**(==)를 사용해 보겠습니다.

```
> '' == ' ';
< false
```

결과 값으로 false가 나옵니다. false는 거짓이란 의미를 나타내는 단어로, 두 값이 다르다는 뜻입니다.

● 문자열 안에 따옴표 사용하기

문자열은 시작과 끝을 같은 종류의 따옴표로 감싸야 한다고 했습니다. 만약 따옴표 자체가 문자열에 포함되어 있다면 어떻게 작성해야 할까요? 다음 예제를 봅시다.

```
> '문자열 안에 작은따옴표(')가 있어요.';
  Uncaught SyntaxError: Unexpected token ')'
```

실행하면 문법 에러 메시지가 출력됩니다. 에러가 나는 이유는 자바스크립트 엔진이 문자열을 앞에서부터 파악하기 때문입니다.

그림 2-1 따옴표가 문자열 중간에 들어 있을 때

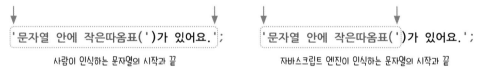

자바스크립트 엔진은 처음에 나오는 작은따옴표를 보고 문자열이 시작됐다고 인식합니다. 그리고 (뒤에 나오는 작은따옴표를 보고는 문자열이 끝났다고 인식합니다. 그래서 그 뒤에 나오는)부터 이해하지 못해 에러가 발생합니다.

이럴 때는 문자열을 다른 종류의 따옴표로 감싸면 됩니다.

```
> "문자열 안에 작은따옴표(')가 있어요.";
< "문자열 안에 작은따옴표(')가 있어요."
```

큰따옴표로 문자열을 감싸니 에러가 발생하지 않습니다. 반대로 큰따옴표가 문자열에 포함되어 있다면 작은따옴표로 문자열을 감싸면 됩니다.

```
> '문자열 안에 큰따옴표(")가 있어요.';
< '문자열 안에 큰따옴표(")가 있어요.'
```

다른 종류의 따옴표를 사용하는 대신 문자열 내부의 따옴표에 별도의 처리를 하는 방법도 있습니다.

```
> "문자열 안에 큰따옴표(\")가 있어요.";
< '문자열 안에 큰따옴표(")가 있어요.'
> '문자열 안에 작은따옴표(\')가 있어요.';
< "문자열 안에 작은따옴표(')가 있어요."
```

문자열 내부의 따옴표 앞에 \(백슬래시)를 붙였습니다. 백슬래시는 그다음에 나오는 문자를 기존과 다르게 처리하라고 엔진에 알리는 역할을 합니다. 원래는 따옴표가 문자열을 알리는 기호지만, 백슬래시가 붙은 따옴표는 일반 문자로 해석됩니다. 이렇게 기호를 다르게 해석하게 하는 행위를 **이스케이핑**(escaping)이라고 합니다. 따옴표에 사용하면 **따옴표를 이스케이핑**한다고 표현합니다.

문자열 내부에서 백슬래시를 사용하고 싶다면 마찬가지로 앞에 백슬래시를 붙이면 됩니다. 다음은 백슬래시를 이스케이핑한 경우와 이스케이핑하지 않은 경우입니다.

```
> '문자열 안에 백슬래시(\\)가 있어요.';
< '문자열 안에 백슬래시(\)가 있어요.'
> '문자열 안에 백슬래시(\)가 있어요.';
< '문자열 안에 백슬래시()가 있어요.'
```

● 한 문자열을 여러 줄로 표시하기

한 문자열을 여러 줄에 걸쳐 표시할 수 있습니다. 문자열에서 행갈이할 부분 앞에 \n 문자를 넣으면 됩니다. \n은 두 글자지만 특수한 역할을 하므로 프로그래밍에서는 한 글자로 칩니다.

\n 문자를 사용하지 않고 코드를 직접 행갈이해서 작성하면 에러가 발생합니다. 콘솔에서는 Shift + Enter 를 누르면 코드를 행갈이할 수 있습니다. 행갈이해서 에러가 나는지 한번 확인해 보세요.

```
> '여러 줄에 걸쳐
    표시됩니다.';
  Uncaught SyntaxError: Invalid or unexpected token
```

직접 행갈이하는 대신 행갈이하려는 위치에 다음과 같이 \n 문자를 넣어 봅시다.

```
> '여러 줄에 걸쳐\n표시됩니다.';
< '여러 줄에 걸쳐\n표시됩니다.'
```

콘솔에는 입력한 \n 문자가 그대로 출력되어 행갈이가 되는지 알기 어려우니 alert( )으로 감싸서 확인해 봅시다. alert( )에 관해서는 **4.5절**에서 자세히 배우니 여기서는 실행만 해 보세요.

```
> alert('여러 줄에 걸쳐\n표시됩니다.');
```

다음과 같은 창이 뜨는데 여기서 행갈이된 내용을 볼 수 있습니다.

그림 2–2 행갈이 실행결과 1

더 많은 행갈이가 필요하면 필요한 만큼 \n 문자를 중간에 넣어 주면 됩니다.

```
> alert('여러 줄에 걸쳐\n표시됩니다.\n\n줄을 더 늘려 볼까요?');
```

그림 2–3 행갈이 실행결과 2

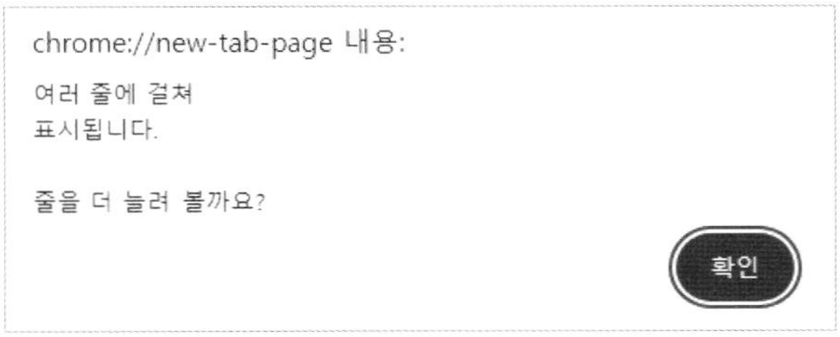

● 템플릿 리터럴 사용하기

지금까지 큰따옴표와 작은따옴표로 문자열을 표현했습니다. 사실 문자열을 표현하는 방법이 한 가지 더 있습니다. 바로 **백틱**(`, backtick 또는 backquote)으로 감싸는 방법입니다. 백틱은 키보드에서 Tab 키 위에 있습니다.

```
> `저도 문자열입니다.`;
< '저도 문자열입니다.'
```

이처럼 백틱으로 감싸진 문자열을 **템플릿 리터럴**(template literal)이라고 합니다. 빈 문자열도 다음과 같이 표현할 수 있습니다.

```
> ``;
< ''
```

템플릿 리터럴 안에 백틱이 들어가면 따옴표와 마찬가지로 이스케이핑해야 합니다.

```
> `문자열 안에 백틱(\`)이 있어요.`;
< '문자열 안에 백틱(`)이 있어요.'
```

행갈이할 때는 백틱 문자열이 편합니다. \n 문자를 사용하지 않아도 행갈이가 됩니다.

```
> `여러 줄에 걸쳐
  표시됩니다.

  줄을 더 늘려 볼까요?`;
< '여러 줄에 걸쳐\n표시됩니다.\n\n줄을 더 늘려 볼까요?';
> alert(`여러 줄에 걸쳐
  표시됩니다.

  줄을 더 늘려 볼까요?`);
< undefined
```

콘솔 결과물을 보면 행갈이한 곳에 \n 문자가 들어 있는 것이 보입니다. alert( )으로 감싸서 확인하면 행갈이한 결과를 볼 수 있습니다.

그림 2-4 행갈이 실행결과 3

템플릿 리터럴에는 많은 기능이 숨어 있습니다. 하지만 이를 다 이해하려면 변수와 함수라는 개념을 먼저 알아야 하므로 해당 개념을 배운 후에 설명하겠습니다.

● 문자열 합치기

코딩하다 보면 문자열이 가로로 너무 길어질 때가 있습니다. 이럴 때는 문자열을 나눈 후 합치는 방법이 있습니다. 두 문자열 사이에 + 기호를 두면 양쪽의 문자열이 하나로 합쳐집니다. + 기호도 typeof처럼 **연산자**입니다.

```
> '문자열이 긴 경우에는 문자열을 ' + '나눈 뒤 다시 합칩니다.';
< '문자열이 긴 경우에는 문자열을 나눈 뒤 다시 합칩니다.'
```

셋 이상의 문자열도 합칠 수 있습니다. + 연산자를 여러 번 사용하면 됩니다.

```
> '문자열이 긴 경우에는 ' + '문자열을 ' + '나눈 뒤 ' + '다시 합칩니다.';
< '문자열이 긴 경우에는 문자열을 나눈 뒤 다시 합칩니다.'
```

문자열이 너무 길어지면 행갈이해서 연산자를 사용하면 됩니다.

```
> '문자열이 긴 경우에는 문자열을 '
  + '나눈 뒤 다시 합칩니다.';
< '문자열이 긴 경우에는 문자열을 나눈 뒤 다시 합칩니다.'
```

이 경우에는 + 연산자를 뒷 문자열 앞에 두었지만, 앞 문자열 뒤에 두어도 결과는 같습니다. 코드를 깔끔하게 작성하고 싶다면 연산자 위치를 통일하는 것이 좋습니다.

1분 퀴즈 해설 노트 p.558

1. 문자열을 합칠 때 띄어쓰기를 제대로 하지 않는 실수를 많이 합니다. 다음은 문자열의 시작이나 끝에 띄어쓰기를 포함하지 않아서 문자열을 합친 결과가 이상하게 표현됐습니다. 이 문자열이 제대로 표현되게 만들어 보세요.

```
> '문자열이 긴 경우에는' + '문자열을' + '나눈 뒤' + '다시 합칩니다.';
< '문자열이 긴 경우에는문자열을나눈 뒤다시 합칩니다.'
```

2.2.2 숫자

자료형 중에서 첫 번째로 문자열을 알아보았습니다. 다른 자료형으로는 **숫자**(number)가 있습니다. 숫자는 따옴표로 감싸지 않고 그대로 적으면 됩니다. 따옴표로 감싼 숫자는 문자열이지 숫자가 아닙니다.

```
5;
```

소수는 소수점을 사용해 표현하면 됩니다.

```
5.04;
```

음수는 앞에 - 기호를 붙여 표현합니다.

```
-5;
```

지수 표기법도 사용할 수 있습니다. **지수 표기법**(exponential notation)은 아주 큰 숫자나 소수점 이하 자릿수가 많은 숫자를 표현하는 방식입니다. e 뒤에 나오는 숫자만큼 10의 거듭제곱을 해서 곱하면 원래 숫자가 됩니다. 이때 e 뒤에는 + 또는 − 가 올 수 있는데, +일 때는 지수의 부호가 양수, − 일 때는 지수의 부호가 음수임을 뜻합니다. +는 생략할 수 있습니다.

```
5e4; // 5 * 10⁴(10000)= 50000(+는 생략 가능)
5e+4; // 5 * 10⁴(10000) = 50000
5e-3; // 5 * 10⁻³(1/1000) = 0.005
```

값이 숫자인지 확인하려면 값 앞에 typeof를 붙여 보세요. 콘솔에 'number'라고 출력되면 그 값은 숫자입니다.

```
> typeof 5;
< 'number'
```

그리고 숫자를 따옴표로 감싸면 숫자가 아니라 문자열이라는 사실을 확인할 수 있습니다.

```
> typeof '5';
< 'string'
```

'5'와 5는 프로그래밍에서 완전히 다른 개념임을 명심해야 합니다.

10진법 외에도 2진법, 8진법, 16진법으로 수를 표현할 수 있습니다. 10진법이 사람에게 익숙한 기수법(숫자를 사용해 수를 적는 방법)이라면, 2진법과 16진법은 컴퓨터에 익숙한 기수법입니다. 2진법은 숫자 앞에 0b(숫자 영, 소문자 b)를 붙입니다.

다음은 10진법 11이 아니라 2진법 11이기 때문에 1 × 2 + 1을 해서 3이 나옵니다.

```
> 0b11;
< 3
```

8진법을 나타내려면 숫자 앞에 0(숫자 영)이나 0o(숫자 영, 소문자 o)를 붙입니다. 따라서 다음 숫자는 1 × 8 + 5이므로 13이 됩니다.

```
> 0o15;
< 13
> 015;
< 13
```

마지막으로 16진법을 나타내려면 숫자 앞에 0x(숫자 영, 소문자 x)를 붙입니다. 단, 숫자는 0부터 9까지밖에 없으므로 10~15는 각각 알파벳 a, b, c, d, e, f로 표현합니다. 다음 숫자는 $1 \times 16 + c(12)$이므로 28이 됩니다.

```
> 0x1c;
< 28
```

● 문자열을 숫자로 바꾸기

자바스크립트는 한 자료형을 다른 자료형으로 바꾸는 **함수**(function)를 제공합니다. 함수는 특정한 작업을 수행하는 코드인데, 함수에 관해서는 **2.6.2 함수**에서 자세히 다룹니다. 여기서는 특정 기능을 하는 명령어라고 생각하면 됩니다. 예제 코드를 보며 확인해 보겠습니다.

parseInt( )와 Number( ) 함수는 문자열을 숫자로 바꿀 수 있습니다.

```
> parseInt('5');
< 5
> Number('5');
< 5
```

typeof를 붙여 결과가 숫자가 맞는지 확인해 보겠습니다.

```
> typeof parseInt('5');
< 'number'
```

parseInt( ) 함수는 문자열을 정수로만 바꿉니다. 정수가 아닌 값을 입력하면 정수 부분만 추출해 표시합니다.

```
> parseInt('3.14');
< 3
> parseInt('3등');
< 3
```

문자열을 실수로 바꾸고 싶으면 parseInt() 함수 대신에 parseFloat() 함수를 사용합니다. 또는 Number() 함수를 사용해도 됩니다.

```
> parseFloat('3.14');
< 3.14
> Number('3.14');
< 3.14
```

콘솔에 다음 코드를 입력해 값을 입력받아 보세요. prompt()를 사용하면 창이 하나 뜨는데, 여기에 직접 값을 입력할 수 있습니다. 값을 입력하고 나면 prompt() 자리가 입력한 값으로 대체됩니다.

```
> typeof parseInt(prompt());
(값을 입력받는 대화창이 뜨면 아무 숫자나 입력)
< 'number'
```

그림 2-5 대화창에 숫자 입력

콘솔에 'number'가 출력된다면 제대로 작동한 것입니다. parseInt()를 뺀 결과와도 비교해 보세요.

Note 다른 기수법 적용하기

parseInt() 함수는 문자열을 정수로 바꿀 때도 사용하지만, 다른 기수법을 적용하는 데도 사용합니다. 바꾸려는 값 뒤에 적용하려는 기수법을 의미하는 숫자를 쉼표로 구분해 넣습니다.

1110이라는 숫자를 2진법으로 해석하면 $1 \times 4 + 1 \times 2 + 1$이므로 7이 됩니다.

```
> parseInt(111, 2);
< 7
```

1110이라는 숫자를 7진법으로 해석하면 $1 \times 49 + 1 \times 7 + 1$이므로 57이 됩니다.

```
> parseInt(111, 7);
< 57
```

10진법으로 해석하려면 뒤에 10을 넣으면 됩니다. 기본적으로 10진법으로 해석하기 때문에 10진법일 때는 쉼표 뒤에 숫자를 생략해도 됩니다.

```
> parseInt(111, 10); // parseInt(111)과 동일
< 111
```

parseInt()와 parseFloat()의 역할을 동시에 수행할 수 있는 Number() 함수를 사용하면 좋지 않을까 생각할 수도 있습니다. 그러나 Number()는 한 가지 단점이 있습니다. Number()에 문자열을 넣으면 NaN이라는 값이 나온다는 점입니다.

```
> parseInt('3등');
< 3
> Number('3등');
< NaN
```

NaN이 무엇인지 알아보겠습니다.

● NaN

parseInt( ) 함수와 prompt( )를 같이 쓸 때 숫자(로 보이는 문자열)가 아닌 문자열을 입력해 보세요.

```
> parseInt(prompt());
(대화창이 뜨면 abc 입력)
< NaN
```

NaN이라는 값을 출력합니다. NaN은 Not a Number(숫자가 아님)의 약어입니다. 하지만 놀랍게도 typeof NaN을 해 보면 'number'라는 값이 출력됩니다.

```
> typeof NaN;
< 'number'
```

NaN은 이름과는 다르게 숫자라는 점을 기억하세요. 숫자가 아닌데 숫자라니 이해되지 않겠지만, 자바스크립트에서 그렇게 정했기 때문에 외워야 합니다.

● 산술 연산자 사용하기

컴퓨터와 숫자, 이 두 단어를 연관 지으면 무엇이 생각나나요? 보통 계산기가 떠오를 겁니다. 맞습니다. 컴퓨터는 처음에 계산을 빠르게 하려고 만들어졌습니다.

자바스크립트로도 계산을 할 수 있습니다. +, -, *, / 등의 기호를 사용하면 됩니다. 이들도 연산자라고 합니다. + 연산자는 문자열을 합칠 때 사용하지만 숫자를 더할 때도 사용합니다.

```
> 1 + 2;
< 3
> 6 - 10;
< -4
> 3 * 4;
< 12
> 6 / 4;
< 1.5
```

나눗셈의 나머지를 구하는 % 연산자와 숫자를 거듭제곱하는 ** 연산자도 있습니다.

```
> 6 % 4;
< 2
> 2 ** 4;
< 16
```

● **무한 값**

숫자를 0으로 나누면 어떤 일이 발생할까요? 수학에서는 0으로 나누기가 성립하지 않습니다. 자바스크립트는 어떨까요?

```
> 2 / 0;
< Infinity
```

Infinity라는 새로운 값이 나왔습니다. 단어 뜻 그대로 무한을 의미하는 값입니다. 자바스크립트에서는 무한이라는 값을 표현할 때 Infinity를 사용합니다.

```
> typeof Infinity;
< 'number'
```

Infinity는 음수도 있습니다. 음수를 0으로 나누는 경우입니다.

```
> -2 / 0;
< -Infinity
```

무한을 나타내므로 사칙연산을 하더라도 결과가 Infinity로 나옵니다.

```
> Infinity - 100;
< Infinity
```

단, 무한 값끼리 계산할 때는 다릅니다.

```
> Infinity - Infinity;
< NaN
```

결과로 NaN이 나옵니다. 무한에서 무한을 빼는 것은 성립하지 않는다는 뜻입니다. 0을 0으로 나눠도 마찬가지입니다.

```
> 0 / 0;
< NaN
```

Infinity는 자주 쓰지는 않지만 무한이라는 개념을 프로그래밍에서 사용할 때 유용하니 기억해 두세요.

● 문자와 숫자 더하기

+ 연산자를 문자열끼리 더할 때도 사용하고 숫자끼리 더할 때도 사용한다는 것을 배웠습니다. 만약 문자열과 숫자를 더한다면 어떻게 될까요? 현실에서는 말도 안 되는 일이니 에러가 날까요?

```
> '문자열' + 0
< '문자열0'
```

놀랍게도 '문자열0'으로 문자열과 숫자가 하나로 합쳐집니다. 문자열과 다른 자료형을 더하면 다른 자료형이 문자열로 바뀐 후 더해지기 때문입니다. 이처럼 값의 자료형이 바뀌는 현상 또는 바꾸는 행위를 **형 변환**(type casting)이라고 합니다.

```
> '1' + 0
< '10'
```

문자열 '1'과 숫자 0을 더하면 숫자 1이 아니라 문자열 '10'이 나옵니다. 문자열과 숫자를 더했기 때문에 숫자 0이 문자열 '0'으로 형 변환된 후 문자열 '1'과 합쳐져 문자열 '10'이 됩니다. **+ 연산자를 사용할 때는 숫자보다 문자열이 우선시**된다고 기억하세요.

이번에는 문자열에서 숫자를 빼 보겠습니다.

```
> '문자열' - 0;
< NaN
```

– 연산자를 사용할 때는 다른 자료형이 먼저 숫자로 형 변환된 후 빼기를 하게 됩니다. 앞의 경우에는 문자열을 숫자로 바꾸면 NaN이 되고, 여기서 0을 빼도 그대로 NaN이므로 결과도 NaN이 나옵니다.

```
> '9' - 5;
< 4
```

이번에는 결과가 숫자로 나옵니다. 문자열 '9'는 숫자 9로 형 변환되고, 여기서 5를 빼기 때문에 결과는 4가 됩니다.

> **Note   숫자로 형 변환하기**
>
> 문자열에서 숫자로 형 변환할 때 변환한 뒤의 값을 추정하려면 Number( ) 함수를 문자열에 적용해 어떤 값이 나오는지 보면 됩니다.

● 연산자 우선순위 이해하기

컴퓨터로 계산할 때 숫자 2개만 계산하기보다는 여러 숫자를 동시에 계산하는 경우가 더 많습니다.

```
> 2 + 3 * 4;
< 14
```

설마 결과가 20이라고 생각한 사람은 없겠죠? 자바스크립트도 수학의 사칙연산 우선순위를 따르기 때문에 곱하기가 더하기보다 우선순위가 높습니다. 우선순위가 높다는 것은 먼저 실행됨을 의미합니다. 3 * 4가 먼저 실행되어 12가 되고, 그다음에 2를 더해 14가 됩니다.

만약 더하기를 곱하기보다 먼저 하고 싶다면 어떻게 해야 할까요? 수학에서처럼 소괄호(( ))로 감싸면 소괄호 부분이 먼저 계산됩니다. 소괄호도 물론 연산자입니다.

```
> (2 + 3) * 4;
< 20
```

다만, 자바스크립트에서 중괄호({ })나 대괄호([ ])는 수학과는 다른 의미라서 연산자 우선순위를 바꿀 때는 사용하지 않습니다.

거듭제곱, 곱하기, 나누기, 나머지 연산자가 더하기와 빼기 연산자보다 우선순위가 높습니다. 거듭제곱, 곱하기, 나누기, 나머지 연산자끼리는 우선순위가 같고, 더하기와 빼기 연산자도 우선순위가 같습니다. 우선순위가 같을 때는 왼쪽에서 오른쪽으로 실행됩니다. 이외에도 연산자가 많지만, 해당 연산자를 사용할 때 소개하겠습니다.

> **Note** **연산자 우선순위**
>
> 연산자 간 우선순위는 다음과 같습니다. 외울 필요는 없고 필요할 때마다 찾아보면 저절로 외워집니다. 연산자가 매우 많지만, 자주 쓰다 보면 금방 익숙해집니다. 같은 모양의 연산자라도 쓰임새에 따라 다른 역할을 하기도 합니다. 이때는 연산자 옆의 소괄호 안에 설명을 넣었습니다.
>
> 표 2-1 연산자 우선순위 표
>
> | 우선순위 | 연산자(쉼표로 구분) | 우선순위 | 연산자(쉼표로 구분) |
> | --- | --- | --- | --- |
> | 19 | ( )(그룹화) | 9 | ==, !=, ===, !== |
> | 18 | ., [ ], new, ( )(함수 호출), ?. | 8 | & |
> | 17 | new(인수 없이) | 7 | ^ |
> | 16 | ++(후위), --(후위) | 6 | ¦ |
> | 15 | !, ~, +(단항), -(단항), ++(전위), --(전위), typeof, void, delete, await | 5 | && |
> | 14 | ** | 4 | ¦¦, ?? |
> | 13 | *, /, % | 3 | ? :(삼항 연산자) |
> | 12 | +(다항), -(다항) | 2 | =, +=, -=, **=, *=, /=, %=, <<=, >>=, >>>=, &=, ^=, ¦=, &&=, ¦¦=, ??=, yield, yield* |
> | 11 | <<, >>, >>> | | |
> | 10 | <, <=, >, >=, in, instanceof | 1 | ,(쉼표) |
>
> 연산자 우선순위가 높을수록 먼저 계산됩니다. 같은 우선순위의 연산자가 여러 개 나오면 먼저 나온 순서대로 계산됩니다. 예를 들어, (1 + 2 - 1) * 3이 있다면 ( ) 연산자의 우선순위가 가장 높으므로 첫 번째로 실행되고, +와 -는 우선순위가 같으므로 +가 -보다 먼저 실행됩니다.

2. 연산자 우선순위 표를 참고해서 연산자를 추가해 3 ** 2 + 1을 27로 만들어 보세요.

● 실수 연산 시 주의할 점

정수뿐만 아니라 실수도 연산할 수 있습니다.

```
> 0.5 + 0.5;
< 1
```

그런데 실수 연산을 할 때는 주의해야 합니다. 0.1과 0.2를 더하면 어떤 값이 나올까요? 당연히 0.3이라고 생각할 겁니다.

```
> 0.1 + 0.2;
< 0.30000000000000004
```

하지만 결과가 이상하게 출력됩니다. 0.3과 비슷하지만 아주 작은 차이가 있습니다. 간단히 설명하면, 컴퓨터는 1과 0밖에 알지 못합니다. 그런데 2진법으로 실수를 표현하면 무한 반복되는 실수가 있어서 어쩔 수 없이 근삿값으로 저장합니다. 그래서 10진법으로 계산한 결과와 차이가 발생하는 경우가 생깁니다. 바로 이것이 대부분의 프로그래밍 언어가 겪고 있는 **부동소수점 문제**입니다. 0.1 + 0.2도 이러한 이유로 오차가 발생합니다.

```
> 0.3 - 0.1;
< 0.19999999999999998
```

이외에도 다양한 실수 연산에서 오차가 발생하기 때문에 실수를 계산할 때는 다른 방법을 주로 사용합니다. 가장 간단한 방법은 실수를 정수로 바꿔 계산하고 마지막에 다시 실수로 바꾸는 것입니다.

```
> (0.3 * 10 - 0.1 * 10) / 10;
< 0.2
```

2.2.3 불 값

부동소수점 문제를 설명하면서 컴퓨터는 실제로 1과 0밖에 모른다고 했습니다. 1과 0은 **참**(true)과 **거짓**(false)에 대응됩니다. 자바스크립트에도 true와 false를 나타내는 **불 값**(boolean)이라는 자료형이 있습니다. 영국의 수학자 조지 불(George Boole)에서 따온 이름입니다.

● 불 값 표현하기

불 값을 표현할 때는 따옴표로 감싸지 않고 true와 false를 입력합니다.

```
> true;
< true
> false;
< false
```

typeof를 앞에 붙여 보면 콘솔에 'boolean'이라는 값이 출력됩니다. 값의 자료형이 불 값이라는 뜻입니다.

```
> typeof true;
< 'boolean'
```

● 비교 연산자 사용하기

이제 참과 거짓을 프로그래밍할 수 있습니다. 참과 거짓은 논리식의 결과 값으로 주로 사용됩니다. 예를 들어, 숫자를 비교할 때 결과 값으로 불 값이 나옵니다.

```
> 5 > 3;
< true
> 5 < 3;
< false
```

>와 < 연산자가 처음 나왔습니다. 콘솔에 표시되는 > 프롬프트와는 다른 개념으로 수학에서처럼 비교를 의미합니다. >는 왼쪽 값이 오른쪽 값보다 크다(초과), <는 왼쪽 값이 오른쪽 값보다 작다(미만)는 뜻입니다. 크거나 같다(이상), 작거나 같다(이하)를 표현할 때는 >=, <= 연산자를

사용해야 합니다. 기존 >, < 연산자 뒤에 = 기호를 추가한 것입니다.

```
> 5 >= 5;
> true
> 5 <= 4;
> false
```

비교 연산자에는 초과, 미만, 이상, 이하를 나타내는 연산자 말고도 두 값이 같음과 같지 않음을 나타내는 연산자도 있습니다.

```
> 5 == 5;
< true
> 5 == 6;
< false
> 5 != 5;
< false
> 5 != 6;
< true
```

==는 양쪽 값이 같은지 비교하는 연산자이고, !=는 양쪽 값이 다른지 비교하는 연산자입니다.

Note   NaN끼리 비교하기

NaN은 비교할 때 독특한 성질을 보입니다. NaN끼리 비교하면 false 값을 가진다는 것이죠. 이는 숫자, 문자열, 불 값을 통틀어 비교할 때 false가 나오는 유일한 값입니다.

```
> NaN == NaN;
< false
```

<=나 >= 연산자를 써도 결과는 false만 나오니 NaN은 비교 연산에서 false를 출력한다고 알아 두세요. 단, != 연산에서만은 true를 출력합니다.

이번에는 숫자 대신 불 값끼리 비교해 봅시다.

```
> true > false;
< true
```

결과에 나왔듯이 true가 false보다 큰 값임을 기억하세요. true는 숫자로 변환하면 1이고, false는 숫자로 변환하면 0입니다.

문자열끼리 비교하는 경우는 조금 복잡합니다. 기본으로 문자의 번호를 따릅니다. 문자의 번호가 클수록 값이 크죠. 문자의 번호를 알아보는 방법은 뒤에 나오는 **문자의 번호 알아보기**에 있습니다. 첫 문자가 같은 글자이면 첫 문자를 빼고 나머지를 다시 비교합니다. 사전에서 단어 찾기와 비슷합니다.

b가 a보다 문자의 번호가 큽니다(b는 98, a는 97). 따라서 true입니다.

```
> 'b' > 'a';
< true
```

첫 문자인 a가 서로 같으니 다음 문자를 비교합니다. b와 d 중에서 d가 값이 더 큽니다(d는 100).

```
> 'ad' > 'ab';
< true
```

첫 문자가 a로 같으므로 두 번째 문자를 비교합니다. 그런데 ab에서 두 번째 문자는 b지만, a에는 두 번째 문자가 없습니다. 이때는 다음 문자가 존재하는 문자열이 값이 더 큽니다.

```
> 'ab' > 'a';
< true
```

이번에는 다른 자료형끼리 비교해 봅시다. 문자열과 숫자의 크기를 비교하면 어떻게 될까요?

```
> '3' < 5;
< true
```

빼기 연산자 때처럼 다른 자료형이 모두 숫자로 형 변환된 후 비교합니다. 따라서 문자열 3은 숫자 3이 되어 5보다 작다는 것이 성립됩니다.

문자열 abc를 숫자로 바꾸면 NaN이 됩니다. NaN과의 비교는 false이므로 결과 값이 false가 됩니다.

```
> 'abc' < 5;
< false
```

불 값도 비교 연산을 할 때는 숫자로 형 변환됩니다.

```
> '0' < true;
< true
```

문자열 0도 숫자 0으로 형 변환되고, true도 숫자 1로 형 변환됩니다. 따라서 결과 값은 true입니다.

> **Note 문자의 번호 알아보기**
>
> 문자의 번호를 알아보려면 charCodeAt()을 사용합니다. 찾으려는 문자열 뒤에 .charCodeAt()을 붙이면 문자의 번호가 나옵니다.
>
> ```
> > 'a'.charCodeAt();
> < 97
> ```

● ==와 ===의 다른 점

앞에서 값이 같은지 비교할 때 == 연산자를 사용한다고 했습니다. 하지만 다음과 같은 코드에서는 당황스러운 결과가 나옵니다.

```
> '1' == 1;
< true
> 1 == true;
< true
> 1 == '1';
< true
```

자료형이 다르면 형 변환한 후 비교하기 때문에 앞의 예제에서 모두 true가 출력됩니다. 이러한 특성은 외우기도 힘들뿐더러 값을 비교하려는 취지에 맞지 않는 경우도 있습니다. 그래서 자료형까지 같은지 비교하는 연산자가 따로 있습니다. 바로 === 연산자입니다. 이 연산자는 값을 비교할 때 값뿐만 아니라 자료형도 같은지 비교합니다.

```
> '1' === 1;
< false
> 1 === true;
< false
> 1 === '1';
< false
```

이번에는 결과 값이 모두 false입니다. 자료형까지 같을 때만 true가 나옵니다.

```
> 1 === 1;
< true
```

!= 연산자도 마찬가지입니다. 형 변환을 먼저 한 후에 비교하므로 다음과 같은 결과가 나옵니다.

```
> 1 != '1';
< false
```

자료형까지 비교하려면 != 연산자 대신 !== 연산자를 사용합니다.

```
> 1 !== '1';
< true
```

자료형이 다르므로 true가 나옵니다.

== 연산자나 != 연산자의 결과를 추정하려면 값들이 어떻게 형 변환되는지를 알아야 하므로 입문 단계에서는 바로 답을 구하기 어렵습니다. 따라서 == 연산자와 != 연산자 대신 === 연산자와 !== 연산자를 사용해 자료형까지 정확하게 비교하기를 권장합니다.

● 논리 연산자 사용하기

불 값은 논리식을 다룰 때 많이 사용합니다. 시험 볼 때 "다음 문장이 참인지 거짓인지 고르시오."라는 문제를 본 적이 있을 겁니다. 이때 참과 거짓이 바로 불 값의 참과 거짓에 대응됩니다.

"10은 5보다 크고(그리고), 6은 8보다 작다."라는 문장은 참일까요, 거짓일까요? 그리고 이 문장을 자바스크립트로 어떻게 표현할 수 있을까요? 10 > 5와 6 < 8은 바로 알 수 있는데, 그 사이의 연결고리를 표현할 수 없습니다. 프로그래밍에서는 '그리고'를 표현하는 연산자가 따로 있습니다. 바로 && 연산자입니다.

```
> 10 > 5 && 6 < 8;
< true
```

결과는 true입니다. && 연산자의 왼쪽 식과 오른쪽 식이 모두 true여야 &&의 결과도 true가 됩니다.

'그리고'와는 다른 개념으로 '또는'이 있습니다. 이는 || 연산자로 표현합니다. 왼쪽 식이나 오른쪽 식 둘 중 하나라도 true면 ||의 결과는 true가 됩니다.

```
> 10 < 5 || 6 < 8;
< true
```

앞의 코드는 왼쪽 식의 값이 false이지만 오른쪽 식의 값이 true이므로 최종 결과 값도 true가 됩니다. || 연산자에서는 다음 코드처럼 양쪽의 식이 모두 false여야 false가 됩니다.

```
> 10 < 5 || 6 > 8;
< false
```

참을 거짓으로, 거짓을 참으로 만드는 연산자도 있습니다. ! 연산자입니다. 식 앞에 ! 연산자를 붙이면 참인 값은 false가 되고, 거짓인 값은 true가 됩니다.

```
> !true;
< false
> !false;
< true
```

이 성질을 이용해 다른 자료형을 불 값으로 형 변환할 수도 있습니다. ! 연산자를 연이어 두 번 쓰면 됩니다. 두 번 연이어 썼기 때문에 참인 값은 참에서 거짓으로, 다시 거짓에서 참으로 변환됩니다. 거짓인 값은 거짓에서 참으로, 다시 참에서 거짓으로 변환됩니다.

```
> !!'a';
< true
```

대부분의 값은 불 값으로 형 변환했을 때 true가 됩니다. 하지만 false가 되는 값이 있습니다. 형 변환했을 때 false가 되는 값은 몇 개 없으니 여기 나온 값만 기억하면 됩니다. 나머지는 모두 형 변환했을 때 true가 됩니다.

```
> !!false
< false
> !!''
< false
> !!0
< false
> !!NaN
< false
```

false, ''(빈 문자열), 0, NaN은 불 값으로 형 변환했을 때 false가 됩니다. 여기에 나중에 배우는 undefined와 null도 형 변환하면 false가 됩니다. 이 여섯 가지만 알면 됩니다(document.all이라는 것도 false로 변환되지만, 거의 사용하지 않습니다). 이렇게 형 변환한 후 false가 되는 값들을 **거짓인 값**(falsy value)이라고 하고, true가 되는 값들은 **참인 값**(truthy value)이라고 합니다.

논리 연산자도 우선순위가 있습니다. **표 2-1**에 나온 우선순위를 확인하세요. 우선순위는 그룹 연산자(소괄호)를 이용해 조정할 수 있습니다. 다음 두 식의 결과를 보죠.

```
> !(2 < 0);
< true
> !2 < 0;
< false
```

소괄호의 우선순위가 가장 높습니다. 따라서 소괄호부터 계산되므로 2 < 0 식의 결과는 false가 되고 !false 식의 결과는 true가 됩니다. 소괄호가 없다면 ! 연산자의 우선순위가 < 연산자보다 높습니다. 따라서 !2 식이 먼저 계산되어 false가 되고, false < 0 식을 연산하므로 결과는 false가 됩니다. 연산할 때 연산자의 우선순위도 항상 염두에 두어야 합니다.

1분 퀴즈
 해설 노트 p.558

3. 숫자와 불 값에서 배운 것을 활용해 다음 연산의 결과가 true가 되게 만들어 보세요. 연산자만 추가하거나 수정할 수 있습니다. 정답은 여러 가지가 나올 수 있습니다.

```
5 + 4 * 3 === 27;
```

074

● 논리 연산자 사용 시 유의할 점

사실 && 연산자나 || 연산자는 true나 false만 결과로 나오지는 않습니다. 다음 코드를 보죠.

```
> 5 && 4
< 4
> '' && 6
< ''
```

&& 연산자는 앞에 나오는 값이 참인 값이면 뒤에 나오는 값을 결과로 보내고, 앞에 나오는 값이 거짓인 값이면 앞에 나오는 값을 그대로 결과로 보냅니다. 5는 참인 값이므로 4가 결과가 되고, ''는 거짓인 값이니까 그대로 결과로 나옵니다.

|| 연산자는 반대로 앞에 나오는 값이 참인 값이면 앞에 나오는 값을 그대로 결과로 보내고, 앞에 나오는 값이 거짓인 값이면 뒤에 나오는 값을 결과로 보냅니다.

```
> 'hi' || 5
< 'hi'
> 0 || 6
< 6
> null || 6
< 6
```

예제에서처럼 'hi'는 참인 값이므로 그대로 결과가 되고, 0이나 null은 거짓인 값이므로 뒤에 나오는 6이 결과가 됩니다.

?? 연산자도 있습니다. 이 연산자는 **널 병합 연산자**(nullish coalescing operator)라고 합니다. 앞에 나오는 값이 null이나 undefined면 뒤에 나오는 값을 결과로 보내고, null도 undefined도 아니면 앞에 나오는 값을 결과로 보냅니다.

```
> 'hi' ?? 5
< 'hi'
> 0 ?? 6
< 0
```

```
> null ?? 6
< 6
```

'hi'나 0은 null도 undefined도 아니므로 앞에 나오는 값이 결과가 됩니다. null의 경우에는 뒤에 나오는 값이 결과가 됩니다.

|| 연산자와 비교하기 위해 일부러 비슷한 구조로 맞췄습니다. 0 || 6은 6이지만, 0 ?? 6은 0이라는 차이가 있다는 점을 기억하세요.

1분 퀴즈
해설 노트 p.558

4. 다음 중 결과 값이 1인 것을 <u>모두</u> 고르세요.

① 1 && 0　　　　② 0 || 1　　　　③ 0 ?? 1　　　　④ 1 || 0　　　　⑤ 1 ?? 0

2.2.4 빈 값 사용하기

지금까지 문자열, 숫자, 불 값 자료형을 알아보았습니다. 이외에도 네 가지(undefined, null, object, symbol)가 더 있습니다. 여기서는 undefined와 null 자료형을 알아봅니다. 이 둘은 빈 값(비어 있음을 의미)을 표현한다는 공통점이 있지만, 차이점도 있습니다.

● **undefined**

undefined는 이미 본 적이 있습니다. console.log()로 출력하면 항상 부수적으로 undefined가 결과 값으로 반환됐습니다.

```
> console.log('Hello, undefined!');
  Hello, undefined!
< undefined
```

undefined는 보통 반환할 결과 값이 없을 때 나옵니다. console.log()는 콘솔에 무언가를 출력하지만, 그 자체로는 결과 값이 없기 때문에 undefined가 반환됩니다.

undefined의 자료형은 무엇일까요? typeof를 붙여 콘솔에 입력해 보면 'undefined'라고 나옵니다. 즉, undefined는 값이자 자료형입니다. undefined의 값은 undefined밖에 없습니다.

```
> typeof undefined;
< 'undefined'
```

undefined를 불 값으로 형 변환하면 false가 나옵니다.

```
> !!undefined;
< false
```

단, undefined와 false는 같지 않습니다. 거짓인 다른 값들과 비교해도 마찬가지입니다.

```
> undefined == false;
< false
> undefined == 0;
< false
> undefined == '';
< false
```

undefined 자료형은 뒤로 갈수록 자주 만나게 됩니다. 미리 언급하면 기본값에 undefined를 많이 사용합니다.

null

다른 자료형으로는 null이 있습니다. null도 undefined처럼 값이자 자료형입니다. 값도 null이 유일합니다. null이 빈 값을 의미하지만 undefined와 같지는 않습니다.

```
> undefined == null;
< true
```

빈 값이라는 점에서 같지만 자료형을 비교해 보면 다릅니다.

```
> undefined === null;
< false
```

undefined와 마찬가지로 null도 불 값으로 형 변환하면 false가 됩니다.

```
> !!null;
< false
```

하지만 null도 false와 같지 않습니다. 다른 거짓인 값들과 비교해도 같지 않습니다.

```
> null == false;
< false
> null == 0;
< false
> null == '';
< false
```

null의 자료형을 typeof로 확인해 보면 특이한 것을 발견할 수 있습니다.

```
> typeof null;
< 'object'
```

결과 값이 'null'이 아니라 'object'입니다. 이 현상은 자바스크립트에서 유명한 버그입니다. 원래는 'null'이 나와야 하지만, 언어가 만들어진 초창기 실수 때문에 'object'가 됐습니다. 그 이후로는 바꿀 수 없게 됐습니다(바꾸고 나면 기존에 typeof null 식을 사용하는 모든 곳에 영향을 미치기 때문입니다). 따라서 값이 null인지 확인하기 위해서는 === null을 사용해야 합니다.

null과 undefined는 둘 다 빈 값이라서 언제 사용할지 헷갈릴 수 있습니다. undefined는 기본 값이라는 의미라도 있지만, null은 아무런 역할이 없습니다. 일부 개발자가 null을 의도적으로 사용하는 경우가 있는데, 이는 변수를 배울 때 알아봅니다.

Note   == 관계가 헷갈릴 때

== 관계가 헷갈릴 때는 다음 표를 참조하세요. 색칠된 부분이 == 관계가 참인 경우입니다. 외울 필요는 없습니다. 앞에서 언급했듯 === 연산자를 사용하면 표를 볼 필요도 없습니다.

그림 2-6 == 관계 표

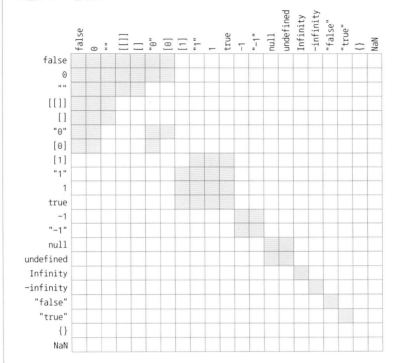

2.3

변수

프로그램을 작성할 때 특정한 값을 잠시 저장해야 하는 상황이 자주 발생합니다. 이때 사용하는 것이 변수입니다. 변수를 사용하면 다음과 같이 값을 저장할 수 있습니다.

```
> let total = 5000 + 8000 + 10000 + 9000;
< undefined
```

더하기 연산의 결과인 32000을 total이라는 이름으로 저장했습니다. 콘솔에 total을 입력하면 저장된 32000이 출력됩니다.

```
> total;
< 32000
```

또는 console.log(변수)로 변수의 값을 콘솔에 출력할 수 있습니다. 이때 마지막에 나오는 undefined는 변수가 아니라 console.log() 자체의 결과 값입니다. console.log()를 사용하면 항상 마지막에 undefined가 나옵니다.

```
> console.log(total);
  32000
< undefined
```

이렇게 total처럼 값을 저장하고 저장한 값을 불러올 수 있게 하는 것이 **변수**(variable)입니다. 변수를 만드는 행위는 **선언**(declaration)한다고 표현하므로 앞으로는 변수를 선언한다고 하겠습니다.

2.3.1 let으로 변수 선언하기

변수를 선언하는 방법은 let, const, var 세 가지가 있는데, 여기서는 let을 살펴보겠습니다.

let 다음에 선언하려는 변수명(변수의 이름)을 적고, 그 뒤에 **대입**(assignment, 할당이라고도 함) 연산자 =를 입력합니다. = 연산자 뒤에는 변수에 저장할 식을 입력하면 됩니다.

형식   let 변수명 = 식;

앞의 예제를 다시 보겠습니다.

```
> let total = 5000 + 8000 + 10000 + 9000;
< undefined
```

이처럼 let으로 시작하는 명령을 **선언문**이라고 합니다. total은 변수명입니다. 대입 연산자보다 더하기 연산자의 우선순위가 높으므로 숫자를 더하는 식이 먼저 계산됩니다. 그리고 계산된 값 32000이 대입 연산자를 통해 total 변수의 값으로 저장됩니다. 이처럼 변수를 선언함과 동시에 값을 대입하는 행위를 **초기화**(initialization)라고 합니다. 끝으로, 변수 선언문은 항상 결과값이 undefined로 출력됩니다.

그런데 변수명과 값은 어디에 저장될까요? 컴퓨터의 메모리에 저장됩니다. 내용물이 든 상자를 예로 들어 보죠. 상자에는 이름표가 붙어 있고, 상자는 창고에 들어 있습니다. 여기서 내용물이 값(32000)이고, 이름표가 변수명(total)이며, 창고가 메모리입니다. 사람이 창고에서 상자의 이름표를 보고 내용물을 찾듯이 개발자도 메모리에서 변수명으로 값을 가져올 수 있습니다. 창고에 상자를 보관하는 것은 프로그램에서 변수를 선언하는 것과 같습니다. 상자에 내용물을 넣는 것은 = 연산자를 사용하는 것과 같고요.

그림 2-7 변수와 메모리

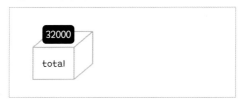

메모리

변수를 하나 더 선언해 보겠습니다.

```
> let string = 'Hello, variable';
< undefined
> string;
< 'Hello, variable'
```

메모리에 변수가 하나 더 추가되어 다음 그림과 같이 됩니다.

그림 2-8 변수를 하나 더 선언한 모습

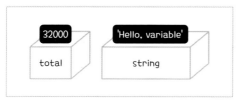

메모리

변수는 메모리에 저장되어 있습니다. 그런데 메모리를 초기화(변수의 초기화와는 다름)하면 메모리에 저장되어 있던 변수도 같이 사라집니다. 웹 브라우저를 새로고침하면 메모리가 초기화됩니다. 따라서 앞에서 만든 변수들도 사라집니다. 웹 브라우저를 새로고침한 후에 앞에서 만든 string 변수를 콘솔에 입력해 보세요.

```
> string;
Uncaught ReferenceError: string is not defined
```

string이라는 변수가 정의(define)되지 않았다는 에러가 발생합니다. 즉, 메모리가 초기화되면서 선언했던 total과 string 변수가 없어진 것입니다.

변수를 선언할 때 변수에 값을 대입하지 않아도 됩니다.

```
> let empty;
< undefined
```

값을 대입하지 않은 변수를 입력하면 undefined가 출력됩니다.

```
> empty;
< undefined
```

앞에서 undefined를 설명할 때 undefined를 기본값에 많이 사용한다고 했죠. 이렇게 변수를 선언할 때 값을 대입하지 않으면 기본으로 값이 undefined가 됩니다.

또한, 이미 선언한 변수를 다시 선언하면 에러가 발생합니다.

```
> let empty; let empty;
  Uncaught SyntaxError: Identifier 'empty' has already been declared
```

따라서 변수명이 겹치지 않게 주의해야 합니다. 단, 콘솔에서는 편의를 위해 다음 프롬프트에서 같은 이름의 변수를 다시 선언하는 것을 허용하고 있습니다. 원칙적으로는 한 번 선언한 변수는 다시 선언할 수 없습니다.

2.3.2 변수명 짓기

앞에서 total과 string이라는 이름으로 변수를 선언했습니다. 변수명은 변수의 값이 무엇인지 알려 주는 역할을 하기 때문에 자세하게 짓기를 권장합니다.

```
let banana = 'apple';
```

이처럼 변수명은 banana(바나나)인데 저장된 값이 apple(사과)이면 사용자가 헷갈릴 수 있습니다. 또한, 아무 의미 없는 변수명 a를 사용하면 저장된 값이 무엇인지 추정하기가 매우 어렵습니다.

```
let a = 'apple';
```

변수명은 아무렇게나 지을 수 있는 게 아닙니다. 몇 가지 제약 사항이 있습니다. 특수문자는 $와 _만 사용할 수 있으며, 숫자로 시작해서는 안 됩니다. $와 _ 말고 다른 특수문자가 들어가거나 숫자로 시작하는 변수명을 입력하면 에러가 발생합니다.

```
> let er^ror = 'No!';
  Uncaught SyntaxError: Unexpected token '^'
> let 2error = 'No!';
  Uncaught SyntaxError: Invalid or unexpected token
```

하지만 이를 제외하면 한글이나 한자, 유니코드(https://ko.wikipedia.org/wiki/유니코드)까지도 변수명으로 사용할 수 있습니다.

```
> let 한글 = 'Yes!';
< undefined
> let 漢字 = 'Yes!';
< undefined
> let ᄒ_ᄒ = 'Yes!';
< undefined
```

한국 사람만 보는 코드라면 변수명을 한글로 지어도 됩니다. 중국 사람만 본다면 한자로 지어도 되고요. 하지만 여러분이 만든 코드가 전 세계에서 널리 쓰이길 원한다면 영어로 변수명을 짓는 게 좋습니다.

변수명으로 사용할 수 없는 단어도 있습니다. 바로 예약어입니다. **예약어**(reserved word)는 자바스크립트 내부에서 사용 중인 단어라서 변수명으로 쓰지 않습니다.

```
> let let = 'No!';
  Uncaught SyntaxError: let is disallowed as a lexically bound name
> let var = 'No!';
  Uncaught SyntaxError: Unexpected token 'var'
```

예약어로는 다음과 같은 단어들이 있습니다. 예약어는 자바스크립트 버전에 따라 추가되거나 제외될 수 있습니다.

```
await, break, case, catch, class, const, continue, debugger, default, delete,
do, else, enum, export, extends, false, finally, for, function, if, import, in,
instanceof, let, new, null, return, static, super, switch, this, throw, true,
try, typeof, var, void, while, with, yield
```

예약어지만 변수명으로 쓸 수 있는 경우도 있고, 예약어가 아닌데도 변수명으로 쓰지 못하는 경우도 있습니다. 따라서 이들을 외우기보다는 자바스크립트 프로그래밍을 하다가 자주 보게 되는 단어들을 변수명으로 사용하지 않는 게 좋습니다. 그리고 예약어를 사용하면 어차피 에러가 발생하기 때문에 변수를 선언할 때 에러가 나는지 확인해도 됩니다.

2.3.3 변수의 값 수정하기

변수는 '변하는 숫자'라는 의미지만, 실제로는 숫자 자료형 외에도 다양한 자료형의 값을 저장할 수 있습니다. 여기서 주목해야 할 부분은 **변하는**입니다. 한번 저장한 값을 바꿀 수 있다는 뜻입니다.

```
> let change = '바꿔 봐';
< undefined
```

change라는 변수를 선언하고 초기화했습니다. change 변수의 값을 바꿔 보겠습니다. 변수명에 대입 연산자를 사용해 새로운 값을 입력합니다.

```
> change = '바꿨다';
< '바꿨다'
```

change 변수를 콘솔에 입력해 값이 바뀌었는지 확인합니다.

```
> change;
< '바꿨다'
```

그림 2-9 변수의 값 수정

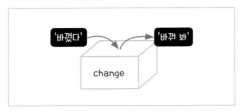

메모리

Note change = '바꿨다'에서 값이 나오는 이유는?

let으로 변수를 선언할 때는 콘솔에 결과로 undefined가 나오지만, 변수의 값을 바꿀 때는 결과로 바꾼
값이 나옵니다. 같은 대입 연산자를 사용했는데 결과가 다른 이유는 무엇일까요?

```
> let change = '바꿔 봐';
< undefined
> change = '바꿨다';
< '바꿨다'
```

이는 let의 역할 때문입니다. let이 없을 때는 코드 자체가 식이라서 대입한 값이 결과로 출력되지만, let
이 앞에 붙는 순간 **선언문**이 됩니다. 여기서 **문**(statement)이라는 개념이 나옵니다. 문은 식과 다르게 결과
로 나올 값이 없고 식의 자리에 사용할 수 없습니다. 다만, 결과로 나올 값이 없다고 해서 무조건 문인 것은
아닙니다. console.log()는 결과로 undefined가 나오지만 식입니다. 식의 자리에 사용할 수 있는지 여
부가 중요합니다.

변수에 넣은 값을 비울 때도 있습니다. 이때는 두 가지 방법이 있습니다. undefined를 대입하거
나 null을 대입하는 것입니다.

```
> change = undefined;
< undefined
> change = null;
< null
```

두 경우 모두 변수의 값을 빈 값으로 바꾼다는 점에서 동일하지만, undefined와 null이 다른 값이기 때문에 다른 의미를 부여할 수 있습니다. 많은 개발자가 null을 대입해 값을 의도적으로 지웠다는 의미를 부여합니다.

2.3.4 변수 활용하기

이번에는 변수를 활용하는 다양한 방법을 배워 봅니다. 먼저 변수를 다른 변수에 대입할 수 있습니다. 변수에 들어 있는 값을 다른 변수에 대입하는 방식입니다.

다음 예제에서는 string 변수의 값인 'Hello, variable'이 string2에도 대입됩니다.

```
> let string = 'Hello, variable';
< undefined
> let string2 = string;
< undefined
> string2;
< 'Hello, variable'
```

자신을 자신에 대입할 수도 있습니다. 다음 예제를 보면 number라는 변수를 선언하고 초기화합니다. 만약 number 변수의 값에 3을 더하고 싶다면 어떻게 해야 할까요?

```
> let number = 5;
< undefined
```

```
> number = number + 3;
< 8
```

number 변수에 3을 더한 후 그 값을 number 변수에 다시 대입하면 됩니다. 이 코드는 수학적으로 보면 잘못되었습니다. 하지만 프로그래밍에서는 == 연산자나 === 연산자가 비교 연산자이고, = 연산자는 대입 연산자임을 기억하세요. 대입 연산자는 산술 연산자보다 우선순위가 낮기 때문에 먼저 number 변수에 3을 더한 뒤, 그 값인 8을 number에 대입하게 됩니다.

앞의 코드를 다음과 같이 축약할 수 있습니다. 이때 += 연산자를 사용합니다.

```
> number += 3;
< 8
```

기존 number 변수의 값에 3을 더한 후, 결과 값을 다시 number에 대입합니다. 비슷한 원리로 -=, *=, /=, %=, **= 연산자도 있습니다. 다음 두 식은 같은 의미입니다.

```
number -= 3;
number = number - 3;
```

변수는 계산된 값을 저장할 때도 사용하지만, 코드 중복을 줄일 때도 사용합니다.

```
console.log('긴 문자열입니다.');
console.log('긴 문자열입니다.');
console.log('긴 문자열입니다.');
```

코드에서 같은 문자열이 반복됩니다. 만약 문자열의 길이가 수백 자 이상이면 줄마다 수백 자의 문자열을 입력해야 합니다. 또한, 문자열을 수정해야 하는 경우에도 문자열이 나오는 모든 줄을 수정해야 합니다.

```
console.log('긴 문자열을 수정합니다.');
console.log('긴 문자열을 수정합니다.');
console.log('긴 문자열을 수정합니다.');
```

값을 사용할 때와 수정할 때 중복이 발생하는데, 이를 막기 위해 중복되는 문자열을 변수로 만들었습니다.

```
let string1 = '긴 문자열입니다.';
console.log(string1);
console.log(string1);
console.log(string1);
```

코드를 수정할 때는 string1 변수의 값만 수정하면 변수를 사용하는 부분이 한 번에 수정되므로 모든 줄을 일일이 수정할 필요가 없습니다.

```
let string1 = '긴 문자열을 수정합니다.';
console.log(string1);
console.log(string1);
console.log(string1);
```

2.3.5 const로 상수 선언하기

let 외에도 const와 var로도 변수를 선언할 수 있다고 했습니다. 먼저 const는 **상수**(constant)의 줄임말입니다. 변수와 상수는 어떤 차이가 있을까요? 변수(變數)는 **변하는** 수입니다. 반대로 상수(常數)는 **변하지 않는** 수라는 뜻입니다.

상수를 왜 사용할까요? 코딩하다 보면 변수의 값을 수정할 일이 생각보다 많지 않습니다. 그래서 실수로 값을 수정하는 일을 막기 위해 상수를 사용합니다.

앞의 예제를 다시 보겠습니다. string1 변수가 나중에 실수로 수정되는 것을 막기 위해 let을 const로 바꿉니다.

```
let string1 = '긴 문자열입니다.';
```

상수로 만들면 string1 변수의 값이 수정되지 않기 때문에 더 안전하게 코딩할 수 있습니다.

```
const string1 = '긴 문자열입니다.';
```

상수는 값이 수정되지 않는지 확인해 봅시다. let에서는 처음 값을 대입한 후에 다른 값을 대입해 수정할 수 있었습니다. 하지만 const는 상수이므로 한번 값을 대입하면 다른 값을 대입할 수 없습니다.

```
> const value = '상수입니다.';
< undefined
> value = '바꿀 수 없습니다.';
  Uncaught TypeError: Assignment to constant variable.
```

const도 식이 아니라 선언문이어서 콘솔에 undefined가 출력됩니다. 그리고 다른 값을 대입하면 에러가 발생합니다. 하지만 값을 바꿀 수 없다는 뜻은 아닙니다. 나중에 객체를 배울 때 값을 바꾸는 방법을 살펴보겠습니다.

const로 선언한 상수도 다시 선언할 수 없습니다. 하지만 let과 마찬가지로 콘솔에서는 편의를 위해 이미 선언한 상수를 다음 프롬프트에서 또 선언할 수 있게 허용합니다. 한 프롬프트에서 같은 변수를 여러 번 선언해야 에러가 발생합니다.

```
> const value = '상수입니다.'; const value = '다시 선언할 수 없습니다.';
  Uncaught SyntaxError: Identifier 'value' has already been declared
```

또한, 한번 값을 대입하면 다른 값을 대입할 수 없다는 특성 때문에 상수 선언 시 초기화(선언과 동시에 값을 대입하는 것)하지 않으면 에러가 발생합니다.

```
> const wrong;
  Uncaught SyntaxError: Missing initializer in const declaration
```

> Note **상수와 변수는 반대 개념이 아닌가요?**
>
> 상수와 변수의 뜻을 살펴보면 완전히 반대 개념임을 알 수 있습니다. 그런데 왜 let, const, var를 묶어 변수를 선언한다고 할까요? const는 엄밀히 말하면 상수가 아니기 때문입니다. const는 **2.6절**에서 배우는 객체의 내부 값에는 적용되지 않습니다. 따라서 완전한 상수가 아니므로 자바스크립트 커뮤니티에서는 보통 const로 선언해도 변수라고 합니다. 다만, 앞에서 설명한 특성을 가진 변수라고 생각하면 됩니다.

2.3.6 var 알아두기

var는 **변수**(variable)의 줄임말로, 예전에는 주로 var를 사용해 변수를 선언했습니다. 하지만 이해하기 어려운 특성 때문에 요즘에는 let과 const로 변수를 선언하는 방식을 주로 사용합니다. 이 책에서도 var는 거의 사용하지 않습니다. 다만, 과거에 작성된 코드에서 var를 많이 사용하므로 var의 특성은 알아 두어야 합니다.

다음은 var로 변수를 선언한 예제 코드입니다. var로 변수를 선언하면 해당 문장을 특별히 **변수문**(variable statement)이라고 합니다.

```
> var variable = '다시 선언할 수 있습니다.';
< undefined
> variable;
< '다시 선언할 수 있습니다.'
```

선언할 때 초기화하지 않으면 값에 undefined가 대입됩니다. 여기까지는 let과 상당히 비슷합니다.

```
> var variable2;
< undefined
> variable2;
< undefined
```

하지만 다른 점도 있습니다. 기존에 선언했던 variable 변수를 다시 선언해도 에러가 발생하지 않습니다. 이러한 특징 때문에 실수로 같은 변수를 다시 선언하는 문제가 발생할 수 있습니다.

```
> var variable = 'var 선언'; var variable = '다시 선언할 수 있습니다.';
< undefined
```

또한, 다음과 같이 예약어에 사용하는 단어를 변수명으로 사용할 수 있습니다. undefined, Infinity, let은 자바스크립트에서 각자 역할이 있는 예약어입니다. 이러한 이름을 변수명으로 사용하면 같은 코드를 보는 다른 개발자가 매우 헷갈릴 수 있습니다.

```
> var undefined = 'defined';
< undefined
> var Infinity = 0;
< undefined
> var let = 'const';
< undefined
```

var 대신 let을 사용하면 에러가 발생해 해당 이름을 변수명으로 사용하지 못하게 막습니다.

```
> let undefined = 'defined';
  Uncaught SyntaxError: Identifier 'undefined' has already been declared
> let Infinity = 0;
  Uncaught SyntaxError: Identifier 'Infinity' has already been declared
> let let = 'const';
  Uncaught SyntaxError: let is disallowed as a lexically bound name
```

이외에도 var를 사용하면 직관적으로 알기 어려운 부분이 많습니다. 이런 부분은 다른 문법을 설명할 때 같이 다루겠습니다.

1분 퀴즈
해설 노트 p.558

5. a와 b라는 변수에 어떠한 값이 들어 있습니다. 두 변수의 값을 서로 바꿔 보세요.

힌트 두 값을 바꾸려면 변수 하나를 더 만들어야 합니다.

2.4

조건문

앞에서 첫 번째 문으로 선언문을 알아보았습니다. 두 번째 문으로 **조건문**이 있습니다. 조건문은 주어진 조건에 따라 코드를 실행하거나 실행하지 않는 문입니다.

```
if (로그인한 사용자)
    정보를 보여 준다;
```

2.4.1 조건문의 기본 형식

조건문의 기본 형식은 다음과 같습니다. 조건문을 나타내는 예약어인 if 뒤에 나오는 소괄호 안에 조건(식)을 넣고, 다음 줄에 실행문을 넣으면 됩니다. 실행문도 선언문처럼 문의 일종입니다. 실행문을 작성할 때 들여쓰기는 중요하지 않지만 구분하기 쉽게 2칸을 들여 쓰겠습니다.

형식
```
if (조건식)
    실행문
```

조건문은 조건식과 실행문으로 구분됩니다. 조건식이 참인 값이면 실행문이 실행되고, 거짓인 값이면 실행문이 실행되지 않습니다. 실행문에는 여러 개의 식을 넣을 수 있습니다. 만약 실행문의 식이 둘 이상이면 식들을 중괄호로 감쌉니다. if와 (,)와 { 사이는 띄어 써도 되고 붙여 써도 됩니다. 다만, 띄어 쓰는 것이 가독성이 더 좋으므로 이 책에서는 띄어 쓰겠습니다. 다음 형식에서 { 부터 }까지(중괄호 포함)가 실행문이고, 실행문 안에 실행식이 3개 있는 모습입니다.

형식

```
if (조건식) {
    실행식1;
    실행식2;      ──▶ 실행문
    실행식3;
}
```

다음 코드를 실행해 봅시다. 콘솔에서 행갈이는 Shift + Enter를 누르면 됩니다. 코드를 모두 입력한 후에 Enter를 눌러 실행합니다.

```
if (true) {
  'Hello, if!';
}
⟨ 'Hello, if!'
```

조건문의 조건식이 true입니다. true는 참인 값이므로 실행문이 실행되어 콘솔에 Hello, if!가 출력됩니다. 반대로 조건식이 false면 거짓인 값이므로 콘솔에 실행문의 결과가 표시되지 않습니다.

```
if (false) {
  'Hello, if!';
}
⟨ undefined
```

참인 값과 거짓인 값은 **2.2.3 불 값**에서 소개했습니다. false, '', O, NaN, null, undefined만 거짓인 값이고, 나머지는 참인 값이라고 보면 됩니다. 이후 문을 입력할 때 나오는 undefined는 생략하겠습니다. 또한, 프롬프트(⟩) 표시도 생략합니다.

true라는 값을 직접 넣을 필요 없이 true로 형 변환되는 값(참인 값)이나 그것을 담고 있는 변수를 넣어도 됩니다. 다음 예제는 condition 변수가 true라는 값을 가지므로 조건식에 condition 변수가 들어가면 실행문이 실행됩니다.

```
let condition = true;
if (condition) {
```

```
    'Hello, if!';
  }
< 'Hello, if!'
```

조건식에 숫자를 넣으면 어떻게 될까요? 0을 불 값으로 형 변환하면 false가 되므로 실행문이
실행되지 않습니다.

```
if (0) {
  'Hello, if!';
}
```

실행문에서 여러 개의 식을 실행할 수도 있습니다. 조건식이 참인 값이라면 식들은 위에서 아래
로 차례대로 실행됩니다.

```
if (true) {
  console.log('Hello, if!');
  console.log('Hello, again!');
}
Hello, if!
Hello, again!
```

이번에는 특별히 console.log()를 사용했습니다. console.log()를 사용하지 않으면 콘솔에
문자열이 모두 표시되지 않아서 그렇습니다. console.log()를 제거하고 실행해 보면 차이를 확
인할 수 있습니다.

> **제로초의 조언**
>
> 실행문의 식이 하나일 때는 중괄호를 사용하지 않아도 되지만, 하나일 때도 중괄호를 사용하
> 기를 권장합니다. 중괄호를 사용하지 않으면 다음과 같은 코드에서 실행결과를 예상하기가
> 어렵습니다.
>
> ```
> if (false)
> console.log('Hello, if!');
> console.log('Bye, if');
> Bye, if
> ```

◑ 계속

조건식이 false이므로 실행문이 실행되지 않습니다. 하지만 console.log('Bye, if')는 실행문의 식이 아닌 일반식이라서 실행됩니다. 중괄호가 없으면 바로 다음 식만 실행문에 포함되기 때문입니다. 이처럼 실행문의 식이 하나일 때 중괄호를 사용하지 않으면 조건문의 범위를 한눈에 알아보기 어렵습니다. 따라서 항상 실행문을 중괄호로 묶어 확실히 조건문의 일부임을 표시하는 것이 좋습니다.

```
if (false) {
  console.log('Hello, if!');
}
console.log('Bye, if');
Bye, if
```

조건문으로 다음과 같이 변수의 값을 바꿀 수도 있습니다.

```
let value = '사과';
let condition = true;
if (condition) {
  value = '바나나';
}
value;
〈 '바나나'
```

2.4.2 else를 사용해 두 방향으로 분기하기

앞 절의 코드에서 조건식이 true면 value 값을 바나나로 수정했습니다. 만약 조건식이 false일 때 값을 포도로 수정하고 싶다면 어떻게 해야 할까요? 이를 위해 else가 존재합니다.

if 문 뒤에 else를 붙이고 실행문을 입력하면 됩니다. else 문에도 if 문과 마찬가지로 실행문에 식을 여러 개 넣을 수 있고, 식이 하나인 경우 중괄호를 생략할 수 있습니다.

```
if (false) {
  'Hello, if!';
```

```
} else {
  'Hello, else!';
}
< 'Hello, else!'
```

조건식이 거짓일 때 value를 포도로 만들려면 다음과 같이 작성합니다. 주석은 입력하지 않아도 됩니다.

```
let value = '사과';
let condition = false; // else 문이 실행됨
if (condition) {
  value = '바나나';
} else {
  value = '포도';
}
value;
< '포도'
```

2.4.3 else if를 사용해 여러 방향으로 분기하기

else 문을 사용해 조건이 true인 경우와 false인 경우로 분기 처리해 보았습니다. 하지만 이 세상 모든 것이 참과 거짓으로만 나뉘지는 않습니다. 예를 들어, 점수에 따른 학점을 생각해 봅시다. 90점 이상이면 A+, 80점 이상이면 A, 70점 이상이면 B+, 60점 이상이면 B, 60점 미만이면 F인 수업이 있다고 가정해 봅시다. 경우의 수가 다섯 가지나 됩니다. 이럴 때 else if 문을 사용할 수 있습니다. 세 가지 경우의 수를 표현하는 조건문은 다음과 같습니다.

형식
```
if (조건식)
   실행문
else if (조건식)
   실행문
else
   실행문
```

if 문 뒤에 else if 문을 적고, 그 뒤에 else if 문에 해당하는 조건식과 실행문을 추가합니다. else if 문도 if 문이나 else 문과 마찬가지로 실행문에 식을 여러 개 넣을 수 있고 식이 하나인 경우에는 중괄호를 생략할 수도 있습니다.

else if 문은 if 문과 else 문 사이에 원하는 만큼 넣을 수 있습니다. 그리고 else if 문 뒤에 else 문이 반드시 나와야 하는 것은 아닙니다(생략 가능). if 문과 else if 문만 사용해도 되고, if 문과 else 문을 사용해도 됩니다. 단, else if 문이나 else 문을 단독으로 사용할 수는 없습니다. 항상 if 문이 처음에 나와야 합니다. 세 가지 경우의 수를 else 문 없이 표현하면 다음과 같습니다.

형식
```
if (조건식)
    실행문
else if (조건식)
    실행문
else if (조건식)
    실행문
```

점수에 따른 학점을 조건문으로 작성해 보겠습니다.

```
const score = 90;
if (score >= 90) { // 90점 이상
  'A+';
} else if (score < 90 && score >= 80) { // 90점 미만 80점 이상
  'A';
} else if (score < 80 && score >= 70) { // 80점 미만 70점 이상
  'B+';
} else if (score < 70 && score >= 60) { // 70점 미만 60점 이상
  'B';
} else { // 60점 미만
  'F';
}
< 'A+'
```

score 변수의 값이 90이므로 A+가 출력됩니다. score 변수의 값을 바꾸면 다른 학점이 출력되는지도 확인해 보세요. 조건식은 불 값으로 형 변환되므로 논리 연산자를 사용해 식의 결과는 true나 false가 되게 만들었습니다.

조건문이 위에서부터 아래로 차례대로 실행된다는 특성을 이용하면 코드를 좀 더 줄일 수 있습니다. 점수가 70점이라고 해 봅시다. 먼저 score >= 90 조건식을 검사합니다. false가 나오므로 다음 else if 문의 조건식을 검사합니다. score < 90 && score >= 80을 검사하는데, 여기서 score < 90은 제거해도 됩니다. score >= 90 조건식이 false인 상황이므로 현재 값은 무조건 90 미만이기 때문입니다. 다음 조건식인 score < 80 && score >= 70에서도 score < 80 부분은 제거할 수 있습니다. 코드를 정리하면 다음과 같습니다.

```javascript
const score = 90;
if (score >= 90) { // 90점 이상
  'A+';
} else if (score >= 80) { // 90점 미만 80점 이상
  'A';
} else if (score >= 70) { // 80점 미만 70점 이상
  'B+';
} else if (score >= 60) { // 70점 미만 60점 이상
  'B';
} else { // 60점 미만
  'F';
}
< 'A+'
```

2.4.4 중첩 if 문 사용하기

if, else, else if 문 안에 실행문을 넣을 수 있다는 사실을 활용할 수 있습니다. 조건문도 문이므로 if, else, else if 문 안에 다시 조건문을 넣을 수 있습니다.

```javascript
let first = true;
let second = false;
if (first) {
  console.log('첫 번째 조건 충족!');
  if (second) {
    console.log('두 번째 조건도 충족!');
  } else {
    console.log('두 번째 조건은 불충족!');
```

```
    }
  } else {
    console.log('첫 번째 조건 불충족!');
  }
  첫 번째 조건 충족!
  두 번째 조건은 불충족!
```

코드가 많이 복잡해졌습니다. 이럴 때는 위에서부터 차례대로 한 줄씩 생각해 보면 됩니다. 먼저 first 변수의 값이 true이므로 첫 번째 조건문의 if 문이 실행됩니다. 하지만 second 변수의 값은 false라서 두 번째 조건문은 if 문이 아닌 else 문이 실행됩니다. 실행 여부는 콘솔 출력 내용으로 확인하면 됩니다. first 변수와 second 변수의 값을 바꿔 보면서 콘솔 출력 내용이 어떻게 달라지는지 확인해 보세요.

제로초의 조언

중첩 if 문은 피하는 것이 좋습니다. 조건문이 중첩되어 들여쓰기가 깊어질수록 코드는 읽기 어려워집니다. 중첩 if 문은 논리적으로 if-else if-else 문으로 변환할 수 있으니 중첩 if 문을 if-else if-else 문으로 변환해 코드의 가독성을 높이길 권장합니다.

앞의 중첩 if 문을 if-else if-else 문으로 바꾸면 다음과 같습니다.

```
let first = true;
let second = false;
if (first && second) { // first와 second 모두 true이면
  console.log('첫 번째 조건 충족!');
  console.log('두 번째 조건도 충족!');
} else if (first) { // first만 true이면
  console.log('첫 번째 조건 충족!');
  console.log('두 번째 조건은 불충족!');
} else { // 둘 다 false이면
  console.log('첫 번째 조건 불충족!');
}
```

이처럼 중첩 if 문은 펴서 들여쓰기 깊이를 줄이는 것이 좋습니다.

2.4.5 switch 문으로 분기하기

조건문에는 if 문 외에도 switch 문이 있습니다. if 문과 switch 문은 조건이 충족되면 실행된다는 공통점도 있지만 차이점도 있습니다.

형식
```
switch (조건식) {
    case 비교 조건식:
        실행문
    }
```

switch 문에는 조건식이 두 개 사용됩니다. switch 옆에 있는 소괄호의 조건식 값이 case의 비교 조건식 값과 일치(===)하면 해당하는 실행문이 실행됩니다. 보통 조건식에 변수를 넣고, 비교 조건식에는 변수와 비교할 값을 넣습니다.

```
let value = 'A';
switch (value) {
  case 'A':
    'A';
}
< 'A'
```

실행문 안에 식을 여러 개 둘 수도 있습니다. 이때는 if 문과 다르게 중괄호가 없어도 됩니다. 단, 중괄호가 있는 것과 없는 것에는 차이가 있습니다. 이 부분은 **3.2 스코프와 클로저**에서 중괄호의 역할을 배울 때 다시 한번 다루겠습니다.

```
let value = 'A';
switch (value) {
  case 'A':
    console.log('A');
    console.log('B');
}
A
B
```

if 문의 else if처럼 여러 방향으로 분기할 수도 있습니다. 이때는 case를 여러 번 사용하면 됩니다.

```
let value = 'B';
switch (value) {
  case 'A':
    console.log('A');
  case 'B':
    console.log('B');
  case 'C':
    console.log('C');
}
B
C
```

콘솔에 B가 출력될 것이라고 예상했겠지만, 실제로는 B와 C 모두 출력됩니다. switch 문은 일치하는 case를 발견하면 일치 여부와 상관없이 그 아래 case들의 실행문을 모두 실행합니다. 따라서 원하는 결과만 얻으려면 수동으로 case에서 빠져나와야 합니다. 이때 break 문이 사용됩니다.

```
let value = 'B';
switch (value) {
  case 'A':
    'A';
    break;
  case 'B':
    'B';
    break;
  case 'C':
    'C';
    break;
}
< 'B'
```

각 case에 break 문을 추가했더니 정확히 일치하는 case만 실행됩니다. 여기에 추가로 어떠한 case도 일치하지 않을 때 실행하는 case도 만들 수 있습니다. 이때는 case 대신 default라는 특수한 예약어를 사용합니다.

```
let value = 'F';
switch (value) {
  case 'A':
    'A';
    break;
  case 'B':
    'B';
    break;
  case 'C':
    'C';
    break;
  default:
    '어느 것도 일치하지 않음';
}
< '어느 것도 일치하지 않음'
```

'F'는 어떠한 case에도 해당하지 않으므로 default 부분이 실행됩니다. default에는 break 문을 붙이지 않아도 됩니다. 맨 마지막 case라서 다음에 실행될 것이 없기 때문입니다.

switch 문의 case는 else if와 비슷하고, default는 else와 비슷하다고 생각할 수도 있습니다. 실제로 if 문이 === 연산자만 사용한다면 switch 문으로 쉽게 대체할 수 있습니다. 한 가지 다른 점이 있다면 else는 if나 else if 뒤에만 나오지만, default는 어디에나 위치할 수 있습니다. 다음 코드에서 if 문과 switch 문을 비교해 보세요.

```
// if-else if-else 문
let fruit = '사과';
if (fruit === '사과') {
  '사과입니다!';
} else if (fruit === '배') {
  '배입니다!';
} else if (fruit === '포도') {
  '포도입니다!';
```

```
  } else {
    '뭔지 모르겠습니다!';
  }
< '사과입니다!'

// switch 문
switch (fruit) {
  default:
    '뭔지 모르겠습니다!';
    break;
  case '사과':
    '사과입니다!';
    break;
  case '배':
    '배입니다!';
    break;
  case '포도':
    '포도입니다!';
}
< '사과입니다!'
```

if 문도 switch 문도 모두 '사과입니다!'를 출력합니다. 앞에서도 말했듯이 default는 어디에나 위치할 수 있습니다.

2.4.6 조건부 연산자 사용하기

if 문과 switch 문 외에도 분기 처리에 사용하는 식이 있습니다. 이 식은 **조건부 연산자** 또는 **삼항 연산자**라고 하는 특수 연산자로 표현합니다. 이 식은 문이 아니라서 결과 값이 나옵니다.

> **형식**   조건식 ? 참일 때 실행되는 식 : 거짓일 때 실행되는 식

콘솔에 다음 코드를 입력해 보세요. > 연산자의 우선순위가 조건부 연산자의 우선순위보다 높으므로 5 > 0이 먼저 실행되고, 이것이 조건식이 됩니다. 5 > 0은 true이므로 '참입니다'가 결과 값으로 출력됩니다.

```
5 > 0 ? '참입니다' : '거짓입니다';
< '참입니다'
```

조건부 연산자는 조건에 따라 달라지는 값을 변수에 대입할 때 사용합니다. 다음 예제는 = 연산자의 우선순위가 가장 낮으므로 조건부 연산자의 결과 값인 '거짓입니다'가 value 변수에 대입됩니다.

```
let value = 5 < 0 ? '참입니다' : '거짓입니다';
value;
< '거짓입니다'
```

switch 문을 if 문으로 바꿀 수 있는 것처럼 조건부 연산자도 if 문으로 변경할 수 있습니다. 다음 코드를 보면 if 문보다 조건부 연산자의 식이 훨씬 짧습니다. 이처럼 조건부 연산자는 조건문에서 대입하는 부분을 짧게 줄이기 위해 사용합니다.

```
// 조건부 연산자
let condition = true;
let value = condition ? '참' : '거짓';
value;
< '참'
// if 문
let condition = true;
if (condition) {
  value = '참';
} else {
  value = '거짓';
}
value;
< '참'
```

조건부 연산자도 중첩해서 사용할 수 있습니다. 다음 코드에서 condition1과 condition2 변수의 값을 바꿔 가면서 테스트해 보세요.

```
let condition1 = true;
let condition2 = false;
```

```
let value = condition1 ? condition2 ? '둘 다 참' : 'condition1만 참' : 'condition1이 거짓';
value;
< 'condition1만 참'
```

조건부 연산자가 중첩된 경우에는 넘어가는 순서를 잘 파악해야 합니다.

그림 2-10 중첩된 조건부 연산자의 연산 순서

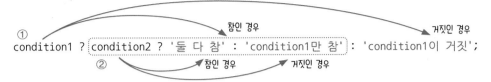

조건부 연산자를 연이어 썼더니 가독성이 떨어집니다. 이럴 때는 좀 더 읽기 편하게 소괄호 연산자로 감싸 주면 좋습니다.

```
let value = condition1 ? (condition2 ? '둘 다 참' : 'condition1만 참') : 'condition1이 거짓';
```

또는 들여쓰기로 구분해도 됩니다.

```
let value = condition1
  ? condition2
    ? '둘 다 참'
    : 'condition1만 참'
  : 'condition1이 거짓';
```

첫 번째 조건(condition1)이 참인 경우에 중첩된 조건부 연산에 들어가지만, 거짓인 경우에 들어갈 수도 있습니다.

```
let condition1 = false;
let condition2 = true;
let value = condition1 ? 'condition1이 참' : condition2 ? 'condition2가 참' : '둘 다 거짓';
value;
< 'condition2가 참'
```

그림 2-11 중첩된 조건부 연산자의 연산 순서

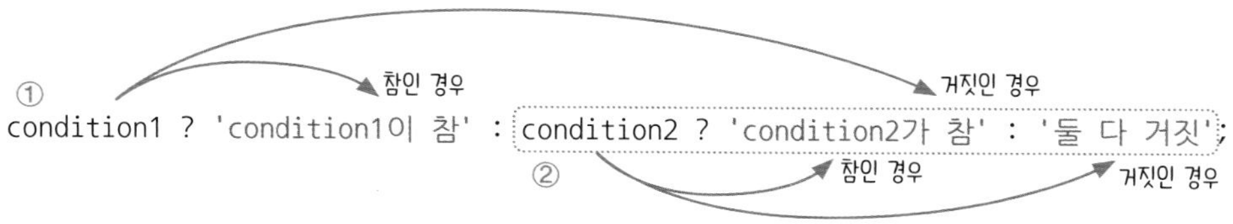

역시나 가독성을 위해 소괄호 연산자로 묶는 게 좋습니다.

```
let value = condition1 ? 'condition1이 참' : (condition2 ? 'condition2가 참' : '둘 다 거짓');
```

1분 퀴즈

해설 노트 p.559

6. 다음 if 문을 switch 문으로 바꿔 보세요. 조건부 연산자로도 바꿔 보세요.

```
let cond = true
let value = '';
if (cond) {
  value = '참';
} else {
  value = '거짓';
}
```

2.5

반복문

여러분은 컴퓨터를 왜 사용하나요? 여러 이유가 있겠지만, 사람이 할 수 없거나 할 수 있다 하더라도 시간이 정말 오래 걸리는 작업을 컴퓨터가 대신해 주기 때문입니다. 이런 일에는 복잡한 계산이나 반복 작업 등이 있습니다. 컴퓨터는 반복 작업을 하는 데 효과적입니다. 사람과는 다르게 지치지 않고 계산이 매우 빠르기 때문이죠. 그래서 모든 프로그래밍 언어는 반복 작업을 처리하는 반복문을 가지고 있습니다. 조건문과 더불어 가장 많이 쓰는 문입니다. 이 절에서는 반복문을 배워 보겠습니다.

2.5.1 while 문으로 반복해서 출력하기

간단한 반복문으로 while 문이 있습니다.

형식	while (조건식)
	실행문

while 문은 조건식이 참일 동안 반복해서 실행문을 실행합니다. 실행문의 식이 여러 개라면 중괄호로 묶어도 됩니다. if 문과 같은 이유로 실행문의 식이 하나이더라도 중괄호로 묶는 것을 권장합니다.

```
형식    while (조건식) {
            실행식1;
            실행식2;
            실행식3;
        }
```

다음을 실행하면 어떻게 될까요?

```
while (true) {
  console.log('Hello, while!');
}
```

조건식이 참이라서 console.log()가 무한히 실행됩니다. 실제로 실행하면 콘솔에서 Hello, while! 출력 결과 왼쪽에 숫자가 계속 증가되며 찍힙니다. 그리고 어느 순간 웹 브라우저가 멈춰 버립니다. 무한 반복을 처리하느라 웹 브라우저가 다른 일을 할 수가 없기 때문이죠. 이때는 웹 브라우저를 강제 종료해야 합니다. 이와 같은 문제가 발생할 수 있어서 프로그래밍할 때는 무한 반복되는 상황을 방지해야 합니다.

그림 2-12 console.log()의 무한 반복 실행

무한 반복을 멈추려면 어떻게 해야 할까요? Hello, while!을 100번만 출력하고 싶습니다. 앞에서도 말했듯이 조건식이 참일 동안 실행하므로 조건식을 false로 만들어 주면 됩니다. 그렇다고 조건식에 false를 넣으면 아예 실행문이 실행되지 않습니다. 답을 보기 전에 어떤 방법이 있을지 스스로 생각해 보세요.

109

```
let i = 1;
while (i <= 100) {
  console.log('Hello, while!');
  i++;
}
(100) Hello, while!
< 100
```

코드를 실행하면 눈 깜짝할 사이 Hello, while!이 100번 출력됩니다. 크롬 브라우저는 콘솔에 연이어 같은 값을 출력할 때 일일이 출력하지 않고 왼쪽에 숫자로 몇 번 출력됐는지를 표시합니다. 결과로 반환되는 값 100은 변수 i의 값입니다.

변수 i를 선언하고 조건식을 i <= 100으로 작성합니다. 사람이 숫자를 세듯이 console.log()를 실행할 때마다 i를 1씩 올립니다. i = i + 1을 해도 되지만, 간단하게 i += 1이나 i++로 표현할 수 있습니다. i가 101이 되면 조건식이 false가 되어 반복문이 멈춥니다. i에 숫자를 직접 넣어 가며 확인해 보면 이해하기 쉽습니다.

그림 2-13 while 반복문 예

i === 1일 때

```
while (1 <= 100) { // true
  console.log('Hello, while!');
  i++;
}
```

→ console.log() 1번

i === 2일 때

```
while (2 <= 100) { // true
  console.log('Hello, while!');
  i++;
}
```

→ console.log() 2번

...

i === 100일 때

```
while (100 <= 100) { // true
  console.log('Hello, while!');
  i++;
}
```

→ console.log() 100번

i === 101일 때

```
while (101 <= 100) { // false
  console.log('Hello, while!');
  i++;
}
```

→ 반복문 탈출

실제로 프로그래밍할 때는 변수에 첫 번째 값으로 1보다는 0을 많이 넣습니다. 프로그래밍에서는 숫자를 0부터 세기 때문입니다. 0부터 시작할 때는 조건식을 i <= 99 또는 i < 100으로 바꿔야 합니다.

```
let i = 0;
while (i < 100) {
  console.log('Hello, while!');
  i++;
}
(100) Hello, while!
< 99
```

> **Note** **99가 출력되는 이유**
>
> 앞의 코드를 입력하면 콘솔에 값으로 100이 아니라 99가 나옵니다. 100번 반복했는데 왜 99가 나올까요? 일단 콘솔에 값이 나오는 식은 i++;입니다. 이 식은 i가 99일 때 마지막으로 실행됩니다. i가 100이면 i < 100이 false가 되어서 i++ 식이 실행되지 않기 때문이죠. i가 99일 때 i++를 하게 되면 i에 1을 더한 것이니 100이 나와야 한다고 생각할 수 있습니다. 그런데 i++의 작동 원리를 알면 이해할 수 있습니다. i 뒤에 붙은 ++는 1을 더하는 **증가 연산자**입니다. 예제 코드처럼 ++가 변수 뒤, 즉 후위에 오면 i 값을 먼저 반환하고 그 뒤에 1을 더하라는 의미입니다. 따라서 콘솔에는 99가 찍히고, 그다음에 1을 더해 i 값이 100이 됩니다.

2.5.2 for 문으로 반복해서 출력하기

반복문에는 while 문 외에도 for 문이 있습니다. for 문은 다음과 같이 사용합니다.

> **형식**   for (시작; 조건식; 종료식)
>   실행문

for 문의 소괄호에는 세 가지 요소가 들어갑니다. 시작(식 또는 변수 선언), 조건식, 종료식입니다. 조건식과 실행문은 while 문과 같습니다. 실행문의 식이 여러 개이면 중괄호로 묶어 줄 수 있습니다. while 문보다 복잡하게 보일 수 있지만, 코드를 넣어 보면 그렇지 않습니다.

다음은 콘솔에 Hello, for!를 100번 출력하는 코드입니다.

```
for (let i = 0; i < 100; i++) {
  console.log('Hello, for!');
}
(100) Hello, for!
```

이때 for 문의 실행 순서는 다음과 같습니다.

그림 2-14 for 문 실행 순서

```
        ①          ②       ④
for (let i = 0; i < 100; i++) {
  console.log('Hello, for!'); ③
} // ②가 참이면 ②~④ 반복
```

시작이 먼저 실행되고, 그다음 조건식, 실행문, 종료식 순서로 실행됩니다. 실행이 1번 끝나면 다시 조건식을 검사합니다. 조건식이 참이라면 실행문과 종료식을 반복해서 실행합니다. 눈치 챘을지 모르지만, while 문과 유사한 부분이 보입니다. while 문에서 흩어져 있던 요소들을 for 문에서는 한 줄로 모아 표현합니다.

그림 2-15 for 문과 while 문 비교

```
        ①          ②       ④                      ①
for (let i = 0; i < 100; i++) {          let i = 0;
  console.log('Hello, for!'); ③                     ②
} // ②가 참이면 ②~④ 반복              while (i < 100) {
                                           console.log('Hello, while!'); ③
                                           i++; ④
                                         }
```

마지막으로 for 문에서는 시작, 조건식, 종료식을 생략할 수 있습니다. 따라서 다음과 같은 코드도 가능합니다.

```
for (;;) {
}
(무한 반복)
```

단, 실제로 코드를 실행하면 무한 반복되어 프로그램이나 웹 브라우저가 멈춰 버립니다. 조건식이 없어서 반복문이 종료되지 않기 때문입니다.

2.5.3 1부터 100까지 출력하기

이번에는 같은 값을 반복해서 출력하는 대신에 다른 값을 연이어 출력해 보겠습니다. 1부터 100까지 출력하려면 어떻게 해야 할까요?

```
let i = 0;
while (i < 100) {
  console.log(i + 1);
  i++;
}
1
2
(중략)
100
< 99
```

i가 0부터 시작하므로 console.log(i + 1)을 해야만 1부터 100까지 출력됩니다. console.log(i)를 하면 0부터 99까지 출력되겠죠.

1분 퀴즈
해설 노트 p.559

7. while 문으로 작성한 1부터 100까지 출력하는 코드를 for 문으로 바꿔 보세요.

2.5.4 break 문으로 반복문 멈추기

반복문을 중간에 멈춰야 하는 조금 특수한 상황을 생각해 봅시다. 예를 들어, 반복문을 실행할 대상이 무한히 많을 때가 있습니다. 자연수나 실수 전체를 대상으로 반복문을 실행하는 경우죠. 반복문으로 값을 하나씩 찾다가 원하는 값을 찾으면 반복문을 멈춰야 합니다. 멈추지 않으면 반복문이 실행되느라 다음 코드를 실행할 수 없고 찾은 값을 사용할 수도 없습니다. 이럴 때 break 문으로 반복문을 멈춥니다.

```
let i = 0;
while (true) {
  if (i === 5)
    break;
  i++;
}
i;
< 5
```

앞의 예제는 조건식이 true이므로 무한히 반복되어야 합니다. 하지만 실행문에 break 문이 들어 있다는 점을 주목해야 합니다. i가 5가 되면 break 문에 의해 반복문이 종료됩니다. 따라서 예제의 반복문은 무한히 실행되지 않습니다.

Note **무한 반복일 때 for 문과 while 문 중 어느 쪽이 더 편할까요?**

무한 반복문을 작성할 때는 보통 while 문을 사용합니다. for 문으로도 가능하지만 while 문이 더 간결하기 때문입니다. 하지만 두 경우 모두 break 문이 없으면 의미가 없습니다.

다음 코드로 while 문과 for 문을 비교해 보세요.

while 문

```
let i = 0;
while (true) {
  console.log(i);
  i++;
}
```

for 문

```
for (let i = 0; ; i++) {
  console.log(i);
}
```

for 문에서 조건식을 생략하면 무한 반복합니다. 조건식은 일반적으로 생략하지 않으니 어색해 보일 수 있습니다. 그래서 무한 반복문에는 while 문을 주로 사용합니다.

2.5.5 continue 문으로 실행 건너뛰기

반복문이 특정 조건에서만 실행되기를 원할 수도 있습니다. 이럴 때는 continue 문을 사용합니다. continue 문을 넣으면 이후 코드는 실행하지 않고 다음 반복으로 건너뜁니다.

```
let i = 0;
while (i < 10) {
  i++;
  if (i % 2 === 0) {
    continue;
  }
  console.log(i);
}
1
3
5
7
9
```

예제는 i가 홀수일 때 i의 값을 출력하는 코드입니다. continue 문이 실행되면 그 뒤의 실행문은 건너뛰고(실행하지 않고) 다음 반복으로 넘어갑니다. 따라서 짝수일 때(i를 2로 나눈 나머지가 0일 때)만, continue 문이 실행되도록 작성했습니다. 보통 때와는 다르게 i++가 if 문 위에 있는 이유도 한번 생각해 보세요.

2.5.6 중첩 반복문 사용하기

프로그래밍할 때 어려운 것 중 하나가 반복문 안에 반복문이 들어 있는 경우입니다. 이를 **중첩 반복문**이라고 합니다. 다음 예제를 한번 보겠습니다.

```
for (let i = 0; i < 10; i++) {
  for (let j = 0; j < 10; j++) {
    console.log(i, j);
  }
}
```

```
0 0
0 1
(중략)
9 8
9 9
```

변수는 i와 j, 2개를 사용했습니다. 반복문이 중첩됐을 때는 이 변수들의 값이 어떻게 변하는지 추적하는 것이 중요합니다.

그림 2-16 반복문의 실행 순서

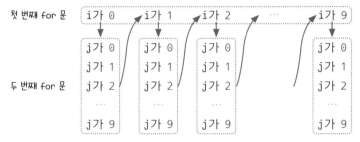

첫 번째 for 문에서 i가 0일 때 두 번째 for 문이 실행됩니다. j가 0에서 9까지 증가한 후에 두 번째 for 문의 반복이 끝납니다. 다시 첫 번째 for 문으로 돌아가 i가 1이 되고, 다시 두 번째 for 문이 실행되며 j가 0에서 9까지 증가합니다. 이 과정이 반복되어 i가 9가 되고 j가 9가 됐을 때 반복문이 종료됩니다.

반복문이 두 번 이상 중첩될 수도 있습니다. 삼중 반복문을 예로 들면 다음과 같습니다. 조금 더 복잡하게 만들기 위해 반복문 안에 continue 문도 넣고, 변수 i, j, k가 홀수일 때만 콘솔에 출력하게 합니다. 변수의 값 변화를 잘 생각하면서 결과를 예측해 보세요.

```
for (let i = 0; i < 5; i++) {
  if (i % 2 === 0)
    continue;
  for (let j = 0; j < 5; j++) {
    if (j % 2 === 0)
      continue;
    for (let k = 0; k < 5; k++) {
      if (k % 2 === 0)
        continue;
```

```
      console.log(i, j, k);
    }
  }
}
1 1 1
1 1 3
1 3 1
1 3 3
3 1 1
3 1 3
3 3 1
3 3 3
```

중첩 횟수가 증가할수록 코드도 점점 어려워집니다. 실무에서는 대부분 이중 반복문이나 삼중 반복문 정도만 사용합니다. 그보다 더 중첩된 반복문은 사용할 일이 거의 없습니다.

1분 퀴즈 해설 노트 p.559

8. 구구단을 출력하되, 결과에 홀수만 나오게 해 보세요. continue 문을 사용하세요.

힌트 홀수인지 짝수인지는 % 연산자를 사용하면 알 수 있습니다.

2.6

객체

이번에는 객체에 대해 알아보겠습니다. 자료형의 일종인 **객체**(object)는 다양한 값을 모아 둔 또다른 값입니다. 객체의 종류는 크게 **배열**(array), **함수**(function), **배열이나 함수가 아닌 객체**로 나눌 수 있습니다.

그림 2-17 객체의 종류

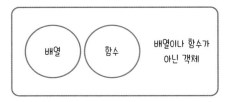

2.6.1 배열

객체 중에서 배열부터 알아보겠습니다.

● 배열 생성하기

다양한 값을 나열하는 경우를 생각해 봅시다. 과일을 나열한다고 하면 다음과 같이 변수를 선언할 수 있습니다.

```
const apple = '사과';
const orange = '오렌지';
const pear = '배';
const strawberry = '딸기';
```

지금은 과일이 몇 개 안 되니 쉬워 보입니다. 하지만 과일은 종류가 아주 많으니 모든 과일에 각각 변수명을 붙인다면 고통스러운 일이 되겠죠? 이럴 때 배열을 사용해 값들을 하나로 묶을 수 있습니다.

```
const fruits = ['사과', '오렌지', '배', '딸기'];
```

네 종류의 과일을 fruits라는 상수로 묶었습니다. 배열을 만들려면 대괄호([ ], **배열 리터럴**이라고도 함)로 값들을 한꺼번에 감싸고, 각 값은 쉼표로 구분합니다.

형식   [값1, 값2, …];

메모리에서 배열의 구조는 다음과 같습니다.

그림 2-18 메모리에서 배열의 구조

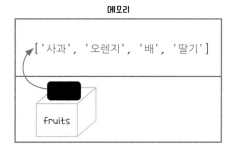

배열의 모든 값은 각각 불러올 수 있습니다. 배열명 뒤에 대괄호를 붙이고 그 안에 불러오고 싶은 값의 자릿수를 적어 주면 됩니다. 이런 자릿수를 **인덱스**(index)라고 합니다. 이때 인덱스는 0부터 시작합니다. 일반적으로 숫자는 1부터 세지만, 프로그래밍에서는 0부터 센다는 점을 기억해 주세요.

```
const fruits = ['사과', '오렌지', '배', '딸기'];
fruits[0]; // 첫 번째 값
< '사과'
fruits[1]; // 두 번째 값
< '오렌지'
fruits[2]; // 세 번째 값
< '배'
fruits[3]; // 네 번째 값
< '딸기'
```

현재 배열에 있는 값은 모두 문자열이지만, 값의 자료형이 모두 같지 않아도 됩니다. 배열 안에 다른 배열이나 변수를 넣을 수도 있습니다.

```
const arrayOfArray = [[1, 2, 3], [4, 5]];
arrayOfArray[0];
< (3) [1, 2, 3]
const a = 10;
const b = 20;
const variableArray = [a, b, 30];
variableArray[1];
< 20 // b의 값
```

arrayOfArray 배열을 보면 배열 안에 배열이 들어 있습니다. arrayOfArray[0]을 하면 [1, 2, 3]이 나오는데 이 또한 배열입니다. 이렇게 배열 안에 배열이 있으면 **이차원 배열**이라고 합니다.

배열은 값이 중복되어도 되고, 아무런 값이 없어도 만들 수도 있습니다.

```
const everything = ['사과', 1, undefined, true, '배열', null];
const duplicated = ['가', '가', '가', '가', '가'];
const empty = [];
```

배열의 값은 **요소**(element)라고 합니다. everything 배열에는 요소가 6개 있고, empty 배열에는 요소가 0개 있습니다. 요소의 개수는 코드를 작성해 구할 수 있습니다.

배열의 요소 개수 구하기

앞에서 만든 everything 배열의 요소 개수를 구해 보겠습니다. 배열 이름 뒤에 .length를 붙이면 됩니다.

```
const everything = ['사과', 1, undefined, true, '배열', null];
everything.length; // 6
```

빈 값도 유효한 값이므로 요소 개수를 셀 때 포함됩니다.

```
const emptyValue = [null, undefined, false, '', NaN];
emptyValue.length; // 5
```

배열의 요소 개수를 활용해 원하는 인덱스의 요소를 찾을 수도 있습니다. 배열의 요소 개수가 항상 마지막 인덱스보다 1 크다는 것을 눈치챘나요? emptyValue 배열에서 NaN의 인덱스는 4이고, 요소의 개수는 5입니다. everything 배열에서 null의 인덱스는 5이고, 요소의 개수는 6입니다. 즉, 배열의 요소 개수에서 1을 빼면 마지막 요소의 인덱스가 됩니다. 이를 이용해 마지막 요소를 찾을 수 있습니다.

```
const findLastElement = ['a', 'b', 'c', 'd', 'e'];
findLastElement[findLastElement.length - 1]; // 'e'
```

findLastElement.length가 5이므로 findLastElement.length - 1은 4가 됩니다. 따라서 findLastElement[4]가 되므로 'e'라는 값을 찾을 수 있습니다. 마지막 요소를 찾을 때 자주 쓰는 방법이니 기억하세요.

더 간단한 방법도 있습니다. at()을 사용하면 됩니다.

```
const findLastElement = ['a', 'b', 'c', 'd', 'e'];
findLastElement.at(4); // 'e'
findLastElement.at(-1); // 'e'
```

at(4)를 하든 at(-1)을 하든 똑같이 'e'가 나옵니다. at의 소괄호 안에 넣은 숫자가 0 또는 양의 정수이면 배열의 앞에서부터 해당 인덱스의 요소를 찾고, 숫자가 음의 정수이면 배열의 마지막에서부터 요소를 찾습니다. 즉, at(4)는 인덱스 4의 요소인 e를, at(-1)은 마지막에서부터 첫 번째 요소인 e를 찾습니다.

그림 2-19 at()의 위치

```
[ 'a',    'b',    'c',    'd',    'e' ]
at(0)   at(1)   at(2)   at(3)   at(4)

at(-5)  at(-4)  at(-3)  at(-2)  at(-1)
```

1분 퀴즈 해설 노트 p.560

9. arr라는 배열이 있을 때, 배열의 마지막에서 세 번째 요소를 찾는 방법은?

● **배열에 요소 추가하기**

배열을 만들고 나서 나중에 배열에 새로운 요소를 추가할 수도 있고, 특정 인덱스의 요소를 수정하거나 제거할 수도 있습니다.

배열에 요소를 추가할 때는 원하는 배열의 인덱스에 값을 대입하면 됩니다.

```
const target = ['a', 'b', 'c', 'd', 'e'];
target[5] = 'f';
target; // (6) ['a', 'b', 'c', 'd', 'e', 'f'];
```

배열의 요소가 나열되고 그 앞에 (6)이라는 소괄호 안에 적힌 숫자가 보입니다. 이 숫자는 배열의 요소 개수(배열.length)를 의미합니다. target 배열의 요소 중 e의 인덱스가 4이므로 target[5]에 f를 대입하면 e보다 뒤에 f가 위치합니다.

배열 마지막 요소의 인덱스가 배열.length - 1이므로 배열 맨 뒤에 새로운 요소를 추가하려면 다음과 같이 배열.length에 값을 넣으면 됩니다.

```
const target = ['가', '나', '다', '라', '마'];
target[target.length] = '바';
target; // (6) ['가', '나', '다', '라', '마, '바']
```

배열 맨 앞에 값을 추가하고 싶다면 어떻게 해야 할까요? 배열[0] = 값;이라고 생각할 수도 있
지만, 원하는 결과가 나오지 않습니다.

```
const target = ['나', '다', '라', '마', '바'];
target[0] = '가';
target; // (5) ['가', '다', '라', '마', '바']
```

원한 결과는 ['가', '나', '다', '라', '마, '바']였습니다. 그런데 맨 앞에 새로운 요소가 추
가되지 않고 첫 번째 요소가 변경돼 버렸습니다. 얼떨결에 요소를 수정하는 방법을 배웠네요.
원래 원하던 대로 배열의 맨 앞에 새로운 요소를 추가하려면 unshift()라는 기능을 사용해야
합니다.

```
const target = ['나', '다', '라', '마', '바'];
target.unshift('가');
target; // (6) ['가', '나', '다', '라', '마, '바']
```

unshift()의 소괄호 안에 주어진 값이 배열의 첫 번째 요소로 추가되고, 다른 요소들은 인덱스
가 하나씩 뒤로 밀립니다.

맨 뒤에 요소를 추가하는 방법도 있습니다. 배열[배열.length] = 값; 방식으로도 가능하지만,
배열에 값을 추가하는 기능인 push()가 있으므로 이를 사용해 보겠습니다.

```
const target = ['가', '나', '다', '라', '마'];
target.push('바');
target; // (6) ['가', '나', '다', '라', '마, '바']
```

배열의 맨 뒤에 요소가 성공적으로 추가됐습니다.

● 배열의 요소 수정하기

배열 맨 앞에 요소를 추가하는 예제를 살펴볼 때 우연히 요소를 수정하는 방법을 알게 됐죠? 다음처럼 원하는 인덱스에 바꿀 값을 넣으면 됩니다.

```
const target = ['가', '나', '다', '라', '마'];
target[3] = '카';
target; // (5) ['가', '나', '다', '카', '마']
```

네 번째 요소(인덱스 3)를 '라'에서 '카'로 수정했습니다. 그런데 배열의 마지막 요소를 수정할 때는 주의해야 합니다. 앞에서 마지막 요소를 찾을 때 at(-1)을 사용했습니다. 이와 마찬가지로 마지막 요소이니 target.at(-1) = '카'라고 생각할 수 있는데, 이렇게 작성하면 Uncaught ReferenceError: Invalid left-hand side in assignment 에러가 발생합니다. 배열의 마지막 요소를 '마'에서 '카'로 수정하고 싶다면 다음과 같이 해야 합니다.

```
const target = ['가', '나', '다', '라', '마'];
target[target.length - 1] = '카';
target; // (5) ['가', '나', '다', '라', '카']
```

at()은 위치가 아닌 값을 나타냅니다. 따라서 target.at(-1)은 '마'입니다. 즉, target.at(-1) = '카'는 '마' = '카'라는 엉뚱한 식이 됩니다.

● **배열에서 요소 삭제하기**

이번에는 배열에서 요소를 삭제해 보겠습니다. 요소를 삭제하는 작업은 상당히 복잡합니다. 어떤 요소를 삭제한다면 자리를 비워 둘 수 없으니 그 뒤에 위치한 요소들의 인덱스를 모두 1씩 앞으로 당겨야 하기 때문입니다. 직접 수행하기는 어려운데, 다행히 기능을 제공합니다.

다음과 같이 pop( )을 사용하면 마지막 요소를 삭제할 수 있습니다.

```
const target = ['가', '나', '다', '라', '마'];
target.pop();
target; // (4) ['가', '나', '다', '라']
```

그리고 shift( )를 사용하면 첫 번째 요소를 삭제할 수 있습니다.

```
const target = ['가', '나', '다', '라', '마'];
target.shift();
target; // (4) ['나', '다', '라', '마']
```

첫 번째 요소나 마지막 요소를 삭제하는 것은 이렇게 간단합니다. 하지만 중간 요소를 삭제할 때는 조금 복잡합니다. 중간 요소를 삭제할 때는 다음과 같이 splice( )를 사용합니다.

```
const target = ['가', '나', '다', '라', '마'];
target.splice(1, 1);
target; // (4) ['가', '다', '라', '마']
```

splice( )에서는 쉼표로 구분한 숫자 2개를 사용합니다. 첫 번째는 시작 인덱스이고, 두 번째는 삭제할 요소의 개수입니다. 예제에서는 1, 1을 넣었으므로 인덱스 1에서부터 요소 1개를 삭제하겠다는 의미입니다. 만약 2, 2를 넣는다면 어떻게 될까요? 다음 코드를 실행하기 전에 먼저 결과를 예측해 보세요.

```
const target = ['가', '나', '다', '라', '마'];
target.splice(2, 2);
target;
```

인덱스 2인 '다'에서부터 요소 2개를 삭제한다는 의미이므로 '다, 라'가 삭제되고 ['가', '나', '마']가 됩니다. 인덱스가 0부터 시작해서 헷갈릴 수 있으니 익숙해질 때까지 반복해서 연습해야 합니다.

지금까지는 splice()에 숫자 2개를 넣었는데, 하나만 넣어도 됩니다. 하나만 넣으면 해당 인덱스에서부터 배열 끝까지 모든 요소를 삭제하겠다는 뜻입니다. 그래서 다음과 같이 작성하면 인덱스 1의 요소인 '나'부터 '마'까지 모두 삭제됩니다.

```
const target = ['가', '나', '다', '라', '마'];
target.splice(1);
target; // (1) ['가']
```

splice()는 배열의 값을 삭제할 뿐만 아니라 값을 삭제한 자리에 다른 값을 넣을 수도 있습니다. 다음과 같이 splice()에 숫자 2개를 넣고 그 뒤에 바꿀 값을 넣어 주면 됩니다.

```
const target = ['가', '나', '다', '라', '마'];
target.splice(1, 3, '타', '파');
target; // (4) ['가', '타', '파', '마']
```

splice(1, 3, '타', '파')는 인덱스 1부터 3개 요소('나', '다', '라')를 먼저 삭제하고, 요소를 삭제한 자리에 '타'와 '파'를 채워 넣으라는 뜻입니다. 따라서 결과는 ['가', '타', '파', '마']가 됩니다.

splice()를 활용해 배열 중간에 값을 넣을 수도 있습니다. 값을 삭제하지 않고 값만 추가하면 됩니다.

```
const target = ['가', '나', '다'];
target.splice(1, 0, '하');
target; // (4) ['가', '하', '나', '다']
```

인덱스 1에서부터 0개 요소를 삭제하고 '하'를 추가하므로 삭제되는 값 없이 그냥 '가'와 '나' 사이에 '하'만 추가됩니다.

● 배열에서 요소 찾기

이번에는 배열에 특정 요소가 있는지 찾아보겠습니다. 일종의 검색 기능이라고 보면 되는데,

includes()를 사용합니다.

```
const target = ['가', '나', '다', '라', '마'];
const result = target.includes('다');
result; // true
const result2 = target.includes('카');
result2; // false
```

includes()에 주어진 값이 배열에 존재하면 true가 되고, 존재하지 않으면 false가 됩니다. 추가로 검색하려는 값이 어느 인덱스에 위치하는지도 알 수 있습니다. 이때는 indexOf()와 lastIndexOf()를 사용합니다.

```
const target = ['라', '나', '다', '라', '다'];
const result = target.indexOf('다');
result; // 2
const result2 = target.lastIndexOf('라');
result2; // 3
const result3 = target.indexOf('가');
result3; // -1
```

배열 안에 '라'와 '다'가 2개씩 있는 것에 주목해 주세요. indexOf()는 주어진 값이 있는지 앞에서부터 찾고, lastIndexOf()는 뒤에서부터 찾습니다. 따라서 '다'가 인덱스 2, 4에 위치하지만, indexOf()는 앞에서부터 찾으므로 결과로 2가 나옵니다. '라'는 인덱스 0, 3에 위치하지만, lastIndexOf()는 뒤에서부터 찾으므로 결과는 3이 나옵니다. result3도 눈여겨봐야 합니다. 배열 안에 존재하지 않는 값을 찾습니다. 이럴 경우 결과는 −1이 나옵니다. 같은 값으로 includes()를 사용했다면 결과로 false가 나왔을 겁니다.

배열에서 indexOf()와 includes()로 요소를 찾을 때 주의할 점이 있습니다. 배열에서 indexOf()나 includes()로 값을 찾을 때는 값의 자료형도 일치해야 합니다. 다음 예제를 보면 식의 결과가 전부 true입니다.

```
['2', '3', '4', '5'].indexOf('5') === 3;
< true
['2', '3', '4', '5'].indexOf(5) === -1; // 요소의 자료형까지 같아야 함
```

```
< true
['2', '3', '4', '5'].includes(5) === false; // 요소의 자료형까지 같아야 함
< true
```

예제에서 indexOf('5')는 위치가 나오지만, indexOf(5)는 나오지 않는(-1) 이유는 배열 안에 문자열 '5'는 있지만 숫자 5는 없기 때문입니다.

|| 연산자를 사용한 코드는 includes()로 반복을 줄일 수 있습니다. 코드의 길이를 줄이는 기법이니 기억해 두면 좋습니다.

```
const diff = '사과';
diff === '바나나' || diff === '사과' || diff === '오렌지'; // true
['바나나', '사과', '오렌지'].includes(diff); // true
```

● 배열 자르고 합치기

기존 배열을 잘라 새 배열을 만들 수도 있습니다. 배열에서 요소를 삭제할 때 나온 slice()를 다음과 같이 사용하면 됩니다.

> **형식** 배열.slice(〈시작 인덱스〉, 〈종료 인덱스〉)

이와 같이 작성하면 시작 인덱스부터 종료 인덱스까지 배열을 잘라 새 배열을 만듭니다. 이때 시작 인덱스는 새 배열에 포함되나 종료 인덱스는 포함되지 않습니다. 인덱스가 음수이면 at() 과 마찬가지로 뒤에서부터 셉니다.

```
['2', '3', '4', '5'].slice(1); // (3) ['3', '4', '5']
['2', '3', '4', '5'].slice(1, 3); // (2) ['3', '4']
['2', '3', '4', '5'].slice(2, 3); // ['4']
['2', '3', '4', '5'].slice(1, -1); // (2) ['3', '4']
['2', '3', '4', '5'].slice(); // (4) ['2', '3', '4', '5']
```

종료 인덱스(소괄호 두 번째 자리)가 없으면 배열의 마지막 요소까지 모두 포함합니다. 시작 인덱스(소괄호 첫 번째 자리)가 없으면 이때는 처음부터 모두 포함합니다. 시작 인덱스가 없으면 종료 인덱스도 없을 수밖에 없습니다. 인덱스를 지정하지 않으면 배열의 모든 요소를 포함합니다.

slice(1, 3)을 하면 인덱스 1의 요소인 '3'부터 인덱스 3의 요소인 '5'까지 자릅니다. 종료 인덱스는 포함하지 않으므로 결국 ['3', '4']가 됩니다. slice(1, -1)에서는 종료 인덱스가 -1인데 뒤에서부터 세므로 결국 인덱스 3을 의미합니다. 따라서 slice(1, 3)과 결과가 같습니다.

두 배열을 합쳐 하나의 새로운 배열로 만들 수도 있습니다. 이때는 concat()을 사용합니다.

형식　배열.concat(값1, 값2, ...)

합칠 값이 꼭 배열일 필요는 없습니다. 다른 값을 넣어도 합칠 수 있습니다. 또한, 여러 값을 넣으면 모두 하나로 합쳐집니다. 아무 값도 넣지 않으면 기존 배열과 같은 모양의 새로운 배열이 나옵니다.

```
[1, 2].concat([3, 4]); // (4) [1, 2, 3, 4]
[1, 2].concat(3, 4); // (4) [1, 2, 3, 4]
[1, 2].concat([3, 4], [5, 6]); // (6) [1, 2, 3, 4, 5, 6]
[1, 2].concat([3, 4], 5, 6); // (6) [1, 2, 3, 4, 5, 6]
[1, 2].concat(); // (2) [1, 2]
```

● 배열과 비슷한 문자열의 특징

문자열은 '문자의 나열'이고, 배열은 '요소의 나열'입니다. 그래서 문자열과 배열은 비슷한 점이 있습니다. 문자열은 문자를 여러 개 이어 놓은 것이니 이를 각각 분리할 수도 있습니다. 이때 다음과 같이 하면 됩니다.

형식　문자열[자릿수]

문자열의 자릿수는 배열과 마찬가지로 0부터 시작합니다. 첫 번째 자리가 0이고 두 번째 자리가 1입니다. 따라서 'hello'라는 문자열이 있을 때 'hello'[0]을 하면 h가 나오고 'hello'[1]을 하면 e가 나옵니다.

```
'hello'[0]; // 'h'
'hello'[1]; // 'e'
```

문자열의 길이도 배열과 같은 방법으로 구할 수 있습니다.

형식　문자열.length

문자열 뒤에 .length를 붙이면 됩니다.

```
'hello'.length; // 5
```

문자열의 마지막 글자를 구하는 방법도 배열의 마지막 요소를 찾는 방법과 비슷합니다. 문자열[문자열.length - 1]을 하거나 간단하게 at(-1)을 하면 됩니다.

```
'hello'[4]; // 'o'
'hello'['hello'.length - 1]; // 'o'
'hello'.at(-1); // 'o'
```

indexOf(), includes(), lastIndexOf()는 문자열에서도 사용할 수 있습니다. 배열 안에 요소들이 나열된 것처럼 문자열 안에 문자들이 나열된 것이니 indexOf(), includes(), lastIndexOf()도 같은 방법으로 문자열 내부의 값을 찾을 때 사용하면 됩니다.

다음 식은 모두 결과가 true입니다. 배열에서 사용할 때와 다르게 소괄호 안에 숫자를 넣어도 알아서 문자열로 형 변환되기 때문입니다.

```
'2345'.indexOf(3) === 1; // true
'2345'.indexOf(6) === -1; // true
'2345'.includes(3) === true; // true
```

배열을 문자열로 만들 수도 있습니다. 배열을 문자열로 만들 때는 join()을 사용합니다. join()은 소괄호 안에 아무 값이 없으면 배열의 요소를 쉼표로 합치고, 문자열이 있으면 해당 문자열을 요소 사이사이에 넣어 하나의 문자열로 만듭니다.

```
['1', '2', '3'].join(); // '1,2,3'
['1', '2', '3'].join('x'); // '1x2x3'
['1', '2', '3'].join(''); // '123', '1' + '' + '2' + '' + '3'과 같음
```

문자열을 배열로 만들 수도 있습니다. 이때는 split()을 사용합니다.

```
'2345'.split(); // ['2345']
'2345'.split('x'); // ['2345']
'2345'.split(''); // (4) ['2', '3', '4', '5']
'2,3,4,5'.split(''); // (7) ['2', ',', '3', ',', '4', ',', '5']
'2,3,4,5'.split(','); // (4) ['2', '3', '4', '5']
```

split()의 경우 소괄호 안에 값이 없으면 문자열이 배열의 첫 번째 요소가 됩니다. 소괄호에 넣은 문자열이 대상 문자열에 존재하지 않는 경우(split('x'))에도 대상 문자열이 배열의 첫 번째 요소가 됩니다. 소괄호에 빈 문자열을 넣으면 대상 문자열이 전부 개별 문자로 쪼개져 각각 배열의 요소가 됩니다. 소괄호 안에 넣은 문자열이 대상 문자열에 있으면 해당 문자열을 기준으로 대상 문자열을 나눕니다. 즉, '2,3,4,5'에서 ','를 기준으로 나누면 2 3 4 5로 분리됩니다. 이들은 각각 배열의 요소가 됩니다.

slice()와 concat()도 문자열에 사용할 수 있습니다. 다음 식의 결과는 전부 true입니다.

```
'2345'.slice(1, 3) === '34';
'2345'.slice(1, -1) === '34';
'2345'.slice(1) === '345';
'23'.concat('45') === '2345';
'23'.concat('4', '5') === '2345';
'23'.concat(['4', '5']) === '234,5';
```

문자열의 concat()에 배열을 넣으면 배열에 join()이 적용되어 문자열로 바뀐 후 대상 문자열과 합쳐집니다.

◉ 배열 반복하기

배열은 값들을 나열한 것이라서 반복문과 함께 사용하는 경우가 많습니다. 배열의 모든 요소를 console.log()로 출력해 보겠습니다. while 문이나 for 문 모두 사용할 수 있습니다.

```
const target = ['가', '나', '다', '라', '마'];
let i = 0;
while (i < target.length) {
```

```
    console.log(target[i]);
    i++;
  }
  가
  나
  다
  라
  마
  < 4
```

코드에서 변수 i의 값이 배열의 인덱스라고 생각하면 됩니다. 변수 i의 값은 0부터 시작해서 1씩 증가하고, 이때 target[i]의 값을 console.log()로 출력합니다. i가 target.length일 때 반복문이 중단되므로 마지막 요소까지 모두 출력됩니다.

for 문으로 작성하면 다음과 같습니다.

```
const target = ['가', '나', '다', '라', '마'];
for (let i = 0; i < target.length; i++) {
  console.log(target[i]);
}
```

반복은 배열이 아니라 반복문에 의해 일어나므로 다른 기능을 추가하고 싶다면 반복문의 코드를 수정해야 합니다.

1분 퀴즈 해설 노트 p.560

10. indexOf()와 splice()를 사용해 다음 배열에서 '라'를 모두 삭제해 보세요.

힌트 반복문을 사용하면 모두 삭제할 수 있습니다.

```
const arr = ['가', '라', '다', '라', '마', '라'];
```

이차원 배열

배열의 요소로 배열이 들어 있으면 이를 **이차원 배열**이라고 했습니다.

```
const twoDimension = [[1], [2], [3]];
```

이차원 배열은 주로 표 모양의 이차원 데이터를 나타낼 때 사용합니다. 앞의 코드는 3행 1열의 표를 나타냅니다. 행은 가로 줄 수를 의미하고, 열은 세로 줄 수를 의미합니다. 내부의 값이 꼭 숫자일 필요는 없습니다. 여기서는 요소가 있음을 나타내기 위해 1부터 순서대로 채웠을 뿐입니다.

행렬 구조를 한눈에 보기 쉽게 다음과 같이 코드를 수정하면 좋습니다.

```
const twoDimension = [
  [1],
  [2],
  [3],
];
```

이를 엑셀로 작성하면 다음과 같습니다.

그림 2-20 이차원 배열의 대표적인 예

	A
1	1
2	2
3	3

twoDimension에서 2행 1열의 값인 2에 접근할 때는 twoDimension[1][0]으로 접근합니다. twoDimension[1]이 배열 [2]이고, 배열 [2]의 첫 번째 요소는 인덱스 0에 있으므로 twoDimension[1][0]이 됩니다. 행렬에서 위치를 표현하는 숫자에서 1씩 빼면 됩니다. 2행 1열이므로 각각 1씩 빼면 행 인덱스는 1이고 열 인덱스는 0이 됩니다.

2행 3열의 데이터는 코드로 다음과 같이 작성할 수 있습니다.

```
const twoDimension = [
  [1, 2, 3],
  [4, 5, 6],
```

```
];
```

5에 접근한다고 하면 5는 2행 2열의 값입니다. 따라서 행과 열의 위치를 표현하는 숫자에서 각각 1을 뺀 twoDimension[1][1]로 접근하면 됩니다. 이를 엑셀로 작성하면 다음과 같습니다.

그림 2-21 이차원 배열을 엑셀로 작성한 모습

▲	A	B	C
1	1	2	3
2	4	5	6

앞의 이차원 배열 요소를 전부 나열하고 싶다면 반복문을 중첩해서 사용합니다. 변수 i가 행 인덱스, 변수 j가 열 인덱스라고 보면 됩니다.

```
for (let i = 0; i < twoDimension.length; i++) {
  for (let j = 0; j < twoDimension[i].length; j++) {
    console.log(twoDimension[i][j]);
  }
}
1
2
3
4
5
6
```

이차원 배열의 요소로 또다시 배열이 들어 있으면 삼차원 배열이 됩니다. 이런 식으로 배열의 차원을 늘려가며 데이터를 표현할 수 있습니다. 삼차원 배열의 요소를 전부 나열하려면 반복문을 세 번 중첩합니다.

1분 퀴즈

해설 노트 p.560

11. 'a', null, 1, undefined, NaN, true, '', 0을 4행 2열의 이차원 배열로 구성해 보세요.

12. for 문으로 5(행) × 4(열) 이차원 배열을 만들어 보세요. 배열의 요소는 모두 1로 넣습니다.

flat()과 fill()

flat()은 배열의 차원을 한 단계 낮추는 기능을 합니다. 즉, n차원 배열을 n−1차원 배열로 낮춥니다. 이차원 배열이라면 일차원 배열로 바뀝니다. 일차원 배열은 flat()을 적용해도 그대로 일차원 배열로 남아 있습니다. 차원을 낮추는 게 배열을 평평하게 만드는 것처럼 보인다고 해서 flat이라는 이름이 붙었습니다.

```
const array = [[1, 2, 3], [4, 5, 6], [7, 8, 9]];
array.flat(); // (9) [1, 2, 3, 4, 5, 6, 7, 8, 9]
const array2 = [1, 2, 3, [[4, 5, 6], [7, 8, 9]]];
array2.flat(); // (5) [1, 2, 3, (3) [4, 5, 6], (3) [7, 8, 9]]
```

배열은 배열 리터럴인 대괄호([ ]) 말고도 Array(길이)로도 생성할 수 있습니다. 다음 코드에서 Array(5)는 길이가 5인 배열을 만듭니다.

```
const empty = Array(5);
empty; // (5) [비어 있음 x 5]
```

하지만 Array()로 배열을 생성하면 값이 전부 비어 있다고 나옵니다. 이때 fill()을 사용하면 빈 배열의 값을 채울 수 있습니다. fill()은 빈 배열의 요소를 미리 특정 값으로 채워 넣는 기능을 합니다.

```
empty.fill(); // (5) [undefined, undefined, undefined, undefined, undefined]
```

fill()의 소괄호 안에 특정 값을 넣지 않으면 모두 undefined로 채워집니다. fill() 안에 특정 값을 넣으면 배열은 모두 해당 값으로 채워집니다.

```
empty.fill(1); // (5) [1, 1, 1, 1, 1]
```

fill()을 **2.6.4절**에서 배우는 map()과 조합하면 [1, 2, 3, 4, 5]와 같이 요소가 순서대로 나열된 배열을 쉽게 만들 수 있습니다. 미리 살펴보면 다음과 같습니다.

```
empty.fill().map((v, i) => i + 1); // (5) [1, 2, 3, 4, 5]
```

Set으로 중복 요소 제거하기

배열의 요소는 다음과 같이 중복될 수 있습니다. 중복 요소는 반복문으로 제거할 수 있지만, 자바스크립트에서 배열과 비슷한 Set이라는 객체를 제공합니다. Set은 배열과 달리 중복을 허용하지 않습니다.

```
[1, 2, 1, 3, 3, 5]
```

Set 뒤의 소괄호 안에 배열을 넣습니다. 그리고 앞에 new가 옵니다. new가 무엇인지는 **2.7 클래스**에서 배웁니다. 여기서는 형태가 이렇다는 것만 알아 두세요. 실행하면 중복 요소가 사라지고 1, 2, 3, 5만 남아 손쉽게 중복을 제거할 수 있습니다.

```
new Set([1, 2, 1, 3, 3, 5]); // Set(4) {1, 2, 3, 5}
```

Set은 문자열 중복도 제거합니다.

```
new Set('가가나나다다'); // Set(3) {'가', '나', '다'}
new Set('121533'); // Set(4) {'1', '2', '5', '3'}
```

Set이 배열과 비슷해 보이지만, 사용 방법이 다릅니다. 예를 들어, Set의 요소 개수를 구할 때는 length 대신 size를 사용합니다.

```
const a = new Set([1, 2, 1, 3, 3, 5]);
a.size; // 4
```

따라서 중복을 제거할 때만 Set을 사용하고, Set을 다시 배열로 바꿔 사용합니다. Set을 배열로 바꿀 때는 Array.from()을 사용합니다.

```
Array.from(new Set([1, 2, 1, 3, 3, 5])) // (4) [1, 2, 3, 5]
```

참고로 Array.from()을 사용해 문자열도 배열로 바꿀 수 있습니다.

```
Array.from('123'); // (3) ['1', '2', '3']
```

`Array.from()`은 **2.6.3절**에서 유사 배열 객체를 다룰 때 한 번 더 사용합니다.

2.6.2 함수

이번에는 객체 중에서 함수를 알아보겠습니다. 수학 시간에 y = f(x) 같은 함수를 배운 적이 있을 겁니다. 프로그래밍에서도 함수라는 개념이 있습니다. 수학의 함수와 비슷하기도 하지만, 다른 점도 있습니다. 프로그래밍에서 **함수**(function)는 특정한 작업을 수행하는 코드를 의미합니다. 함수를 미리 만들어 두면 원할 때 실행해 정해진 작업을 수행하게 할 수 있습니다.

이 절에서는 간단한 함수를 만들어 보며 함수의 개념을 이해해 보겠습니다.

● 함수 선언하기

함수를 만들 때는 보통 function 예약어를 사용하거나 화살표 기호(=>)를 사용합니다. 함수에는 기본적으로 이름이 없으므로 다른 곳에서 사용할 수 없습니다. 이런 이름이 없는 함수는 특별히 **익명 함수**(anonymous function)라고 합니다.

> **형식**
> ```
> function() {};
> () => {};
> ```

함수는 이름을 붙여야 다른 곳에서 사용할 수 있습니다. 함수에 이름을 붙이는 방법은 다음과 같습니다.

```
function a() {}
const b = function() {};
const c = () => {};
```

세 함수에 각각 a, b, c라고 이름을 붙였는데, 함수 a()만 상수에 대입하지 않았습니다. 이처럼 함수를 상수에 대입하지 않고 function 뒤에 함수의 이름을 넣는 방식을 **함수 선언문**(function declaration statement)이라고 합니다.

두 번째와 세 번째 함수는 각각 상수 b와 c에 대입했습니다. 이렇게 대입하면 상수 또는 변수의 이름이 함수의 이름이 됩니다. 이 중에서 함수 b()와 같이 함수를 상수나 변수에 대입하는 방식을 **함수 표현식**(function expression)이라고 합니다.

형식   이름 = function() { 실행문 }

그리고 함수 c()처럼 화살표 기호를 사용한 함수는 **화살표 함수**(arrow function)라고 합니다.

형식   () => { 실행문 }
       // 또는
       () => 반환식

함수를 만드는 방식은 이렇게 세 가지입니다. 그런데 세 방식 사이에는 큰 차이가 있습니다. 이 차이점은 여기서 한 번에 다루지는 않고, 앞으로 새로운 개념이 등장할 때마다 다루겠습니다. 변수와 마찬가지로 함수를 만드는 행위도 **선언한다**(declare)고 표현합니다.

> **Note   왜 함수 a 뒤에는 세미콜론을 안 붙이나요?**
>
> 사실 붙여도 되고 안 붙여도 됩니다. 이 책에서는 문 뒤에 세미콜론을 붙이지 않는 방식으로 통일했습니다.
> 따라서 if 문, for 문, while 문, 함수 선언문의 중괄호 뒤에는 세미콜론을 붙이지 않습니다.

● 함수 호출하기

선언한 함수를 사용해 보겠습니다. 함수를 사용하는 행위를 프로그래밍에서는 **호출한다**(call)고 표현합니다.

함수 a()를 선언한 후 함수 이름인 a 뒤에 ()를 붙이면 함수가 실행됩니다. 지금은 함수 내부에 어떤 작업도 정의하지 않아서 결과에 undefined만 나옵니다.

```
function a() {}
a();
< undefined
```

그런데 함수 이름 뒤에 ( )를 붙이는 것을 어디서 많이 보지 않았나요? 지금까지 console.log( ) 나 parseInt( ) 같은 명령 뒤에 ( )를 붙여 사용했습니다. 즉, console.log( )와 parseInt( )도 함수라는 의미입니다.

이번에는 함수 안에 실행문을 넣어 보겠습니다. 중괄호 안에 코드를 작성하면 됩니다.

```
function a() {
  console.log('Hello');
  console.log('Function');
}
a();
Hello
Function
```

console.log( )도 함수라고 했죠. 이처럼 함수 안에서 다시 함수를 호출할 수도 있습니다. 함수 a( )를 호출하니 내부에서 다시 console.log( ) 함수가 호출됩니다.

코드를 함수로 만들어 두면 코드를 재사용하기 쉽습니다. 다음 예제처럼 함수 a( )를 여러 번 호출하면 호출한 만큼 내부의 실행문이 실행됩니다.

```
function a() {
  console.log('Hello');
  console.log('Function');
}
a();
a();
a();
Hello
Function
Hello
Function
Hello
Function
```

함수를 사용하지 않는다면 console.log( )를 6번 작성해야 하지만, 함수로 만들었기 때문에 함수를 3번만 호출하면 됩니다. 이렇게 함수를 만들면 코드의 양을 줄일 수 있습니다.

● return 문으로 반환값 지정하기

다음 코드를 콘솔에서 실행해 보세요.

```
function a() {}
a();
< undefined
```

함수를 호출하면 항상 결과 값이 나오는데, 이를 **반환값**(return value)이라고 합니다. 예제에서 함수 a()를 호출하니 undefined만 나옵니다. 즉, 함수 a()의 반환값은 undefined입니다. console.log() 함수를 호출할 때마다 undefined가 출력되던 것을 기억하나요? 바로 console.log() 함수의 반환값이 undefined여서 그렇습니다.

변수를 선언할 때 값을 대입하지 않으면 기본으로 값이 undefined가 된다고 했죠. 함수에서도 반환값을 지정하지 않으면 기본으로 undefined가 됩니다. 이후 반환값으로 나오는 undefined는 생략하겠습니다.

반환값을 직접 정할 수도 있습니다. return 문을 추가하면 됩니다. 다음 예제를 콘솔에서 실행해 보세요.

```
function a() {
  return 10;
}
a();
< 10
```

함수를 호출하면 반환값으로 undefined 대신 10이 나옵니다.

명시적으로 return 문을 사용하지 않았다면 항상 함수 실행문 끝에 return undefined;가 있다고 생각하면 됩니다.

```
// 예제 1 - 다음 두 함수는 의미가 같음
function a() {}
function a() {
  return undefined;
}
```

```
// 예제 2 - 다음 두 함수도 의미가 같음
function a() {
  console.log('a');
}
function a() {
  console.log('a');
  return undefined;
}
```

반환값도 값이므로 다른 식이나 문에 넣어 사용할 수 있습니다.

```
function a() {
  return 10;
}
console.log(a());
10
```

함수 a()의 호출 결과를 console.log()에서 사용했습니다. a()의 반환값이 10이므로 console.log(a())는 console.log(10)과 같습니다. 따라서 콘솔에 10이 출력됩니다(그 뒤에 나오는 undefined는 console.log()의 반환값입니다).

함수의 반환값을 상수나 변수에 대입할 수도 있습니다. 함수의 반환값도 값이라는 점을 꼭 기억하세요.

```
function a() {
  return 10;
}
const b = a();
b;
< 10
```

return 문에는 역할이 하나 더 있습니다. 바로 함수의 실행을 중간에 멈추는 역할입니다.

```
function a() {
  console.log('Hello');
  return;
```

```
  console.log('Return');
}
a();
Hello
```

이 예제에서는 Hello만 콘솔에 출력됩니다. console.log('Return');보다 return;이 더 위에 있기 때문입니다. return 문이 실행되면 그 아래 코드는 아예 실행되지 않습니다. 이런 특징을 이용해 조건문과 return 문을 결합해 함수 실행을 조작할 수 있습니다.

```
function a() {
  if (false) {
    return;
  }
  console.log('실행됩니다.');
}
a();
실행됩니다.
```

이 예제의 결과에 조금 의아할 수도 있습니다. return 문 아래에 있는 코드는 실행되지 않는다고 착각하기 때문입니다. 여기서 핵심은 return 문의 존재가 아니라 return 문이 실행되는가입니다. 현재 return 문이 위치한 if 문의 실행문이 실행되지 않습니다(조건문이 false이므로). return 문도 당연히 실행되지 않습니다. 따라서 if 문 아래에 있는 console.log()는 정상적으로 호출됩니다.

반복문도 return 문으로 중단할 수 있습니다.

```
function b() {
  for (let i = 0; i < 5; i++) {
    if (i >= 3) {
      return i;
    }
  }
}
b();
< 3
```

함수 b( )는 i가 3 이상일 때 i를 반환합니다. 따라서 반복문을 돌다 i가 3인 순간 3을 반환하면 함수는 종료됩니다.

◉ 매개변수와 인수 사용하기

console.log( ) 함수를 호출할 때 소괄호 안에 값을 넣었죠? 그렇게 넣은 값을 console.log( ) 함수가 받아서 콘솔에 출력합니다. 이때 알 수 있는 것은 함수에 원하는 값을 넣을 수도 있다는 점입니다. 여기서 매개변수와 인수의 관계가 나옵니다.

```javascript
function a(parameter) {
  console.log(parameter);
}
a('argument');
argument
```

이 예제를 이해하려면 함수 a( )를 호출했을 때 소괄호에 넣은 'argument' 문자열이 어떻게 사용되는지를 파악해야 합니다. 'argument' 문자열은 함수 a( )를 선언할 때 소괄호에 넣은 parameter와 연결됩니다. 따라서 parameter는 'argument'를 값으로 가집니다. 즉, parameter = 'argument'와 같습니다. 실제로 parameter는 변수와 같은 특성을 가집니다.

함수를 호출할 때 넣은 'argument' 같은 값을 **인수**(argument)라고 하고, 함수를 선언할 때 사용한 parameter 같은 변수를 **매개변수**(parameter)라고 합니다.

그림 2-22 매개변수와 인수

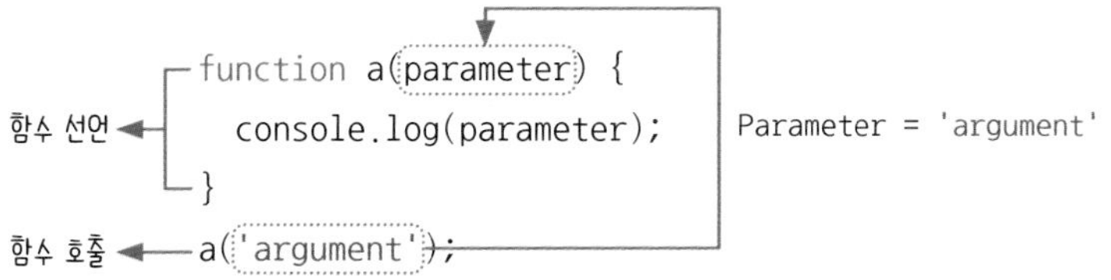

함수가 하나의 매개변수와 하나의 인수만 가지는 것은 아닙니다. 각각 여러 개를 가질 수 있고, 심지어 매개변수와 인수의 개수가 일치하지 않아도 됩니다.

다음 예제에서 인수 'Hello', 'Parameter', 'Argument'는 각각 매개변수 w, x, y에 연결됩니다. 그런데 매개변수 z에 대응되는 인수가 없습니다. 매개변수에 대응되는 인수가 없을 때는 자동으로 undefined 값이 대입됩니다. 그래서 결과에 매개변수 z의 값이 undefined로 나옵니다.

143

```
function a(w, x, y, z) {
  console.log(w, x, y, z);
}
a('Hello', 'Parameter', 'Argument');
Hello Parameter Argument undefined
```

예제처럼 매개변수와 인수의 개수가 일치하지 않을 수 있습니다. 따라서 매개변수의 개수로 인수의 개수를 추정할 수 없습니다. 인수가 몇 개인지 궁금하다면 arguments라는 값을 사용해 알아낼 수 있습니다.

```
function a(w, x, y, z) {
  console.log(w, x, y, z);
  console.log(arguments);
}
a('Hello', 'Parameter', 'Argument');
Hello Parameter Argument undefined
Arguments(3) ['Hello', 'Parameter', 'Argument']
```

console.log(arguments)로 arguments의 값을 출력해 보니 호출할 때 넣은 인수들의 목록을 볼 수 있습니다. 뒤에 나오는 callee나 Symbol(Symbol.iterator)는 인수가 아니므로 무시해도 됩니다. 추가로 arguments는 화살표 함수에서는 사용할 수 없고 function으로 선언한 함수에서만 사용할 수 있습니다.

이번에는 매개변수의 개수를 인수보다 적게 선언해 보겠습니다.

```
function a(w, x) {
  console.log(w, x);
}
a('Hello', 'Parameter', 'Argument');
Hello Parameter
```

예제를 실행하면 'Hello'가 w에 대응되고, 'Parameter'는 x에 대응됩니다. 남은 'Argument'는 어떤 매개변수에도 대응되지 않으므로 'Argument'는 사용되지 않고 버려집니다.

앞의 예제들만으로는 모두 이해되지 않을 수 있으니 간단한 더하기 함수를 만들어 복습해 보겠습니다.

```
function add(x, y) {
  return x + y;
}
add(3, 5);
〈 8
add(8, 7);
〈 15
```

첫 번째 함수 호출에서 인수로 받은 3, 5가 매개변수 x, y에 연결됩니다. 그 후 return 문을 통해 이 둘을 더한 값(8)을 반환합니다. 두 번째 함수 호출에서는 인수로 8과 7을 받았습니다. 역시 return 문을 통해 이 둘을 더한 값(15)을 반환합니다.

이렇게 더하기 함수를 만들어 두면 인수만 바꿔 가면서 더하기 함수를 재사용할 수 있습니다. 예제에서 함수가 너무 간단해 직접 3 + 5나 8 + 7을 하는 것이 쉽지만, 고차원의 계산식이 필요하거나 기능이 복잡해지면 함수의 유용함을 깨닫게 될 겁니다.

1분 퀴즈
해설 노트 p.561

13. 매개변수 x, y, z로 인수를 받아 곱한 값을 반환하는 multiply() 함수를 만들어 보세요. 단, 화살표 함수로 만드세요.

● 다른 변수 사용하기

함수 안에서 변수나 상수를 선언할 수도 있습니다. 다음 예제는 함수 안에 상수 a를 선언한 후 return 문에서 사용합니다.

```
function minus1(x, y) {
  const a = 100;
  return (x - y) * a;
}
minus1(5, 3);
〈 200
```

또한, 함수 바깥에 위치한 변수나 상수를 함수 안에서 사용할 수도 있습니다. 다음은 앞의 예제와 실행결과는 같지만, 코드가 조금 다릅니다. 이번에는 함수를 선언하기 전에 상수 a가 이미 선언되어 있습니다.

```
const a = 100;
function minus2(x, y) {
  return (x - y) * a;
}
minus2(5, 3);
< 200
```

이렇게 함수는 자신의 매개변수나 함수 내부에 선언한 변수 또는 상수가 아니더라도 접근할 수 있습니다. 다만, 모든 상수나 변수에 접근할 수는 없고 스코프(**3.2 스코프와 클로저**에서 배웁니다)에 따라 접근 여부가 달라집니다.

minus1() 함수처럼 자신의 매개변수나 내부 변수(또는 상수)만 사용하는 함수를 **순수 함수**(pure function)라고 합니다. minus2() 함수는 외부 변수(또는 상수)에 접근하므로 순수 함수가 아닙니다.

● 고차 함수 사용하기

함수는 호출하면 어떤 값을 반환합니다. 이 값은 문자열이나 숫자, 불 값 등으로 제한되지 않고 자바스크립트의 모든 자료형이 될 수 있습니다. 즉, 함수가 함수를 반환할 수도 있습니다. 다음 함수처럼요.

```
const func = () => {
  return () => {
    console.log('hello');
  };
};
```

func() 함수를 호출하면 함수를 반환합니다. 반환된 함수를 다른 변수에 저장할 수도 있고, 변수에 저장된 함수를 다시 호출할 수도 있습니다.

```
const innerFunc = func();
innerFunc();
hello
```

코드를 이해하기 어렵다면 func( ) 호출 부분을 반환값으로 대체해 보세요. 다른 함수도 호출 부분을 반환값으로 대체해 보면 흐름을 이해하기 쉽습니다. 대체해 보면 앞의 코드는 다음 코드와 같은 의미입니다.

```
const innerFunc = () => {
  console.log('hello');
};
innerFunc();
```

함수가 호출된 코드(함수 이름 뒤에 ( )가 붙은 코드)가 있다면 그 부분을 실제 반환값으로 치환하면 이해하기 쉽습니다.

그림 2-23 함수 호출을 반환값으로 대체해 보기

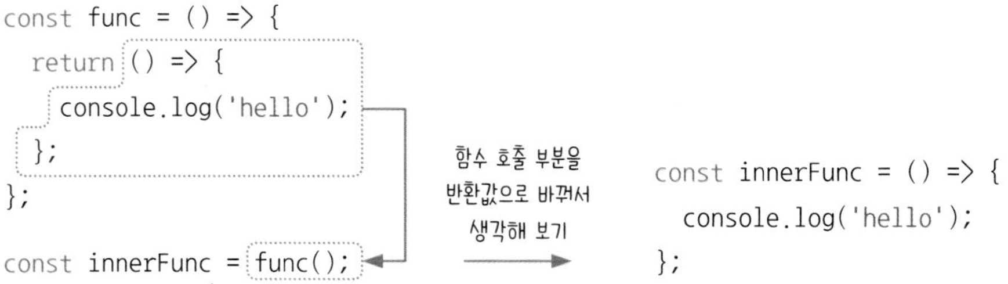

```
const func = () => {
  return () => {
    console.log('hello');
  };
};

const innerFunc = func();
```

함수 호출 부분을
반환값으로 바꿔서
생각해 보기
→

```
const innerFunc = () => {
  console.log('hello');
};
```

func( ) 함수는 'hello'라는 문자열을 콘솔로 출력(console.log( ))하는 함수를 찍어 내는 공장이라고 생각할 수 있습니다. func( ) 함수를 호출할 때마다 함수가 반환됩니다.

```
const innerFunc1 = func();
const innerFunc2 = func();
const innerFunc3 = func();
...
```

콘솔에 출력되는 'hello'라는 문자열을 innerFunc() 함수를 호출할 때마다 다른 값으로 바꿀 수도 있습니다. 반환값을 바꿀 때는 매개변수를 사용합니다. 즉, 바꾸고 싶은 자리를 매개변수로 만들면 됩니다.

다음 코드와 같이 'hello' 문자열 부분을 매개변수 msg로 바꿔 보겠습니다. 이때 반환하는 함수의 매개변수가 아니라 func() 함수의 매개변수로 만들어야 합니다.

```
const func = (msg) => {
  return () => {
    console.log(msg);
  };
};
```

이제 func() 함수를 호출하면 func() 함수에 넣은 매개변수를 console.log()하는 함수가 반환됩니다.

```
const innerFunc1 = func('hello');
const innerFunc2 = func('javascript');
const innerFunc3 = func();
innerFunc1();
innerFunc2();
innerFunc3();
hello
javascript
undefined
```

앞에서와 마찬가지로 func() 함수 호출 부분을 return 값으로 대체해 보면 이해될 겁니다. 이때는 매개변수 위치에 실제 값을 넣어야 합니다. 대체해 보면 innerFunc1(), innerFunc2(), innerFunc3()를 호출할 때 콘솔에 결과가 왜 그렇게 나오는지 알 수 있습니다.

```
const innerFunc1 = () => {
  console.log('hello');
};
const innerFunc2 = () => {
  console.log('javascript');
```

```
};
const innerFunc3 = () => {
  console.log(); // 빈 값은 undefined
};
```

func()처럼 함수를 만드는 함수를 **고차 함수**(high order function)라고 합니다. 참고로 화살표 함수 문법에서는 함수 본문에 바로 반환되는 값이 있으면 {와 return을 생략할 수 있습니다.

```
const func = (msg) => {
  return () => {
    console.log(msg);
  };
};
```

앞의 코드는 다음과 같이 줄일 수 있습니다.

```
const func = (msg) => () => {
  console.log(msg);
};
```

이처럼 화살표 함수에서 화살표가 연이어 나오더라도 당황하지 마세요!

1분 퀴즈

해설 노트 p.561

14. 다음 코드의 console.log() 결과는 무엇일까요?

```
const hof = (a) => (b) => (c) => {
  return a + (b * c);
};
const first = hof(3);
const second = first(4);
const third = second(5);
console.log(third);
```

2.6.3 객체 리터럴

객체의 종류에서 마지막으로 배열이나 함수가 아닌 객체를 알아보겠습니다. 객체는 여러 변수를 하나의 변수로 묶을 때 사용합니다.

◉ 객체 생성하기

다음과 같이 어떤 사람의 정보를 나타내는 변수들이 있다고 합시다.

```
const name = '조현영';
const year = 1994;
const month = 8;
const date = 12;
const gender = 'M';
```

여기에 추가로 다른 사람의 정보도 변수로 표현하고 싶습니다. 그런데 이미 name, year, month, date, gender 변수를 선언했으므로 다른 사람을 표현할 때 이 변수들은 사용할 수 없고 변수 이름을 별도로 생각해야 합니다. 만약 새로운 사람을 또 추가한다고 하면 막막해지기 시작합니다. 같은 정보를 나타내는데 변수 이름을 매번 새로 지어야 하니까요. 이럴 때 객체를 사용하면 여러 변수에 저장된 정보를 하나로 묶을 수 있습니다.

```
const zerocho = {
  name: '조현영',
  year: 1994,
  month: 8,
  date: 12,
  gender: 'M',
};
```

zerocho라는 변수를 선언하고 정보를 모아 중괄호({})로 묶어 변수에 대입했습니다. 중괄호로 묶인 name, year, month, date, gender와 같은 정보들을 **속성**(property)이라고 합니다. 속성은 속성 이름과 속성 값으로 구분됩니다. name: '조현영'이란 속성에서는 name이 속성 이름이고, '조현영'이 속성 값입니다. 이처럼 중괄호를 사용해 객체를 표현하는 것을 **객체 리터럴**(object literal)이라고 합니다. 객체 리터럴 외에도 다양한 방법으로 객체를 만들 수 있지만, 이 책에서는 객체 리터럴과 클래스만 사용합니다. 클래스는 **2.7절**에서 살펴보겠습니다.

객체는 다음과 같은 형태로 구성됩니다.

형식
```
{
    <속성 이름>: <속성 값>,
}
```

속성 이름은 문자열이어야 하고, 속성 값에는 자바스크립트의 모든 값이 들어갈 수 있습니다. 속성이 여러 개 있다면 쉼표(,)로 구분하면 됩니다.

형식
```
{
    <속성1 이름>: <속성1 값>,
    <속성2 이름>: <속성2 값>,
    <속성3 이름>: <속성3 값>,
}
```

제로초의 조언

형식을 보면 객체 속성이 하나이든 여럿이든 모든 속성 끝에 쉼표를 붙였습니다. 사실 마지막 속성에는 쉼표를 붙이지 않아도 되지만, 편의상의 이유로 쉼표를 붙였습니다. 요즘은 코딩할 때 코드 내용이 변경됐는지 확인해 주는 git(깃) 같은 도구를 사용합니다. 보통 이런 도구는 줄 단위로 변경 사항을 확인합니다. 속성 뒤에 쉼표를 사용하지 않았다고 합시다.

```
const 객체 = {
    <속성 이름>: <속성 값>
}
```

이때 속성을 추가하려면 기존 속성 뒤에 쉼표를 붙여야 합니다.

```
const 객체 = {
    <속성 이름>: <속성 값>,
    <속성2 이름>: <속성2 값>
}
```

속성을 하나만 추가했지만, 이런 경우 쉼표 때문에 git 같은 도구에서는 두 줄이 변경됐다고 표시합니다. 그런데 코드에서 쉼표 자체는 큰 의미가 없습니다. 이 점이 거슬리는 개발자들은 속성 끝에 쉼표를 꼭 붙입니다. 저도 항상 쉼표를 붙입니다.

● 객체 속성에 접근하기

객체 속성에 접근해 보겠습니다. 속성에 접근하는 것은 정확히 말하면 속성 이름을 통해 속성 값에 접근하는 것입니다.

속성에는 변수로 접근할 수 있습니다. 접근하는 방식은 두 가지입니다. 첫 번째, 마침표(.)를 사용해 변수.속성 형태로 접근하면 됩니다. 두 번째, 배열처럼 대괄호([ ])를 사용해 변수['속성'] 형태로 접근할 수 있습니다. 이때 [ ] 안에는 문자열을 넣어야 합니다.

앞에서 만든 zerocho 객체의 name 속성과 date 속성에 접근해 보겠습니다.

```
const zerocho = {
  name: '조현영',
  year: 1994,
  month: 8,
  date: 12,
  gender: 'M',
};
zerocho.name;
< '조현영'
zerocho['name'];
< '조현영'
zerocho.date;
< 12
zerocho['date'];
< 12
```

[ ]에는 문자열을 넣어야 하므로 zerocho[name]이 아닌 zerocho['name']이라고 작성해야 합니다. zerocho[name]이라고 작성하면 name 자리에 name의 값을 넣어 사용하게 됩니다. 어떤 차이가 있는지 다음 예제로 확인해 보세요.

```
const name = 'date';
zerocho['name'];
< '조현영'
zerocho[name]; // zerocho['date']와 같은 의미
< 12
zerocho.hello;
< undefined
```

그리고 마지막 코드에서 보듯이 zerocho.hello처럼 객체에 존재하지 않는 속성에 접근하면 undefined가 나옵니다.

대부분은 대괄호보다 마침표를 사용해 속성에 접근하지만, 마침표를 사용할 수 없을 때도 있습니다. 속성 이름에 띄어쓰기나 마침표가 들어 있는 경우에 그렇습니다. 속성 이름은 문자열이므로 띄어쓰기와 마침표가 들어갈 수 있습니다. 그래서 변수['속성 이름'] 또는 변수['속성.이름']처럼 [ ]를 사용해 속성에 접근합니다.

객체는 속성으로 변수를 가질 수도 있습니다.

```
const name = '조현영';
const year = 1994;
const zerocho = {
  name: name,
  year: year,
};
zerocho.name; // 조현영
zerocho.year; // 1994
```

이렇게 속성 이름과 속성 값으로 사용된 변수 이름이 같을 때는 다음과 같이 줄여 쓸 수 있습니다.

```
const name = '조현영';
const year = 1994;
const zerocho = { name, year };
zerocho.name; // 조현영
zerocho.year; // 1994
```

줄여 쓰더라도 속성에 접근하는 방식은 동일합니다.

◉ 객체 속성을 추가/수정/삭제하기

객체에 새로운 속성을 추가하거나 객체 속성에 접근해 값을 수정할 수 있습니다. 먼저 값을 추가하려면 변수.속성 = 값; 형태로 코드를 실행하면 됩니다.

```
zerocho.married = false; // false
zerocho.married; // false
```

값을 수정할 때도 변수.속성 = 값; 형태로 코드를 실행하면 됩니다. 그러면 지정한 값으로 속성 값이 바뀝니다. 추가냐 수정이냐의 차이는 속성이 객체에 이미 존재하냐 아니냐의 차이입니다.

```
zerocho.gender = 'F'; // F
```

객체의 속성을 삭제할 수도 있습니다. 속성을 삭제하고 싶을 때는 delete 변수.속성; 형태로 코드를 실행합니다. 이때 삭제된 속성에 접근하면 undefined가 나옵니다.

```
delete zerocho.gender; // true
zerocho.gender; // undefined
```

> **Note** **배열과 함수가 객체인 이유**
>
> 배열과 함수가 객체인 이유는 지금까지 나온 객체의 성질을 모두 다 사용할 수 있기 때문입니다. 배열과 함수에도 속성들을 추가하거나 수정 및 삭제할 수도 있습니다. 객체는 함수와 배열을 포함하는 개념이라서 중괄호({})를 사용해 만든 객체를 구분하기 위해 **객체 리터럴**이라고 따로 지칭하는 것입니다.
>
> ```
> function hello() {}
> hello.a = 'really?';
> hello.a;
> < 'really?'
> const array = [];
> array.b = 'wow!';
> array;
> < [b: 'wow!']
> array.b;
> < 'wow!'
> ```
>
> 다만, 함수와 배열은 주로 객체 리터럴과는 다른 목적으로 사용하기에 함수와 배열에 임의 속성을 추가하는 경우는 드뭅니다. 임의 속성을 넣으려면 처음부터 객체 리터럴을 사용하지 함수나 배열을 사용할 이유가 없습니다.

메서드 이해하기

속성 값으로 자바스크립트의 모든 값을 넣을 수 있다고 했습니다. 문자열도 되고, 숫자, 불 값, null, undefined도 됩니다. 심지어 함수, 배열, 다른 객체까지도 넣을 수 있습니다. 이때 객체의 속성 값으로 함수가 들어가면 이 속성을 특별히 **메서드**(method)라고 합니다.

다음 코드를 봅시다.

```
const debug = {
  log: function(value) {
    console.log(value);
  },
};
debug.log('Hello, Method');
Hello, Method
```

debug 객체에는 log라는 속성이 있습니다. 속성 값이 함수이므로 log는 메서드입니다. 그런데 마지막 줄에 있는 코드가 어딘가 익숙한 형태이지 않나요? 그렇습니다. 지금까지 콘솔에 결과를 출력하려고 사용한 console.log()가 바로 console 객체의 log() 메서드였습니다. console 객체와 그 안에 든 log() 메서드는 웹 브라우저가 기본으로 만들어 둔 객체이므로 따로 선언하지 않아도 코드에서 사용할 수 있습니다.

추가로 메서드에서는 다음과 같이 축약할 수 있습니다.

```
const debug = {
  log(value) {
    console.log(value);
  },
};
```

객체 간 비교하기

객체를 다룰 때 가장 많이 실수하는 상황이 있습니다. 바로 객체끼리 비교 연산을 할 때입니다.

다음과 같이 숫자, 문자열, 불 값, null, undefined를 비교하면 모두 true를 반환합니다. 단, NaN은 false가 나옵니다.

155

```
'str' === 'str'; // true
123 === 123; // true
false === false; // true
null === null; // true
undefined === undefined; // true
NaN === NaN; // false
```

그런데 객체를 비교하면 false를 반환합니다.

```
({} === {});
< false
```

> **Note   소괄호로 감싸는 이유**
>
> 앞의 코드를 입력할 때 소괄호로 감쌌습니다. 원래 의도한 코드는 다음과 같지만, 이대로 실행하면 에러가
> 발생합니다.
>
> ```
> {} === {};
> Uncaught SyntaxError: Unexpected token '==='
> ```
>
> 자바스크립트에서 중괄호({})는 객체 리터럴을 의미하기도 하지만, 블록 문(Block Statement)을 의미하기
> 도 합니다. if 문이나 while 문에서 실행문에 중괄호로 감싼 코드를 넣을 수 있는 이유가 중괄호가 문이기
> 때문입니다. 자바스크립트가 중괄호가 객체 리터럴인지 블록 문인지 헷갈려 할 때 소괄호로 감싸 주면 확실
> 하게 객체 리터럴이라는 것을 인식시킬 수 있습니다.
>
> 비슷한 이유로 함수끼리 비교할 때도 소괄호로 감싸면 함수 선언문이 아니라 함수 표현식임을 자바스크립
> 트에 알릴 수 있습니다.
>
> ```
> function a() {} === function b() {};
> Uncaught SyntaxError: Unexpected token '==='
> (function a() {} === function b() {});
> < false
> ```

객체는 모양이 같아도 생성할 때마다 새로운 객체가 생성됩니다. 따라서 기존 객체를 변수에 저장해야 같은 객체인지 비교할 수 있습니다.

```
const a = { name: 'zerocho' };
const array = [1, 2, a];
a === array[2];
< true
```

● 중첩된 객체와 옵셔널 체이닝 연산자

배열 안에 배열이 들어갈 수 있듯이 객체 안에도 다른 객체가 들어갈 수 있습니다. 다음 코드와 같이 속성 값으로 다른 객체를 넣으면 됩니다. 그래서 zerocho.name도 객체 리터럴입니다.

```
const zerocho = {
  name: {
    first: '현영',
    last: '조',
  },
  gender: 'm',
};
```

이렇게 중첩된 객체일 때 '현영'에는 zerocho.name.first로 접근합니다. 또는 zerocho['name']['first']나 zerocho['name'].first, zerocho.name['first']로도 가능합니다.

사실 배열에 객체가 들어갈 수도, 객체에 배열이 들어갈 수도 있습니다. 다음과 같이 가족 정보 객체를 배열로 저장할 수 있습니다.

```
const family = [
  { name: '제로초', age: 29, gender: '남' },
  { name: '레오', age: 5, gender: '남' },
  { name: '체리', age: 3, gender: '여' },
];
```

엑셀로는 다음과 같이 표현됩니다. 이차원 배열로 표현해도 되지만, 객체 리터럴로 표현하면 속성 이름을 지정할 수 있어 알아보기가 더 쉽습니다.

157

그림 2-24 배열에 상응하는 엑셀 구조

	A	B	C
1	name	age	gender
2	제로초	29	남
3	레오	5	남
4	체리	3	여

이때 존재하지 않는 중첩 객체의 속성에 접근하면 에러가 발생합니다. zerocho.girlfriend는 존재하지 않는 속성이라 undefined인데 .name으로 접근하려고 해서 발생하는 에러입니다.

```
zerocho.girlfriend.name;
Uncaught TypeError: Cannot read properties of undefined (reading 'name')
```

객체에 어떤 속성이 있는지 잘 모를 때는 ?. 연산자를 사용하면 됩니다. **옵셔널 체이닝 연산자**(optional chaining operator)라고 하는데, 존재하지 않는 속성에 접근할 때 에러가 발생하는 것을 막아 줍니다.

```
zerocho.girlfriend?.name;
< undefined
zerocho.name?.first;
< '현영'
```

zerocho.girlfriend는 undefined이므로 그 안의 name 속성에 접근하는 것을 막고 undefined를 결과로 보냅니다. zerocho.name은 존재하는 속성이므로 first 속성에 정상적으로 접근합니다.

메서드나 배열 요소에 접근할 때도 ?. 연산자를 사용할 수 있습니다.

```
zerocho.sayHello?.();
< undefined
zerocho.girlfriend?.[0];
< undefined
```

zerocho 객체에는 sayHello라는 메서드가 존재하지 않지만 호출을 시도하고 있습니다. 원래라면 Uncaught TypeError: zerocho.sayHello is not a function 에러가 발생하지만 ?. 연

산자 덕분에 에러가 발생하지 않습니다. 또한 zerocho.girlfriend는 존재하지 않고 배열도 아닌데 [0]으로 접근하고 있습니다. 이때도 ?. 연산자 덕분에 에러가 발생하지 않습니다.

1분 퀴즈 해설 노트 p.561

15. 다음과 같이 객체 안에 객체가 있을 때, '조'를 '김'으로 수정하는 방법은 무엇일까요?

```
const zerocho = {
  name: {
    first: '현영',
    last: '조',
  },
  gender: 'm',
};
```

참조와 복사

객체를 사용할 때 반드시 알아야 하는 개념이 있는데, 바로 **참조**(reference)입니다.

다음 예제 코드를 보면 변수 b에 a를 대입합니다. 그리고 변수 a의 name 속성 값을 변경합니다. 그랬더니 변수 b의 name 속성 값도 같이 변경됐습니다. 객체를 저장한 변수를 다른 변수에 대입하면 두 변수 모두 같은 객체를 저장하는 셈이 됩니다.

```
const a = { name: 'zerocho' };
const b = a;
b.name;
< 'zerocho'
a.name = 'hero';
b.name;
< 'hero'
```

const a = { name: 'zerocho' };을 실행했을 때 컴퓨터의 메모리 구조는 다음과 같습니다. 객체는 별도의 공간에 저장되고, 변수 a가 이 객체를 가리키고 있습니다.

그림 2-25 변수 a가 객체를 가리킴

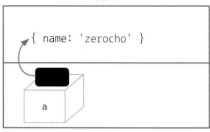

그다음 const b = a;을 실행하면 변수 b가 생기고 변수 b는 변수 a를 가리키게 됩니다. 따라서 변수 b의 name도 'zerocho'가 됩니다.

그림 2-26 변수 b가 변수 a를 가리킴

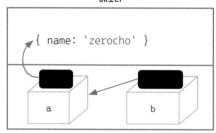

이 상태에서 변수 a의 name을 'hero'로 바꾸면 변수 b가 변수 a를 가리키고 있으므로 변수 b의 name도 'hero'가 되는 것입니다.

그림 2-27 변수 a의 name 속성을 바꾸면 변수 b도 바뀜

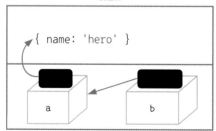

즉, 변수 a와 b가 같은 객체를 가리키므로 객체의 속성 값을 바꾸면 변수 a와 b 모두 바뀌는 것처럼 보입니다. 이런 상황일 때 변수 **a와 b가 같은 객체를 참조하고 있다**고 표현합니다. 또는 **변수 a와 b 그리고 객체 간에 참조 관계가 있다**고 표현합니다.

다만, 객체가 아닌 값(문자열, 숫자, 불 값, null, undefined)은 조금 다릅니다.

```
let a = 'zerocho';
let b = a;
a = 'hero';
b;
< 'zerocho'
```

객체 예제처럼 변수 b에 a를 대입했습니다. 하지만 변수 a를 바꿨는데도 변수 b는 영향을 받지 않습니다. 객체가 아닌 값을 변수에 저장한 경우에는 참조 관계가 생기지 않기 때문입니다.

그림 2-28 객체가 아닌 값을 대입한 경우

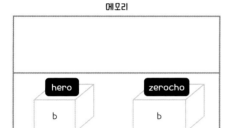

이렇게 참조 관계가 생기지 않는 상황을 **복사**(copy)라고 합니다. 복사는 어떤 값을 다른 변수에 대입할 때 기존 값과 참조 관계가 끊기는 것을 의미합니다. 객체가 아닌 값은 애초부터 참조 관계가 없으므로 그냥 복사만 됩니다.

객체인 값을 복사하는 방법도 있습니다. 다만, 생각해야 할 부분이 있습니다. 객체의 속성으로 또 다른 객체가 들어 있을 수도 있다는 점입니다. 객체 내부에 객체가 있는 경우 다른 변수에 대입하면 어떻게 될까요? 다음 배열을 예로 들어 보겠습니다.

```
const array = [{ j: 'k' }, { l: 'm' }];
array[0]; // { j: 'k' }
array[1]; // { l: 'm' }
```

이 배열의 메모리 구조는 다음 그림과 같이 표현할 수 있습니다. array 변수는 배열을 참조하고, array[0]은 { j: 'k' }를, array[1]은 { l: 'm' }을 참조합니다.

그림 2-29 배열 내부에 객체가 있을 때 메모리 구조

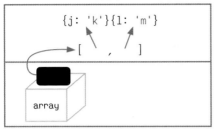

reference 변수를 선언해서 array를 대입하면 reference가 array를 참조합니다. 이때 reference[0]은 array[0]을 참조합니다. 즉, 객체 내부의 객체 간에도 서로 참조 관계가 생깁니다.

```
const reference = array; // 참조
array === reference; // true
array[0] === reference[0]; // true
```

따라서 객체를 복사할 때는 내부 객체까지 복사할 건지를 생각해 봐야 합니다.

그림 2-30 배열 내부에 객체가 있는 배열을 참조할 때 메모리 구조

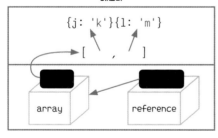

이러한 이유로 객체를 복사할 때는 얕은 복사와 깊은 복사가 있습니다. **얕은 복사**(shallow copy)는 외부 객체만 복사되고 내부 객체는 참조 관계를 유지하는 복사를 의미합니다. **깊은 복사**(deep copy)는 내부 객체까지 참조 관계가 끊기면서 복사되는 것을 의미합니다.

얕은 복사를 할 때는 ... **연산자**를 사용합니다. 이 연산자를 **스프레드 문법**(spread syntax)이라고 합니다. 스프레드 문법은 기존 객체의 속성을 새 객체에 대입할 때 사용합니다. 배열이라면 [...배열]을 하면 되고, 객체라면 {...객체}를 하면 됩니다.

설명만으로는 이해하기 어려우니 예제를 보면서 살펴보겠습니다.

```
const array = [{ j: 'k' }, { l: 'm' }];
const shallow = [...array]; // 얕은 복사
console.log(array === shallow); // false
console.log(array[0] === shallow[0]); // true
```

예제에서는 ... 연산자로 array를 shallow에 복사합니다. 값을 비교해 보면 array와 shallow 변수는 서로 다르지만(false), array[0]과 shallow[0]은 같습니다(true). 외부 객체는 복사되어 참조 관계가 끊어지면서 다른 값이 됐지만, 내부 객체는 참조 관계가 유지되어서 그렇습니다.

이 구조를 그림으로 표현하면 다음과 같습니다. 그림을 보면 배열이 하나 더 생겼습니다. 외부 객체가 배열이어서 얕은 복사로 배열이 복사되었습니다.

그림 2-31 얕은 복사 시 메모리 구조

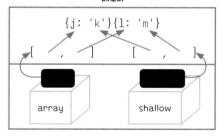

배열의 concat()이나 slice() 메서드로도 얕은 복사를 할 수 있습니다. 메서드의 인수로 아무 것도 넣지 않으면 됩니다.

```
const array = [{ j: 'k' }, { l: 'm' }];
const shallow2 = array.slice(); // 얕은 복사
const shallow3 = array.concat(); // 얕은 복사
console.log(array === shallow2); // false
console.log(array[0] === shallow2[0]); // true
console.log(array === shallow3); // false
console.log(array[0] === shallow3[0]); // true
```

163

깊은 복사에는 JSON.parse()와 JSON.stringify()라는 메서드를 사용합니다. 원래 JSON.parse()는 문자열을 객체로, JSON.stringify()는 객체를 문자열로 만드는 메서드입니다. 그런데 두 메서드를 조합해 사용하면 대상 객체를 깊은 복사할 수 있습니다.

```
const array = [{ j: 'k' }, { l: 'm' }];
const deep = JSON.parse(JSON.stringify(array)); // 깊은 복사
console.log(array === deep); // false
console.log(array[0] === deep[0]); // false
```

예제에서는 JSON.parse()와 JSON.stringify() 조합으로 array의 객체를 문자열로, 문자열을 다시 객체로 만들어 deep에 복사합니다. 값을 비교해 보면 array와 deep 변수가 다르고, array[0]과 deep[0]도 다릅니다. 내부 객체까지 참조 관계가 모두 끊기면서 복사되는 것을 알 수 있습니다.

이 구조를 그림으로 표현하면 다음과 같습니다. 그림을 보면 array와 deep이 공통으로 참조하는 객체가 없습니다. 이렇게 서로의 참조를 모두 끊어내는 것이 깊은 복사입니다.

그림 2-32 깊은 복사 시 메모리 구조

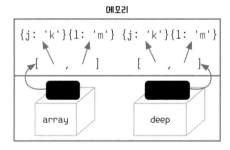

깊은 복사나 참조와 비교해 보면 얕은 복사가 깊은 복사와 참조의 중간에 위치한 복사 방법임을 알 수 있습니다.

1분 퀴즈 해설 노트 p.561

16. a를 사용해 b와 c의 name을 고양이로 바꿔 보세요.

```
const a = {
  name: '강아지',
```

```
};
const b = a;
const c = b;
```

17. 다음 다섯 개의 값을 앞에서 배운 내용을 활용해 각각 복사해 보세요. 복사는 복사본을 수정해도 원본이 바뀌지 않습니다. 객체라면 복사한 객체 내부의 값을 바꿔도 원본 객체의 값이 바뀌지 않아야 합니다.

```
const a = 'b';
const c = ['d', true, 1];
const e = { g: 'h' };
const i = [{ j: 'k' }, { l: 'm' }];
const n = { o: { p: 'q' }};
```

구조분해 할당

객체에서 객체의 속성 이름과 대입하는 변수명이 같을 때 다음과 같이 줄여서 쓸 수 있습니다.

```
const person = { name: '제로초' };
const name = person.name;
const { name } = person; // 앞 줄과 같은 의미
name; // '제로초'
```

이러한 문법을 **구조분해 할당**(destructuring assignment)이라고 합니다. 구조분해 할당은 여러 속성을 한 번에 변수에 대입할 때 유용합니다.

```
const obj = { a: 1, b: 2 };
const a = obj.a;
const b = obj.b;
const { a, b } = obj; // 앞의 두 줄을 이렇게 한 줄로 표현 가능
a; // 1
```

배열도 다음과 같이 구조분해 할당을 적용할 수 있습니다.

```
const array = [1, 2, 5];
const one = array[0];
const two = array[1];
const five = array[2];
const [one, two, five] = array; // 앞의 세 줄을 이렇게 한 줄로 표현 가능
two; // 2
```

새로운 변수뿐만 아니라 이미 선언된 변수에도 구조분해 할당을 할 수 있습니다.

```
let a = 5;
let b = 3;
[b, a] = [a, b]; // (2) [5, 3]
```

이 예제는 변수 a와 b의 값을 서로 바꾸는 코드입니다. a와 b를 [a, b] 배열로 만든 뒤에 구조 분해 할당을 해서 첫 번째 요소는 b에, 두 번째 요소는 a에 대입한 것입니다.

구조분해 할당 문법이 나오기 전에는 다음과 같이 코드를 짜야 했습니다.

```
let a = 5;
let b = 3;
let temp = a;
a = b;
b = temp;
```

1분 퀴즈 해설 노트 p.562

18. 다음 객체에서 a, c, e 속성을 구조분해 할당 문법으로 변수에 할당해 보세요.

```
const obj = {
  a: 'hello',
  b: {
    c: 'hi',
    d: { e: 'wow' },
  },
};
```

유사 배열 객체

객체 중에 배열과 헷갈리게 생긴 객체가 있습니다. 다음 객체는 array[0], array[1], array[2]로 속성에 접근할 수 있고 array.length까지 사용할 수 있어서 영락없이 배열로 보입니다. 하지만 마지막 줄과 같이 배열의 메서드는 사용할 수 없습니다.

```
const array = {
  0: 'hello',
  1: 'I\'m',
  2: 'Object',
  length: 3,
}
array[0]; // 'hello'
array[1]; // "I'm"
array[2]; // 'Object'
array.length; // 3
array.push(1); // Uncaught TypeError: array.push is not a function
```

이처럼 배열 모양을 한 객체를 **유사 배열 객체**(array-like object)라고 합니다. 배열이 아니므로 배열 메서드를 사용할 수 없습니다. 배열 메서드를 사용하려면 Array.from() 메서드로 유사 배열 객체를 배열로 바꿔야 합니다.

```
Array.from(array).indexOf('hello'); // 0
```

2.6.4 함수를 인수로 받는 배열 메서드

배열의 메서드에 대해 조금 더 알아보겠습니다. **2.6.1 배열**에서 push(), pop(), includes() 등 다양한 기능을 사용해 보았습니다. 이들은 모두 배열에서 제공하는 메서드입니다. 그러나 아직 함수를 배우기 전이어서 함수를 인수로 받는 메서드는 배울 수 없었습니다. 이제 함수를 배웠으니 함수를 인수로 받는 배열 메서드들을 배워 보겠습니다.

forEach()와 map()

for 문을 사용하지 않고도 배열에서 제공하는 메서드로 반복문 역할을 수행할 수 있습니다. 대표적인 메서드로 forEach()가 있습니다. forEach()는 인수로 함수를 받습니다.

> **형식** 배열.forEach(함수);

[1, 5, 4, 2] 배열이 있을 때, 배열에 있는 요소들을 다음과 같이 forEach() 메서드로 순회할 수 있습니다.

```
const arr = [1, 5, 4, 2];
arr.forEach((number, index) => {
  console.log(number, index);
});
1 0
5 1
4 2
2 3
```

forEach()는 인수로 받은 함수를 배열 요소에 각각 적용합니다. 이때 요소 순서대로 함수를 적용하므로 반복문 역할을 하게 됩니다. 인수로 받은 함수의 매개변수로는 요소(number)와 요소의 인덱스(index)가 들어 있습니다.

그림 2-33 forEach() 메서드의 인수

```
const arr = [1, 5, 4, 2];
arr.forEach((number, index) => {
  console.log(number, index);
});
```

arr	1일 때	5일 때	4일 때	2일 때
number	1	5	4	2
index	0	1	2	3

(number, index) => {}처럼 다른 메서드에 인수로 넣었을 때 실행되는 함수를 **콜백 함수**(callback function)라고 합니다.

그림 2-34 메서드에 콜백 함수 전달

콜백 함수의 매개변수인 number와 index는 이름을 여러분 마음대로 지을 수 있습니다. 첫 번째 매개변수가 배열의 요소, 두 번째 매개변수가 요소의 인덱스라는 것만 기억하면 됩니다. 다음과 같이 매개변수 이름을 바꿔도 동일하게 동작합니다.

```
const arr = [1, 5, 4, 2];
arr.forEach((v, i) => {
  console.log(v, i);
});
```

이때 사용하지 않는 매개변수는 생략할 수 있습니다. 만약 요소의 인덱스를 사용하지 않는다면 요소만 표시해도 됩니다.

```
const arr = [1, 5, 4, 2];
arr.forEach((v) => {
  console.log(v); // 1, 5, 4, 2
});
arr.forEach((v, i) => {
  console.log(i); // 0, 1, 2, 3
});
```

다만, 요소의 인덱스를 사용하는 경우에는 배열의 요소를 사용하지 않더라도 배열의 요소를 가리키는 매개변수를 사용해야 합니다. 이는 요소의 인덱스가 두 번째 매개변수로 고정되어 있기 때문입니다. 첫 번째 매개변수가 있어야 두 번째 매개변수가 있을 수 있습니다.

forEach()와 비슷한 map() 메서드도 있습니다. map()은 배열 요소들을 일대일로 짝지어서 다른 값으로 변환해 새로운 배열을 반환하는 메서드입니다. map()도 forEach()처럼 콜백 함수를 인수로 받지만, 새로운 배열을 반환한다는 점이 다릅니다.

형식 배열.map(〈콜백 함수〉);

다음 코드를 봅시다. for 문으로 배열에 1부터 5까지 push()로 추가해 numbers는 결국 [1, 2, 3, 4, 5]가 됩니다.

```
const numbers = [];
for (let n = 1; n <= 5; n += 1) {
  numbers.push(n); // 1부터 5까지의 배열
}
numbers; // (5) [1, 2, 3, 4, 5]
```

배열의 메서드만 사용해서 앞의 반복문과 같은 결과를 얻을 수 있습니다.

```
const numbers = Array(5).fill(1).map((v, i) => i + 1);
numbers; // (5) [1, 2, 3, 4, 5]
```

코드가 많이 짧아졌죠? 한 부분씩 살펴봅시다. 먼저 Array(5)로 길이 5인 배열을 생성하고, fill(1)로 요소를 모두 1로 채워 넣습니다. 그러면 [1, 1, 1, 1, 1]인데, 어떻게 [1, 2, 3, 4, 5]로 변환된 것일까요?

map() 메서드에서 콜백 함수의 반환값은 i + 1입니다. 즉, 배열의 요소를 하나씩 i + 1의 값으로 바꾸라는 의미입니다. 여기서 i는 콜백 함수의 두 번째 매개변수인 요소의 인덱스입니다. forEach()의 매개변수와 동일하죠. 따라서 인덱스에 1을 더한 값으로 바꾸라는 뜻입니다. 그래서 [1, 2, 3, 4, 5]가 됩니다.

그림 2-35 map() 메서드의 작동 방식

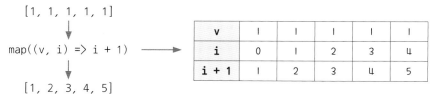

이번에는 인덱스가 아닌 요소를 사용해 새로운 배열을 만들어 보겠습니다. map()은 항상 새로 운 배열을 반환하므로 반환한 배열을 변수에 저장해야 합니다. 다음 코드에서는 newArray 변수 에 저장합니다.

```
const array = [1, 3, 5, 7];
const newArray = array.map((v, i) => {
  return v * 2;
});
console.log(array); // [1, 3, 5, 7]
console.log(newArray); // [2, 6, 10, 14]
```

newArray 변수에는 map() 메서드의 결과물인 [2, 6, 10, 14]가 담깁니다. 이때 원본 배열인 array는 수정되지 않습니다.

이렇게 배열의 메서드를 익히면 긴 반복문을 짧게 줄일 수 있습니다. 하지만 배열의 메서드가 익숙하지 않은 입문자는 먼저 for 문을 사용하며 반복문에 익숙해지기를 권합니다.

1분 퀴즈

해설 노트 p.562

19. forEach() 메서드를 사용한 코드를 for 문으로 바꿔 보세요.

```
const array = [1, 3, 5, 7];
array.forEach((number, index) => {
  console.log(number, index);
});
```

20. Array(), fill(), map() 메서드를 사용해 [3, 5, 7, 9, 11] 배열을 만들어 보세요.

find(), findIndex(), filter()

배열에서 요소를 찾을 때 indexOf()나 includes() 메서드를 사용했습니다. 이 메서드들은 찾는 방식이 간단했는데, 이번에는 값을 더 자세하게 찾을 수 있는 find(), findIndex(), filter() 메서드를 살펴보겠습니다.

형식	배열.find(<콜백 함수>); 배열.findIndex(<콜백 함수>); 배열.filter(<콜백 함수>);

find()는 콜백 함수의 반환값이 true인 요소를 찾는 메서드입니다. 다만, true인 요소가 여러 개일 경우에는 처음 찾은 요소를 반환합니다.

```
const array = [1, 3, 5, 7];
array.find((v, i) => {
  return v > 1;
});
< 3
```

1, 3, 5, 7 순서로 콜백 함수를 호출합니다. 첫 번째 매개변수는 배열의 요소고, 두 번째 매개변수는 요소의 인덱스입니다. 1 > 1은 false이니 다음으로 넘어가고, 3 > 1은 true이니 3을 반환합니다. true인 값을 찾았으니 5와 7은 검사하지 않습니다.

배열 내부에 객체가 있을 때도 find() 메서드가 유용합니다.

```
const nested = [{ age: 29 }, { age: 5 }, { age: 3 }];
nested.includes({ age: 29 }); // false
```

예제 코드의 결과는 false입니다. { age: 29 } !== { age: 29 }라는 사실을 기억하세요! 이럴 때는 find()로 찾는 것이 낫습니다.

```
const nested = [{ age: 29 }, { age: 5 }, { age: 3 }];
nested.find((v) => v.age === 29); // { age: 29 }
```

findIndex()는 찾은 요소의 인덱스를 반환하고, 찾지 못했다면 −1을 반환합니다. indexOf()와 작동 방식이 비슷합니다. 다음 예제의 결과는 1입니다. 찾은 값이 3이므로 3의 인덱스인 1이 결과로 나옵니다.

```
const array = [1, 3, 5, 7];
array.findIndex((v, i) => {
  return v > 1;
}); // 1
```

filter()는 find()처럼 콜백 함수의 반환값이 true가 되는 요소를 찾지만, 하나만 찾는 것이 아니라 해당하는 모든 요소를 찾아 결과를 배열로 반환합니다.

```
[1, 2, 3, 4, 5].filter((v) => v % 2 === 0); // (2) [2, 4]
// 1 % 2 === 0, false / 2 % 2 === 0, true / 3 % 2 === 0, false
// 4 % 2 === 0, true / 5 % 2 === 0, false
```

findIndex()의 예제 코드를 filter()로 바꿔 보면 다음과 같습니다.

```
const array = [1, 3, 5, 7];
array.filter((v, i) => {
  return v > 1;
}); // [3, 5, 7]
```

v > 1이 true가 되는 요소는 3, 5, 7입니다. 따라서 결과는 [3, 5, 7]입니다. 이때 원본 배열은 바뀌지 않습니다.

배열 내부에 객체가 있는 경우, 조건에 해당하는 속성을 모두 찾으려면 filter()를 사용하면 됩니다.

```
const nested = [{ age: 29 }, { age: 5 }, { age: 3 }];
nested.filter((v) => v.age < 29); // (2) [{ age: 5 }, { age: 3 }]
```

21. 다음 find() 메서드를 for 문으로 만들어 보세요.

힌트 break 문 대신 return 문으로 for 문을 중단해야 합니다.

```
const find = (array, callback) => {
  // 여기에 작성
});
find([1, 3, 5, 7], (v, i) => { v > 1 }); // 3
```

22. filter() 메서드도 for 문으로 만들어 보세요.

```
const filter = (array, callback) => {
  // 여기에 작성
});
filter([1, 3, 5, 7], (v, i) => { v > 1 }); // [3, 5, 7]
```

● **sort()**

배열 요소들을 규칙대로 정렬해야 할 때가 있습니다. 그럴 때는 sort() 메서드를 사용하면 됩니다. sort()는 비교 함수의 반환값에 따라 배열을 정렬하는 메서드입니다.

> **형식**　배열.sort(〈비교 함수〉);

비교 함수는 다음과 같은 형태입니다. 매개변수 a와 b는 배열에서 서로 비교할 임의의 두 요소입니다.

> **형식**　(a, b) => 반환값

다음 코드에서 a - b가 0보다 크면 오름차순으로 정렬합니다. a, b는 배열에서 아무 요소나 2개를 뽑으면 됩니다. 예를 들어, 5와 4를 뽑았다고 합시다. 각각 a와 b일 때 a - b는 1로 0보다 큽니다. 그러면 4, 5로 정렬합니다. 배열에서 뽑을 수 있는 모든 쌍에 이를 적용하면 배열의 요소들이 오름차순으로 정렬됩니다.

```
const arr = [1, 5, 4, 2, 3];
arr.sort((a, b) => a - b);
arr; // (5) [1, 2, 3, 4, 5];
```

b − a를 하면 내림차순으로 정렬됩니다. 4와 2를 뽑았다고 합시다. 각각 a와 b일 때 b − a는
−2로 0보다 작습니다. 따라서 4, 2로 정렬하게 됩니다.

```
const arr = [1, 5, 4, 2, 3];
arr.sort((a, b) => b - a);
arr; // [5, 4, 3, 2, 1];
```

sort()를 사용하면 원본 배열인 arr이 정렬됩니다. 이때 원본 배열을 남겨 두고 정렬하고 싶다
면 얕은 복사 후에 sort()를 사용하면 됩니다.

```
const arr = [1, 5, 4, 2, 3];
const shallow = [...arr];
shallow.sort((a, b) => b - a);
arr; // [1, 5, 4, 2, 3];
shallow; // [5, 4, 3, 2, 1];
```

● reduce()

reduce()는 배열에 있는 반복 메서드의 일종으로, 배열의 요소들을 하나의 값으로 합칩니다.
초기 값이 없으면 배열의 첫 번째 요소가 초기 값이 됩니다.

```
형식    배열.reduce((<누적 값>, <현재 값>) => {
           return <새로운 누적 값>;
       }, <초기 값>);
```

복잡해 보이지만, 하나씩 살펴보면 그리 복잡하지 않습니다. 예를 들어, [1, 2, 3, 4, 5]라는
배열이 있을 때 다음과 같이 사용합니다.

```
[1, 2, 3, 4, 5].reduce((a, c) => {
  return a + c;
}, 0); // 15
```

초기 값 0이 첫 번째 누적 값(a)이 되고, 배열의 첫 번째 요소가 현재 값(c)이 됩니다. a + c를 한 반환값은 다음 번 누적 값이 됩니다. 이런 식으로 배열의 마지막 요소까지 메서드가 반복해서 실행됩니다.

표 2-2 초기 값이 있는 reduce() 계산표

a(누적 값)	0	1	3	6	10
c(현재 값)	1	2	3	4	5
a + c(반환값)	1	3	5	10	15

마지막 반환값인 15가 reduce() 메서드의 결과 값이 됩니다. 메서드는 배열의 모든 요소를 한 번씩 사용하고 있습니다. 즉, reduce()도 일종의 반복문 역할을 합니다.

만약 초기 값을 제공하지 않으면 실행 순서가 어떻게 바뀔까요?

```
[1, 2, 3, 4, 5].reduce((a, c) => {
  return a + c;
}); // 15
```

reduce() 메서드에 초기 값을 제공하지 않으면 첫 번째 요소의 값인 1이 초기 값이 됩니다. 초기 값은 첫 번째 누적 값으로 들어갑니다. 이때는 두 번째 요소부터 reduce()를 적용하게 됩니다. 따라서 누적 값(a)이 1, 현재 값(c)이 2인 상태로 함수가 시작됩니다. 이때 반환값인 3은 다음 번 누적 값이 됩니다.

표 2-3 초기 값이 없는 reduce 계산표

a(누적 값)	1	3	6	10
c(현재 값)	2	3	4	5
a + c(반환값)	3	6	10	15

23. 다음 코드의 결과는 무엇일까요?

힌트 계산표를 사용해 보세요.

```
[1, 2, 3, 4, 5].reduce((a, c) => {
  a[c] = c * 10;
  return a;
}, {});
```

a(누적 값)	{ }				
c(현재 값)	1	2	3	4	5
c * 10	10				
a(반환값)	{ 1: 10 }				

every()와 some()

배열에서 모든 요소가 조건에 해당하는지 판단하려면 every( ) 메서드를 사용하고, 하나라도 조건에 해당하는지 판단하려면 some( ) 메서드를 사용합니다.

형식　배열.every(〈조건 함수〉);
　　　　배열.some(〈조건 함수〉);

조건 함수도 콜백 함수입니다. 일반 반복문을 사용하면 끝까지 탐색하지만, every( )와 some( ) 메서드는 조건이 충족 또는 불충족되는 순간 멈추므로 일반 반복문보다 효율적일 때가 많습니다. every( ) 메서드는 하나라도 조건을 만족하지 않는 요소(조건 함수가 false를 반환)를 찾으면 반복을 중단합니다. some( ) 메서드는 하나라도 조건을 만족하는 요소(조건 함수가 true를 반환)를 찾으면 반복을 중단합니다.

예제 코드를 보면 조건 함수의 첫 번째 매개변수에는 배열의 요소가, 두 번째 매개변수에는 요소의 인덱스가 들어 있습니다. 이 경우에 요소를 끝까지 찾아도 null인 요소가 없으므로 true를 반환합니다.

177

```
const array = [1, 3, 5, 7]
array.every((value) => value !== null); // true
```

다음 코드는 다릅니다. 요소 1에서부터 1 === null이 false이므로 every()는 false가 되어 반복을 중단합니다. 3, 5, 7은 검사할 필요도 없습니다.

```
const array = [1, 3, 5, 7]
array.every((value) => value === null); // false
```

some() 메서드는 반대로 요소 중 하나라도 조건을 만족하는지 판단합니다. 인덱스 2에 null이 있으므로 이때 some() 메서드는 true가 됩니다. 7은 검사하지 않습니다.

```
const array = [1, 3, null, 7]
array.some((value) => value === null); // true
```

지금까지 배운 배열 메서드 외에도 다양한 메서드가 있습니다. 다른 메서드는 MDN 웹 문서(https://developer.mozilla.org/ko/docs/Web/JavaScript/Reference/Global_Objects/Array)에서 확인할 수 있습니다.

1분 퀴즈 해설 노트 p.563

24. 다음 배열에 하나라도 null이 아니면 true를 반환하고, 아니면 false를 출력하는 코드를 작성하세요.

힌트 every() 또는 some() 메서드를 사용하면 됩니다.

```
const array = [null, 'hello', null, undefined, false];
```

25. 24번에서 작성한 코드를 some()이나 every() 메서드 대신 for 문으로 작성해 보세요.

2.7

클래스

복잡한 코드를 정리할 수 있는 클래스를 배워 보겠습니다. **클래스**(class)는 객체를 생성하기 위한 **템플릿**(서식)으로, ES2015에서 추가되었습니다.

2.7.1 함수로 객체를 생성하는 방법

ES2015에서 클래스를 추가하기 전에는 객체를 동적으로 생성하려면 함수를 사용했습니다. 객체를 동적으로 생성한다는 것은 객체를 미리 만들어 두지 않고 필요할 때마다 생성한다는 뜻입니다.

함수로 객체를 생성하는 방법은 다음과 같습니다. 객체를 반환하는 함수를 만들면 되는데, 이런 함수를 **공장 함수**(factory function)라고 합니다. 공장처럼 객체를 찍어낸다고 해서 붙은 이름입니다. 새로운 객체가 필요하면 그때마다 함수를 호출하면 됩니다.

```
function createMonster(name, hp, att) {
  return { name, hp, att };
}
const monster1 = createMonster('슬라임', 25, 10);
const monster2 = createMonster('슬라임', 26, 9);
const monster3 = createMonster('슬라임', 25, 11);
```

예제 코드의 createMonster() 함수는 12장에서 텍스트 롤플레잉 게임(RPG, Role-Playing Game)을 만들 때 사용할 몬스터 정보를 객체로 만드는 함수입니다. createMonster() 함수

179

를 세 번 호출했으니 몬스터 객체 셋을 생성한 것과 같습니다. 슬라임 몬스터 객체는 각각 체력 (hp), 공격력(att)이 조금씩 다릅니다. 이렇게 달라지는 부분은 함수의 인수로 넘기면 됩니다.

공장 함수 대신 다음과 같이 생성할 수도 있습니다. 이 코드에서는 객체의 속성을 this에 대입 했습니다. this는 **2.7.2절**에서 자세하게 다룹니다. 그리고 함수를 호출할 때는 함수 이름 앞에 new를 붙입니다. new를 붙여 호출할 때마다 새로운 객체가 생성됩니다. 이때 this는 새롭게 생 성된 객체를 가리킵니다. 즉, this.name = name;은 새롭게 생성된 객체의 속성을 수정하는 코 드입니다.

```javascript
function Monster(name, hp, att) {
  this.name = name;
  this.hp = hp;
  this.att = att;
}
const monster1 = new Monster('슬라임', 25, 10);
const monster2 = new Monster('슬라임', 26, 9);
const monster3 = new Monster('슬라임', 25, 11);
```

이렇게 new를 붙여 호출하는 함수를 **생성자 함수**(constructor function)라고 합니다. new를 붙이지 않고 호출하면 this.name = name;을 할 때 window.name의 값을 바꾸게 되니 반드시 new를 붙여 호출해야 합니다. window.name의 값이 바뀌는 이유도 **2.7.2절**에서 알아봅니다.

생성자 함수의 이름은 보통 대문자로 시작합니다. 필수는 아니지만, 자바스크립트 개발자들이 많이 사용하는 규칙입니다. 대문자로 시작하는 함수를 본다면 생성자 함수라고 생각해도 됩니다.

이번에는 객체에 메서드를 추가해 보겠습니다. 한 몬스터가 다른 몬스터를 공격하는 메서드입니다. 공장 함수라면 다음과 같이 작성합니다. 공격하면 공격받은 몬스터의 체력(monster.hp)이 공격한 몬스터의 공격력(this.att)만큼 줄어듭니다.

```javascript
function createMonster(name, hp, att) {
  return {
    name, hp, att,
    attack(monster) {
      monster.hp -= this.att;
    },
  };
```

```
  }
  const monster1 = createMonster('슬라임', 25, 10);
  const monster2 = createMonster('슬라임', 26, 9);
  monster1.attack === monster2.attack; // false
```

공장 함수에서 객체를 생성할 때마다 attack() 메서드도 같이 생성됩니다. attack() 메서드는 모든 객체에서 똑같은데도 계속 메서드를 새로 만드니 매우 비효율적입니다. 이럴 때는 attack() 메서드를 createMonster 함수 외부로 빼서 재사용하면 새로 생성되는 객체가 attack() 메서드를 공유합니다.

```
function attack(monster) {
  monster.hp -= this.att;
}
function createMonster(name, hp, att) {
  return {
    name, hp, att,
    attack,
  };
}
const monster1 = createMonster('슬라임', 25, 10);
const monster2 = createMonster('슬라임', 26, 9);
monster1.attack === monster2.attack; // true
monster1;
```

공장 함수로 몬스터 객체를 생성하면 attack() 메서드가 들어 있는 것을 확인할 수 있습니다.

그림 2-36 생성한 몬스터 객체 정보

```
> const monster1 = createMonster('슬라임', 25, 10);
  const monster2 = createMonster('슬라임', 26, 9);
  monster1.attack === monster2.attack;
< true
> monster1;
< ▼ {name: '슬라임', hp: 25, att: 10, attack: f} i
      att: 10
    ▶ attack: f attack(monster)
      hp: 25
      name: "슬라임"
    ▶ [[Prototype]]: Object
```

생성자 함수는 다음과 같이 작성합니다.

```javascript
function Monster(name, hp, att) {
  this.name = name;
  this.hp = hp;
  this.att = att;
}
Monster.prototype.attack = function(monster) {
  monster.hp -= this.att;
};
const monster1 = new Monster('슬라임', 25, 10);
const monster2 = new Monster('슬라임', 26, 9);
monster1.attack === monster2.attack; // true
```

attack() 메서드에 **프로토타입**(prototype)이라는 새로운 속성이 보입니다. prototype은 생성자 함수로 생성한 객체가 공유하는 속성입니다. 생성자 함수에서는 이처럼 prototype 속성 안에 메서드를 추가해야 메서드를 재사용할 수 있습니다. 마지막 줄을 보면 attack() 메서드가 공유되는 것을 확인할 수 있습니다.

콘솔에 monster1을 입력해 보면 생성자 함수로 생성한 몬스터 객체 내부에 [[Prototype]]이라는 속성이 있고, 그 안에 attack() 메서드가 들어 있는 것을 확인할 수 있습니다. 또한, 객체 앞에 Monster라고 붙어 있는데, 생성자 함수로 생성한 객체는 앞에 생성자 함수의 이름이 붙습니다. 콘솔에서 객체 앞에 이름이 붙어 있으면 해당 생성자로 만들었다고 생각하면 됩니다.

그림 2-37 prototype 속성에 들어 있는 attack() 메서드

```
> monster1;
<  ▼ Monster {name: '슬라임', hp: 25, att: 10} i
      att: 10
      hp: 25
      name: "슬라임"
    ▼ [[Prototype]]: Object
      ▶ attack: f (monster)
      ▶ constructor: f Monster(name, hp, att)
      ▶ [[Prototype]]: Object
```

공장 함수와 생성자 함수에서는 메서드를 선언하는 부분이 분리되어 있습니다. 공장 함수에서는 attack() 메서드가 createMonster() 함수 바깥에 있고, 생성자 함수에서는 Monster() 함

수 바깥에 prototype 코드가 있습니다. 이렇게 속성과 메서드가 분리되어 있으면 관리하기가 까다롭습니다. 분리되어 있는 속성과 메서드는 클래스를 사용해 한데로 모을 수 있습니다. 클래스는 **2.7.3절**에서 배우고 앞에서 언급한 this부터 살펴보겠습니다.

2.7.2 this 이해하기

this는 상황에 따라 값이 달라집니다. this는 기본으로 window 객체를 가리키니 그 외 경우에 어떤 값을 가지는지만 알아 두면 됩니다.

다음 코드에서는 this가 window 객체를 가리킵니다.

```
function a() {
  console.log(this);
};
a(); // window {}
```

그래서 new를 붙이지 않고 생성자 함수를 호출하면 this.name = name;에서 window.name의 값을 바꾸게 됩니다.

```
function Monster(name, hp, att) {
  this.name = name;
  this.hp = hp;
  this.att = att;
}
const monster1 = Monster('슬라임', 25, 10); // window 객체의 name, hp, att 수정
```

그림 2-38 수정된 window 객체

```
> window;
< Window {0: Window, window: Window, self: Window, d
  ▶ ocument: document, name: '슬라임', location: Locat
    ion, …}
```

그러면 this가 어떤 경우에 window 객체가 아닌지 알아보겠습니다.

183

1. **객체 메서드로 this를 사용하면 this는 해당 객체를 가리킵니다.**

```
const b = {
  name: '제로초',
  sayName() {
    console.log(this === b);
  }
};
b.sayName(); // true
```

단, 메서드에 구조분해 할당을 적용하면 this가 객체 자신을 가리키지 않으니 주의해야 합니다. 반드시 객체.메서드() 형태로 사용해야만 this가 객체 자신이 됩니다.

```
const { sayName } = b;
sayName(); // false
```

2. **함수의 this는 bind() 메서드를 사용해 값을 바꿀 수 있습니다.**

bind() 메서드는 자바스크립트에 내장된 메서드로 this를 수정하는 역할을 합니다. 다음 코드는 bind() 메서드로 this를 obj로 바꾼 뒤 한 번 더 호출해야 함수가 실행됩니다.

```
const obj = { name: 'zerocho' };
function a() {
  console.log(this);
}
a.bind(obj)(); // { name: 'zerocho' }
```

하지만 화살표 함수는 bind()를 해도 this를 바꿀 수 없습니다. 다음 코드는 this가 바뀌지 않아서 window 객체가 그대로 나옵니다.

```
const b = () => {
  console.log(this);
}
b.bind(obj)(); // window
```

따라서 this가 외부 요인 때문에 바뀌는 것을 원하지 않는다면 함수 선언문 대신 화살표 함수를 사용하면 됩니다. 여기서 화살표 함수의 this가 무조건 window 객체라고 오해할 수 있는데, 화살표 함수는 기존 this를 유지할 뿐 this를 어떤 값으로 바꾸지는 않습니다.

```
const b = {
  name: '제로초',
  sayName() {
    const whatIsThis = () => {
      console.log(this);
    };
    whatIsThis();
  }
};
b.sayName(); // b
```

sayName() 메서드를 호출하면 그 안에 whatIsThis() 함수도 같이 호출됩니다. 화살표 함수는 this를 window 객체로 만드는 게 아니라 기존의 this를 유지하므로 b.sayName()의 this인 b가 그대로 유지됩니다.

이와 반대로 whatIsThis 함수를 함수 선언문으로 선언하면 this는 기본값인 window가 됩니다.

```
const b = {
  name: '제로초',
  sayName() {
    const whatIsThis = function() {
      console.log(this);
    };
    whatIsThis();
  }
};
b.sayName(); // window
```

3. 생성자 함수를 호출할 때 new를 붙이면 this는 생성자 함수가 새로 생성하는 객체가 됩니다.

이 부분은 2.7.1절에서 생성자 함수로 객체를 생성할 때 배운 내용입니다.

2.7.3 클래스로 객체를 생성하는 방법

이제 클래스로 객체를 생성해 보겠습니다. 자바스크립트는 생성자 함수를 조금 더 편하게 쓸 수 있도록 클래스 문법을 도입했습니다. **2.7.1절**에서 작성한 Monster 생성자 함수를 클래스로 바꿔 보겠습니다.

```javascript
function Monster(name, hp, att) {
  this.name = name;
  this.hp = hp;
  this.att = att;
}
```

클래스로 바꾸면 다음과 같습니다.

```javascript
class Monster {
  constructor(name, hp, att) {
    this.name = name;
    this.hp = hp;
    this.att = att;
  }
}
```

class 예약어로 클래스를 선언하고, 생성자 함수 이름을 클래스 이름으로 넣습니다. 매개변수를 포함한 기존 함수의 코드는 constructor() 메서드 안에 넣으면 됩니다. 객체와 마찬가지로 클래스 내부에 선언된 함수도 **메서드**라고 합니다.

> **형식**
> ```javascript
> class <클래스 이름> {
>   constructor(매개변수1, 매개변수2, ...) {
>     // 생성자 함수 내용
>   }
> }
> ```

클래스에 new를 붙여 호출하면 constructor() 메서드가 실행되고 객체가 반환됩니다. 이때

this는 생성된 객체 자신을 가리키게 됩니다.

```
const monster1 = new Monster('슬라임', 25, 10);
const monster2 = new Monster('슬라임', 26, 9);
const monster3 = new Monster('슬라임', 25, 11);
```

여기까지만 보면 클래스 문법을 사용해서 얻는 장점을 알 수 없습니다. 클래스 문법의 장점은 객체의 속성과 메서드를 하나로 묶을 수 있다는 데 있습니다.

다음 코드는 생성자 함수와 메서드가 클래스 안에 한 덩어리로 묶여 있어서 보기에 편합니다.

```
class Monster {
  constructor(name, hp, att) {
    this.name = name;
    this.hp = hp;
    this.att = att;
  }
  attack(monster) {
    monster.hp -= this.att;
  }
}
```

1분 퀴즈

해설 노트 p.563

26. 실존하는 것을 클래스로 만드는 연습을 해 보면 좋습니다. 사람을 컴퓨터 세상 속에 구현해 봅시다. 사람(Human) 클래스를 만드세요. 생성자 메서드에서는 이름과 나이를 속성으로 입력받아 주세요. 그리고 자신의 이름과 나이를 콘솔에 출력하는 메서드를 2개 만드세요.

2.7.4 클래스 상속하기

클래스의 장점이 하나 더 있습니다. 바로 상속하기 쉽다는 점입니다. 공장 함수나 생성자 함수도 상속을 구현할 수는 있지만 자바스크립트는 클래스를 통해 깔끔하게 상속할 수 있는 문법을 제공합니다.

상속이 무엇인지 알아보기 위해 Hero 클래스를 만들어 보겠습니다. Hero 클래스도 Monster 클래스처럼 이름, 체력, 공격력이 속성으로 있고, 공격 메서드도 가지고 있습니다. Monster 클래스와는 다른 점도 있습니다. 잃어버린 체력을 다시 최대로 회복하는 heal() 메서드와 최대 체력을 나타내는 maxHp 속성을 별도로 가지고 있습니다.

```
class Hero {
  constructor(name, hp, att) {
    this.name = name;
    this.hp = hp;
    this.att = att;
    this.maxHp = hp;
  }
  attack(monster) {
    monster.hp -= this.att;
  }
  heal() {
    this.hp = this.maxHp;
  }
}
```

Hero 클래스와 Monster 클래스를 비교해 보세요. 공통부분이 많습니다. 이름, 체력, 공격력 등의 속성과 attack() 메서드가 중복으로 들어 있습니다. 이런 중복 코드는 없앨 수 있지 않을까요?

여기서 클래스의 상속이라는 개념이 등장합니다. Hero와 Monster 클래스에서 공통되는 부분만 추려 새로운 클래스로 만듭니다. 그리고 Hero와 Monster 클래스는 새로운 클래스에서 공통부분을 가져와 사용합니다. 이를 **상속받는다**고 표현합니다. 이때 공통부분을 모아 만든 클래스를 **부모 클래스**, 상속받는 클래스를 **자식 클래스**라고 합니다.

공통부분을 모아 부모 클래스인 Unit을 만들면 다음과 같습니다.

```
class Unit {
  constructor(name, hp, att) {
    this.name = name;
    this.hp = hp;
    this.att = att;
  }
```

```
      attack(target) {
        target.hp -= this.att;
      }
    }
```

Unit 클래스를 상속받도록 Hero와 Monster 클래스를 수정하면 다음과 같습니다. 자식 클래스에서 부모 클래스를 상속받을 때는 extends라는 예약어를 사용합니다.

```
class Hero extends Unit {
  constructor(name, hp, att) {
    super(name, hp, att); // 부모 클래스의 생성자 메서드 호출
    this.maxHp = hp; // 그 외 속성
  }
  attack(target) {
    super.attack(target); // 부모 클래스의 attack() 메서드 호출
    console.log('부모 클래스의 attack() 외 추가 동작');
  }
  heal() { // 부모 클래스 메서드 외 동작
    this.hp = this.maxHp;
  }
}
class Monster extends Unit {
  constructor(name, hp, att) {
    super(name, hp, att);
  }
  attack(target) {
    super.attack(target);
  }
}
```

Hero와 Monster 클래스의 constructor() 메서드를 봅시다. 둘 다 super()라는 함수를 호출하고 있습니다. super() 함수는 부모 클래스(Unit)를 의미합니다. 즉, 부모 클래스의 constructor() 메서드에 인수를 전달하는 함수입니다. super() 함수가 호출되면 부모 클래스에서 자식 클래스 대신 name, hp, att 속성을 this에 입력합니다. 이때 Hero 클래스의 maxHp 속성은 부모 클래스에는 존재하지 않는 속성이므로 super() 함수 아래에 따로 적습니다. 간단히 말해 공통 속성을 super() 함수로 처리한다고 보면 됩니다.

Hero 클래스의 attack() 메서드도 살펴봅시다. super.attack()으로 호출하는데, 이것은 부모 클래스의 attack() 메서드를 호출하는 것과 같습니다. attack() 메서드 내부에서 super.attack()으로 호출한 뒤 다른 코드를 작성하면 부모 클래스의 메서드를 호출한 후 자신만의 작업을 할 수 있습니다. super.attack()을 호출하지 않고 다른 코드를 작성하면 부모 클래스와는 전혀 다른 작업을 할 수 있습니다.

Monster 클래스는 Unit 클래스를 상속하지만 Unit 클래스와 차이가 전혀 없습니다. constructor() 메서드도 부모 클래스의 메서드를 그대로 사용하고, attack() 메서드도 부모 클래스의 attack() 메서드를 그대로 호출합니다. 이처럼 부모와 하는 일이 같은 경우에는 메서드를 생략할 수 있습니다.

생성자 메서드와 attack() 메서드가 사라졌지만, 여전히 생성자 메서드와 attack() 메서드를 호출할 수 있습니다. 자식 클래스에 메서드를 생성하지 않은 경우, 부모 클래스에 메서드가 존재한다면 부모 클래스의 메서드를 대신 호출합니다.

```
class Monster extends Unit {}
new Monster('슬라임', 29, 8); // 가능
```

자식 클래스의 구조를 정리하면 다음과 같습니다.

```
형식    class <자식 클래스> extends <부모 클래스> {
          constructor(매개변수1, 매개변수2, ...) {
            super(인수1, 인수2 ...); // 부모 클래스의 생성자 호출
            this.매개변수 = 값; // 자식 클래스만의 속성
          }
          메서드() { // 부모 클래스의 메서드만 호출하면 생략 가능
            super.메서드(); // 부모 클래스의 메서드 호출
            // 부모 클래스 메서드 호출 이후의 동작
          }
          메서드(매개변수1, 매개변수2, ...) {
            // 자식 클래스만의 동작
          }
        }
```

27. 1분 퀴즈 26번에서 제시한 대로 Human 클래스를 만들면 다음과 같습니다.

```
class Human {
  constructor(name, age) {
    this.name = name;
    this.age = age;
  }
  sayName() {
    console.log(this.name);
  }
  sayAge() {
    console.log(this.age);
  }
}
```

이번에는 **Human** 클래스를 상속해 HTML, CSS, JS를 할 줄 아는 개발자 클래스를 만들어 보세요. 속성으로 **availableLanguages**(코딩 가능한 언어)를 추가하고, **availableLanguages** 를 콘솔에 표시하는 **showAvailableLanguages()** 메서드를 추가하세요.

코딩
자율학습

3장

심화 문법 배우기

이 장에서는 자바스크립트 심화 문법을 배워 보겠습니다. 자바스크립트 코드가 어떤 순서로 돌아가는지를 알기 위해서는 이 장의 내용을 반드시 익히고 넘어가야 합니다. 애초에 자신의 코드가 어떤 순서로 돌아가는지 모른다면 코드를 작성할 수 없습니다. 조금 어려운 내용이지만 설명을 찬찬히 따라가다 보면 이해할 수 있습니다.

다만, 이 장에서 다루는 심화 문법은 입문자가 공부하기에는 조금 어려울 수 있습니다. 3장 내용을 이해하기 어렵다면 기본 문법을 공부한 후에 3장은 건너뛰고 Part 2에서 관련 프로젝트를 진행해 보세요. 이후 기본 문법이 익숙해지면 3장으로 돌아와 심화 문법을 공부해 보기 바랍니다.

3.1

비동기와 타이머

이 절에서는 비동기에 대해 알아보겠습니다. 비동기는 자바스크립트 코드를 읽기 어렵게 하는 특징 중 하나이므로 꼭 이해하고 넘어가야 합니다.

동기(synchronous)는 앞선 작업이 완전히 끝난 후에 다음 작업이 실행되는 것을 의미합니다. 이와 반대 의미인 **비동기**(asynchronous)는 동기가 아니라는, 즉 앞선 작업이 끝나지 않았는데도 다음 작업이 실행되는 것을 말합니다.

자바스크립트에서는 작성한 코드 순서와 다르게 실행되는 코드를 비동기라고 생각해도 됩니다. 에디터에 작성한 코드 순서와 실제 작동 순서가 다르므로 어떤 원리로 이렇게 작동하는지 익혀야 합니다.

비동기의 대표적인 예로 타이머가 있습니다. 자바스크립트는 지정한 시간(밀리초) 뒤에 지정한 작업을 수행하는 타이머 함수를 제공합니다.

3.1.1 setTimeout()

타이머 함수 중에서 가장 자주 사용하는 setTimeout() 함수는 지정한 시간 뒤에 코드가 실행되게 합니다. setTimeout()에 첫 번째 인수로 넣는 함수는 특정 작업(지정한 시간까지 기다리기) 이후에 추가로 실행되므로 콜백 함수로 볼 수 있습니다. 두 번째 인수는 밀리초 단위이므로 초에 1000을 곱해 넣습니다. 그러면 첫 번째 인수로 넣은 함수가 지정한 밀리초 후에 실행됩니다.

형식	setTimeout(함수, 밀리초);

다음 코드를 콘솔에 입력해 보면 2초 후에 메시지가 표시됩니다. 메시지가 출력되기 전에 나오는 숫자는 setTimeout() 함수에서 반환하는 타이머 아이디입니다. 타이머 아이디는 뒤에서 다시 소개하겠습니다.

```
setTimeout(() => {
  console.log('2초 후에 실행됩니다.');
}, 2000);
< 3
2초 후에 실행됩니다.
```

> **Note** 타이머의 시간은 정확한가요?
>
> 아쉽게도 정확하지 않습니다. 자바스크립트는 기본적으로 한 번에 한 가지 일만 할 수 있습니다. 따라서 이미 많은 일을 하고 있다면 설정한 시간이 되어도 setTimeout()에 지정한 작업이 수행되지 않습니다. 기존에 하고 있던 일이 끝나야 setTimeout()에 지정한 작업이 실행됩니다.

다음과 같이 첫 번째 인수에 넣는 함수를 외부에서 가져올 수도 있습니다.

```
const callback = () => {
  console.log('2초 후에 실행됩니다.');
}
setTimeout(callback, 2000);
```

setTimeout() 함수를 비동기라고 하는 이유는 setTimeout() 뒤에 나오는 코드가 더 먼저 실행되기 때문입니다. 다음 코드는 얼핏 보면 콘솔에 1, (2초 기다리고) 2, 3 순서로 찍힐 것 같지만 실제로는 1, 3, (2초 기다리고) 2가 찍힙니다. 즉, 코드의 작성 순서와 실제 실행 순서가 다릅니다.

```
console.log(1);
setTimeout(() => {
  console.log(2);
```

```
  }, 2000);
  console.log(3);
  // 1, 3, 2
```

다음과 같이 setTimeout()을 여러 번 호출해도 모두 비동기 함수이기에 콘솔에는 내가 먼저,
1, 2, 3 순서로 찍힙니다.

```
setTimeout(() => {
  console.log(3);
}, 5000);
setTimeout(() => {
  console.log(2);
}, 3000);
setTimeout(() => {
  console.log(1);
}, 2000);
console.log('내가 먼저');
// 내가 먼저, 1, 2, 3
```

그렇다면 setTimeout()에 넣은 함수는 언제 실행될까요? 정답은 동기 코드가 모두 실행되고 난
뒤입니다. 이유에 대해서는 **3.3 호출 스택과 이벤트 루프**에서 자세히 알아보겠습니다. 그 전에는
동기 코드와 비동기 코드를 구분할 수 있어야 하니 비동기 코드가 나올 때마다 비동기임을 언급
하겠습니다.

setTimeout()은 한 번만 실행되는데, 여러 번 실행하고 싶을 수도 있습니다. 그럴 때는
setTimeout()의 콜백 함수에서 다시 setTimeout()을 호출하면 됩니다.

```
const callback = () => {
  console.log('2초마다 실행됩니다.');
  setTimeout(callback, 2000);
}
setTimeout(callback, 2000);
```

setTimeout() 내부의 callback()에서 다시 setTimeout()을 호출하므로 2초마다 setTimeout()
이 반복해서 실행됩니다.

3.1.2 setInterval()

자바스크립트는 자체적으로 반복 기능을 수행하는 setInterval() 함수를 제공합니다. setInterval() 함수는 지정한 시간마다 주기적으로 지정한 함수를 실행합니다.

형식 setInterval(함수, 밀리초);

다음 코드를 실행하면 2초마다 한 번씩 메시지가 출력됩니다(실제로는 1번 출력되고 옆에 횟수를 나타내는 숫자가 찍힙니다).

```
setInterval(() => {
  console.log('2초마다 실행됩니다.');
}, 2000);
```

3.1.3 clearTimeout()과 clearInterval()

setTimeout()과 setInterval() 함수는 웹 페이지를 닫을 때까지 계속 실행되므로 중간에 끄는 방법이 필요합니다. 이럴 때 사용하는 타이머 정리 함수들이 있습니다.

setTimeout() 함수는 clearTimeout() 함수로, setInterval() 함수는 clearInterval() 함수로 실행을 취소할 수 있습니다. setTimeout()과 setInterval() 함수는 해당 타이머를 나타내는 타이머 아이디를 반환합니다. 이 값을 clearTimeout()과 clearInterval() 함수에 넣으면 취소할 타이머를 지정할 수 있습니다.

형식 const 아이디 = setTimeout(함수, 밀리초);
        clearTimeout(아이디);
        const 아이디 = setInterval(함수, 밀리초);
        clearInterval(아이디);

단, clearTimeout() 함수는 setTimeout() 함수의 콜백 함수가 아직 실행되지 않았을 때만 취소할 수 있습니다. 시한 폭탄을 생각해 보세요. 이미 터지고 난 뒤에는 취소해도 의미가 없겠죠?

다음 코드의 결과를 예상해 보세요. setTimeout()의 밀리초가 0입니다. 즉, 바로 실행하라는 뜻입니다.

```
const timerId = setTimeout(() => {
  console.log('0초 뒤에 실행됩니다.');
}, 0);
console.log('내가 먼저');
clearTimeout(timerId);
```

콘솔에서 실행해 보면 '내가 먼저'만 출력되고 '0초 뒤에 실행됩니다.'는 출력되지 않습니다. setTimeout()에서 지정한 시간이 0초인데 왜 콜백 함수가 실행되지 않은 걸까요?

setTimeout()이 비동기 함수라는 점을 기억해야 합니다. setTimeout()의 콜백 함수보다 아래에 있는 코드가 더 먼저 실행됩니다. 그래서 console.log()와 clearTimeout()이 먼저 실행되므로 setTimeout()의 콜백 함수는 실행되기 전에 취소됩니다.

1분 퀴즈
해설 노트 p.564

1. 다음에 나온 func() 함수가 3.5초 뒤에 실행되도록 코드를 작성해 보세요.

```
function func() {
  console.log('hello');
}
```

2. 다음 코드를 콘솔에서 실행하면 콘솔에 어떤 메시지가 출력될지 예상해 보세요.

```
const intervalId = setInterval(() => {
  console.log('2초마다 실행됩니다.');
}, 2000);
setTimeout(() => {
  clearInterval(intervalId);
}, 5000);
```

3. 다음 코드를 setInterval() 함수와 같은 효과를 내는 setTimeout() 함수로 바꿔 보세요.

```
setInterval(() => {
  console.log('hello');
}, 1000);
```

3.2

스코프와 클로저

이 절에서는 자바스크립트를 공부할 때 반드시 알고 넘어가야 하는 스코프와 클로저 개념을 살펴보겠습니다. 먼저 다음 코드의 콘솔 출력 결과를 한번 예상해 보세요.

```javascript
const number = [1, 3, 5, 7];
for (let i = 0; i < number.length; i++) {
  setTimeout(() => {
    console.log(number[i]);
  }, 1000 * (i + 1));
}
```

1초 뒤에 1, 2초 뒤에 3, 3초 뒤에 5, 5초 뒤에 7이 출력됩니다. 앞의 코드는 다음 코드와 같은 의미이기 때문입니다.

```javascript
const number = [1, 3, 5, 7];
setTimeout(() => {
  console.log(number[0]);
}, 1000 * 1);
setTimeout(() => {
  console.log(number[1]);
}, 1000 * 2);
setTimeout(() => {
  console.log(number[2]);
}, 1000 * 3);
setTimeout(() => {
```

```
      console.log(number[3]);
    }, 1000 * 4);
```

앞에서 작성한 반복문에서 let을 var로 바꾸면 어떻게 될까요?

```
const number = [1, 3, 5, 7];
for (var i = 0; i < number.length; i++) {
  setTimeout(() => {
    console.log(number[i]);
  }, 1000 * (i + 1));
}
```

단순히 var로 바꿨을 뿐인데 결과가 완전히 달라집니다. 콘솔에 undefined만 네 번 출력됩니다. var와 let은 무엇이 다르길래 이런 현상이 일어날까요?

이번에는 number[i] 대신 i를 콘솔에 출력해 봅시다.

```
const number = [1, 3, 5, 7];
for (var i = 0; i < number.length; i++) {
  setTimeout(() => {
    console.log(i);
  }, 1000 * (i + 1));
}
```

모든 i가 4로 나오는 것이 신기할 겁니다. 이것이 바로 var와 let의 결정적인 차이입니다. 이런 결과가 나오는 이유를 이해하려면 스코프와 클로저를 알아야 합니다.

3.2.1 블록 스코프와 함수 스코프

모든 변수는 **스코프**(scope, 범위)가 있습니다. var는 함수 스코프, let은 블록 스코프를 가집니다. 무슨 소리일까요? 다음 예제를 콘솔에서 실행하면 에러가 발생합니다.

```
function b() {
  var a = 1;
```

```
    }
console.log(a);
Uncaught ReferenceError: a is not defined
```

a는 함수 b() 안에 선언된 변수라서 함수 바깥에서는 접근할 수 없습니다. 이처럼 함수를 경계로 접근 가능 여부가 달라지는 것을 **함수 스코프**(함수만 신경 씀)라고 합니다. 함수 스코프를 다르게 말하면 **함수가 끝날 때 함수 내부의 변수도 같이 사라진다**고 할 수 있습니다.

이번에는 if 문 안에 var를 넣어 보겠습니다.

```
if (true) {
  var a = 1;
}
a;
< 1
```

var는 함수 스코프라서 if 문 안에 들어 있어도 if 문 바깥에서 접근할 수 있습니다. 그런데 let은 다릅니다(실행할 때 웹 브라우저를 새로고침해야 합니다). let의 경우에는 에러가 발생합니다.

```
if (true) {
  let a = 1;
}
a;
Uncaught ReferenceError: a is not defined
```

var와 달리 let은 **블록 스코프**(블록을 신경 씀)라서 그렇습니다. 블록은 if 문, for 문, while 문, 함수에서 볼 수 있는 중괄호({})를 의미합니다. 블록 바깥에서는 블록 안에 있는 let에 접근할 수 없습니다. let뿐만 아니라 const도 블록 스코프를 가집니다. 블록 스코프를 다르게 말하면 **블록이 끝날 때 내부의 변수도 같이 사라진다**고 할 수 있습니다.

for 문에 var를 사용해 보겠습니다. var는 블록과 관계가 없으므로 문제없이 돌아갑니다. for 문이 끝났을 때 i가 5가 되어 있다는 점에 주목하세요.

```
for (var i = 0; i < 5; i++) {}
i;
< 5
```

for 문에 let을 사용하면 에러가 발생합니다. for 문 블록 바깥에서 변수 i에 접근했기 때문입니다. 코드에서 let이 블록 바깥에 있지만, for 문에서는 블록 안에 있는 것으로 칩니다.

```
for (let i = 0; i < 5; i++) {}
i;
Uncaught ReferenceError: i is not defined
```

3.2.2 클로저와 정적 스코프

클로저(closure)는 간단히 말해 **외부 값에 접근하는 함수**입니다. 모든 자바스크립트 함수는 클로저가 될 수 있습니다. 무슨 의미인지 예제 코드로 알아보겠습니다.

func() 함수는 자신의 외부에 있는 변수 a를 사용하고 있습니다. 그래서 func() 함수는 클로저입니다.

```
const a = 1;
const func = () => {
  console.log(a);
};
```

다음 함수도 클로저입니다. 그런데 어디서 본 것 같지 않나요? **2.6.2 함수의 고차 함수 사용하기**에서 예로 들었던 함수입니다. 반환값인 익명 함수는 자신의 외부에 있는 msg 매개변수를 사용하고 있습니다. 따라서 클로저입니다.

```
const func = (msg) => {
  return () => {
    console.log(msg);
  };
```

```
};
```

클로저가 외부 값에 접근할 수 있는지를 판단하는 기준은 스코프입니다. 다음 코드를 실행하면 어떤 결과가 나올까요? 이번에도 웹 브라우저를 새로고침하고 실행해 보세요.

```
const func = () => {
  console.log(a);
};
if (true) {
  const a = 1;
  func();
};
```

1이 출력될 것 같지만, Uncaught ReferenceError: a is not defined 에러가 발생합니다. func() 함수가 왜 변수 a에 접근하지 못하는지 알려면 a와 func() 함수가 선언된 위치를 봐야 합니다. func() 함수가 호출된 위치는 아무런 영향을 주지 않습니다.

변수 a는 if 문 안에서 선언되었고, func() 함수는 if 문 바깥에서 선언되었습니다. const는 블록 스코프이므로 if 문 바깥에서는 변수 a에 접근할 수 없습니다. func() 함수도 if 문 바깥에 있으므로 변수 a에 접근할 수 없습니다.

이처럼 함수가 선언된 위치에 따라 접근할 수 있는 값이 달라지는 현상을 "함수는 **정적 스코프**(lexical scope)를 따른다."라고 표현합니다. 선언된 위치가 아니라 호출된 위치에 따라 접근할 수 있는 값이 달라진다면 **동적 스코프**(dynamic scope)를 따르게 됩니다. 자바스크립트는 정적 스코프를 따릅니다.

3.2.3 let과 var를 사용한 결과가 다른 이유

스코프와 클로저 개념을 알았으니 이 절 처음에 나온 반복문에서 let과 var를 사용한 결과가 다른 이유를 살펴보겠습니다.

```
const number = [1, 3, 5, 7];
for (var i = 0; i < number.length; i++) {
  setTimeout(() => {
```

```
        console.log(number[i]);
    }, 1000 * (i + 1));
}
```

setTimeout()의 콜백 함수(굵은 글씨 부분)는 외부 변수 i에 접근하는 클로저입니다. 이때 1000 * (i + 1)과 console.log(number[i])가 같은 시점에 실행된다고 착각하는 경우가 많습니다. 그러나 setTimeout() 인수인 1000 * (i + 1)은 반복문을 돌 때 실행되고, 클로저는 지정한 시간 뒤에 호출됩니다. 그런데 반복문은 매우 빠른 속도로 돌아서 클로저가 실행될 때는 이미 i가 4(numbers.length도 4)가 되어 있습니다.

- i가 0일 때 setTimeout(콜백, 1000) 실행
- i가 1일 때 setTimeout(콜백, 2000) 실행
- i가 2일 때 setTimeout(콜백, 3000) 실행
- i가 3일 때 setTimeout(콜백, 4000) 실행
- i가 4일 때 4 < numbers.length는 false이므로 반복문이 끝남
- 1초 후 콜백 함수 실행(i는 4)
- 2초 후 콜백 함수 실행(i는 4)
- 3초 후 콜백 함수 실행(i는 4)
- 4초 후 콜백 함수 실행(i는 4)

따라서 클로저가 실행될 때 이미 i는 4가 되어 i를 출력하면 4가 출력됩니다. 그리고 numbers는 인덱스가 3까지밖에 없으므로 numbers[4]는 undefined가 됩니다.

그렇다면 let을 쓸 때는 왜 이러한 문제가 발생하지 않았을까요? let 코드를 다시 봅시다.

```
const number = [1, 3, 5, 7];
for (let i = 0; i < number.length; i++) {
    setTimeout(() => {
        console.log(number[i]);
    }, 1000 * (i + 1));
}
```

for 문에 사용한 let은 반복문을 돌 때마다 새로운 블록을 생성합니다. 그리고 블록별로 i 변수의 값이 고정됩니다. 이것도 블록 스코프의 특성이라고 보면 됩니다. 따라서 클로저 내부의 i 변

수도 setTimeout() 함수를 호출할 때의 i 변수와 같은 값이 들어갑니다.

- i가 0일 때 블록0 생성, setTimeout(콜백, 1000) 실행, 블록0의 i는 0
- i가 1일 때 블록1 생성, setTimeout(콜백, 2000) 실행, 블록1의 i는 1
- i가 2일 때 블록2 생성, setTimeout(콜백, 3000) 실행, 블록2의 i는 2
- i가 3일 때 블록3 생성, setTimeout(콜백, 4000) 실행, 블록3의 i는 3
- i가 4일 때 4 < numbers.length는 false이므로 반복문이 끝남
- 1초 후 콜백 실행(블록0의 i는 0)
- 2초 후 콜백 실행(블록1의 i는 1)
- 3초 후 콜백 실행(블록2의 i는 2)
- 4초 후 콜백 실행(블록3의 i는 3)

var를 사용하면서 문제를 해결하고 싶다면 i 변수의 값을 고정할 방법을 찾아야 합니다. let의 i 변수가 블록마다 값이 고정되는 것처럼 var의 i 변수 값도 고정하면 됩니다. var의 i 변수는 함수 스코프이므로 함수마다 값이 고정되겠죠? 따라서 클로저가 i 변수 대신 고정된 값을 가리키게 하면 됩니다. 그래서 다음과 같이 helper()라는 고차 함수를 선언합니다.

```
const number = [1, 3, 5, 7];
function helper(j) {
  return () => {
    console.log(number[j], j);
  }
}
for (var i = 0; i < number.length; i++) {
  setTimeout(helper(i), 1000 * (i + 1));
}
1 0
3 1
5 2
7 3
```

helper() 함수는 매개변수로 j를 갖고 있는데, j는 i 변수의 값을 고정하는 역할을 합니다. 함수 스코프가 하나 더 생겼으므로 i의 값이 j에 저장되면서 고정됩니다. setTimeout()의 클로저는 이제 i 대신 j를 가리키고 있습니다.

- i가 0일 때 setTimeout(helper(0), 1000) 실행, j는 0

- i가 1일 때 setTimeout(helper(1), 2000) 실행, j는 1

- i가 2일 때 setTimeout(helper(2), 3000) 실행, j는 2

- i가 3일 때 setTimeout(helper(3), 4000) 실행, j는 3

- i가 4일 때 4 < numbers.length는 false이므로 반복문이 끝남

- 1초 후 콜백 실행(j는 0)

- 2초 후 콜백 실행(j는 1)

- 3초 후 콜백 실행(j는 2)

- 4초 후 콜백 실행(j는 3)

또 다른 방법은 for 문 대신 forEach( ) 메서드를 사용하는 것입니다. forEach( )의 콜백 함수마다 고정된 i 값을 갖고 있어서 가능한 방식입니다.

```
const number = [1, 3, 5, 7];
number.forEach((num, i) => {
  setTimeout(() => {
    console.log(num, i);
  }, 1000 * (i + 1));
});
```

반복문과 var를 사용할 때 항상 스코프 관련 문제가 생기는 것은 아닙니다. setTimeout( ) 같은 비동기 함수와 반복문, var가 만나면 이런 문제가 발생합니다. 이러한 현상을 잘 알고 있으면 좋지만, 사실 let을 쓰는 것이 가장 편합니다. 그래서 요즘은 대부분 var 대신 let을 사용합니다.

마지막으로 하나 더, 스코프를 알아 두어야 할 때가 있습니다. switch 문을 사용하는 상황입니다.

```
const type = 'a';
switch (type) {
  case 'a':
    let name = '제로초';
    break;
  case 'b':
    let name = '레오';
    break;
  case 'c':
```

207

```
    let name = '체리';
    break;
}
Uncaught SyntaxError: Identifier 'name' has already been declared
```

case 내부에서 변수를 선언하고 있습니다. 'a', 'b', 'c' 모두 name이라는 이름의 변수를 생성하는데, 같은 블록 스코프 안에서 같은 이름의 변수를 선언하기 때문에 에러가 발생합니다. 블록 스코프는 현재 switch 문 하나밖에 없습니다. 이럴 때는 각자 블록 스코프를 생성하면 해결됩니다.

```
const type = 'a';
switch (type) {
  case 'a': {
    let name = '제로초';
    break;
  }
  case 'b': {
    let name = '레오';
    break;
  }
  case 'c': {
    let name = '체리';
    break;
  }
}
```

3.3

호출 스택과 이벤트 루프

3.1 비동기와 타이머에서 타이머의 콜백 함수는 비동기로 실행되므로 동기 코드가 다 끝나야만 호출된다고 했습니다. 이를 정확히 이해할 수 있게 동기 코드와 비동기 코드의 실행 순서를 살펴보겠습니다.

코드의 실행 순서를 파악하려면 **호출 스택**(call stack)과 **이벤트 루프**(event loop)라는 개념을 알아야 합니다. 상당히 복잡한 개념이라서 지금까지 설명하지 않고 피해 왔지만, 이제는 마주할 때가 됐습니다. 이 문턱을 넘어야 자바스크립트를 정복할 수 있습니다.

이 책에서 나오는 설명은 100% 정확한 개념이 아니고, 코드의 실행 순서를 이해할 수 있게 일부 추상화해서 다룹니다. 그러나 이 정도로만 알고 있어도 코드 실행 순서를 파악하는 데는 문제없습니다.

먼저 **호출 스택**은 동기 코드를 담당하고, **이벤트 루프**는 비동기 코드를 담당한다고 생각하면 됩니다. 추가로 비동기 코드 실행에는 **백그라운드**와 **태스크 큐**라는 개념도 등장합니다.

그림 3-1 호출 스택, 이벤트 루프, 백그라운드, 태스크 큐 개념도

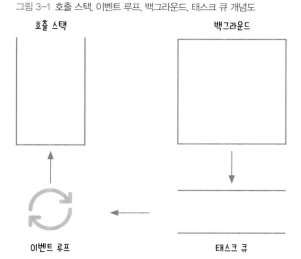

209

백그라운드(background)는 타이머를 처리하고 이벤트 리스너를 저장하는 공간입니다. setTimeout()과 같은 타이머 함수가 실행되면 백그라운드에서 시간을 재다가 지정 시간이 되면 콜백 함수를 태스크 큐로 보냅니다. 또한, addEventListener()(태그에 이벤트 리스너를 다는 함수로, **4.3 이벤트와 이벤트 리스너**에서 자세히 다룹니다.)로 추가한 이벤트를 저장했다가 이벤트가 발생하면 콜백 함수를 태스크 큐로 보냅니다. 백그라운드에서 코드를 실행하는 것이 아니라 실행될 콜백 함수들을 태스크 큐로 보낸다는 것을 기억하세요.

태스크 큐(task queue)는 실행될 콜백 함수들이 대기하고 있는 공간입니다. 큐(queue)는 우리말로 '줄'이라는 뜻입니다. 사람들이 가게 앞에 줄을 서면 먼저 선 사람부터 차례로 들어가죠? 태스크 큐도 마찬가지입니다. 태스크 큐에 먼저 들어온 함수부터 실행됩니다. 다만, 태스크 큐도 함수를 직접 실행하지 않습니다. 함수는 호출 스택에서만 실행됩니다. 호출 스택에 들어와야 함수가 호출(실행)된다고 생각하면 됩니다.

태스크 큐에서 호출 스택으로 함수를 이동시키는 존재가 바로 **이벤트 루프**입니다. 호출 스택이 비어 있으면 이벤트 루프는 태스크 큐에서 함수를 하나씩 꺼내(들어온 순서로) 호출 스택으로 옮깁니다. 호출 스택으로 이동한 함수는 그제야 실행됩니다. 실행이 완료된 함수는 호출 스택에서 빠져나가게 되고, 호출 스택이 비면 이벤트 루프는 태스크 큐에 있는 다음 함수를 호출 스택으로 옮깁니다.

여기까지가 이론이고, 이제 이론에 따라 예제를 분석해 보겠습니다.

3.3.1 호출 스택

변수나 함수의 선언은 호출 스택과 이벤트 루프에 영향을 주지 않습니다. 선언은 스코프와 관련 있고, 호출 스택과 이벤트 루프는 **함수 호출**과 밀접한 관련이 있습니다.

다음 예제 코드를 분석해 보겠습니다. 코드에서 함수가 호출되는 첫 번째 순간은 언제일까요? 바로 a();입니다. 사실 자바스크립트 엔진은 자바스크립트 코드가 처음 실행되는 순간에도 하나의 함수가 실행된다고 봅니다. 이 함수에는 이름이 없으므로 크롬 웹 브라우저는 이를 (anonymous)로 표시합니다. anonymous는 우리말로 '익명'을 뜻합니다.

```
function a() {
  b();
}
function b() {
  console.trace();
}
a();
```

앞의 예제 코드를 실행하면 익명 함수의 존재를 파악할 수 있습니다. 먼저 a( ) 함수와 b( ) 함수가 선언됩니다. 그 뒤 a( ) 함수가 실행되고, 그 안에서 b( ) 함수가 실행됩니다. 그리고 b( ) 함수 안에서 console.trace( ) 메서드가 실행됩니다. console.trace( )는 함수의 호출 스택을 보여주는 메서드입니다. 콘솔에 실행해 보면 결과가 다음과 같이 나옵니다.

그림 3–2 실행결과: anonymous 함수

```
> function a() {
    b();
  }
  function b() {
    console.trace();
  }
  a();
  ▼ console.trace                              VM681:5
    b            @ VM681:5
    a            @ VM681:2
    (anonymous) @ VM681:7
‹ undefined
```

console.trace 아래에 b, b 아래에 a가 있는데, 이는 호출된 함수의 역순입니다. 여기서 a 아래에 (anonymous)가 보이죠? 이것이 자바스크립트 코드가 처음 실행될 때 호출되는 (anonymous) 함수입니다. 이것으로 보아 a보다 (anonymous) 함수가 먼저 실행됨을 알 수 있습니다.

그런데 왜 호출 스택에 (anonymous), a, b, console.trace 순으로 쌓였을까요? 이는 호출 스택이 무엇인지 알면 이해할 수 있습니다. 호출 스택은 바닥이 막히고 천장은 뚫린 하나의 통입니다. 이 통에는 물건을 한 개씩 넣을 수 있고, 뺄 때도 한 개씩 뺄 수 있습니다. 하나씩 차곡차곡 쌓이는 구조이므로 위에 있는 물건을 빼야만 아래 물건을 뺄 수 있습니다. 즉, 마지막에 넣은 물건이 뺄 때는 가장 먼저 빠집니다. 이러한 구조를 프로그래밍에서 **스택**(stack)이라고 합니다.

함수를 호출할 때 해당 함수를 호출 스택 안에 넣습니다. 그리고 함수가 종료될 때 호출 스택에서 빼냅니다. 다음과 같이 a( ) 함수를 호출한다고 합시다.

```
function a() {}
a();
```

a( ) 함수가 호출되면 호출 스택에 들어가고, a( ) 함수가 종료되면 호출 스택에서 빠져나옵니다. 함수의 실행문({부터 }까지)이 전부 실행되었을 때 함수가 종료되었다고 표현합니다.

그림 3-3 a( ) 함수 호출과 종료 시 호출 스택 구조

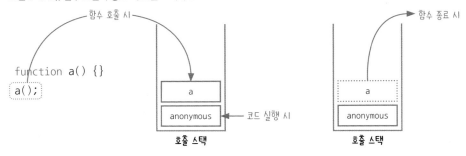

만약 호출 스택에 들어 있는 함수가 아직 종료되지 않았는데 새 함수가 호출된다면 기존 함수는 빠져나가지 못하고 그 위에 새로운 함수가 쌓입니다.

```
function a() {
  b();
}
function b() {}
a();
```

a( ) 함수가 종료되기 전에 b( ) 함수가 호출됩니다. 그러면 b( ) 함수는 호출 스택에서 a( ) 함수 위에 쌓이게 됩니다.

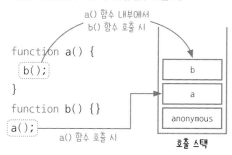

그림 3-4 a() 함수 내부에서 b() 함수 호출 시

b() 함수 내부에서 console.trace()까지 호출해 봅시다.

```
function a() {
  b();
}
function b() {
  console.trace();
}
a();
```

호출 스택에는 함수들이 다음과 같이 쌓이게 됩니다.

그림 3-5 b() 함수 내부에서 console.trace() 호출 시

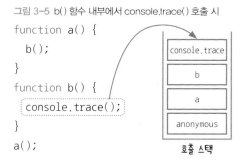

앞의 그림은 **그림 3-2**에서 봤던 예제 코드의 실행결과와 같습니다.

그림 3–6 실행결과: anonymous 함수

```
> function a() {
    b();
  }
  function b() {
    console.trace();
  }
  a();
  ▼ console.trace                          VM681:5
    b              @ VM681:5
    a              @ VM681:2
    (anonymous) @ VM681:7

<· undefined
```

이렇게 쌓인 호출 스택의 함수들은 언제 빠져나갈까요? 함수는 호출 스택에 쌓인 역순으로 종료된다고 보면 됩니다. console.trace()가 가장 먼저 종료되어 호출 스택에서 빠져나가야 b()의 실행문이 종료됩니다. 그런 다음 b()가 호출 스택에서 빠져나가야 a()의 실행문이 종료되고요. a()가 호출 스택에서 빠져나간 후에는 마지막으로 (anonymous)가 빠져나갑니다. 동기 코드밖에 없는 경우에는 (anonymous)가 빠져나가면 전체 코드가 종료됩니다.

3.3.2 이벤트 루프

이번에는 동기 코드와 비동기 코드가 같이 있는 경우에 어떤 순서로 돌아가는지 알아보겠습니다. 여기서는 호출 스택 말고도 이벤트 루프, 백그라운드, 태스크 큐가 등장합니다.

이벤트 루프는 호출 스택이 비어 있을 때 태스크 큐에서 호출 스택으로 함수를 이동시키는 역할을 한다고 했는데, 코드를 보면서 어떻게 동작하는지 알아봅시다. 다음 코드는 **3.1.3 clearTimeout()과 clearInterval()**에 나왔던 코드입니다.

```
const timerId = setTimeout(() => {
  console.log('0초 뒤에 실행됩니다.');
}, 0);
console.log('내가 먼저');
```

setTimeout() 함수가 호출되면서 호출 스택에 들어갑니다.

그림 3-7 setTimeout( ) 함수 호출 시

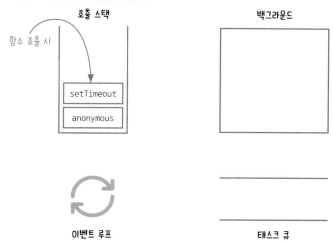

① setTimeout( ) 함수는 콜백 함수를 백그라운드로 보내고 종료됩니다.

② setTimeout( ) 함수는 종료되면서 호출 스택을 빠져나갑니다.

③ 다음 줄의 console.log('내가 먼저');가 실행됩니다. setTimeout( ) 함수가 콘솔에 아무런 출력을 하지 않고 빠져나가므로 console.log( )가 setTimeout( ) 함수보다 먼저 실행되는 것처럼 보일 뿐입니다. 이처럼 대부분의 비동기 함수는 콜백 함수를 백그라운드로 보내는 경우가 많습니다.

그림 3-8 setTimeout( ) 함수 종료 시

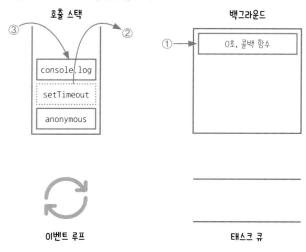

백그라운드에서는 타이머에 지정된 시간이 지난 뒤 콜백 함수를 태스크 큐로 보냅니다. 현재 코드에서는 타이머가 0초로 설정되어 있으므로 백그라운드에 들어오는 순간 바로 콜백 함수를 태스크 큐로 보냅니다. 이때 호출 스택은 console.log()가 종료되어 빠져나가고 (anonymous) 함수도 빠져나가 텅 비어 있는 상태입니다.

그림 3-9 백그라운드에서 태스크 큐로 콜백 함수를 보냄

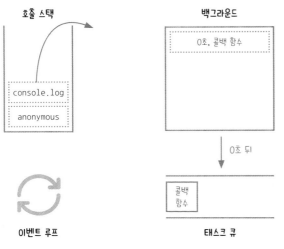

3.3.1절에서 (anonymous) 함수가 빠져나가면 전체 코드가 종료된다고 했는데, 한 가지 설명하지 않은 부분이 있습니다. 그때는 백그라운드와 태스크 큐가 등장하지 않아서 그렇게 설명했습니다. 사실 (anonymous) 함수가 빠져나간 후 백그라운드와 태스크 큐에도 함수가 없어야 전체 코드가 종료됩니다.

이벤트 루프는 이렇게 호출 스택이 비어 있을 때 움직입니다. 호출 스택이 비어 있으면 이벤트 루프는 태스크 큐에서 함수를 하나 끌어와 호출 스택으로 보냅니다. 큐는 스택과는 달리 앞뒤가 뚫린 통으로, 먼저 들어온 함수가 먼저 빠져나갑니다. 대기 줄에서 먼저 온 순서대로 입장하는 것과 마찬가지입니다. 콜백 함수가 호출 스택으로 보내지면 실행됩니다. 콜백 함수 안에 console.log('0초 뒤에 실행됩니다.');이 있으니 콜백 함수 위에 console.log()가 쌓입니다.

그림 3-10 호출 스택이 비면 콜백 함수가 이벤트 루프에 의해 호출 스택으로 보내져 실행됨

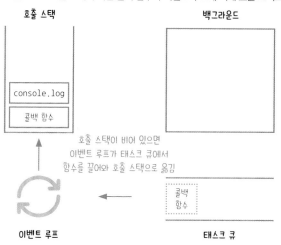

콘솔에 출력하고 나면 console.log()가 종료되어 호출 스택에서 빠져나가고 콜백 함수도 종료되어 호출 스택에서 빠져나갑니다. 호출 스택, 백그라운드, 태스크 큐가 모두 비면 자바스크립트 코드가 종료됩니다.

그림 3-11 함수가 종료되어 호출 스택에서 빠져나감

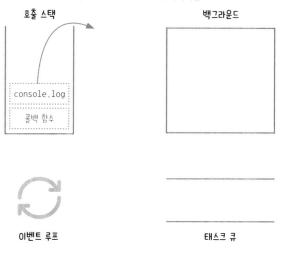

그러면 **3.1.3 clearTimeout()과 clearInterval()**에서 clearTimeout()을 할 때 setTimeout()이 0초인데도 왜 콜백 함수가 실행되지 않았는지 알아보겠습니다. 이 역시 이벤트 루프로 분석할 수 있습니다.

217

```
const timerId = setTimeout(() => {
  console.log('0초 뒤에 실행됩니다.');
}, 0);
console.log('내가 먼저');
clearTimeout(timerId);
```

앞의 코드에서는 console.log('내가 먼저');이 끝난 후 (anonymous) 함수까지 호출 스택에서 빠져나가며 호출 스택이 텅 빕니다. 하지만 이번에는 console.log('내가 먼저'); 다음에 clearTimeout(timerId);이 있습니다. 이벤트 루프는 호출 스택이 비어 있지 않으면 태스크 큐의 콜백 함수를 호출 스택으로 올릴 수 없습니다. 이때 clearTimeout()이 실행되면서 태스크 큐에 있는 콜백 함수가 제거됩니다. 그래서 콜백 함수가 실행되지 않습니다. 함수는 호출 스택에 들어가야만 실행될 수 있기 때문입니다.

그림 3-12 clearTimeout() 함수가 태스크 큐의 타이머 취소

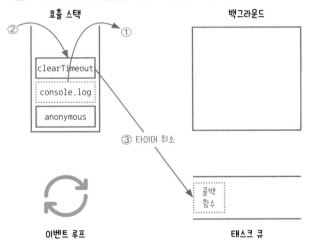

3.1 비동기와 타이머에서 타이머가 정확하지 않을 수 있다고 했습니다. 이벤트 루프를 배웠으니 이제 그 이유를 구체적으로 설명할 수 있습니다. 타이머의 콜백 함수가 지정한 시간이 지나 태스크 큐로 이동한 상황이더라도 호출 스택에서 다른 함수가 실행되고 있는 상황이면 태스크 큐에 있는 콜백 함수는 호출 스택으로 이동하지 못합니다. 그래서 지정한 시간이 지났더라도 타이

머의 콜백 함수가 무조건 실행된다고 보장할 수 없습니다. 지정한 시간이 지나고 호출 스택이 비어 있어야만 콜백 함수가 실행됩니다.

1분 퀴즈

해설 노트 p.565

4. 다음 코드를 실행할 때 콘솔에 어떤 순서로 알파벳이 출력되는지 호출 스택과 이벤트 루프를 사용해 설명해 보세요. 이 문제는 필자가 회사에서 기술 면접을 진행할 때 항상 내는 문제 유형입니다.

```javascript
function aaa() {
  setTimeout(() => {
    console.log('d');
  }, 0);
  console.log('c');
}
setTimeout(() => {
  console.log('a');
  aaa();
}, 0);
setTimeout(() => {
  aaa();
  console.log('b');
}, 0);
```

3.3.3 재귀 함수

어떤 함수가 내부에서 자기 자신을 다시 호출하는 함수를 **재귀 함수**(recursive function)라고 합니다. 다음 코드를 콘솔에서 실행하면 다음과 같이 에러가 발생합니다.

```javascript
let i = 0;
function recurse() {
  i++;
  recurse();
}
```

```
recurse();
Uncaught RangeError: Maximum call stack size exceeded
```

재귀 함수를 사용하다 보면 Maximum call stack size exceeded라는 에러 메시지를 자주
볼 수 있습니다. 호출 스택은 함수를 담을 수 있는 최대 크기가 정해져 있는데, 이 크기를 초과
하는 경우에 해당 에러가 발생합니다. 재귀 함수에서 왜 이런 에러가 발생하는지 호출 스택으로
분석해 보겠습니다.

recurse() 함수를 호출하면 호출 스택에 recurse() 함수가 들어갑니다. recurse() 함수가 종
료되어 호출 스택에서 나가기 전에 다른 recurse() 함수가 호출되어 호출 스택에 들어갑니다.
이전에 들어간 recurse() 함수가 빠져나가기 전에 그 위에 다시 recurse() 함수가 계속 쌓이니
순식간에 스택이 꽉 차게 됩니다. 이 상태에서 함수 하나를 더 넣으면 스택이 터지며 에러가 발
생합니다.

그림 3-13 재귀 함수 호출 시 호출 스택의 최대 크기 초과

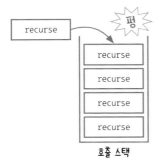

웹 브라우저별로 호출 스택의 최대 크기가 다릅니다. 다음 코드를 복사해 콘솔에 붙여 넣으면
사용하는 웹 브라우저의 호출 스택 최대 크기를 알 수 있습니다. 호출 스택에 함수를 하나 넣을
때마다 i를 1씩 올리다가 호출 스택이 터지기 직전의 i 값을 출력하는 코드입니다.

```
let i = 0;
function recurse() {
  i++;
  recurse();
}
```

```
  try {
    recurse();
  } catch (ex) {
    alert(`최대 크기는 ${i}\nerror: ${ex}`);
  }
```

그림 3-14 웹 브라우저의 호출 스택 최대 크기

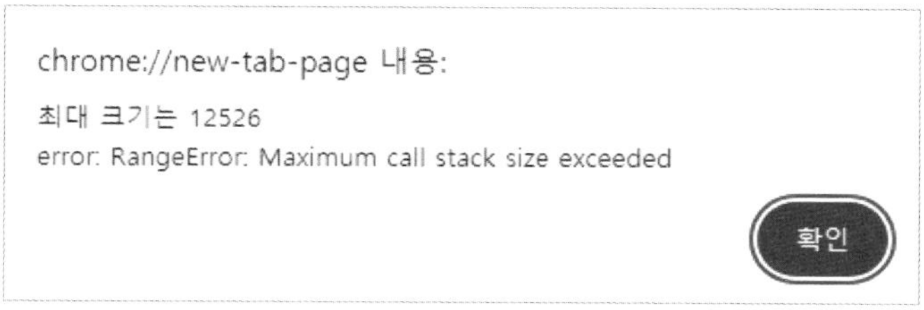

chrome://new-tab-page 내용:

최대 크기는 12526
error: RangeError: Maximum call stack size exceeded

확인

만약 함수가 호출 스택의 최대 크기보다 더 쌓여야 한다면 어떻게 해야 할까요? 여러 해결 방법이 있는데, 비동기 함수를 사용하는 방법이 가장 간단합니다. 재귀 함수의 내부를 대표적인 비동기 함수인 setTimeout()으로 감싸고 시간은 0초로 해서 즉시 호출되게 하면 됩니다.

다음 코드는 recurse() 함수를 2만 번 호출하는 코드입니다. 하지만 이 코드를 실행해도 호출 스택의 최대 크기를 초과했다는 에러가 발생하지 않습니다.

```
let i = 0;
function recurse() {
  i++;
  if (i > 20000) return;
  setTimeout(recurse, 0);
}
recurse();
```

기존 코드에서 문제가 발생한 이유는 함수가 호출 스택에 끊임없이 쌓이기 때문입니다. 그런데 recurse() 함수 안에 setTimeout()을 사용하면 백그라운드로 타이머와 함께 콜백 함수를 보낼 수 있습니다. 백그라운드로 콜백 함수가 보내지면 setTimeout(), recurse(), (anonymous) 함수가 순서대로 종료됩니다. 타이머가 0초로 설정되어 있으므로 백그라운드에 들어가는 순간 콜백 함수는 바로 태스크 큐로 보내집니다.

그림 3–15 recurse( ) 함수의 내부 타이머가 백그라운드로 이동

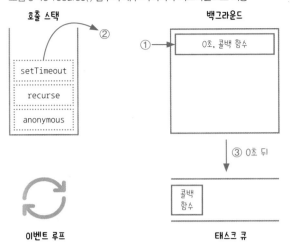

이제 호출 스택이 비었으니 이벤트 루프가 타이머의 콜백 함수를 호출 스택으로 올리고, 타이머의 콜백 함수인 recurse( )가 다시 실행됩니다. recurse( ) 내부의 타이머는 다시 백그라운드에 보내집니다. 호출 스택에 recurse( )가 2개 이상 쌓이지 않으니 호출 스택의 최대 크기를 초과할 일이 없습니다.

그림 3–16 콜백 함수가 태스크 큐에서 호출 스택으로 이동 후 같은 상황 반복

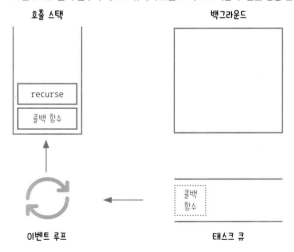

재귀 함수를 사용할 때는 연산량이 많으면 웹 브라우저가 느려지는 현상이 발생하므로 연산량을 최소화할 수 있게 코드를 작성해야 합니다.

3.4

프로미스와 async/await

비동기 코드를 작성하다 보면 코드의 실행 순서가 작성 순서와 달라서 매우 불편합니다. 코드를 작성하다가 거슬러 올라가서 비동기 부분을 작성하는 경우도 허다하고요. 자바스크립트는 이런 불편을 개선하기 위해 프로미스와 async/await 문법을 내놓았습니다.

3.4.1 프로미스

프로미스는 Promise라는 클래스를 사용하는 문법입니다. new를 붙여 Promise 클래스를 호출하면 프로미스 객체를 생성하는데, 이때 인수로 콜백 함수를 넣습니다. 콜백 함수의 매개변수로 resolve()와 reject() 함수가 있습니다. 콜백 함수 내부에서는 resolve()나 reject() 함수 둘 중에 하나를 호출해야 합니다. resolve()를 호출하면 프로미스가 성공한 것이고, reject()를 호출하면 프로미스가 실패한 것입니다. 둘 다 호출하면 먼저 호출한 함수만 유효합니다.

형식
```
const <프로미스 객체> = new Promise((resolve, reject) => {
    resolve(); // 프로미스 성공
    // 또는
    reject(); // 프로미스 실패
});
```

프로미스 객체에는 then() 메서드나 catch() 메서드를 붙일 수 있습니다.

〈프로미스 객체〉.then(〈콜백 함수〉);
// 또는
〈프로미스 객체〉.catch(〈콜백 함수〉);

두 메서드도 인수로 콜백 함수를 넣습니다. then()의 콜백 함수는 resolve() 함수를 호출할 때 실행되고, catch()의 콜백 함수는 reject() 함수를 호출할 때 실행됩니다. resolve()의 인수로 전달한 값은 then() 콜백 함수의 매개변수로 전달되고, reject()의 인수로 전달한 값은 catch() 콜백 함수의 매개변수로 전달됩니다.

```
const p1 = new Promise((resolve, reject) => {
  resolve('success');
});
p1.then((data) => console.log(data)); // success
const p2 = new Promise((resolve, reject) => {
  reject('error');
});
p2.catch((error) => console.log(error)); // error
```

그림 3-17 resolve() 호출 시 then() 실행, reject() 호출 시 catch() 실행

```
const p1 = new Promise((resolve, reject) => {
  resolve('success');
});
p1.then((data) => console.log(data));
                              'success'
const p2 = new Promise((resolve, reject) => {
  reject('error');
});
p2.catch((error) => console.log(error));
                              'error'
```

reject()를 호출했는데 catch() 메서드를 붙이지 않으면 에러가 발생합니다.

```
const p2 = new Promise((resolve, reject) => {
  reject('error');
}); // Uncaught (in promise) error
```

resolve()나 reject() 함수를 실전에서 어떻게 쓰는지 잘 와닿지 않으므로 다음 비동기 코드를 프로미스 문법으로 전환해 보겠습니다.

```javascript
const timerId = setTimeout(() => {
  console.log('0초 뒤에 실행됩니다.');
}, 0);
```

프로미스 문법으로 작성하면 다음과 같습니다.

```javascript
const setTimeoutPromise = new Promise((resolve, reject) => {
  setTimeout(() => {
    resolve();
  }, 0);
});
setTimeoutPromise.then(() => {
  console.log('0초 뒤에 실행됩니다.');
});
```

0초 타이머 후에 resolve() 함수가 호출됩니다. 이러면 프로미스가 성공한 것이고 then() 메서드의 콜백 함수가 실행됩니다. 아직 프로미스로 바꾼 장점이 무엇인지 와닿지 않을 텐데 조금 뒤에 설명합니다.

setTimeoutPromise는 현재 0초로 고정되어 있으므로 좀 더 범용적으로 사용하기 위해 다음과 같이 함수로 수정하겠습니다.

```javascript
const setTimeoutPromise = (ms) => new Promise((resolve, reject) => {
  setTimeout(resolve, ms);
});
setTimeoutPromise(3000).then(() => {
  console.log('3초 뒤에 실행됩니다.');
});
```

setTimeoutPromise를 함수로 바꿨습니다. setTimeoutPromise()는 setTimeout() 함수에 필요한 ms를 인수로 받는 고차 함수입니다. 즉, setTimeoutPromise(1000)은 다음과 같은 의미입니다.

```
new Promise((resolve, reject) => {
  setTimeout(resolve, 1000);
});
```

2.6.2절에서 고차 함수를 배울 때 함수 호출 부분을 함수의 반환값으로 대체하면 이해하기 쉽다
고 했죠? 여기서 setTimeout(resolve, 1000)은 setTimeout(() => resolve(), 1000)과 같
습니다. 그래서 필자는 프로미스를 **실행된 결과 값을 저장하고 있으며 언제든지 필요할 때 그 값을 꺼
낼 수 있는 객체**라고 설명합니다.

프로미스 문법의 장점은 then()이나 catch() 메서드를 나중에 붙일 수 있다는 것입니다.

```
const p1 = new Promise((resolve, reject) => {
  resolve('프로미스 작업을 합니다.');
});
console.log('다른 일을');
console.log('열심히');
console.log('하다가');
p1.then(console.log);
다른 일을
열심히
하다가
프로미스 작업을 합니다.
```

setTimeout()과 같은 비동기 코드는 콜백 함수가 setTimeout()과 딱 붙어 있어서 콜백 함수의
위치를 변경할 수가 없었습니다. 하지만 프로미스로 만들면 필요할 때 then()을 호출할 수 있어
서 편리합니다.

```
const setTimeoutPromise = (ms) => new Promise((resolve, reject) => {
  setTimeout(resolve, ms);
});
const promise = setTimeoutPromise(0);
console.log('다른 일을 하다가');
console.log('필요할 때');
console.log('then을 호출해 보세요.');
promise.then(() => {
```

```
    console.log('0초 뒤에 실행됩니다.');
});
promise.catch((err) => {
    console.log('에러 발생 시 실행됩니다.');
});
```

다른 일을 하다가
필요할 때
then을 호출해 보세요.
0초 뒤에 실행됩니다.

then()이나 catch() 메서드는 다음과 같이 연달아 사용할 수도 있습니다.

```
const promise = setTimeoutPromise(0);
promise
  .then(() => {
    return 'a';
  })
  .then((data) => {
    console.log(data); // a
    return 'b';
  })
  .then((data) => {
    console.log(data); // b
  });
```

앞선 then() 콜백 함수의 반환한 값이 다음 then() 콜백 함수의 매개변수로 전달됩니다. 만약 반환한 값이 프로미스라면 resolve()한 값이 다음 then() 콜백 함수의 매개변수로 전달됩니다.

프로미스에는 finally() 메서드도 있습니다. then()과 catch()의 실행이 끝난 후에 finally() 가 있으면 무조건 실행됩니다.

```
const promise = setTimeoutPromise(0);
promise
  .then(() => {
    console.log('0초 뒤에 실행됩니다.');
  })
  .catch((err) => {
```

```
    console.log('에러 발생 시 실행됩니다.');
  })
  .finally((err) => {
    console.log('성공이든 실패든 무조건 실행됩니다.');
  });
```

고 이해하면 됩니다.

다음 코드에서 setTimeout()이 호출된 후, resolve() 함수가 호출됩니다. resolve() 함수가 호출되었다는 것은 then()의 콜백 함수가 호출된다는 뜻입니다.

```
const promise = new Promise((resolve, reject) => {
  setTimeout(() => {
    console.log('나는 나중에');
  }, 0);
  resolve();
});
promise.then(() => {
  console.log('내가 먼저');
});
내가 먼저
나는 나중에
```

순서상 setTimeout()의 콜백 함수가 태스크 큐에 들어간 뒤, then()의 콜백 함수가 태스크 큐에 들어갑니다. 하지만 then()의 콜백 함수가 더 먼저 실행됩니다. 이는 앞에서 말했듯이 호출 스택이 비어 있을 때 프로미스 콜백 함수가 프로미스가 아닌 콜백 함수보다 더 먼저 호출 스택으로 올라가기 때문입니다.

그림 3-18 프로미스 사용 시 호출 스택과 이벤트 루프

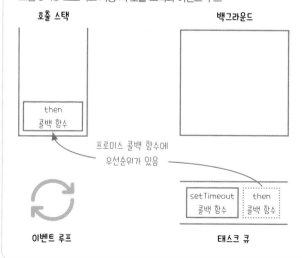

229

3.4.2 async/await

프로미스로 작성된 코드는 여전히 코드의 작성 순서와 실행 순서가 다릅니다.

```
const setTimeoutPromise = (ms) => new Promise((resolve, reject) => {
  setTimeout(resolve, ms);
});
setTimeoutPromise(1000).then(() => {
  console.log('1초 뒤에 실행됩니다.');
});
console.log('내가 먼저');
내가 먼저
1초 뒤에 실행됩니다.
```

'내가 먼저'가 '1초 뒤에 실행됩니다.'보다 먼저 출력됩니다. 이것을 개선하려면 async/await 문법을 사용해야 합니다.

```
const setTimeoutPromise = (ms) => new Promise((resolve, reject) => {
  setTimeout(resolve, ms);
});
await setTimeoutPromise(1000);
console.log('1초 뒤에 실행됩니다.');
console.log('내가 나중에');
1초 뒤에 실행됩니다.
내가 나중에
```

실행한 후 1초가 지나서 콘솔에 '1초 뒤에 실행됩니다.'와 '내가 나중에'가 순서대로 출력됩니다. 여기서 await는 **프로미스가 resolve()할 때까지 기다리라**는 뜻입니다. await를 사용하면 프로미스인 비동기 코드를 순서대로 실행하게 만들 수 있습니다.

단, 프로미스가 아닌 비동기 코드에 await를 적용하는 것은 의미가 없습니다. 다음과 같은 코드는 작성한 순서대로 실행되지 않습니다.

```
await setTimeout(() => {
  console.log('1초 뒤에 실행됩니다.');
}, 0);
```

```
console.log('내가 먼저');
내가 먼저
1초 뒤에 실행됩니다.
```

setTimeout()은 프로미스가 아니므로 await가 적용되지 않습니다. 이럴 때는 setTimeout()을 프로미스로 바꾼 뒤 await를 붙이면 됩니다.

또한, 함수 내부에서 await를 사용하려고 하면 에러가 발생합니다.

```
const setTimeoutPromise = (ms) => new Promise((resolve, reject) => {
  setTimeout(resolve, ms);
});
function main() {
  await setTimeoutPromise(1000);
  console.log('1초 뒤에 실행됩니다.');
  console.log('내가 나중에');
}
main();
Uncaught SyntaxError: await is only valid in async functions and the top level
bodies of modules
```

에러 메시지에 따르면 await는 async 함수에서 사용할 수 있다고 합니다. 이럴 때는 main() 함수를 async 함수로 전환해야 합니다. function 예약어 앞에 async를 붙이면 전환됩니다.

```
const setTimeoutPromise = (ms) => new Promise((resolve, reject) => {
  setTimeout(resolve, ms);
});
async function main() {
  await setTimeoutPromise(1000);
  console.log('1초 뒤에 실행됩니다.');
  console.log('내가 나중에');
}
main();
1초 뒤에 실행됩니다.
내가 나중에
```

화살표 함수도 앞에 async를 붙여 async 함수로 만들 수 있습니다.

```
const setTimeoutPromise = (ms) => new Promise((resolve, reject) => {
  setTimeout(resolve, ms);
});
const main = async () => {
  await setTimeoutPromise(1000);
  console.log('1초 뒤에 실행됩니다.');
}
main();
1초 뒤에 실행됩니다.
```

1분 퀴즈 ━━━━━━━━━━━━━━━━━━━━━━━━━━━━━━━━ 해설 노트 p.567

5. 본문의 setTimeoutPromise를 사용해 다음 프로미스 코드를 async/await 문법으로 변경해 보세요.

힌트 then() 부분을 const 변수 = await로 변경하면 됩니다.

```
setTimeoutPromise(0)
  .then(() => {
    return 'a';
  })
  .then((data1) => {
    console.log(data1); // a
    return 'b';
  })
  .then((data2) => {
    console.log(data2); // b
  });
```

3.4.3 try-catch 문으로 에러 처리하기

Promise에는 catch()라는 에러 처리 메서드가 있지만 await에는 없습니다. 그래서 다음 코드는 에러가 발생합니다.

```
const p1 = new Promise((resolve, reject) => {
  reject('에러!');
});
await p1;
Uncaught 에러!
```

이때는 try-catch 문으로 감싸 줘야 합니다. 그러면 reject()의 인수로 넣었던 값이 catch 문의 error로 전달됩니다.

```
const p1 = new Promise((resolve, reject) => {
  reject('에러!');
});
try {
  await p1;
} catch (error) {
  console.log(error);
}
에러!
```

catch 문의 error는 사용하지 않는 경우 생략할 수 있습니다. 그리고 Promise의 finally처럼 try-catch 문에도 finally 문을 추가할 수 있습니다.

```
const p1 = new Promise((resolve, reject) => {
  reject('에러!');
});
try {
  await p1;
} catch {
  console.log('에러인 경우');
} finally {
  console.log('성공이든 에러든 마지막에 실행됩니다.');
}
에러인 경우
성공이든 에러든 마지막에 실행됩니다.
```

코딩
자율학습

4장
HTML과 DOM 조작하기

Part 1에서 자바스크립트 문법을 배우고 나면 Part 2부터 자바스크립트로 게임을 포함해 다양한 웹 프로그램을 만들어 봅니다. 웹 프로그램은 웹 브라우저에서 돌아가는 프로그램인데, 크게 화면이 있는 프로그램과 화면이 없는 프로그램으로 나눌 수 있습니다.

이 책에서 만드는 웹 프로그램은 웹 브라우저에서 돌아가는 화면이 있는 프로그램으로, 자바스크립트뿐만 아니라 HTML과 CSS라는 언어를 사용합니다. 보통 HTML은 화면 요소(입력창, 버튼, 글자 등)를 담당하고, CSS는 요소의 디자인(색상, 위치 등)을 담당하며, 자바스크립트는 프로그램의 동작을 담당합니다.

HTML과 CSS의 사용을 최소화하고 자바스크립트만으로 화면 요소를 배치하고 디자인할 수도 있습니다. 하지만 프로그램이 상당히 복잡해집니다. 따라서 화면 요소는 HTML로 배치하고 디자인은 CSS로 합니다. HTML과 CSS에 화면 업무를 분담하면 자바스크립트가 담당해야 하는 부분이 줄어듭니다. 자바스크립트는 화면을 신경 쓰지 않고 프로그램의 동작만 담당하면 되니까요. 바꿔 말하면 자바스크립트 입문자인 여러분에게 부담을 적게 줍니다. 하지만 어쩔 수 없이 자바스크립트로 화면과 디자인을 수정할 일이 생기기도 합니다.

웹 프로그램을 만들 때 필수 언어는 HTML과 자바스크립트입니다. HTML은 웹 프로그램을 실행할 수 있는 파일의 확장자가 HTML이므로 사용해야 하고, 자바스크립트는 동작을 프로그래밍하는 데 사용합니다. CSS는 자바스크립트로 쉽게 조작할 수 있습니다.

HTML과 자바스크립트 중에서는 자바스크립트가 더 중요합니다. 프로그램이 원활하게 작동하는 일은 자바스크립트가 담당하므로 자바스크립트로 HTML을 조작할 수 있어야 합니다. 그래서 이 장에서는 본격적으로 웹 프로그램을 만들기 전에 자바스크립트로 HTML을 조작하는 방법을 알아보겠습니다.

HTML 파일 생성하기

1장에서 설치한 VSCode를 실행합니다. 왼쪽 탐색기에 1장에서 추가한 **webgame** 폴더가 보입니다. webgame 폴더에 마우스를 가져가면 오른쪽 위에 아이콘이 보입니다. 이 중에서 **새 파일**( ) **아이콘**을 클릭하면 파일 이름 입력 칸이 생깁니다. 입력 칸에 **word-relay.html**을 입력하고 Enter를 누르면 새 파일이 생성되고 오른쪽 창에 파일이 열립니다. word-relay.html 파일은 5장의 끝말잇기 게임 프로그램을 만들 때 재사용합니다.

그림 4-1 새 파일 만들기

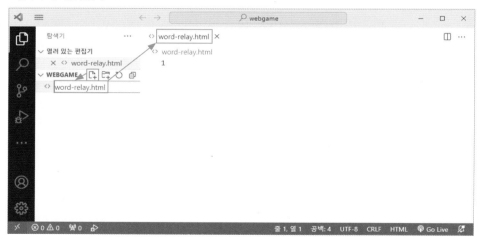

오른쪽 창에 열린 word-relay.html 파일에 다음과 같이 HTML 코드를 입력합니다.

```html
<!DOCTYPE html>
<html>
<head>
<meta charset="utf-8">
<title>끝말잇기</title>
</head>
<body>
<div><span id="order">1</span>번째 참가자</div>
<div>제시어: <span id="word"></span></div>
<input type="text">
<button>입력</button>
<script>
</script>
</body>
</html>
```

코드를 입력한 후에는 반드시 Ctrl + S 를 눌러 저장해야 합니다.

그림 4-2 word-relay.html 파일 작성 후 저장하기

저장하기 전에는 word-relay.html 파일명 오른쪽에 검은 점이 표시되지만, 저장한 후에는 사라집니다. 검은 점의 유무로 파일이 저장되었는지 확인할 수 있습니다.

그림 4-3 정상적으로 저장된 상태

파일을 저장한 후 F5를 누르면 디버거 선택이 뜹니다. 여기서 웹앱(Chrome)을 선택합니다.

그림 4-4 디버거 선택

선택하고 나면 크롬이 열리고 word-relay.html 파일이 실행됩니다.

그림 4-5 실행된 word-relay.html 파일

앞으로 자바스크립트 코드는 HTML 파일에서 <script>와 </script> 사이에 작성하면 됩니다. 이는 자바스크립트 코드를 위해 HTML에서 마련한 자리입니다. 주의할 점은 다른 HTML 태그들보다 script 태그가 아래에 있어야 한다는 점입니다. HTML은 위에서부터 아래로 실행되므로 화면을 그리는 태그들이 먼저 실행되어 웹 브라우저에 화면이 그려져야 script 태그에서 자바스크립트로 화면을 조작할 수 있습니다.

HTML 태그를 전부 화면에 그렸으니 자바스크립트로 HTML 태그를 조작하는 방법을 배워 보겠습니다.

4.2

DOM 사용하기

자바스크립트로 HTML을 조작하려면 DOM과 선택자에 대해 이해하고 있어야 합니다. 이 절에서는 DOM과 선택자에 대해 알아보겠습니다.

4.2.1 선택자 사용하기

보통 자바스크립트에서 **HTML 태그를 가져오는 것**을 선택한다고 표현합니다. 선택할 때는 document.querySelector()라는 특별한 메서드를 사용하는데, 형식은 다음과 같습니다.

> **형식** document.querySelector('선택자')

document 객체와 querySelector() 메서드는 웹 브라우저가 미리 만들어 둔 것이라서 따로 선언하지 않아도 됩니다. document 객체는 브라우저에 열려 있는 HTML 문서를 가리킵니다. 여기서 '선택자'라는 용어가 나오는데, **선택자**(selector)는 HTML 태그를 가져오게 도와주는 문자열입니다.

4.1절에서 만든 word−relay.html 파일에서 script 태그 내부에 다음과 같이 코드를 작성합니다.

```
<script>
const $input = document.querySelector('input');
console.log($input);
</script>
```

239

HTML 파일을 저장한 후 크롬 창에서 F5를 눌러 새로고침하면 저장한 코드가 반영됩니다. 자바스크립트 코드도 script 태그 내부에 적은 순서대로 실행됩니다. 크롬에서 F12를 눌러 개발자 도구를 열고 **Console** 탭으로 갑니다.

콘솔에는 script 태그 위에 작성한 input 태그가 표시됩니다. input 태그에 마우스를 올려 보면 왼쪽 화면에서 input 태그가 하이라이트됩니다. 이렇게 선택자에 태그 이름을 넣으면 해당 태그가 선택됩니다.

그림 4-6 선택자에 input 태그를 넣은 결과

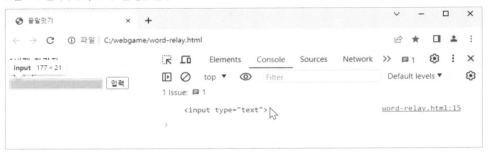

잠깐! 변수명이 $input인 것을 눈치챘나요? $input 변수는 선택한 input 태그를 저장합니다. **이 책에서는 태그를 저장하는 변수명을 $로 시작하도록 규칙을 정하겠습니다.** 반드시 $를 앞에 붙여야 하는 것은 아니지만 한눈에 태그를 저장한 변수임을 알 수 있어 편리합니다.

이렇게 document 객체를 통해 HTML 태그를 선택할 수 있습니다. 웹 브라우저가 현재 페이지의 HTML을 자바스크립트 객체로 구성해 두었기 때문입니다. 이를 **DOM**(Document Object Model)이라고 합니다. 즉, DOM은 document 객체를 통해 접근 및 조작할 수 있습니다.

이번에는 DOM에 접근해 button 태그를 선택해 보겠습니다.

```
<script>
const $button = document.querySelector('button');
console.log($button);
</script>
```

파일을 저장한 후 크롬 창에서 F5를 눌러 새로고침하면 저장한 코드가 반영됩니다. 콘솔에는 button 태그가 표시되고 button 태그에 마우스를 올려 보면 왼쪽 화면에서 button 태그 부분이 하이라이트됩니다.

그림 4-7 선택자에 button 태그를 넣은 결과

여러 개의 태그를 선택하는 경우도 있습니다. 태그를 한꺼번에 선택하고 싶다면 document.querySelector() 메서드 대신 document.querySelectorAll() 메서드를 사용하면 됩니다.

버튼을 두 개 더 추가한 뒤에 document.querySelectorAll() 메서드를 사용해 보겠습니다.

```
<button>입력</button>
<button>버튼2</button>
<button>버튼3</button>
<script>
const $$buttons = document.querySelectorAll('button');
console.log($$buttons);
</script>
```

이번에는 버튼이 3개이므로 콘솔에 태그 3개가 동시에 표시됩니다. 태그 여러 개를 한 번에 표시하려고 배열을 사용한 것처럼 보이지만, 실제로는 배열이 아닙니다. NodeList라는 특수한 객체입니다. NodeList와 배열의 차이점은 나중에 설명하겠습니다. **이 책에서는 NodeList를 저장하는 변수명을 $$로 시작하도록 규칙을 정하겠습니다.**

그림 4-8 태그가 여러 개일 때 document.querySelectorAll() 메서드 사용 결과

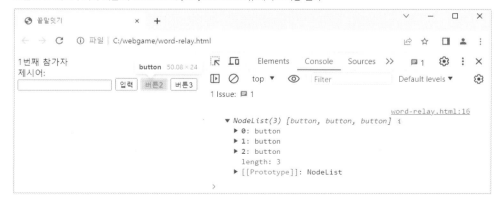

버튼이 여러 개인데 document.querySelectorAll()이 아닌 document.querySelector() 메서드를 사용하면 어떻게 될까요?

```
<script>
const $buttons = document.querySelector('button');
console.log($buttons);
</script>
```

첫 번째 버튼만 선택됩니다. 여러 개의 태그를 선택하고 싶다면 document.querySelectorAll() 메서드를 사용해야 한다는 점을 꼭 기억하세요!

그림 4-9 태그가 여러 개일 때 document.querySelector() 메서드 사용 결과

● id 속성으로 특정 태그 선택하기

여러 개의 태그 중에서 특정 태그만 선택하려면 어떻게 해야 할까요? document.querySelector() 메서드를 사용하면 첫 번째 태그만 선택될 텐데 말이죠. 이럴 때를 대비해 다른 선택자가 존재합니다.

다음 코드에서는 span 태그가 2개입니다. 그중에서 첫 번째 span 태그를 선택해 보겠습니다.

```
<div><span id="order">1</span>번째 참가자</div>
<div>제시어: <span id="word"></span></div>
<input type="text">
<button>입력</button>
<button>버튼2</button>
<button>버튼3</button>
<script>
const $order = document.querySelector('#order');
```

```
console.log($order);
</script>
```

span 태그에 id 속성을 달아 둔 이유가 이 때문입니다. id 속성의 값은 태그에 달 수 있는 고유한 값입니다. 한 번 사용한 id 속성의 값은 다른 태그에 재사용할 수 없습니다. 예를 들어, id="gilbut"이라는 값을 사용했으면 다른 태그에는 id="gilbut"을 사용할 수 없습니다(자바스크립트 기준이며 HTML에서는 여러 번 사용할 수 있습니다).

해당 id 속성의 값을 가진 태그는 유일하므로 태그에 id 속성을 달아 두면 선택하기 쉬워집니다. order라는 id 속성 값이 있으면 앞에 #을 붙여 #order라는 선택자로 사용하면 됩니다.

형식 document.querySelector('#<id 속성 값>')

그림 4-10 id 속성의 값을 선택자로 사용한 결과

● **class 속성으로 여러 태그 선택하기**

두 번째와 세 번째 버튼을 동시에 선택하고 싶을 수도 있습니다. 그런데 id 속성은 하나의 태그에만 사용할 수 있고 2개를 동시에 선택할 때는 사용할 수 없습니다. 이럴 때는 class 속성을 사용합니다. 자바스크립트 문법에 있는 class와는 다르니 헷갈리면 안 됩니다.

```
<div><span id="order">1</span>번째 참가자</div>
<div>제시어: <span id="word"></span></div>
<input type="text">
<button>입력</button>
<button class="hello">버튼2</button>
<button class="hello">버튼3</button>
```

```
<script>
const $$buttons = document.querySelectorAll('.hello');
console.log($$buttons);
</script>
```

두 번째와 세 번째 버튼에 hello라는 값의 class 속성을 달았습니다. 이렇게 class 속성 값은 여러 번 사용할 수 있습니다. button 태그를 선택할 때는 class 속성 값 앞에 .를 붙여 .hello 로 선택하면 됩니다.

> **형식**   document.querySelectorAll('.<class 속성 값>')

그림 4-11 class 속성 값을 선택자로 사용한 결과

이때도 document.querySelectorAll()이 아닌 document.querySelector() 메서드를 사용하면 하나의 태그만 선택되니 주의하세요!

● 태그 안의 태그 선택하기

어떤 태그 안에 들어 있는 다른 태그를 선택하는 방법도 있습니다. 선택자를 동시에 여러 개 적으면 됩니다. 이때 선택자 사이에 공백(띄어쓰기)을 주어 구분합니다.

> **형식**   document.querySelector('선택자 내부선택자 내부선택자 ...')

가장 먼저 나오는 선택자가 기준 태그이고, 다음에 나오는 선택자는 기준 태그 내부에 있는 다른 태그입니다. 예를 들어, 선택자가 div span일 때는 div 태그 안에 들어 있는 span 태그를 선택합니다. 선택자가 body #target button일 때는 body 태그 안에 들어 있는 id 속성 값이 target인 태그를 찾은 후 해당 태그 안에 들어 있는 button 태그를 선택합니다.

```
<body>
<div><span id="order">1</span>번째 참가자</div>
<div>제시어: <span id="word"></span></div>
<input type="text">
<button>입력</button>
<script>
const $span = document.querySelector('div span');
console.log($span);
</script>
</body>
```

예제에서는 div 태그 안에 들어 있는 span 태그를 선택했습니다. 다만, 실무에서는 div나 span 태그가 흔하게 쓰이므로 div 안에 들어 있는 span 태그가 상당히 많을 수밖에 없습니다. 그래서 span 태그에 id 속성을 붙여 선택하기 쉽게 합니다.

그림 4-12 선택자가 여러 개일 때

이외에도 다양한 선택자가 있지만, 이 정도면 충분히 HTML 태그를 선택할 수 있습니다. 이 책에서는 여기서 소개한 선택자만 사용합니다.

1분 퀴즈

1. a 태그 안에 id가 b인 태그 안에 class가 c인 태그를 선택하려면 어떤 선택자를 사용해야 할까요?

① a b c

② a .b #c

③ a #b .c

④ a .b .c

4.2.2 태그의 값에 접근하기

태그 자체가 아니라 태그 내부에 있는 텍스트가 필요한 때가 있습니다. 태그 내부의 텍스트를 자바스크립트로 가져와야 하거나 태그 내부에 접근해 텍스트를 수정해야 하는 경우입니다.

● 텍스트와 태그 가져오기

'1번째 참가자'라는 문자열에서 현재 참가자가 몇 번째 참가자인지 확인하기 위해 1을 가져와야 한다고 합시다. 이럴 때는 문자열이 담긴 태그에 textContent라는 속성을 붙이면 됩니다.

형식   태그.textContent // 태그 내부의 문자열을 가져옴

예제에서 span 태그 내부에 있는 1을 가져와 보겠습니다. 추가로 첫 번째 div 태그의 textContent 값도 가져오겠습니다.

```
<div><span id="order">1</span>번째 참가자</div>
<div>제시어: <span id="word"></span></div>
<input type="text">
<button>입력</button>
<script>
const $order = document.querySelector('#order');
console.log($order.textContent);
const $div = document.querySelector('div');
console.log($div.textContent);
</script>
```

textContent는 무조건 문자열이 나오므로 콘솔에 표시되는 1은 숫자 1이 아니라 문자열 1입니다. 빈 값인 경우에도 null이나 undefined가 아니라 ''이 나옵니다. div 태그의 textContent는 div 태그 내부에 있는 #order 변수에 담긴 span 태그의 문자열까지 같이 가져왔습니다. 다만, 내부의 <span id="order">와 </span>은 제거됩니다.

그림 4-13 textContent를 사용한 결과

내부의 HTML 태그까지 전부 가져오고 싶다면 textContent 대신 innerHTML 속성을 사용합니다.

> **형식** 태그.innerHTML // 태그 내부의 HTML 태그를 포함한 문자열을 가져옴

문자열뿐만 아니라 문자열을 둘러싼 태그도 함께 콘솔에 표시됩니다.

```
<script>
const $div = document.querySelector('div');
console.log($div.innerHTML);
</script>
```

그림 4-14 innerHTML을 사용한 결과

🔵 텍스트와 태그 변경하기

이번에는 textContent 속성으로 태그 내부의 텍스트를 수정해 보겠습니다. textContent에 값을 넣으면 해당 태그의 값으로 화면에 설정됩니다.

> **형식**   태그.textContent = 값; // 태그 내부의 문자열을 해당 값으로 설정함

$order.textContent = 2;를 하면 #order 변수에 담긴 태그 내부의 값이 '2'로 설정됩니다.

```
<script>
const $order = document.querySelector('#order');
$order.textContent = 2;
console.log(typeof $order.textContent);
</script>
```

숫자 2를 textContent에 대입했지만, textContent는 문자열만 취급하므로 자동으로 문자열 2로 형 변환되어 값이 반영됩니다. typeof를 사용해 자료형을 확인할 수 있습니다.

그림 4-15 textContent로 텍스트 수정한 결과

textContent가 아니라 innerHTML을 사용하면 태그를 추가할 수도 있습니다.

> **형식**   태그.innerHTML = 값; // 태그 내부의 태그를 해당 값으로 설정함

첫 번째 div 태그를 삭제하고, button 태그의 글자는 굵게 변경하려면 다음과 같이 작성합니다.

```
<script>
const $div = document.querySelector('div');
$div.innerHTML = '';
const $button = document.querySelector('button');
$button.innerHTML = '<b>굵게</b>';
</script>
```

innerHTML에 태그를 넣을 때는 오타가 나지 않도록 주의해야 합니다.

그림 4-16 innerHTML로 태그를 추가한 결과

입력 태그의 값 가져와 변경하기

마지막으로 입력 태그의 값을 얻은 후 변경해 보겠습니다. 코드를 다음과 같이 바꿉니다.

```
<script>
const $input = document.querySelector('input');
console.log($input.value);
</script>
```

이 코드에서 $input은 input 태그를 선택하는 변수입니다. input 태그 내부의 값을 얻으려면 $input.value를 하면 됩니다. 여기서 왜 textContent를 안 쓰는지 궁금하다면 그 자체로 훌륭합니다. 배운 내용을 응용할 줄 안다는 뜻이니까요!

그림 4-17 value로 input 태그의 값 얻기

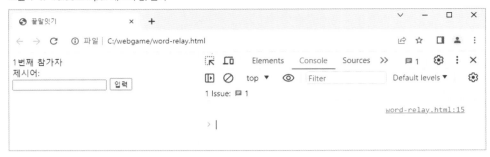

기본적으로 태그 내부의 값을 선택할 때는 textContent를 사용합니다. 하지만 입력 태그만 value를 사용합니다. input은 대표적인 입력 태그입니다. 다른 입력 태그로는 select와 textarea가 있습니다.

현재 input 태그에는 아무런 값도 입력되어 있지 않으므로 $input.value는 '' 입니다.

> **형식**　〈입력 태그〉.value // 입력창의 값을 가져옴
> 　　　　〈입력 태그〉.value = 값; // 입력창에 값을 넣음

그리고 입력 태그를 선택할 때는 focus()라는 메서드를 사용합니다. focus()는 입력 태그 내부에 커서를 위치하게 해서 사용자가 입력하기 편하게 도와줍니다.

> **형식**　〈입력 태그〉.focus() // 입력창을 하이라이트함

다음과 같이 작성하고 실행하면 input 태그에 123이 값으로 입력되고 값 뒤에 커서가 위치합니다. 단, focus()의 효과는 새로고침([F5])을 한 번 해야 적용됩니다.

```
<script>
const $input = document.querySelector('input');
$input.value = 123
$input.focus();
</script>
```

그림 4-18 input 태그의 값이 설정되고 값에 커서가 위치함

1분 퀴즈

해설 노트 p.567

2. 다음 태그들의 내부 값을 가져올 때 둘 중 어떤 속성을 사용해야 하는지 골라 보세요.

① input (value / textContent)

② button (value / textContent)

③ select (value / textContent)

④ div (value / textContent)

⑤ textarea (value / textContent)

⑥ span (value / textContent)

4.3

이벤트와 이벤트 리스너

사용자는 웹 사이트에서 웹 화면과 다양한 상호작용을 합니다. 실제로는 HTML 태그와 상호작용을 하는 것입니다. 5장에서 만드는 끝말잇기 게임은 사용자가 input 태그에 글자를 입력하고 button 태그를 누릅니다. 이렇게 사용자가 태그와 상호작용할 때 **이벤트**(event)라는 것이 발생합니다. input 태그에 글자를 입력하면 input이라는 이벤트가 발생하고, 버튼을 클릭하면 click이라는 이벤트가 발생합니다.

이처럼 다양한 이벤트가 발생하지만, 자바스크립트는 이벤트를 자동으로 감지할 수 없습니다. 그래서 자바스크립트가 HTML에서 발생하는 이벤트를 감지할 수 있게 **이벤트 리스너**(event listener)를 추가해야 합니다.

4.3.1 이벤트 리스너 추가하기

이벤트 리스너를 추가할 때는 addEventListener( )라는 메서드를 사용합니다. addEventListener( )는 태그에 이벤트 리스너를 다는 메서드로, 다음과 같습니다.

> **형식** 태그.addEventListener('〈이벤트 이름〉', 〈이벤트 리스트〉)

앞에서 배운 document.querySelector( ) 메서드를 사용해 HTML 태그들에 이벤트 리스너를 달아 보겠습니다.

앞 절에서 사용한 word-relay.html 파일의 script 태그 내부에 이벤트가 발생하면 이를 감지할 onClickButton() 함수를 만들고 이 함수를 버튼 태그의 클릭 이벤트에 연결합니다. 태그는 document.querySelector('button')으로 선택합니다. 선택한 태그에 addEventListener() 메서드를 사용해 이벤트 리스너를 답니다. 이벤트 이름은 click이고, 버튼을 클릭하면 onClickButton() 함수가 실행됩니다. 이때 onClickButton()을 넣으면 안 됩니다. 함수명에 소괄호(())를 붙이면 클릭과 상관없이 함수가 실행됩니다. 이벤트를 연결할 때는 함수명만 넣어야 하고, 소괄호까지 붙이면 함수 자체가 실행된다는 점에 주의하세요.

```
<script>
const onClickButton = () => {
  console.log('버튼 클릭');
};
const $button = document.querySelector('button');
$button.addEventListener('click', onClickButton);
</script>
```

onClickButton() 같은 이벤트 리스너도 콜백 함수입니다. **2.6.3절의 forEach()와 map()**에서 배운 콜백 함수와 같습니다.

그림 4-19 콜백 함수의 전달

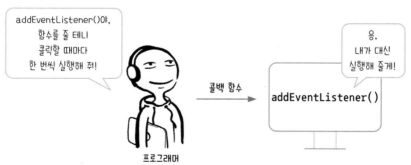

버튼을 클릭해서 click 이벤트가 발생한 후에 onClickButton() 함수가 추가로 실행되므로 콜백 함수라고 볼 수 있습니다.

변수를 사용하는 대신 다음과 같이 한 번에 코딩할 수도 있습니다. 다만, 변수 사용을 추천합니다. 읽기가 더 쉽고 나중에 이벤트를 제거할 때도 재사용할 수 있기 때문입니다.

```
<script>
document.querySelector('button').addEventListener('click', () => {
  console.log('버튼 클릭');
});
</script>
```

이제 버튼을 클릭하면 콘솔에 기록됩니다. 즉, 추가한 이벤트 리스너가 제대로 작동하고 있다는 뜻입니다.

그림 4-20 버튼 클릭 이벤트 실행결과

이번에는 input 태그에 글자를 입력하면 input 이벤트가 발생하게 해 보겠습니다. 버튼과 비슷하게 input 태그를 선택한 후 input 이벤트 리스너를 연결합니다. 이벤트 리스너인 onInput() 함수에는 조금 독특한 점이 있습니다. 함수의 매개변수로 event가 존재한다는 점입니다. 이벤트 리스너에는 매개변수를 통해 addEventListener()가 제공하는 이벤트에 관한 정보가 전달됩니다(https://developer.mozilla.org/ko/docs/Web/API/Event). 여기서는 event.target.value로 input 태그에 입력한 값을 알아낼 수 있습니다.

```
const $button = document.querySelector('button');
$button.addEventListener('click', onClickButton);
const onInput = (event) => {
  console.log('글자 입력', event.target.value);
};
const $input = document.querySelector('input');
$input.addEventListener('input', onInput);
```

참고로 event는 매개변수이므로 다른 이름으로 지어도 됩니다. 다음처럼 e로 해도 되고 전혀 관련 없는 hello로 지어도 됩니다. 다만, hello로 지으면 코드를 보는 사람들이 헷갈릴 수 있습니다. 그래서 필자는 보통 event라고 이름을 짓습니다.

매개변수의 이름 예

```
const onInput = (e) => {
  console.log('글자 입력', e.target.value);
};
const onInput = (hello) => {
  console.log('글자 입력', hello.target.value);
};
```

작성한 HTML을 실행하고 입력창에 '한글'을 입력하면 콘솔에 내용이 기록됩니다. 자음과 모음을 입력할 때마다 input 이벤트가 실행되는 것을 확인할 수 있습니다.

그림 4-21 input 이벤트 실행결과

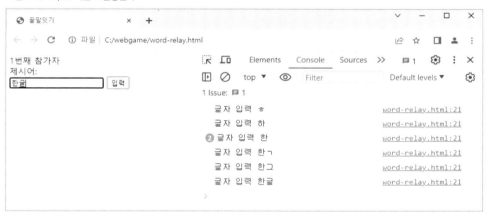

2.7.2 this 이해하기에서 객체의 메서드 내부에서는 this가 바뀔 수 있다고 했습니다. addEvent Listener() 메서드가 this를 바꾸는 대표적인 메서드입니다. 이때 콜백 함수는 화살표 함수가 아닌 함수 선언문이어야 합니다.

```
<script>
document.addEventListener('click', function() {
  console.log(this);
```

```
  });
</script>
```

코드를 실행하고 화면을 클릭하면 this가 document로 출력됩니다. document.addEvent
Listener()가 this를 document로 바꾼 것입니다.

그림 4-22 함수 선언문으로 작성했을 때의 this

함수 선언문을 화살표 함수로 바꿔 보겠습니다.

```
document.addEventListener('click', () => {
  console.log(this);
});
```

코드를 저장한 후 웹 브라우저를 새로고침합니다. 화면을 클릭하면 이번에는 콘솔에 window가
출력됩니다.

그림 4-23 화살표 함수로 작성했을 때의 this

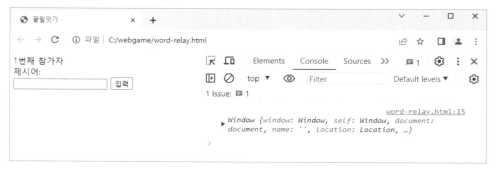

함수 선언문으로 작성했을 때 document가 나오는 이유는 click 이벤트가 발생하면 addEvent Listener( ) 메서드가 콜백 함수의 this를 event.target으로 바꿔서 호출하기 때문입니다. 그래서 addEventListener( ) 메서드 안에서 함수 선언문을 사용하면 document가 출력되고, 화살표 함수를 사용하면 window가 출력됩니다.

이벤트 리스너는 대표적인 비동기 함수 중 하나라서 이벤트 리스너의 동작을 설명하려면 호출 스택과 이벤트 루프, 백그라운드, 태스크 큐가 등장할 수밖에 없습니다.

앞의 코드에서 addEventListener( ) 메서드를 실행하는 순간 백그라운드에는 이벤트 리스너가 등록됩니다. 백그라운드와 태스크 큐를 설명할 때 호출 스택뿐만 아니라 백그라운드와 태스크 큐까지 비어 있어야 전체 코드가 종료된다고 했죠? 이벤트 리스너는 타이머와 다르게 일정 시간 뒤에도 백그라운드에서 지워지지 않습니다. 즉, 이벤트 리스너가 존재하는 동안에는 전체 코드도 종료되지 않습니다. 그래서 언제나 준비하고 있다가 click 이벤트가 발생하는 순간 이벤트 리스너의 콜백 함수를 태스크 큐로 보냅니다.

그림 4-24 이벤트 리스너 추가 시 호출 스택과 이벤트 루프

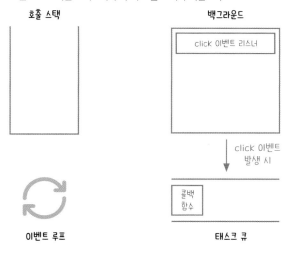

만약 전체 코드를 종료하고 싶다면 이벤트 리스너를 제거하면 됩니다. 그러면 이벤트 리스너는 어떻게 제거하는지 방법을 알아보겠습니다.

4.3.2 이벤트 리스너 제거하기

addEventListener() 메서드로 연결한 함수는 removeEventListener() 메서드로 제거할 수 있습니다. 단, 연결한 함수와 제거하는 함수가 같아야 합니다.

```
형식    function 함수() {}
       태그.addEventListener('이벤트', 함수)
       태그.removeEventListener('이벤트', 함수)
```

다음과 같이 코드를 수정하고 다시 실행해 보세요.

```
<script>
const onClickButton = () => {
  console.log('버튼 클릭');
};
const $button = document.querySelector('button');
$button.addEventListener('click', onClickButton);
$button.removeEventListener('click', onClickButton);
</script>
```

버튼을 클릭해도 아무 일도 일어나지 않습니다. 즉, 이벤트 리스너가 실행되지 않습니다. 그런데 여기서 많이 하는 실수가 있습니다. 이벤트 리스너를 다음과 같이 제거하려고 시도하는 경우입니다.

```
const $button = document.querySelector('button');
$button.addEventListener('click', () => {
  console.log('버튼 클릭');
});
$button.removeEventListener('click', () => {
  console.log('버튼 클릭');
});
```

이렇게 작성하면 버튼의 click 이벤트 리스너가 제거되지 않습니다. addEventListener()와 removeEventListener()에 같은 함수를 넣은 것처럼 보이지만 직접 비교해 보면 다르다는 것을 알 수 있습니다. 콘솔에 다음 코드를 입력하고 실행해 보세요. 화살표 함수끼리 비교하려면 각 함수를 소괄호로 감싸야 합니다.

```
(() => {
  console.log('버튼 클릭');
}) === (() => {
  console.log('버튼 클릭');
})
< false
```

결과로 false가 나옵니다. 이는 **2.6.3절**의 **객체 간 비교하기**에서 배운 내용입니다. 함수도 객체이 므로 같은 원리가 적용됩니다.

removeEventListener()로 click 이벤트 리스너를 제거하면 백그라운드에서도 이벤트 리스너 가 제거됩니다. 이제 호출 스택과 백그라운드, 태스크 큐가 모두 비었으니 전체 코드가 종료됩 니다.

그림 4-25 이벤트 리스너 추가 시 호출 스택과 이벤트 루프

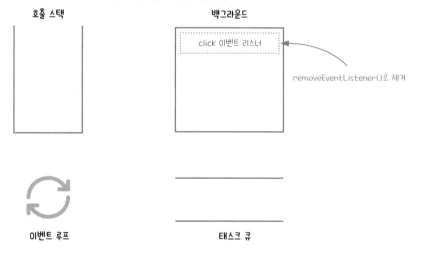

해설 노트 p.567

1분 퀴즈

3. 다음 중 이벤트 리스너를 달 때 사용하는 메서드는 무엇인가요?

① querySelector()

② querySelectorAll()

○ 계속

③ addEventListener()

④ removeEventListener()

4. 다음 이벤트 리스너를 removeEventListener() 메서드로 제거해 보세요.

```
const fun = (값) => () => {
  console.log('고차 함수입니다.', 값);
}
태그.addEventListener('click', fun(1));
```

4.3.3 키보드와 마우스 이벤트

클릭 외에 다양한 키보드와 마우스 이벤트가 있습니다.

● **키보드 이벤트**

키보드 이벤트부터 살펴보겠습니다. 다음과 같이 키를 눌렀다(keydown) 뗐을 때(keyup) 발생하는 이벤트를 window 객체에 추가합니다.

```
<script>
window.addEventListener('keyup', (event) => {
  console.log('keyup', event);
});
window.addEventListener('keydown', (event) => {
  console.log('keydown', event);
});
</script>
```

키보드에서 키를 눌렀다 떼면 콘솔에 다음과 같은 결과가 출력됩니다. event 매개변수에는 누른 키와 관련된 정보가 들어 있습니다. 어떤 키를 눌렀는지는 event.key 속성에 나옵니다. 왼쪽은 ArrowLeft, 오른쪽은 ArrowRight, 위쪽은 ArrowUp, 아래쪽은 ArrowDown입니다. 이를 통해 방향을 확인할 수 있습니다. event.ctrlKey(Ctrl 키), event.altKey(Alt 키), event.

shiftKey(⎇Shift 키), event.metaKey(⊞win 키) 속성도 제공하므로 다른 키와 동시에 누르는지도 알아낼 수 있습니다.

키보드를 누르고 있으면 keydown 이벤트가 계속 호출됩니다. 그러므로 키보드에서 손을 뗄 때 발생하는 keyup 이벤트를 기준으로 코드를 작성하는 것이 낫습니다.

그림 4-26 키보드의 키를 누른 결과

● **마우스 이벤트**

이번에는 마우스 이벤트를 살펴보겠습니다. 다음 이벤트 리스너를 window 객체에 추가합니다.

```
<script>
window.addEventListener('mousedown', (event) => {
  console.log('mousedown', event);
});
window.addEventListener('mousemove', (event) => {
  console.log('mousemove', event);
});
window.addEventListener('mouseup', (event) => {
  console.log('mouseup', event);
```

```
  });
</script>
```

마우스를 움직이면 mousemove 이벤트가 발생하고, 오른쪽이나 왼쪽 버튼을 클릭하면 mousedown, 클릭했다가 뗄 때는 mouseup 이벤트가 발생합니다. 이벤트 리스너의 매개변수인 event 안에는 화면 좌표 등의 정보가 담겨 있습니다.

그림 4-27 마우스를 움직이거나 마우스 버튼을 클릭할 때

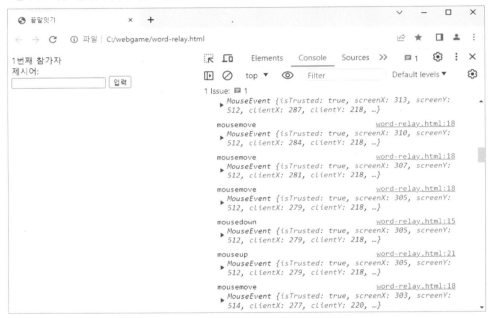

마우스 이벤트의 속성에서 x, y 좌표를 얻을 수 있습니다. 이를 이용하면 마우스의 위치 변화를 잡아낼 수 있습니다. 좌표에는 다음과 같은 종류가 있습니다.

- **clientX, clientY**: 현재 웹 브라우저 페이지 내에서의 x, y 좌표를 가리킵니다(픽셀 단위).
- **pageX, pageY**: 현재 웹 브라우저 페이지 내에서의 x, y 좌표를 가리키지만, 스크롤이 있으면 스크롤한 픽셀 값까지 포함합니다.
- **offsetX, offsetY**: 이벤트를 연결한 대상을 기준으로 마우스의 x, y 좌표를 가져옵니다.
- **screenX, screenY**: 모니터를 기준으로 모니터 왼쪽 모서리가 0이 됩니다.
- **movementX, movementY**: 지난 mousemove 이벤트와 비교해 얼마나 마우스를 움직였는지 표시합니다. mousemove 이벤트일 때만 실제 값이 잡힙니다.

이러한 값을 활용하는 예제를 하나 살펴보겠습니다. 마우스 버튼을 클릭한 채로 마우스를 움직이고(드래그 동작과 유사), 버튼에서 손을 떼는 순간에 마우스가 위, 아래, 왼쪽, 오른쪽 중에서 어느 방향으로 움직이는지 콘솔에 출력해 봅니다.

키보드에는 위쪽, 아래쪽, 왼쪽, 오른쪽 방향만 있지만, 마우스 이벤트는 조금 더 복잡합니다. 마우스는 화면에서 자유롭게 움직일 수 있어서 기준을 잡아야만 방향을 판단할 수 있습니다. 클릭한 순간(mousedown)의 좌표를 기준으로 삼고 클릭했다가 뗐을 때(mouseup)의 좌표와 비교해서 방향을 판단합니다. 90도 각도로 마우스를 이동하면 판단하기 쉬우나 45도처럼 애매한 각도로 마우스를 움직일 수도 있습니다. 따라서 기준을 명확히 세워야 합니다.

그림 4-28 마우스 이동 방향 판단 기준

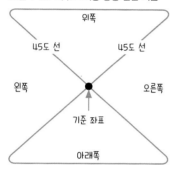

그림에서 기준 좌표를, 마우스를 클릭한 시작점으로 설정하고, 마우스 버튼에서 손을 뗀 지점을 끝점으로 합니다. 그리고 시작점과 끝점이 이루는 각도로 방향을 판단합니다. 각도가 ±45도보다 작으면 각각 왼쪽과 오른쪽이 되고, ±45도보다 크면 각각 위쪽과 아래쪽이 됩니다. 코드로 작성하면 다음과 같습니다.

```
<script>
let startCoord;
window.addEventListener('mousedown', (event) => {
  startCoord = [event.clientX, event.clientY]; ------------ ①
});
window.addEventListener('mouseup', (event) => {
  const endCoord = [event.clientX, event.clientY]; -------- ②
  const diffX = endCoord[0] - startCoord[0]; -------------- ③
  const diffY = endCoord[1] - startCoord[1]; -------------- ③
  const isUnder45 = Math.abs(diffX) > Math.abs(diffY); ---- ④
```

```
    if (diffX < 0 && isUnder45) { -------------------------- ⑤
      console.log('왼쪽');
    } else if (diffX > 0 && isUnder45) {
      console.log('오른쪽');
    } else if (diffY > 0 && !isUnder45) {
      console.log('아래쪽');
    } else if (diffY < 0 && !isUnder45) {
      console.log('위쪽');
    }
  });
</script>
```

코드가 복잡하니 한 줄씩 살펴보겠습니다.

① mousedown 이벤트가 발생할 때 시작점 좌표를 startCoord 변수에 [x좌표, y좌표] 형태로 저장합니다.

② mouseup 이벤트가 발생할 때 끝점 좌표를 endCoord 변수에 [x좌표, y좌표] 형태로 저장합니다.

③ startCoord와 endCoord로 좌표 차이를 구합니다. x 좌표가 바뀐 양(endCoord[0] - startCoord[0])은 diffX 변수에, y 좌표가 바뀐 양(endCoord[1] - startCoord[1])은 diffY 변수에 저장합니다.

④ 마우스가 움직인 각도는 isUnder45 변수에 저장합니다. 왼쪽과 오른쪽 영역은 움직인 각도가 ±45도보다 작은 경우로 diffX 변수의 절댓값이 diffY 변수의 절댓값보다 작습니다(실제로 그런지 임의의 시작점과 끝점을 넣어 계산해 보세요). 절댓값은 Math.abs() 메서드로 구합니다. Math.abs()는 인수로 넣은 수의 절댓값을 반환하는 메서드로, -5를 넣으면 5가 나옵니다.

⑤ 왼쪽 영역은 diffX 변수의 절댓값이 0보다 작고, 오른쪽 영역은 diffX 변수의 절댓값이 0보다 크므로 왼쪽과 오른쪽도 구분할 수 있습니다. diffY 변수의 절댓값이 diffX 변수의 절댓값보다 크거나 같으면(!isUnder45) 위쪽과 아래쪽이 됩니다. 위쪽은 diffY가 0보다 작고, 아래쪽은 diffY 변수가 0보다 크므로 위쪽과 아래쪽도 구분할 수 있습니다.

그림 4-29 각 영역 판단법

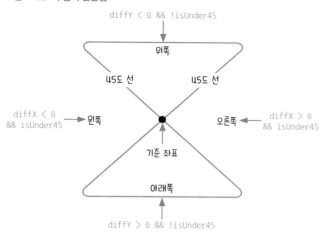

지금까지 다룬 마우스 클릭 이벤트는 모두 좌클릭이고, 마우스 우클릭 이벤트는 따로 있습니다. 좌클릭 이벤트가 click이라면, 우클릭 이벤트는 contextmenu입니다. contextmenu 이벤트는 웹 브라우저에 기본 메뉴를 띄웁니다. 이를 막으려면 event.preventDefault() 메서드를 호출해야 합니다.

```
<script>
const $button = document.querySelector('button');
function onRightClick(event) {
  event.preventDefault();
  console.log('우클릭');
}
$button.addEventListener('contextmenu', onRightClick);
</script>
```

그림 4-30 버튼을 우클릭한 모습

4.3.4 이벤트 버블링과 캡처링

이벤트 리스너를 사용할 때 주의해야 할 두 가지가 있습니다. 이벤트 버블링과 이벤트 캡처링
현상입니다.

● 이벤트 버블링

이벤트가 발생할 때 부모 태그에도 동일한 이벤트가 발생하는 현상을 **이벤트 버블링**(event
bubbling)이라고 합니다. 어떤 현상인지 예제로 확인해 보겠습니다.

VSCode에서 **bubbling.html** 파일을 새로 만들고 다음과 같이 작성합니다. 코드를 실행하면 웹
브라우저에 3칸짜리 표가 나타납니다. 여기서 첫 번째 칸을 클릭하면 콘솔에는 어떻게 출력될
까요?

bubbling.html

```html
<html>
<body>
<table border="1">
  <tr>
    <td>1</td>
    <td>2</td>
    <td>3</td>
  </tr>
</table>
<script>
document.querySelector('td').addEventListener('click', () => {
  console.log('td를 클릭했습니다.');
});
document.querySelector('tr').addEventListener('click', () => {
```

```
    console.log('tr을 클릭했습니다.');
  });
  document.querySelector('table').addEventListener('click', () => {
    console.log('table을 클릭했습니다.');
  });
</script>
</body>
</html>
```

놀랍게도 td, tr, table에서 모두 click 이벤트가 발생합니다.

그림 4-31 이벤트 버블링 현상

td의 부모 태그는 tr이고, tr의 부모 태그는 table입니다. td 태그를 클릭해서 click 이벤트가 발생하면 td 태그의 부모인 tr 태그와 tr 태그의 부모인 table 태그에도 이벤트가 발생합니다. 즉, td 태그에서 발생한 click 이벤트가 table 태그까지 전달됩니다. 사실 table 태그의 부모인 body 태그와 body 태그의 부모인 html 태그까지 click 이벤트가 발생합니다. 다만 body와 html 태그에는 click 이벤트 리스너를 달지 않아서 콘솔에 기록되지 않았을 뿐입니다.

이와 같은 이벤트 버블링 현상이 일어나면 이벤트 리스너 콜백 함수의 event.target은 이벤트가 처음 발생한 태그로 바뀌므로 주의해야 합니다. 이벤트가 발생한 태그가 아닌 이벤트를 연결한 태그에 접근하고 싶다면 event.currentTarget을 사용해야 합니다. 또는 함수 선언문과 this를 사용해도 됩니다.

bubbling.html

```
<script>
document.querySelector('td').addEventListener('click', (event) => {
  console.log('td');
```

267

```
    console.log(event.target);
    console.log(event.currentTarget);
  });
  document.querySelector('tr').addEventListener('click', (event) => {
    console.log('tr');
    console.log(event.target);
    console.log(event.currentTarget);
  });
  document.querySelector('table').addEventListener('click', (event) => {
    console.log('table');
    console.log(event.target);
    console.log(event.currentTarget);
  });
</script>
```

그림 4-32 event.target과 event.currentTarget의 차이

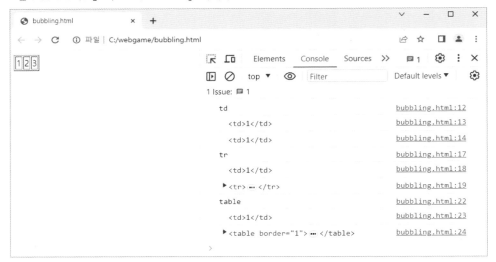

● 이벤트 캡처링

이벤트 캡처링(event capturing)은 이벤트가 자식 태그로 전파되어 내려가는 현상입니다. 예제 코드에서 addEventListener()의 세 번째 인수로 true를 넣으면 이벤트가 부모 태그에서 자식 태그로 전파됩니다.

```
<script>
document.querySelector('td').addEventListener('click', (event) => {
  console.log('td');
  console.log(event.target);
  console.log(event.currentTarget);
}, true);
document.querySelector('tr').addEventListener('click', (event) => {
  console.log('tr');
  console.log(event.target);
  console.log(event.currentTarget);
}, true);
document.querySelector('table').addEventListener('click', (event) => {
  console.log('table');
  console.log(event.target);
  console.log(event.currentTarget);
}, true);
</script>
```

실행한 후 콘솔을 보면 table → tr → td 순으로 이벤트가 발생하는 것을 볼 수 있습니다.

그림 4-33 이벤트 캡처링

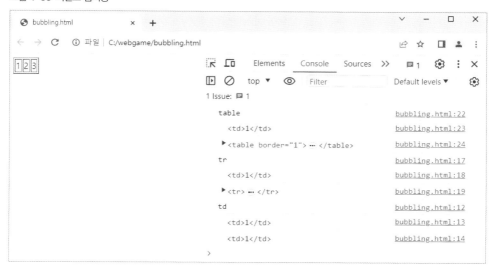

5. 버튼을 클릭하면 'hello, event bubbling'을 대화상자에 표시하도록 alert()을 사용해 다음 코드를 수정

　　해 보세요. 단, 이벤트 리스너를 button 태그에 달아서는 안 됩니다.

```
<header>
<div>
<button>클릭</button>
</div>
</header>
<script>
</script>
```

4.4

다양한 DOM 속성

이 절에서는 Part 2에서 사용할 다양한 DOM의 속성에 관해 알아보겠습니다. 더 자세한 내용을 알고 싶다면 다음 문서를 참고해 주세요.

- **전체 목록:** https://developer.mozilla.org/en-US/docs/Web/API/Document_Object_Model#dom_interfaces
- **document 객체 관련 내용:** https://developer.mozilla.org/en-US/docs/Web/API/Document
- **태그 관련 내용:** https://developer.mozilla.org/en-US/docs/Web/API/Element

4.4.1 태그 속성 다루기

DOM을 통해 태그 속성을 자바스크립트로 다룰 수 있습니다.

형식   태그.속성 // 조회 시 사용
       태그.속성 = 값; // 수정 시 사용

예를 들어, input 태그의 type, name, value 속성은 다음과 같이 접근할 수 있습니다.

```
<input type="hidden" name="at" value="null">

document.querySelector('input').type;
document.querySelector('input').name;
document.querySelector('input').value;
```

단, 이름에 -(하이픈, hyphen)이 들어 있는 태그 속성을 적을 때 유의할 점이 있습니다. 자바스크립트에서는 속성 이름에 하이픈을 쓸 수 없습니다. 따라서 하이픈을 제거하고 하이픈 바로 뒤의 글자를 대문자로 바꿉니다. 예를 들면, aria-disabled 대신 ariaDisabled로 써야 합니다.

HTML 태그의 속성 중에 class 속성은 자바스크립트의 class와 헷갈리는 것을 막기 위해 속성의 이름으로 class 대신 className을 사용합니다.

형식 태그.className = '클래스1 클래스2 ...';

이렇게 하면 해당 태그에 class 속성이 적용됩니다. 이때 태그의 기존 클래스는 전부 사라지므로 불편합니다. 예를 들어, 어떤 태그의 클래스가 '클래스1 클래스2'였다면 className 속성을 '클래스3 클래스4'로 수정하는 순간 '클래스1 클래스2'는 사라지고 '클래스3 클래스4'가 태그의 클래스가 됩니다.

```
태그.className = '클래스1 클래스2';
태그.className = '클래스3 클래스4';
태그.className; // 클래스3 클래스4
```

그래서 기존 클래스에 새로운 클래스를 추가하거나 삭제하려면 태그.classList 객체를 사용하는 것이 좋습니다. 태그.classList 객체는 태그에 붙은 클래스를 조작하는 여러 메서드를 제공합니다. 태그에 해당 클래스가 존재하는지 확인할 때는 contains() 메서드를 사용합니다.

형식 태그.classList.contains('클래스')

클래스를 추가하거나 수정 및 제거할 때는 각각 add(), replace(), remove() 메서드를 사용합니다. add() 메서드로 클래스를 여러 개 추가할 때 중복된 클래스는 한 번만 추가됩니다. remove() 메서드도 클래스를 여러 개 지울 수 있습니다.

형식 태그.classList.add('클래스1', '클래스2', ...) // 추가
태그.classList.replace('<기존 클래스>', '<수정 클래스>') // 수정
태그.classList.remove('클래스1', '클래스2', ...) // 제거

또한, style 속성을 사용해 자바스크립트에서 태그의 CSS를 변경할 수도 있습니다.

> **형식**   태그.style.<CSS 속성> = '값';

CSS 속성은 인라인 스타일 형식으로 적용됩니다. **인라인 스타일**(inline style)은 style 속성을 사용해 태그에 CSS를 적용하는 방식입니다. 태그 속성과 마찬가지로 이름에 하이픈(-)이 들어 있는 CSS 속성을 적을 때는 주의해야 합니다. CSS 속성 이름에도 하이픈을 쓸 수 없으므로 하이픈을 없애고 하이픈 바로 뒤의 글자를 대문자로 바꿉니다. 예를 들어, background-color 대신 backgroundColor로 써야 합니다. border-left-width는 borderLeftWidth로 써야 합니다.

태그별로 특수한 속성이 존재합니다. 이는 HTML 속성과는 별개로 자바스크립트에만 존재합니다. tr 태그는 몇 번째 줄인지를 알려 주는 rowIndex라는 속성을 제공하고, td 태그는 몇 번째 칸인지를 알려 주는 cellIndex라는 속성을 제공합니다.

bubbling.html

```
<table border="1">
  <tr>
    <td>1</td>
    <td>2</td>
    <td>3</td>
  </tr>
</table>
<script>
console.log(document.querySelector('tr').rowIndex); // 0
consloe.log(document.querySelectorAll('td')[2].cellIndex); // 2
</script>
```

콘솔의 출력 결과를 보면 tr 태그는 0, td 태그는 2라고 나옵니다. 이때 rowIndex나 cellIndex는 배열의 인덱스처럼 0부터 시작한다는 점 유의하세요.

1분 퀴즈

해설 노트 p.568

6. 다음 태그의 클래스는 어떻게 될까요?

```
태그.className = 'wow';
```

◑ 계속

```
태그.classList.add('hello', 'hi', 'hello', 'bye');
태그.classList.replace('bye', 'seeu');
태그.classList.remove('bye');
```

4.4.2 부모와 자식 태그 찾기

HTML 태그끼리는 서로 부모 자식 관계를 가집니다. DOM에서도 어떤 태그의 부모나 자식 태그를 찾을 수 있습니다. bubbling.html 파일의 script 태그를 다음과 같이 수정합니다.

bubbling.html

```
<script>
console.log(document.querySelector('td').parentNode); // tr 태그
console.log(document.querySelector('tr').children); // [td, td, td]
</script>
```

tr 태그의 부모는 table 태그입니다. 현재 태그의 부모 태그를 찾고 싶을 때는 parentNode 속성을 사용합니다. 자식 태그는 children 속성으로 찾습니다. 자식 태그는 여러 개일 수 있으므로 children 속성의 값은 배열 모양의 객체가 됩니다. 단, 배열은 아니고 **2.6.3절**에서 배운 **유사 배열 객체**입니다. HTMLCollection이 이 객체의 이름입니다.

table에서 td 태그를 찾으려면 어떻게 해야 할까요? table의 자식은 tr이고, tr의 자식은 td이니 children을 연달아 두 번 사용하면 됩니다.

```
console.log(document.querySelector('table').children.children); // [td, td, td]
```

또는 querySelector()나 querySelectorAll() 메서드를 다시 사용할 수도 있습니다. td 태그는 여러 개이므로 querySelectorAll()을 사용합니다. querySelectorAll()을 사용하면 HTMLCollection 대신 NodeList라는 유사 배열 객체가 반환됩니다.

```
console.log(document.querySelector('table').querySelectorAll('td')); // [td, td, td]
```

form은 HTML에서 사용자에게 정보를 입력받아 서버로 정보를 전송하기 위한 양식인 **폼**(form)을 의미하는 태그입니다. form 태그는 children 속성 말고도 다른 방법으로 자식 요소를 찾을 수 있습니다. 다음 코드를 보면 form 태그 내부에 두 개의 input과 하나의 button 태그가 들어 있습니다.

bubbling.html

```html
</table>
<form action="" method="get" id="form">
  <input type="text" name="name" id="name" required />
  <input type="email" name="email" id="email" required />
  <button name="button" type="submit">구독</button>
</form>
<script>
```

form 태그의 DOM은 input, textarea, select, button 태그가 있으면 해당 태그를 인식해 다음과 같이 순서대로 접근할 수 있습니다.

bubbling.html

```html
<script>
const $form = document.querySelector('#form');
$form[0]; // <input type="text" name="name" id="name" required />
$form[1]; // <input type="email" name="email" id="email" required />
$form[2]; // <button name="button" type="submit">구독</button>
</script>
```

해당 태그에 name 속성이 있는 경우에는 <폼 태그>.<name 속성 값>으로도 접근할 수 있습니다.

bubbling.html

```html
const $form = document.querySelector('#form');
$form.name; // <input type="text" name="name" id="name" required />
$form.email; // <input type="email" name="email" id="email" required />
$form.button; // <button name="button" type="submit">구독</button>
```

순서는 매번 숫자를 세어야 하므로 name 속성 값으로 접근하는 것이 편합니다.

4.4.3 새로운 태그 만들기

자바스크립트로 새로운 태그를 만들 수도 있습니다. document.createElement()와 document.createTextNode()는 각각 태그와 텍스트를 만드는 메서드입니다.

버튼 태그는 다음과 같이 만들 수 있습니다. 여태껏 배운 다양한 DOM 속성도 적용할 수 있습니다. 단, 다른 태그 내부에 추가하기 전에는 만든 태그가 화면에 보이지 않습니다.

bubbling.html

```
<script>
const $button = document.createElement('button');
$button.classList.add('login');
$button.style.fontSize = '15px';
$button.textContent = '버튼';
</script>
```

다른 태그 내부에 만든 태그를 추가하려면 append()나 appendChild() 메서드를 호출해야 합니다.

> **형식** 〈부모 태그〉.appendChild(〈자식 태그〉)
> 〈부모 태그〉.append(〈자식 태그1〉, 〈자식 태그2〉, ...)

인수에는 document.createElement()나 document.createTextNode() 메서드로 만든 태그나 텍스트를 넣습니다. appendChild()에는 하나만 넣을 수 있고, append()를 사용하면 여러 개를 동시에 넣을 수 있습니다. 또한, append()로 텍스트를 추가할 때는 document.createTextNode() 대신 문자열을 바로 넣어도 됩니다.

코드를 다음과 같이 수정하면 body 태그에 버튼이 추가된 것을 확인할 수 있습니다.

```
const $button = document.createElement('button');
$button.classList.add('login');
$button.style.fontSize = '15px';
$button.textContent = '버튼';
document.body.append($button);
```

document.body는 body 태그에 접근할 수 있는 DOM 속성입니다. head 태그에 접근하고 싶다면 document.head 속성을 사용합니다.

이번에는 4행 4열의 테이블을 자바스크립트만으로 만들어 보겠습니다.

bubbling.html

```
<script>
const $table = document.createElement('table');
document.body.append($table);
$table.border = 1;
for (let i = 0; i < 4; i++) {
  const $tr = document.createElement('tr');
  $table.append($tr);
  for (let j = 0; j < 4; j++) {
    const $td = document.createElement('td');
    $td.textContent = '칸';
    $tr.append($td);
  }
}
</script>
```

이 코드는 잘 돌아가지만 한 가지 단점이 있습니다. 바로 append()를 호출할 때마다 HTML 화면을 다시 그린다는 점입니다. table 태그에서 한 번, tr 태그에서 4번, td 태그에서 16번까지 총 21번 화면을 다시 그립니다. 너무 빠르게 그려서 눈치챌 수 없지만, 나중에 append()를 더 많이 호출하면 성능에 문제가 생길 수 있습니다.

이러한 이유로 실무에서는 화면에 그때그때 태그를 추가하는 방식(append)을 잘 사용하지 않습니다. 그 대신에 최대한 화면에 존재하지 않는(메모리 안에만 존재하는) 태그에 새로운 태그를 추가하고, 마지막 한 번만 화면에 추가합니다.

앞의 코드에서는 $table 안에 다른 태그들을 추가하고 있으므로 $table을 최대한 나중에 document.body에 append()하면 됩니다.

```
const $table = document.createElement('table');
$table.border = 1;
for (let i = 0; i < 4; i++) {
  const $tr = document.createElement('tr');
  $table.append($tr);
  for (let j = 0; j < 4; j++) {
    const $td = document.createElement('td');
    $td.textContent = '칸';
    $tr.append($td);
  }
}
document.body.append($table);
```

$table처럼 명확한 부모 태그가 없는 경우도 있습니다. 그럴 때는 documentFragment라는 가상의 태그를 활용할 수 있습니다. document.createDocumentFragment 메서드로 메모리 안에서만 존재하는 documentFragment를 만들고, documentFragment 안에 필요한 태그를 추가한 뒤 마지막으로 부모 태그에 documentFragment를 추가하는 방식을 사용합니다. 이 방식은 documentFragment를 추가할 때만 화면을 다시 그리므로 성능에 큰 도움이 됩니다.

```
const $button = document.createElement('button');
const $img = document.createElement('img');
const $fragment = document.createDocumentFragment();
$fragment.append($button, '텍스트', $img);
document.body.append($fragment); // button, 텍스트, img가 body에 추가됨
```

4.5

window 객체

window는 웹 브라우저를 가리키는 객체로, 웹 브라우저가 제공하는 기본 객체들은 대부분 window 객체 안에 들어 있습니다. document나 console 객체도 실제로는 window.document, window.console입니다. window를 생략할 수 있어서 document와 console로만 적는 것입니다.

window 객체 안에는 자바스크립트 프로그래밍을 위한 다양한 메서드와 객체도 마련되어 있습니다. 대표적으로는 대화상자를 띄우는 alert( )(알림창 또는 경고창), confirm( )(확인창), prompt( )(입력창) 메서드가 있고, 수학 계산을 돕는 Math 객체와 날짜 계산을 돕는 Date 생성자 함수가 있습니다. Part 2에서 종종 사용하니 살펴보고 넘어가겠습니다.

4.5.1 대화상자 사용하기

2.2.1절의 **한 문자열을 여러 줄로 표시하기**에서 문자열을 여러 줄로 나타낼 때 alert( ) 메서드를 사용해 확인했습니다. alert( ) 메서드는 window.alert( )으로 사용할 수 있고, window를 생략하고 alert( )만 사용해도 됩니다.

웹 브라우저 콘솔에 다음 코드를 입력해 봅시다.

```
alert('여러 줄에 걸쳐\n표시됩니다.');
```

그림 4-34 alert() 실행결과

이렇게 alert() 메서드로 띄우는 창을 **대화상자**(dialog)라고 합니다. 대화상자는 prompt()와 confirm() 메서드로도 띄울 수 있습니다. prompt() 메서드를 사용하면 사용자가 직접 프로그램에 값을 전달할 수 있습니다.

형식   prompt('사용자에게 표시할 메시지')

```
<script>
prompt('몇 명이 참가하나요?');
</script>
```

word-relay.html 파일에 작성하고 실행해 보세요. 다음과 같은 창이 뜨면서 입력을 기다립니다. 이 창이 대화상자입니다. 세 명이 참가한다고 가정하고 3을 입력해 봅시다. 그러면 프로그램은 3이라는 값을 전달받습니다. 참고로 취소를 누르면 프로그램에 null 값이 전달됩니다.

그림 4-35 prompt() 실행결과

그런데 3을 입력해도 아무런 일이 일어나지 않습니다. 전달받은 3으로 아무것도 하지 않았으니까요. 또한, 여러분이 입력한 값을 어딘가에 저장하지 않으면 프로그램은 금방 그 값을 잊어버립니다. 그러면 값을 어떻게 저장할 수 있을까요?

벌써 잊어버린 건 아니겠죠? **2.3절**에서 배운 변수를 사용하면 됩니다.

```
const number = prompt('몇 명이 참가하나요?');
number;
< '3'
```

prompt() 함수를 사용하면 웹 브라우저에서 대화상자가 뜹니다. 이런 창이 떠 있는 동안에는 그다음 코드가 실행되지 않고 멈춰 있습니다. 입력이 끝난 후에야 비로소 number 변수에 값이 대입되고 number 변수에 저장된 값이 콘솔에 표시됩니다.

3을 입력했지만 이 값은 문자열입니다. prompt() 함수로 입력받은 값은 모두 문자열이 되기 때문입니다. 3을 입력해도 '3'이라는 문자열이 되고, true를 입력해도 'true'라는 문자열이 됩니다. 따라서 문자열인 3을 숫자로 변환해야 합니다.

```
const number = prompt('몇 명이 참가하나요?');
Number(number);
< 3
```

아니면 다음과 같이 입력받을 때 바로 숫자로 바꿔도 됩니다.

```
const number = Number(prompt('몇 명이 참가하나요?'));
number;
< 3
```

이때는 숫자로 형 변환될 수 있는 값을 입력해야만 제대로 된 결과 값이 나옵니다. 숫자로 형 변환할 수 없는 값을 입력하면 NaN이 출력됩니다.

confirm() 함수는 사용자에게 의사를 물어볼 때 사용합니다.

형식 confirm('사용자에게 표시할 메시지')

```
confirm('확인이나 취소를 눌러 보세요');
```
〈 true(확인을 눌렀을 때)
〈 false(취소를 눌렀을 때)

그림 4-36 confirm( ) 실행결과

[확인]을 누르면 true가 콘솔에 기록되고 [취소]를 누르면 false가 콘솔창에 기록됩니다. 이렇게 나온 true나 false 값을 프로그래밍할 때 사용하면 됩니다.

1분 퀴즈
해설 노트 p.568

7. 다음 중 설명이 올바른 것을 고르세요.

① prompt( ) 메서드는 사용자로부터 값을 전달받는다.

② alert( ) 메서드는 사용자의 확인/취소를 요구한다.

③ confirm( ) 메서드는 사용자에게 경고 메시지를 표시한다.

4.5.2 Math 객체

4.3.3 키보드와 마우스 이벤트에서 절댓값을 구하는 Math.abs( ) 메서드를 사용한 적이 있습니다. 이처럼 Math 객체에는 수학에 사용하는 다양한 메서드가 들어 있습니다. 여기서는 이 책에서 사용하는 몇 가지 메서드를 살펴보겠습니다.

올림, 반올림, 내림할 때 사용하는 Math.ceil( ), Math.round( ), Math.floor( ) 메서드가 있습니다.

```
Math.ceil(5.2) // 6
Math.round(4.5) // 5
Math.floor(2.8) // 2
```

최댓값, 최솟값, 제곱근을 구하는 Math.max(), Math.min(), Math.sqrt() 메서드도 있습니다.

```
Math.max(5, 3, 6) // 6
Math.min(2, 5, 8, 4) // 2
Math.sqrt(25) // 5
```

무작위 숫자를 생성하는 Math.random() 메서드는 자주 사용됩니다. 이 메서드는 0 이상 1 미만의 실수를 무작위로 생성합니다.

Math.random() 메서드로 1부터 9까지 자연수(양의 정수) 중에 무작위로 숫자 하나를 뽑아 보겠습니다. Math.random()은 실수를 반환하므로 자연수로 바꿀 방법을 생각해야 합니다. 먼저 Math.random()한 값에 9를 곱한 후 1을 더하면 1 이상 10 미만의 수가 뽑힙니다. 이 수는 자연수가 아니라서 아직 쓸 수 없습니다. 숫자를 자연수로 만들려면 내림, 올림, 반올림을 해야 합니다. 이 경우에는 내림을 합니다. 결과로 1부터 9까지의 자연수가 나옵니다. 내림을 할 때는 Math.floor()를 사용하면 되겠죠?

표 3-1 무작위 숫자를 뽑는 과정

코드	결과
Math.random()	$0 \leq x < 1$
Math.random() * 9	$0 \leq x < 9$
Math.random() * 9 + 1	$1 \leq x < 10$
Math.floor(Math.random() * 9 + 1)	$x = \{1, 2, 3, 4, 5, 6, 7, 8, 9\}$

게임에서 우연한 요소를 위해 무작위 숫자를 생성하는 경우가 많으니 Math.random() 사용법을 잘 기억해 두기 바랍니다.

4.5.3 Date 생성자 함수

날짜 계산을 할 때는 Date 생성자 함수를 사용합니다. 생성자 함수이므로 new를 붙여 호출합니다.

> **형식**   const 〈날짜 객체〉 = new Date(연, 월, 일, 시, 분, 초, 밀리초);
> const 〈날짜 객체〉 = new Date(타임스탬프);

타임스탬프(timestamp)는 1970년 1월 1일 자정(런던 시간 기준)으로부터 지나온 밀리초를 의미합니다. 현재 시간의 밀리초는 Date.now()로 구할 수 있습니다.

```
Date.now();
< (타임스탬프)
```

타임스탬프는 사람이 읽기 어렵습니다. 사람이 읽기 쉬운 현재 시간을 구할 때는 new Date()를 호출하면서 인수로 아무것도 넣지 않으면 됩니다.

```
new Date();
< (현재 시간)
```

직접 시간을 지정하고 싶다면 다음처럼 Date 생성자 함수의 인수로 넣습니다.

```
new Date(2024, 1, 2);
< Fri Feb 2 2024 00:00:00 GMT+0900 (대한민국 표준시)
new Date(2024, 1, 2, 18, 30, 5);
< Fri Feb 2 2024 18:30:05 GMT+0900 (대한민국 표준시)
```

차례대로 연, 월, 일, 시, 분, 초입니다. 생략한 부분은 값이 0으로 들어갑니다. 특이하게 월은 0부터 시작(0이 1월)합니다. 그래서 인수로 1을 넣었지만 실제로는 2월입니다. GMT+0900은 이 시간이 서울의 시간대임을 나타냅니다.

new Date()끼리 빼면 밀리초 단위로 얼마나 시간차가 나는지 나옵니다. 즉, 시작 시간과 종료 시간을 측정해서 서로 빼면 됩니다. 2024년 2월 21일과 2024년 3월 3일의 시간차를 구해 보 겠습니다. 다음과 같이 두 값을 빼면 시간차가 밀리초 단위로 나옵니다.

```
new Date(2024, 2, 3) - new Date(2024, 1, 21)
‹ 950400000
```

날짜 객체를 수정할 수도 있습니다. 다음 코드는 날짜 객체의 날짜를 10일로 수정합니다.

```
const date = new Date(2024, 1, 2);
date.setDate(10);
‹ 1707490800000
date.getDate();
‹ 10
```

setFullYear(), setMonth(), setDate(), setHours(), setMinutes(), setSeconds(), setMilliseconds() 메서드는 각각 연, 월, 일, 시, 분, 초, 밀리초를 수정합니다. 연을 바꾸는 메서드 이름이 setFullYear라는 점과 setMonth()에는 0부터 11까지의 값을 넣어야 한다는 점을 주의해야 합니다.

현재 객체의 연, 월, 일, 시, 분, 초, 밀리초를 가져오는 메서드는 각각 getFullYear(), getMonth(), getDate(), getHours(), getMinutes(), getSeconds(), getMilliseconds()입 니다. 요일을 구하는 getDay() 메서드도 있습니다. 0부터 6까지의 값이 나오는데 일요일이 0, 월요일이 1, 토요일이 6이라는 의미입니다. 요일을 설정하는 메서드는 따로 없습니다.

참고로 set으로 시작하는 메서드를 사용할 때는 인수로 0이나 음수도 넣을 수 있습니다. 2024 년 1월 1일의 하루 전을 구하려면 다음과 같이 합니다.

```
const date = new Date(2024, 0, 1);
date.setDate(date.getDate() - 1);
〈 1703948400000
date.getFullYear();
〈 2023
date.getMonth();
〈 11 (12월)
date.getDate();
〈 31
```

setDate()의 인수로 date.getDate() - 1을 넣었습니다. 1월 1일의 getDate()는 1이니 인수로 0을 넣은 셈입니다. 그랬더니 알아서 date 객체가 2023년 12월 31일로 변했습니다. set과 get 메서드를 잘 활용하면 날짜 계산을 쉽게 할 수 있습니다.

1분 퀴즈 해설 노트 p.568

8. 2024년 2월 21일과 2024년 3월 3일은 며칠 차이가 날까요? 며칠 차이가 나는지를 계산하는 자바스크립트 함수를 만들고 정답을 구해 보세요.

이제 자바스크립트 기본 문법도 익혔고 DOM 조작법도 익혔으니 실제 프로그램을 만들 수 있는 준비가 됐습니다. 다음 장부터 실제 웹 프로그램을 만들어 보면서 PART 1에서 배운 기본 문법을 활용해 보겠습니다.

Part 2

만들면서 배우는
자바스크립트

5장

DOM 객체 다루기: 끝말잇기

Part 2에서는 Part 1에서 배운 내용을 바탕으로 실제 프로그램을 만들어 봅니다. 프로그래밍 언어는 단순히 외운다고 해서 익힐 수 없습니다. 배운 문법이 어디에 어떻게 쓰이는지 프로그램을 만들어 보며 몸소 터득해야 합니다. 다시 한번 말하지만, 프로그래밍적으로 사고하지 못하면 아무리 문법을 외워도 프로그램을 만들 수 없습니다. 이 책에서 여러 프로그램을 만들면서 얻는 경험은 여러분이 프로그래밍적으로 사고할 수 있도록 도와줄 것입니다.

이 장에서는 '끝말잇기'라는 게임을 프로그램으로 작성해 보겠습니다. 첫 프로그램인 만큼 누구나 아는 게임으로 골랐습니다. 다만, 그렇게 쉽지는 않습니다. 게임을 만들어 보면 여러분이 지금까지 얼마나 프로그래밍적으로 사고하지 않았는지 깨닫고 깜짝 놀라게 될 겁니다.

5.1

이 장에서 만드는 프로그램

끝말잇기는 둘 이상의 사람이 순서를 정해 앞 차례에서 제시한 단어의 마지막 글자로 시작하는 단어를 돌아가면서 말하는 형식의 게임입니다. 이를 프로그램으로 어떻게 만드는지 살펴보겠습니다.

1.2 프로그래밍 사고력 기르기에서 설명했듯이 프로그램을 만들 때는 절차가 매우 중요합니다. 코드를 에디터에 입력하기 전에 내가 만들 프로그램이 어떤 절차로 돌아갈지 미리 생각해야 합니다. 여기서는 **1.2.1 프로그래밍 사고력 훈련법**을 참고해 프로그램의 순서도를 작성해 보겠습니다.

먼저 끝말잇기가 어떤 방식으로 진행되는지 정리해 봅니다. 최대한 구체적으로 순서를 정리할 수 있으면 좋습니다. 귀찮아서 다음으로 넘어가는 사람도 있겠지만, 이 과정은 프로그래밍 사고력을 기르는 데 필수입니다. 이 과정이 머릿속에 있지 않으면 프로그램을 작성할 수 없습니다.

끝말잇기의 절차를 정리해 봤나요? 보통 절차를 설명할 때 예를 들어 설명하는 경우가 많습니다. 필자의 머릿속에 떠오르는 대로 한번 나열해 보겠습니다.

1. 참가자는 3명이다(여기서는 A, B, C라고 가정).

2. A가 '자바스크립트'라고 말한다.

3. B가 '트집'이라고 말한다.

4. C가 '집합'이라고 말한다.

5. 다시 A가 '합체'라고 말한다.

6. 다시 B가…

7. 무한 반복

여러분이 생각한 절차와 비슷한가요? 앞에 나온 절차는 분명 끝말잇기가 맞습니다. 하지만 이러한 절차로는 프로그램을 만들 수 없습니다.

절차 1부터 봅시다. 참가자의 수가 항상 3명일까요? 아닐 겁니다. 2명일 수도 있고 4명일 수도 있습니다. 또는 혼자 끝말잇기를 할 수도 있습니다. 여러 가능성을 닫아 둔 채 3명이라고 명시하는 것은 좋지 않습니다.

만약 3명이 참가하는 끝말잇기 프로그램을 만들었는데 친구가 와서 자신도 끼어 달라고 하면 어떻게 해야 할까요? 새로운 프로그램을 만들어야 할까요? 물론 여러분이 너그러운 사람이라서 4명이 참가하는 프로그램을 다시 만들 수도 있습니다. 그렇다면 절차는 다음과 같이 바뀌겠죠.

1. 참가자는 4명이다(여기서는 A, B, C, D라고 가정).

2. A가 '자바스크립트'라고 말한다.

3. B가 '트집'이라고 말한다.

4. C가 '집합'이라고 말한다.

5. D가 '합체'라고 말한다.

6. 다시 A가 '체육'이라고 말한다.

7. 다시 B가...

8. 무한 반복

7단계였던 절차가 8단계로 늘어났습니다. 그런데 소문을 듣고 다섯 번째 친구가 온다면요? 여섯 번째 친구는요? 사람 수가 늘어날 때마다 절차는 계속 늘어날 겁니다.

이번에는 절차 2부터 절차 6까지를 살펴봅시다. A가 항상 '자바스크립트'라고 말한다는 보장이 있나요? A는 자기가 원하는 어떤 단어든 말할 수 있습니다. B는 A가 말하는 단어에 따라 대답이 달라집니다. 즉, 절차 2부터 절차 6까지는 게임마다 달라집니다.

마지막으로 절차 3을 살펴봅시다. A가 '자바스크립트'라고 말했는데 B가 '배고파'라고 말한다면 어떻게 될까요? 엉뚱한 대답을 했으므로 게임을 멈춰야 합니다. 그런데 앞의 절차대로라면 절차 4로 넘어갑니다. 틀린 답을 말할 때를 고려하지 않았기 때문이죠.

프로그램은 고정된 절차로 돌아가야 합니다. 몇 명이 참가하든 절차 수가 같은 프로그램을 만들어야 합니다. 또한, 각 절차는 항상 내용이 같아야 합니다. 어떤 사람이 무엇을 말하든 프로그램은 이를 받아들일 준비가 되어야 합니다. 그래서 예를 들어 절차를 설명하는 것은 좋지 않습니다. 예는 언제든지 바뀔 수 있으니까요. 예는 절차를 세우고 나서 검증할 때 사용하는 것이 좋습니다.

절차를 세울 때는 모든 가능성을 고려해야 합니다. '자바스크립트'에 이어서 '트집'이라고 하는 맞는 경우도 있지만, '배고파'라고 하는 틀린 경우도 발생할 수 있습니다. 틀린 경우에는 어떻게 할지도 절차에 넣어야 합니다. 다만, 처음부터 모든 가능성을 고려하기는 어렵습니다. 이런 경우에는 절차를 일단 만들어 놓고 차차 보완해 나가면 됩니다.

프로그램 절차를 만들 때의 원칙을 정리하면 다음과 같습니다.

① 프로그램의 절차 수는 정해져 있어야 한다.

② 각 절차는 항상 같은 내용이어야 한다.

③ 모든 가능성을 고려해야 한다.

④ 예는 절차를 검증할 때 사용한다.

이 원칙을 바탕으로 끝말잇기 절차를 다시 만들어 보겠습니다. 원칙을 지키면서 절차를 만들기는 생각보다 어렵습니다. 한 번에 완성하려고 하지 말고 차근차근 보완해 나가면 됩니다.

1. 게임에 몇 명이 참가할지 선택한다.

2. 참가자의 순서를 정한다(편의상 숫자로 한다).

3. 첫 번째 사람이 어떤 단어를 말한다.

4. 다음 사람이 어떤 단어를 말한다.

5. 절차 4에서 말한 단어가 맞는지 판단한다.

6. 맞다면 다음 사람이 어떤 단어를 말한다.

7. 맞지 않다면 틀렸다고 표시한다.

8. 게임을 계속 진행한다.

절차 1이나 3, 4처럼 '몇'이나 '어떤'이라는 용어를 사용하니 다양한 경우에 대비할 수 있습니다. 다양한 경우에 대비할 수 있으니 원칙 ①과 원칙 ②를 위배할 일이 없습니다. '3명', '4명', '자바스크립트'처럼 구체적인 예를 들던 기존 절차와 비교해 보세요.

이렇게 절차를 만든 후에는 예를 들어 검증해 봅니다.

1. 3명이 참가한다.

2. 각자에게 1, 2, 3이라는 숫자를 부여한다.

3. 첫 번째 사람이 '자바스크립트'라는 단어를 말한다.

4. 다음 사람(2번)이 '트집'이라는 단어를 말한다

5. '자바스크립트'에 '트집'으로 이어지는 것은 맞다.

6. 다음 사람(3번)이 '배고파'라는 단어를 말한다.

7. '트집' 다음에 '배고파'가 오면 맞지 않으므로 틀렸다고 표시한다.

8. 게임을 계속 진행한다.

그림 5-1 끝말잇기 게임 예1

검증해 보니 어떤가요? 가장 거슬리는 부분은 절차 8입니다. 절차 7에서 틀렸으니 게임을 중단하거나 새로 시작해야 할 텐데 계속 진행하다니 말이 안 됩니다. 그리고 절차를 검증할 때는 하나의 예가 아니라 다양한 예를 들어야 합니다. 원칙 ③에서 '모든 가능성을 고려해야 한다.'고 했으니까요.

절차 8을 제외하고 다른 예를 들어 보겠습니다. 이번에는 2명이 참가한다고 합시다(절차 1). 참가자 순서를 1, 2로 정하고(절차 2), 첫 번째 사람이 '프로그래밍'이라고 말합니다(절차 3). 다음 사람(2번)이 '배고파'라고 말합니다(절차 4). '프로그래밍' 다음에 '배고파'가 나오는 것은 맞지 않으니(절차 5) 틀렸다고 표시합니다(절차 7).

그림 5-2 끝말잇기 게임 예2

이번에도 이상한 점이 눈에 띕니다. 절차 5 다음에 절차 6이 아니라 절차 7이 옵니다. 이러한 현상이 발생하는 이유는 절차 5가 판단하는 절차이기 때문입니다. 절차 5가 맞는지 틀린지에 따라 절차 6으로 갈지 절차 7로 갈지 방향이 달라집니다. 즉, 프로그램의 절차는 항상 한 방향이 아닙니다. 판단 결과에 따라 절차가 갈라지는데, 이렇게 갈라지는 지점을 **분기점**이라고 합니다.

갈라지는 절차를 표현할 때는 말이나 글로 표현하는 것보다는 순서도를 그려서 시각적으로 표현하는 것이 편합니다. 끝말잇기 절차를 순서도로 그리면 다음과 같습니다.

그림 5-3 끝말잇기 순서도

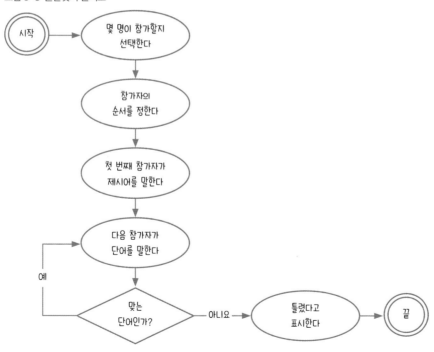

일반적인 절차는 타원형으로, 판단을 요구하는 절차는 마름모로 표현합니다. 판단 결과가 '예'이면 절차를 거슬러 올라갑니다. 절차를 거슬러 올라간다는 것은 '반복'을 의미합니다. 단어가 맞다면 게임은 멈추지 않고 무한 반복하기 때문입니다.

추가로 순서도에서 시작과 끝을 두 겹의 원 기호로 표시했습니다. 순서도에서 절차가 일직선으로 진행되지 않으므로 시작과 끝을 시각적으로 표시하는 것이 좋습니다.

앞에서 든 예를 순서도에 적용해 검증해 보세요. 원칙을 위반하지 않으면서 모든 예에 부합합니다. 사실 완벽하지 않으나 이 정도면 훌륭합니다! 조금 더 보완해야 할 점이 있지만, 실제 프로그래밍해 보지 않으면 생각조차 할 수 없는 부분이니 지금은 건너뛰겠습니다. 온종일 순서도만 그리면 재미없으니까 프로그램을 만들면서 차차 보완해 나갑시다.

5.2

화면 만들고 참가자 수 입력받기

순서도를 그렸으니 순서도대로 프로그램을 구현하면 됩니다. 할 수 있겠죠? 아마 대부분은 "뭐라고요?"라고 반문했을 겁니다. 순서도를 만들기는 했지만, 어떻게 프로그램으로 옮기는지는 배우지 않았으니까요. 그런데 순서도를 그리는 것이 코드를 작성하는 것보다 중요하다고 하면 믿을 수 있나요? 순서도만 제대로 만든다면 프로그램은 이미 90% 완성한 것이나 다름없습니다.

5.2.1 화면 만들기

프로그램은 크게 두 가지로 나눌 수 있다고 했습니다. 화면이 있는 프로그램과 화면이 없는 프로그램으로요. 게임과 같은 유형의 프로그램은 대부분 화면이 있는 프로그램입니다. 사실 화면을 그리는 것도 프로그래밍의 일부이므로 순서도에 포함되어야 합니다.

웹 브라우저에서 돌아가는 프로그램은 HTML, CSS, 자바스크립트라는 언어를 사용합니다. HTML은 화면 요소를, CSS는 요소의 디자인을, 자바스크립트는 프로그램의 동작을 담당합니다. 물론 자바스크립트만으로 화면 요소를 배치하고 디자인할 수 있긴 합니다. **4.4.3 새로운 태그 만들기**에서 배운 대로 새로운 태그를 만들어서 화면에 추가하면 됩니다. 하지만 이런 경우 화면을 그리는 것까지 순서도에 추가해야 합니다. 잊지 마세요. 자바스크립트로 프로그래밍하는 모든 것을 순서도에 넣어야 합니다. 따라서 화면 요소는 HTML로 배치하고 디자인은 CSS로 합니다. 그러면 자바스크립트는 부담을 덜고 프로그램의 동작만 담당할 수 있습니다.

이제 프로그래밍을 시작해 보겠습니다. VSCode를 실행한 후 4장에서 생성한 word-relay.html 파일을 열고 다음과 같이 작성합니다.

```html
<!DOCTYPE html>
<html>
<head>
<meta charset="utf-8">
<title>끝말잇기</title>
</head>
<body>
<div><span id="order">1</span>번째 참가자</div>
<div>제시어: <span id="word"></span></div>
<input type="text">
<button>입력</button>
<script>
</script>
</body>
</html>
```

수정이 끝나면 Ctrl + S를 눌러 저장합니다. webgame 폴더로 가서 **word-relay.html 파일을
더블 클릭해 실행**합니다. 또는 에디터에서 F5를 누른 후 **웹앱(Chrome)**을 선택해도 실행할 수 있
습니다. 실행하고 나면 크롬 웹 브라우저가 열리고 다음과 같은 화면이 보입니다.

그림 5-4 실행결과

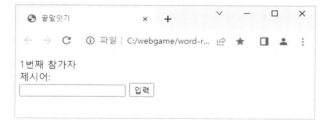

5.2.2 참가자 수 입력받기

절차 1부터 코드로 작성해 보겠습니다. 코드를 작성할 때는 항상 순서도를 옆에 띄워 놓고 보면
서 하기를 바랍니다. 기억하세요. 여러분은 입문자입니다. 머릿속에서 순서도를 그릴 수 있기
전까지는 눈으로 순서도를 보면서 코딩하는 것이 좋습니다. 순서도를 보지 않고 머릿속으로 그
리면서 코드를 작성하려면 정신없이 바쁘기만 합니다.

297

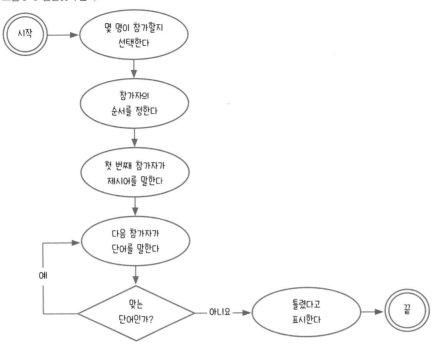

그림 5-5 끝말잇기 순서도

절차 1은 '몇 명이 참가할지 선택한다'입니다. 몇 명이 참가할지는 입력창을 열어 여러분이 직접 프로그램에 알려 줘야 합니다. 입력창을 여는 방법은 크게 두 가지인데, input 태그를 사용하는 방법과 prompt() 메서드를 사용하는 방법입니다. 여기서는 prompt() 메서드를 사용하겠습니다.

자바스크립트도 HTML처럼 보통 위에서 아래로 실행되므로 prompt() 메서드는 맨 위에 적습니다. HTML에서 다른 부분은 변하지 않으므로 script 태그 내부만 수정하면 됩니다.

```
<script>
const number = Number(prompt('참가자는 몇 명인가요?'));
</script>
```

그림 5-6 절차 1 작성 후 실행결과

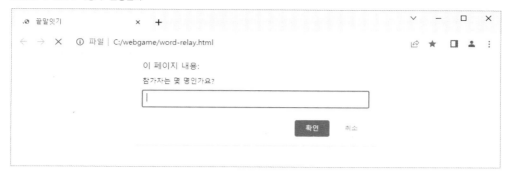

절차 1은 참가자가 몇 명인지 입력받아 변수에 저장하는 것으로 끝입니다.

5.3

첫 번째 참가자인지 판단하기

절차 2는 첫 번째 참가자에게 1, 두 번째 참가자에게 2, 세 번째 참가자에게 3이라는 순서를 부여했으므로 따로 코딩할 필요가 없습니다. 이처럼 순서도에 있다고 모두 코드로 옮길 필요는 없습니다. 코딩하지 않아도 프로그램 실행에 문제가 없으면 생략해도 됩니다.

절차 2를 건너뛰고 절차 3을 작성합니다. 단어를 입력한 사람이 첫 번째 참가자인지 아닌지를 판단해야 합니다. 절차 2와 절차 3 사이에는 참가자가 제시어를 입력하는 시간이 필요합니다. 참가자가 제시어를 입력하지 않으면 절차 3은 영원히 수행되지 않습니다. input이나 click 이벤트는 사용자가 이벤트를 발생시키지 않으면 다음 절차로 넘어가지 않습니다.

이런 이벤트가 발생할 때는 순서도를 끊어 주는 것이 좋습니다. 일반적으로 순서도는 흐름을 표현하는 것이라 시작부터 끝까지 끊기지 않지만, 이 책에서는 순서도를 바탕으로 프로그램을 구현하므로 순서도를 프로그램 구현에 적합한 형태로 변형합니다. 주로 프로그램이 대기하는 경우에 순서도를 끊습니다. 이렇게 대기하는 경우는 보통 이벤트 발생을 기다리거나 타이머의 콜백 함수가 실행되길 기다리는 상황입니다. 그리고 이벤트 리스너나 타이머는 대표적인 자바스크립트 비동기 코드입니다. 즉, 비동기 코드가 실행될 때를 기점으로 순서도를 끊는다고 생각해도 됩니다.

이를 반영해 순서도를 다음과 같이 수정합니다. 참가자가 단어를 입력하면 input 이벤트가 발생하고, 입력 버튼을 클릭하면 click 이벤트가 발생하며 순서도의 입력 버튼 클릭 부분이 실행됩니다.

그림 5-7 끝말잇기 순서도 수정 1

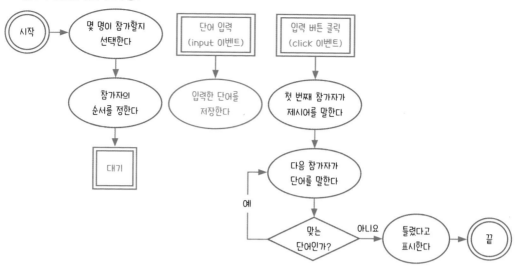

수정한 순서도대로 HTML 태그에 단어를 입력하는 input 이벤트와 입력 버튼을 클릭하는
click 이벤트를 각 태그에 달겠습니다. input 태그에 단어를 입력하면 이 단어를 기억해야 하
므로 newWord 변수를 선언해서 input 태그의 값을 저장합니다.

```
<script>
const number = Number(prompt('참가자는 몇 명인가요?'));
const $input = document.querySelector('input'); // input 태그 선택
const $button = document.querySelector('button'); // button 태그 선택
let newWord; // 현재 단어
const onInput = (event) => {
  newWord = event.target.value; // 입력한 단어를 현재 단어로 저장
};
const onClickButton = () => {
};
$input.addEventListener('input', onInput); // input 이벤트 연결
$button.addEventListener('click', onClickButton); // click 이벤트 연결
</script>
```

입력 버튼을 클릭한 후에는 첫 번째 참가자가 제시어를 말한다고 했으니 단어를 입력한 사람이
첫 번째 참가자인지를 판단해야 합니다. '판단'이라고 했으므로 사실 순서도는 타원이 아니라 마
름모를 그려야 합니다. 판단 결과, 버튼을 클릭한 사람이 첫 번째 참가자라면 입력한 단어는 제

시어가 됩니다. 이제 다음 참가자에게 차례를 넘기고 다음 입력이 들어오길 대기합니다. 만약 첫 번째 참가자가 아니라면 끝말잇기가 진행 중인 상황이므로 입력한 단어가 제시어에 맞는 단어인지 판단합니다. 맞는 단어라면 다음 참가자에게 차례를 넘긴 후 다시 대기하고, 맞지 않는다면 단어가 틀렸다고 표시하고 프로그램을 종료합니다.

이를 토대로 순서도를 수정하면 다음과 같습니다. 순서도가 상당히 복잡해졌는데, 중간에 갈라지기도 하고 다시 합쳐지기도 합니다.

그림 5-8 끝말잇기 순서도 수정 2

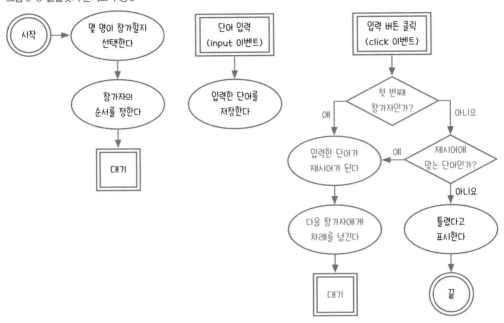

입력 버튼을 클릭한 사람이 첫 번째 참가자인지 판단하는 부분을 코드로 어떻게 작성할지 생각해 보겠습니다. 첫 번째 참가자가 입력한 단어가 제시어가 된다고 했으니 제시어 유무로 판단하면 됩니다. 그러려면 제시어를 기억하고 있어야겠죠? 값을 기억하려면 변수가 필요하니 처음 시작할 때 변수를 만듭니다. 이때 변수는 빈 값으로 둡니다. 그래야 제시어를 저장하고, 다음 사람이 입력한 단어와 비교해서 맞는 단어인지 판단할 수 있습니다.

그런데 코드에 이미 빈 값을 가진 태그가 있습니다. 바로 #word 태그입니다. 제시어가 들어갈 자리인데 제시어가 없어서 빈 값인 채로 있습니다. 이 값을 가져와서 변수에 넣으면 됩니다. 따라서 '첫 번째 참가자인가?'라는 절차는 '제시어가 비어 있는가?'로 바꿔도 됩니다. 제시어가 비어 있다면 아직 아무도 단어를 입력하지 않았다는 것이고, 이는 단어를 입력하는 사람이 첫 번째 참가자라는 의미입니다. 이를 반영해 순서도를 다음과 같이 수정합니다.

5장 DOM 객체 다루기: 끝말잇기

그림 5-9 끝말잇기 순서도 수정 3

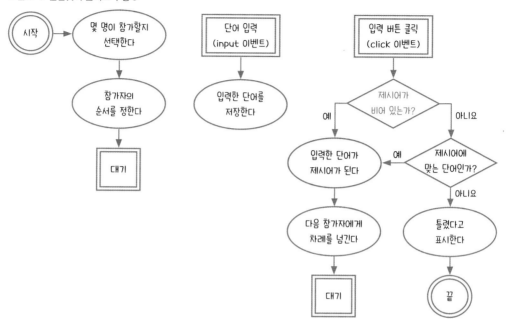

제시어가 비어 있는지 판단하는 절차를 작성해 보겠습니다.

① 제시어를 저장할 변수 word를 선언합니다. word는 사람들이 단어를 입력할 때마다 바뀌므로 const 대신 let을 사용합니다.

② let으로 선언할 때 아무 값도 넣지 않아서 word는 undefined가 됩니다. undefined는 if 문 안에 들어가면 false로 취급하니 !word는 true입니다. 그래서 '제시어가 비어 있는가?'를 if (!word)로 표현합니다. 반대로 '제시어가 있는가?'는 if (word)로 표현할 수 있습니다.

```
let newWord; // 현재 단어
let word; // 제시어 ------------------------- ①
const onInput = (event) => {
  newWord = event.target.value; // 입력한 단어를 현재 단어로 저장
};
const onClickButton = () => {
```

```
    if (!word) { // 제시어가 비어 있는가? ------ ②
      // 비어 있음
    } else {
      // 비어 있지 않음
    }
  };
```

다음으로 '입력한 단어가 제시어가 된다'는 부분을 살펴보겠습니다. 다음 차례가 끝말잇기를 하려면 앞에서 입력한 제시어를 알아야 합니다. 따라서 제시어를 저장만 할 것이 아니라 화면에도 표시해야 합니다. 순서도를 다시 그립니다. 순서도는 처음부터 완벽하게 짤 수 없습니다. 코딩하면서 중간중간 수정해야 합니다. 이번처럼 하나의 절차가 여러 절차로 쪼개지기도 합니다.

그림 5-10 끝말잇기 순서도 수정 4

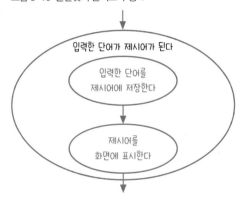

'입력한 단어가 제시어가 된다' 절차는 사용자가 입력한 단어를 제시어에 저장하는 절차와 화면에 표시하는 두 개의 절차로 나눌 수 있습니다. 기존 절차를 세분한 경우는 기존 타원 안에 새로운 절차를 표시하면 됩니다. 앞으로 순서도를 그릴 때 '화면에 표시'하는 절차를 종종 생략합니다. 그럴 때마다 이렇게 기존 절차 안에 세분한 절차가 있다고 생각하면 됩니다.

이 절차를 코드로 표현하면 다음과 같습니다.

① 현재 차례의 참가자가 입력한 단어는 newWord에 저장되어 있습니다. 입력 버튼을 누르면 입력한 단어를 제시어로 만들어야 하므로 newWord를 제시어인 word에 저장합니다.

② 제시어가 되었음을 보여 주기 위해 #word 태그를 통해 화면에 표시합니다.

```
const $word = document.querySelector('#word'); ------------- ②
let newWord; // 현재 단어
let word; // 제시어
const onInput = (event) => {
  newWord = event.target.value; // 입력한 단어를 현재 단어로 저장
};
const onClickButton = () => {
  if (!word) { // 제시어가 비어 있는가?
    word = newWord; // 입력한 단어가 제시어가 됨 -------------- ①
    $word.textContent = word; // 화면에 제시어 표시 ---------- ②
  } else {
    // 비어 있지 않음
  }
};
```

맞는 단어인지 판단하기

이번에는 맞는 단어인지 판단하는 코드를 작성하겠습니다. 순서도에서 제시어가 비어 있지 않은 경우로, 두 번째 사람이 단어를 입력할 때부터 이 코드가 실행됩니다.

끝말잇기에서 맞는 단어인지 판단하려면 제시어의 끝 글자와 현재 단어의 첫 글자를 비교하면 됩니다. 문자열의 마지막 글자를 구하는 간단한 방법인 at(-1)을 사용해 word.at(-1) === newWord[0]으로 비교합니다. newWord[0] 대신 newWord.at(0)도 됩니다. 맞는 단어라면 다음 차례를 위해 현재 단어를 제시어에 저장하고 화면에 표시합니다.

```
const onClickButton = () => {
  if (!word) { // 제시어가 비어 있는가?
    word = newWord; // 입력한 단어가 제시어가 됨
    $word.textContent = word; // 화면에 제시어 표시
  } else { // 비어 있지 않음
    if (word.at(-1) === newWord[0]) { // 제시어에 맞는 단어인가?
      // 맞는 단어
      word = newWord; // 현재 단어를 제시어에 저장
      $word.textContent = word; // 화면에 제시어 표시
    } else { // 틀린 단어
    }
  }
};
```

이제 다음 사람에게 차례를 넘깁니다. 순서도에는 단순히 '다음 참가자에게 차례를 넘긴다'라고 되어 있지만, 이 절차도 세부 절차로 나누어야 합니다. 참가자가 몇 명인지는 number 변수에 저

장되어 있고, 몇 번째 참가자인지 #order 태그에 있습니다.

예를 들어, 참가자가 3명일 때는 1번 참가자부터 시작하고, 다음은 2번, 그다음은 3번이 됐다가 다시 1번 참가자로 순서가 돌아갑니다. 참가자가 3명이면 number는 3이 됩니다. 현재 순서가 1이라면(#order 내부의 값 1) 여기에 1을 더한 값은 2로 number보다 작습니다. 이때는 다음 순서로 2를 설정하면 됩니다. 현재 순서가 3이라면(#order 내부의 값 3) 여기에 1을 더한 값은 4로 number보다 큽니다. 이때는 다음 순서가 1로 돌아가야 합니다.

이를 반영해 순서도를 수정하면 다음과 같습니다. 앞 절에서처럼 기존 절차를 세분하므로 기존 타원 안에 표시합니다.

그림 5-11 끝말잇기 순서도 수정 5

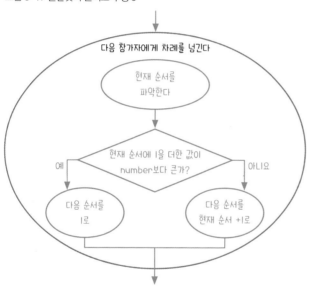

이 절차를 코드로 표현하면 다음과 같습니다.

① #order 태그를 선택해 $order 변수에 저장합니다.

② #order 태그 내부의 값을 꺼내 숫자로 변환하고 이를 order 변수에 저장합니다. '현재 순서를 파악한다' 절차에 해당합니다.

③ order 변수의 값에 1을 더한 값이 number보다 크면 화면 순서를 1로 표시하고, 작으면 화면에 order + 1을 순서로 표시합니다.

④ 제시어가 비어 있지 않아도 차례를 넘기는 부분은 같으므로 ②~③ 코드를 추가합니다.

```javascript
const $order = document.querySelector('#order'); ------- ①
let word; // 제시어
let newWord; // 현재 단어
const onInput = (event) => {
  newWord = event.target.value; // 입력한 단어를 현재 단어로 저장
};
const onClickButton = () => {
  if (!word) { // 제시어가 비어 있는가?
    // 비어 있음
    word = newWord; // 입력한 단어가 제시어가 됨
    $word.textContent = word; // 화면에 제시어 표시
    const order = Number($order.textContent); ---------- ②
    if (order + 1 > number) {
      $order.textContent = 1;
    } else {                                    ----------------- ③
      $order.textContent = order + 1;
    }
  } else { // 비어 있지 않음
    if (word.at(-1) === newWord[0]) { // 제시어에 맞는 단어인가?
      word = newWord; // 현재 단어를 제시어에 저장
      $word.textContent = word; // 화면에 제시어 표시
      const order = Number($order.textContent);
      if (order + 1 > number) {
        $order.textContent = 1;
      } else {                                   ------ ④
        $order.textContent = order + 1;
      }
    } else { // 틀린 단어
    }
  }
};
```

중복된 코드가 있지만, 이 부분은 나중에 해결하겠습니다.

5.5

틀린 단어일 때 표시하기

이제 제시어에 맞지 않는 단어를 입력하는 경우만 처리하면 됩니다. 맞지 않는 단어를 입력하면 alert() 메서드를 사용해 화면에 틀린 단어라고 표시하겠습니다.

```javascript
} else { // 비어 있지 않음
  if (word.at(-1) === newWord[0]) { // 제시어에 맞는 단어가 맞는가?
    word = newWord; // 현재 단어를 제시어에 저장
    $word.textContent = word; // 화면에 제시어 표시
    const order = Number($order.textContent);
    if (order + 1 > number) {
      $order.textContent = 1;
    } else {
      $order.textContent = order + 1;
    }
  } else { // 틀린 단어
    alert('틀린 단어입니다!');
  }
}
```

코드 작성이 끝나면 HTML 파일을 실행해 끝말잇기 게임이 작동하는지 확인합니다. 순서도를 제대로 그렸다면 정상적으로 작동하고, 맞지 않았다면 어딘가에서 오류가 발생할 겁니다. 순서도가 맞는지 검사하기 위해 가능한 경우의 수를 모두 테스트해 보는 것이 좋습니다.

그림 5-12 실행결과

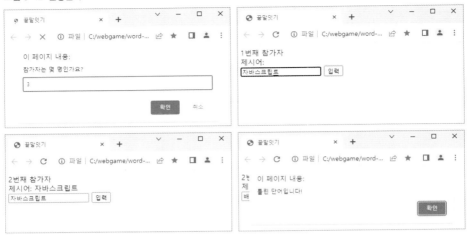

테스트해 보면 몇 가지 부족한 점을 알게 됩니다. 단어를 입력하고 나서 입력 버튼을 누르면 다음 차례로 넘어갑니다. 이때 이전 차례에서 입력한 단어가 그대로 남아 있습니다. 단어를 지우려면 마우스 커서를 위치시켜야 하니 귀찮죠. 이렇게 사소한 부분까지 신경 쓰면 사용자 편의성이 더 좋아지겠죠? 이를 위해 순서도를 다음과 같이 수정합니다.

그림 5-13 끝말잇기 순서도 수정 6

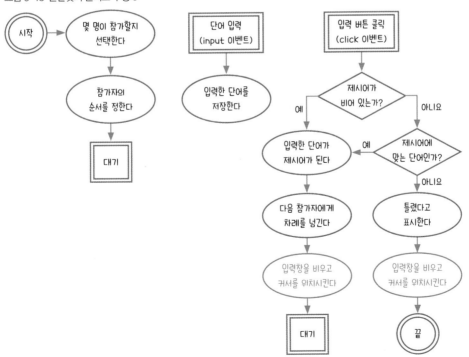

수정한 순서도를 코드로 옮겨 보겠습니다. 먼저 $input.value에 ''을 대입해 input 태그를 빈 값으로 만듭니다. 그리고 focus() 메서드로 input 태그를 선택해 커서가 위치하게 합니다. 해당 작업은 입력창에 단어가 표시되는 곳(3곳)에서 모두 해야 합니다.

```
const onClickButton = () => {
  if (!word) { // 제시어가 비어 있는가?
    word = newWord; // 입력한 단어가 제시어가 됨
    $word.textContent = word; // 화면에 제시어 표시
    const order = Number($order.textContent);
    if (order + 1 > number) {
      $order.textContent = 1;
    } else {
      $order.textContent = order + 1;
    }
    $input.value = ''; // 입력창을 비움
    $input.focus(); // 커서를 위치시킴
  } else { // 비어 있지 않음
    if (word.at(-1) === newWord[0]) { // 제시어에 맞는 단어인가?
      word = newWord; // 현재 단어를 제시어에 저장
      $word.textContent = word; // 화면에 제시어 표시
      const order = Number($order.textContent);
      if (order + 1 > number) {
        $order.textContent = 1;
      } else {
        $order.textContent = order + 1;
      }
      $input.value = ''; // 입력창을 비움
      $input.focus(); // 커서를 위치시킴
    } else { // 틀린 단어
      alert('틀린 단어입니다!');
      $input.value = ''; // 입력창을 비움
      $input.focus(); // 커서를 위치시킴
    }
  }
};
```

5.6

순서도 최적화하기

마지막으로 순서도와 코드를 점검해 보겠습니다. 기본으로 할 일은 중복되는 부분을 찾아 최적화하는 것입니다.

① 순서도에서 중복되는 절차를 하나로 줄일 수 있습니다. 순서도를 보면 '입력창을 비우고 커서를 위치시킨다'는 절차가 중복됩니다. 코드에서는 다음 부분입니다.

```
$input.value = ''; // 입력창을 비움
$input.focus(); // 커서를 위치시킴
```

② 순서도에서는 중복되지 않으나 코드에서 중복되는 부분도 있습니다. '입력한 단어가 제시어가 된다'와 '다음 참가자에게 차례를 넘긴다'는 절차에 해당하는 코드입니다.

```
word = newWord; // 입력한 단어가 제시어가 됨
$word.textContent = word; // 화면에 제시어 표시
const order = Number($order.textContent);
if (order + 1 > number) {
  $order.textContent = 1;
} else {
  $order.textContent = order + 1;
}
```

③ 끝말잇기는 단어가 틀렸더라도 다시 입력할 기회를 주는 관대한 게임이라서 무한 반복됩니다. 따라서 끝을 나타내는 표시는 필요하지 않습니다. 게임을 끝내고 싶다면 웹 브라우저를 닫으면 됩니다. 코드를 수정할 것은 없고 순서도에서 끝 표시만 제거하면 됩니다.

④ 순서도에 판단하는 절차가 연이어 나오고 '예'나 '아니요'가 공통 절차로 이어질 때에는 절차를 하나로 만들 수 있습니다. 게임 순서도에서 '제시어가 비어 있는가?'와 '맞는 단어인가?'라는 절차는 '예'인 경우에 '입력한 단어가 제시어가 된다'라는 절차로 이어집니다. 따라서 두 판단 절차는 '제시어가 비어 있거나 맞는 단어인가?'라는 절차로 줄일 수 있습니다. 합칠 수 있는 절차인지는 다음과 같이 표를 만들어 분석해 보면 도움이 됩니다.

표 5-1 합칠 수 있는 절차인지 판단하기

판단1	판단2	결과
제시어가 비어 있다	맞는 단어다	입력한 단어가 제시어가 된다
제시어가 비어 있다	틀린 단어다	입력한 단어가 제시어가 된다
제시어가 비어 있지 않다	맞는 단어다	입력한 단어가 제시어가 된다
제시어가 비어 있지 않다	틀린 단어다	틀렸다고 표시한다

제시어가 비어 있다면 단어가 맞는지 틀린지 살펴볼 필요가 없으므로 취소선을 그어 두었습니다. 이때는 OR 관계(자바스크립트에서는 ||)가 있음을 알 수 있습니다. 앞의 표와 다음 표는 구성이 일치합니다.

표 5-2 OR 관계

첫 번째 조건	두 번째 조건	결과
true	true	true
true	false	true
false	true	true
false	false	false

반대로 표의 분석 결과가 다음과 같이 나왔다면 AND 관계(자바스크립트에서는 &&)가 있습니다.

표 5-3 AND 관계

첫 번째 조건	두 번째 조건	결과
true	true	true
true	false	false
false	true	false
false	false	false

이를 반영해 순서도를 최적화하면 다음과 같습니다. 순서도의 절차가 적을수록 효율적인 프로그램이 됩니다. 순서도를 줄일 방법이 없는지 틈틈이 고민해 보세요!

그림 5-14 끝말잇기 순서도 최적화

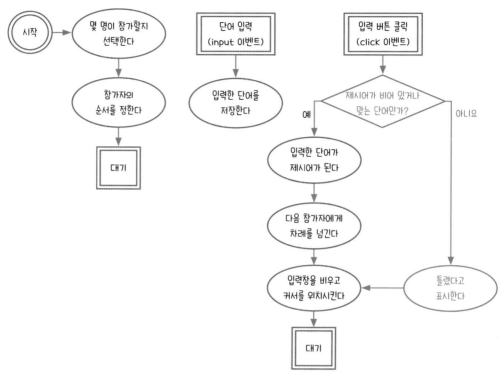

이제 최적화한 순서도를 코드에 반영해 보겠습니다. onClick() 함수에서 if 문의 순서를 조정해 OR 관계가 있는 판단 절차 두 개를 하나로 줄였습니다. 이때 절차 1인 '제시어가 비어 있는가?'는 절차 2인 '제시어에 맞는 단어인가?'보다 우선순위가 높으므로(절차 1을 절차 2보다 먼저 판단) 절차 1이 || 앞에 나와야 합니다. 순서를 조정하면 코드가 상당히 짧아집니다.

```
const number = Number(prompt('참가자는 몇 명인가요?'));
const $button = document.querySelector('button');
const $input = document.querySelector('input');
const $word = document.querySelector('#word');
const $order = document.querySelector('#order');
let word; // 제시어
let newWord; // 현재 단어
```

```javascript
const onInput = (event) => {
  newWord = event.target.value; // 입력한 단어를 현재 단어로 저장
};
const onClickButton = () => {
  // 제시어가 비어 있거나 입력한 단어가 맞는 단어인가?
  if (!word || word.at(-1) === newWord[0]) { ------------ ④
    word = newWord; // 입력한 단어가 제시어가 됨
    $word.textContent = word; // 화면에 제시어 표시
    const order = Number($order.textContent);
    if (order + 1 > number) {
      $order.textContent = 1;                      ------ ②
    } else {
      $order.textContent = order + 1;
    }
  } else { // 틀린 단어
    alert('틀린 단어입니다!');
  }
  $input.value = '';
  $input.focus();                  -------------------------------- ①
};
$input.addEventListener('input', onInput);
$button.addEventListener('click', onClickButton);
```

지금까지 첫 번째 웹 프로그램인 끝말잇기를 구현해 봤습니다. 코드를 작성하는 것은 부가적인 일이고 순서도 작성이 훨씬 더 중요하다는 점을 느꼈을 겁니다. 순서도가 명확하게 정리되지 않으면 코드도 엉망이 됩니다. 생각하는 대로 바로 코딩하지 못해서 답답하겠지만, 반드시 순서도를 그리는 습관을 들여야 합니다. 습관이 되면 머릿속으로 순서도를 그릴 수 있게 되고, 결과적으로 코딩 속도가 빨라집니다.

마무리

이 장에서 배운 내용을 정리해 보겠습니다.

1. 순서도 작성

프로그래밍에서 가장 중요한 것은 코드를 작성하기 전에 올바른 순서도를 그리는 것입니다. 물론 순서도를 한 번에 완성할 수는 없고 코딩하면서 계속 수정해야 합니다. 하지만 다음 원칙을 지키면서 순서도를 설계한다면 수정하는 횟수와 절차를 최소화할 수 있고 결과적으로 코딩 속도가 빨라집니다.

> ① 프로그램의 절차 수는 정해져 있어야 한다.
>
> ② 각 절차는 항상 같은 내용이어야 한다.
>
> ③ 모든 가능성을 고려해야 한다.
>
> ④ 예는 절차를 검증할 때 사용한다.

사용자의 이벤트(버튼 클릭, 입력창 글자 입력 등)가 필요한 곳에서 순서도를 끊어야 함을 잊지 마세요!

2. 순서도 최적화

여러 개의 if 문을 하나로 합치려면 진리표를 활용합니다. 두 if 문의 관계가 OR(||, 또는)인지 AND(&&, 그리고)인지에 따라 진리표가 다음과 같이 달라집니다.

구분	첫 번째 조건	두 번째 조건	결과
OR 관계	true	true	true
	true	false	true
	false	true	true
	false	false	false
AND 관계	true	true	true
	true	false	false
	false	true	false
	false	false	false

셀프체크

쿵쿵따

5장을 마무리하는 과제를 내겠습니다. 지금까지 배운 내용으로 충분히 풀 수 있으니 부담을 느끼지 않아도 됩니다. 다만, 한 가지 당부하고 싶은 것이 있습니다. 해설 노트는 순서도를 그려 보고 직접 코딩해 본 후에 보세요. 귀찮다고 그냥 해설을 보고 넘어가면 실력이 늘지 않습니다. 코딩 실력은 직접 머리로 생각하고 손으로 코딩할 때 발전합니다.

끝말잇기를 응용해 '쿵쿵따'를 웹 게임으로 만들어 봅시다. 입력 단어를 세 글자로 고정하면 됩니다. 세 글자가 아니라면 다시 입력하라고 표시하세요. 처음에 prompt( ) 메서드로 참가자가 몇 명인지 선택할 때 사용자가 취소를 누르면 다음 코드가 실행되지 않게 처리하면 더 좋습니다.

힌트 사용자가 input 이벤트를 발생시킬 때 입력한 글자가 세 글자인지 확인합니다.

코딩
자율학습

6장

함수 사용하기: 계산기

이 장에서는 계산기 프로그램을 만들어 봅니다. 특히 함수를 집중적으로 사용합니다. 5장에서도 이벤트 리스너에서 함수를 사용하기는 했습니다. 하지만 5장에서는 함수의 특성을 활용해 프로그램을 만들겠습니다.

6.1

이 장에서 만드는 프로그램

이 장에서는 계산기를 만들며 함수를 배우는 것이 핵심이
지만, 순서도를 그리는 것이 언제나 우선입니다. 덧셈, 뺄
셈, 곱셈, 나눗셈이 가능한 계산기의 순서도를 그려 보세
요. 계산기 화면은 HTML로 만드니 숫자와 연산자를 입력
받고 계산을 수행하는 부분만 생각하면 됩니다. 보통 **그림
6-1**처럼 작성할 겁니다.

5장에서 이벤트를 기준으로 순서도를 끊어야 한다고 했습
니다. 계산기는 사용자가 숫자나 연산자(+, -, *, / 등) 버
튼을 클릭해 계산하는 장치입니다. 따라서 클릭 이벤트가
많이 발생합니다. 또한, 사용자가 입력한 숫자나 연산자를
저장하고 있어야 = 버튼을 클릭했을 때 결과를 계산할 수
있습니다. 1 + 2를 계산해야 한다면 프로그램은 1과 +와 2
모두를 저장해야 합니다. 따라서 프로그램이 시작될 때 숫
자 2개와 연산자를 저장할 변수부터 마련해야 합니다. 이
를 고려해 순서도를 다시 그려 보세요.

순서도를 **그림 6-2**처럼 쪼개서 그렸다면 매우 훌륭합니다!
5장 복습도 잘했고요.

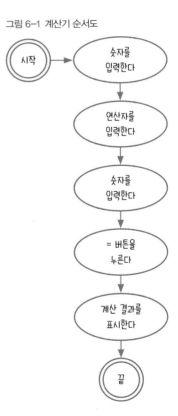

그림 6-1 계산기 순서도

그림 6-2 계산기 순서도 재작성 1

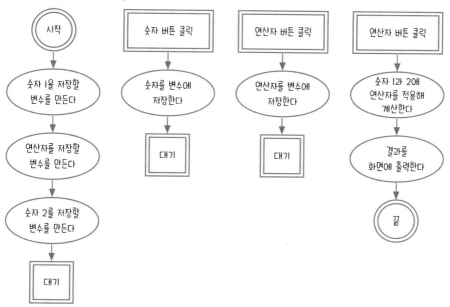

순서도를 그린 후에는 예를 들어 검증하라고 했죠? 1 + 2로 확인해 봅시다. 숫자 1, 연산자, 숫자 2를 저장하는 변수의 이름을 각각 numOne, operator, numTwo라고 하겠습니다. 1을 누르면 어떻게 될까요? 숫자 버튼을 클릭했으니 숫자를 변수에 저장합니다. 여기서 numOne 변수에 저장할지 numTwo 변수에 저장할지 정해야 합니다. 이는 operator 변수에 값이 저장되어 있느냐 아니냐에 따라 둘 중 어느 변수에 저장할지를 판단하면 됩니다. 따라서 숫자 버튼 클릭 부분의 순서도에 다음과 같이 판단 절차를 추가합니다.

그림 6-3 계산기 순서도에 판단 부분 추가

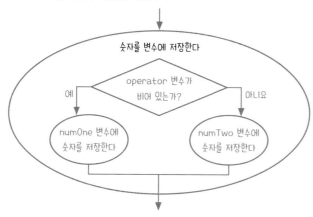

321

이제 numOne 변수에 저장한 후 + 버튼을 누르면 +가 operator 변수에 저장됩니다. 그런 후 2를 누르면 operator 변수에 값이 저장되어 있으므로(+) numTwo 변수에 2가 저장됩니다. 마지막으로 = 버튼을 누르면 numOne 변수에 저장된 1과 numTwo 변수에 저장된 2를 operator 변수에 저장된 +로 계산합니다.

여기서 끝이 아닙니다. 다양한 경우의 수를 생각해 순서도의 완성도를 높여야 합니다. 이번에는 10 − 5를 생각해 봅시다. 먼저 1을 누르면 1은 numOne 변수에 저장됩니다. 그다음에 0을 누르면 operator 변수에 값이 저장되어 있지 않으니 0도 numOne 변수에 저장해야 합니다. 하지만 numOne에는 이미 1이 저장되어 있는데 어떻게 0을 추가로 저장할 수 있을까요? 단순히 1에 0을 더한다고 하면 1 + 0 = 1이라 그저 1이 됩니다. 이럴 때는 2장에서 배운 자바스크립트 문법을 떠올려 보면 됩니다.

먼저 하나의 변수에 여러 값을 저장할 때 사용한 배열이 있습니다. 처음 1을 저장할 때 [1]로 저장하고, 그다음 0을 저장할 때 두 번째 요소로 추가해 [1, 0]으로 저장할 수 있습니다. 그리고 배열에서 제공하는 join() 메서드를 사용해 배열의 요소들을 문자열로 합친 후 숫자로 바꾸면 됩니다.

```
[1, 0].join('') === '10'
Number([1, 0].join('')) === 10
```

배열보다 더 단순한 방법도 있습니다. 문자열은 서로 더하면 이어지는 성질이 있습니다. '자바' + '스크립트'가 '자바스크립트'이듯이 '1' + '0'도 1이 아니라 '10'입니다. 애초에 numOne과 numTwo 변수에 숫자가 아니라 문자열을 저장한다면 숫자 버튼을 여러 번 클릭해도 쉽게 더할 수 있습니다. = 버튼을 클릭해 계산할 때 numOne과 numTwo의 값을 숫자로 바꾸면 됩니다.

이처럼 같은 내용도 여러 방식으로 구현할 수 있습니다. 방식마다 성능은 다를 수 있지만, 입문 단계이니 성능보다는 구현을 먼저 생각하세요.

이번에는 숫자를 누르지 않고 연산자 버튼이나 = 버튼을 먼저 누른 경우를 생각해 봅시다. 이럴 때는 경고 메시지를 띄우는 게 좋겠습니다. 경고 메시지를 띄울 때는 alert() 메서드를 사용합니다.

연산자 버튼을 누를 때는 numOne 변수에 값이 저장되어 있는지 확인하고, = 버튼을 누를 때는 numTwo 변수에 값이 저장되어 있는지 확인하면 됩니다. 사실 = 버튼을 누를 때 numOne, operator, numTwo 변수에 모두 값이 저장되어 있어야 하지만, numOne이나 operator 변수의 값이 없다면 numTwo 변수에는 값이 있을 수 없습니다. numOne 변수에 값이 저장되어 있을 때 operator 변수에 연산자를 저장할 수 있고, operator 변수에 값이 저장되어 있을 때 numTwo 변수에 숫자를 저장하니까요.

그림 6-4 변수의 관계

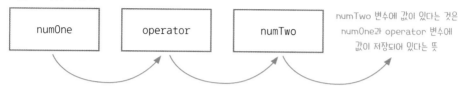

이를 바탕으로 순서도를 다음과 같이 재작성합니다.

그림 6-5 계산기 순서도 재작성 2

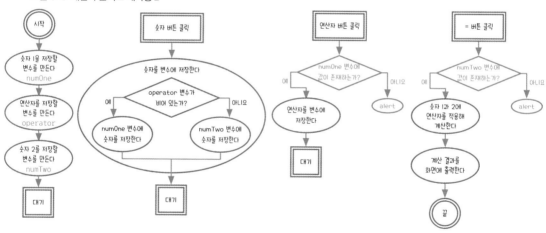

논리적으로 생각해 보면 판단 절차를 충분히 간소화할 수 있습니다. 다시 이야기하지만, 절차를 간소화할수록 더 효율적이고 성능이 좋은 프로그램이 됩니다.

6.2

계산기 화면 만들고 이벤트 달기

순서도를 만들었으니 코드로 구현해 보겠습니다.

6.2.1 계산기 화면 만들기

webgame 폴더에 **calculator.html** 파일을 만듭니다(**4.1 HTML 파일 생성하기** 참고). 파일에 계산기 화면을 표시하는 코드를 다음과 같이 작성합니다.

```html
<!DOCTYPE html>
<head>
<meta charset="utf-8">
<title>계산기</title>
<style>
* { box-sizing: border-box }
#result { width: 180px; height: 50px; margin: 5px; text-align: right }
#operator { width: 50px; height: 50px; margin: 5px; text-align: center }
button { width: 50px; height: 50px; margin: 5px }
</style>
</head>
<!-- 계산기 버튼 구현 -->
<body>
<input readonly id="operator">
<input readonly type="number" id="result">
<div class="row">
  <button id="num-7">7</button>
  <button id="num-8">8</button>
  <button id="num-9">9</button>
```

```
    <button id="plus">+</button>
  </div>
  <div class="row">
    <button id="num-4">4</button>
    <button id="num-5">5</button>
    <button id="num-6">6</button>
    <button id="minus">-</button>
  </div>
  <div class="row">
    <button id="num-1">1</button>
    <button id="num-2">2</button>
    <button id="num-3">3</button>
    <button id="divide">/</button>
  </div>
  <div class="row">
    <button id="clear">C</button>
    <button id="num-0">0</button>
    <button id="calculate">=</button>
    <button id="multiply">x</button>
  </div>
  <script>
  </script>
</body>
```

입력이 끝나면 Ctrl + S 를 눌러 저장합니다. webgame 폴더에 **calculator.html** 파일이 보이면 더블 클릭해 실행합니다. 또는 에디터에서 F5 를 누른 후 **웹앱(Chrome)**을 선택해 실행합니다. 실행하고 나면 크롬 웹 브라우저에 계산기 화면이 보입니다.

그림 6-6 계산기 화면

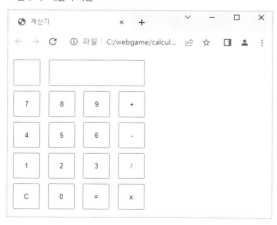

6.2.2 버튼에 이벤트 리스너 추가하기

화면에서 각 버튼을 클릭하면 이벤트가 발생할 수 있게 이벤트 리스너를 달겠습니다. 버튼이 많은 만큼(16개) 어떻게 다는 것이 효율적일지 고민해야 합니다. 딱히 방법이 떠오르지 않는다면 이벤트 리스너를 모두 달고 나서 개선점을 찾는 것도 한 가지 방법입니다. script 태그 부분에 다음과 같이 코드를 작성합니다.

```
<script>
let numOne = '';
let operator = '';
let numTwo = '';
const $operator = document.querySelector('#operator');
const $result = document.querySelector('#result');
document.querySelector('#num-0').addEventListener('click', () => {});
document.querySelector('#num-1').addEventListener('click', () => {});
document.querySelector('#num-2').addEventListener('click', () => {});
document.querySelector('#num-3').addEventListener('click', () => {});
document.querySelector('#num-4').addEventListener('click', () => {});
document.querySelector('#num-5').addEventListener('click', () => {});
document.querySelector('#num-6').addEventListener('click', () => {});
document.querySelector('#num-7').addEventListener('click', () => {});
document.querySelector('#num-8').addEventListener('click', () => {});
document.querySelector('#num-9').addEventListener('click', () => {});
document.querySelector('#plus').addEventListener('click', () => {});
document.querySelector('#minus').addEventListener('click', () => {});
document.querySelector('#divide').addEventListener('click', () => {});
document.querySelector('#multiply').addEventListener('click', () => {});
document.querySelector('#calculate').addEventListener('click', () => {});
document.querySelector('#clear').addEventListener('click', () => {});
</script>
```

반복되는 부분이 많습니다. 이럴 때는 일부만 작성한 다음에 규칙을 찾는 것이 좋습니다. 숫자 버튼인 #num-0과 #num-1 태그를 살펴보겠습니다.

계산기 순서도에서 숫자 버튼 클릭 부분을 보면 operator 변수에 값이 저장되어 있느냐 아니냐에 따라 numOne과 numTwo 중 어느 변수에 저장할지를 판단합니다. 그리고 앞에서 10과 같은 여러 자리 숫자를 표현하기 위해 문자열로 저장하는 방법('10'은 '1' + '0')을 설명했습니다. 이를 코드로 구현하면 다음과 같습니다.

```javascript
document.querySelector('#num-0').addEventListener('click', () => {
  if (operator) {
    numTwo += '0';
  } else {
    numOne += '0';
  }
  $result.value += '0'; // 클릭한 숫자 화면 표시
});
document.querySelector('#num-1').addEventListener('click', () => {
  if (operator) {
    numTwo += '1';
  } else {
    numOne += '1';
  }
  $result.value += '1'; // 클릭한 숫자 화면 표시
});
```

34 + 26을 계산한다고 하면 3, 4, +, 2, 6 버튼을 순서대로 클릭해야 합니다. numOne과 numTwo 변수를 문자열로 만들었으므로 3을 누른 후 4를 누르면 '3' + '4'가 되어 결과는 '34'가 됩니다. 지금은 문자열이지만, 나중에 계산할 때는 숫자로 바꿉니다. 그리고 $result.value 부분은 변수에 저장한 값을 화면에 표시하기 위한 코드입니다. 순서도에서는 생략되었습니다.

코드를 보면 0과 1 같은 숫자를 제외하고는 나머지 부분이 모두 같습니다. 이렇게 #num-9까지 중복됩니다. 그런데 완전히 똑같은 것이 아니라 숫자가 달라서 어떻게 중복을 제거해야 할지 애매합니다. 이처럼 함수에서 발생하는 중복은 고차 함수로 제거할 수 있습니다.

6.3

고차 함수로 중복 제거하기

이벤트 리스너를 연결하는 코드에서 0, 1, ..., 9까지 숫자를 제외한 나머지 부분이 같습니다. 이럴 때는 고차 함수로 중복을 제거할 수 있습니다. 고차 함수를 사용해 0부터 9까지 저장하는 부분을 매개변수(number)로 만들고, 다른 부분은 함수로 만들면 됩니다.

```
const onClickNumber = (number) => () => {
  if (operator) {
    numTwo += number;
  } else {
    numOne += number;
  }
  $result.value += number;
};
```

화살표가 연이어 나오는 고차 함수 문법에 아직 익숙하지 않을 테니 이번만 return이 있는 고차 함수를 제시하겠습니다. 앞으로 return을 생략할 수 있는 함수에서는 return을 생략하겠습니다.

```
const onClickNumber = (number) => {
  return () => {
    if (operator) {
      numTwo += number;
    } else {
      numOne += number;
```

```
    }
    $result.value += number;
  };
};
```

이벤트 리스너 부분에 고차 함수를 적용해 다음과 같이 수정합니다. 이번에도 onClickNumber('숫자') 부분을 함수의 return 값으로 치환해 보면 이해할 수 있겠죠?

```
const onClickNumber = (number) => () => {
  if (operator) {
    numTwo += number;
  } else {
    numOne += number;
  }
  $result.value += number;
};
document.querySelector('#num-0').addEventListener('click', onClickNumber('0'));
document.querySelector('#num-1').addEventListener('click', onClickNumber('1'));
document.querySelector('#num-2').addEventListener('click', onClickNumber('2'));
document.querySelector('#num-3').addEventListener('click', onClickNumber('3'));
document.querySelector('#num-4').addEventListener('click', onClickNumber('4'));
document.querySelector('#num-5').addEventListener('click', onClickNumber('5'));
document.querySelector('#num-6').addEventListener('click', onClickNumber('6'));
document.querySelector('#num-7').addEventListener('click', onClickNumber('7'));
document.querySelector('#num-8').addEventListener('click', onClickNumber('8'));
document.querySelector('#num-9').addEventListener('click', onClickNumber('9'));
```

물론 고차 함수를 사용하지 않고도 중복을 제거할 수 있습니다. 앞의 코드에서 고차 함수를 사용한 이유가 뭐였죠? onClickNumber() 함수 내부의 다른 코드는 똑같은데 0~9라는 숫자만 다르기 때문입니다. 숫자를 같게 만든다면 모든 코드가 똑같아지므로 쉽게 중복을 제거할 수 있습니다.

어떻게 숫자 부분을 같게 만들 수 있을까요? 숫자들의 공통점을 찾으면 됩니다. 여기서 숫자는 모두 button 태그에 들어 있는 문자입니다. 버튼을 클릭할 때 event.target.textContent로 button 태그의 문자를 가져올 수 있습니다. 따라서 onClickNumber() 함수에서 숫자를 모두 같게 만들 수 있습니다.

```
const onClickNumber = (event) => {
  if (operator) {
    numTwo += event.target.textContent;
  } else {
    numOne += event.target.textContent;
  }
  $result.value += event.target.textContent;
};
document.querySelector('#num-0').addEventListener('click', onClickNumber);
document.querySelector('#num-1').addEventListener('click', onClickNumber);
document.querySelector('#num-2').addEventListener('click', onClickNumber);
document.querySelector('#num-3').addEventListener('click', onClickNumber);
document.querySelector('#num-4').addEventListener('click', onClickNumber);
document.querySelector('#num-5').addEventListener('click', onClickNumber);
document.querySelector('#num-6').addEventListener('click', onClickNumber);
document.querySelector('#num-7').addEventListener('click', onClickNumber);
document.querySelector('#num-8').addEventListener('click', onClickNumber);
document.querySelector('#num-9').addEventListener('click', onClickNumber);
```

중복 코드 제거가 이렇게 쉬운데, 왜 어려운 고차 함수를 소개했을까요? 실무에서는 **내부 코드가 모두 같은 함수**보다 **대부분 다 비슷한데 특정 부분만 다른 함수**가 더 많기 때문입니다. 이럴 때는 고차 함수로 중복을 제거해야 합니다.

연산자 버튼을 누를 때도 고차 함수를 사용해 연산자를 저장할 수 있습니다. 고차 함수를 사용해야 하는 경우가 이렇게 바로 나오네요. 연산자 버튼에서는 연산자를 operator 변수에 저장하면서 화면($operator)에도 표시하고 있습니다.

```
document.querySelector('#num-9').addEventListener('click', onClickNumber));
const onClickOperator = (op) => () => {
  if (numOne) {
    operator = op;
    $operator.value = op; // 화면에 연산자 표시
  } else {
    alert('숫자를 먼저 입력하세요.');
  }
};
```

```javascript
document.querySelector('#plus').addEventListener('click', onClickOperator('+'));
document.querySelector('#minus').addEventListener('click', onClickOperator('-'));
document.querySelector('#divide').addEventListener('click', onClickOperator('/'));
document.querySelector('#multiply').addEventListener('click', onClickOperator('*'));
```

6.4

중첩 if 문 줄이기

script 태그 부분의 전체 코드는 다음과 같습니다.

```html
<script>
let numOne = '';
let operator = '';
let numTwo = '';
const $operator = document.querySelector('#operator');
const $result = document.querySelector('#result');
const onClickNumber = (event) => {
  if (operator) {
    numTwo += event.target.textContent;
  } else {
    numOne += event.target.textContent;
  }
  $result.value += event.target.textContent;
};
document.querySelector('#num-0').addEventListener('click', onClickNumber);
document.querySelector('#num-1').addEventListener('click', onClickNumber);
document.querySelector('#num-2').addEventListener('click', onClickNumber);
document.querySelector('#num-3').addEventListener('click', onClickNumber);
document.querySelector('#num-4').addEventListener('click', onClickNumber);
document.querySelector('#num-5').addEventListener('click', onClickNumber);
document.querySelector('#num-6').addEventListener('click', onClickNumber);
document.querySelector('#num-7').addEventListener('click', onClickNumber);
document.querySelector('#num-8').addEventListener('click', onClickNumber);
document.querySelector('#num-9').addEventListener('click', onClickNumber);
```

```
const onClickOperator = (op) => () => {
  if (numOne) {
    operator = op;
    $operator.value = op;
  } else {
    alert('숫자를 먼저 입력하세요.');
  }
};
document.querySelector('#plus').addEventListener('click', onClickOperator('+'));
document.querySelector('#minus').addEventListener('click', onClickOperator('-'));
document.querySelector('#divide').addEventListener('click', onClickOperator('/'));
document.querySelector('#multiply').addEventListener('click', onClickOperator('*'));
document.querySelector('#calculate').addEventListener('click', () => {});
document.querySelector('#clear').addEventListener('click', () => {});
</script>
```

그런데 코드를 실행하면 버그가 발생합니다. 3 + 4를 한번 수행해 보세요.

그림 6-7 3 + 4 수행 시 버그 발생

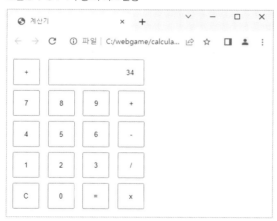

두 번째 숫자 4를 클릭하면 화면에 4만 뜨는 것이 아니라 34가 뜹니다. 두 번째 숫자를 클릭했을 때 첫 번째 숫자와 합쳐지는 버그입니다. 해결하려면 numTwo에 값을 저장하기 전에 화면을 비우는 작업이 필요합니다. 코드를 다음과 같이 수정하겠습니다.

```
const onClickNumber = (event) => {
  if (operator) {
```

```
    if (!numTwo) {
      $result.value = '';
    }
    numTwo += event.target.textContent;
  } else {
    numOne += event.target.textContent;
  }
  $result.value += event.target.textContent;
};
```

이제 두 번째 숫자를 클릭할 때 numTwo 변수에 저장된 값이 없으면 먼저 화면을 비우고 값을 입력합니다. 그런데 수정한 코드는 if 문 안에 if 문이 있는 **중첩 if 문**입니다. 분기점이 많은 코드를 작성하다 보면 이렇게 중첩 if 문을 사용하는 경우가 많습니다. **2.4.4절**에서 if 문이 중첩될수록 코드는 읽기가 어려워지므로 피하는 게 좋다고 했습니다. 실제로 순서도만 살짝 바꿔도 대부분의 중첩 if 문은 피할 수 있습니다.

중첩 if 문을 제거하는 방법은 다음과 같습니다.

① if 문 다음에 나오는 공통된 절차를 각 분기점 내부에 넣는다.

② 분기점에서 짧은 절차부터 실행하게 if 문을 작성한다.

③ 짧은 절차가 끝나면 return 문(함수 내부일 때)이나 break 문(for 문 내부일 때)으로 중단한다.

④ else 문을 제거한다(이때 중첩 하나가 제거된다).

⑤ 다음 중첩된 분기점이 나오면 ①~④의 과정을 반복한다.

방법에 맞춰 예제 코드에서 중첩 if 문을 제거해 보겠습니다.

① onClickNumber() 함수에서 if 문과 상관없이 공통적으로 실행되는 부분은 $result.value += event.target.textContent;입니다. 이 부분을 각 분기점 안에 넣습니다.

```
const onClickNumber = (event) => {
  if (operator) {
    if (!numTwo) {
      $result.value = '';
    }
```

```
      numTwo += event.target.textContent;
      $result.value += event.target.textContent;
    } else {
      numOne += event.target.textContent;
      $result.value += event.target.textContent;
    }
};
```

② 분기점에서 어떤 절차가 더 짧은지 확인합니다. operator에 저장된 값이 없을 때 절차가 더 짧으니 먼저 작성합니다. 이때 조건은 operator에서 !operator로 바뀝니다.

```
const onClickNumber = (event) => {
  if (!operator) {
    numOne += event.target.textContent;
    $result.value += event.target.textContent;
  } else {
    if (!numTwo) {
      $result.value = '';
    }
    numTwo += event.target.textContent;
    $result.value += event.target.textContent;
  }
};
```

③ 짧은 절차 즉, !operator일 때의 절차가 마무리되면 return 문으로 함수를 종료합니다.

④ return 문 아랫부분은 무조건 operator일 때만 실행되므로 else 문으로 감쌀 필요가 없습니다.

```
const onClickNumber = (event) => {
  if (!operator) {
    numOne += event.target.textContent;
    $result.value += event.target.textContent;
    return;
  }
  // 이하 코드는 operator에 값이 저장되어 있는 경우에만 실행됨
  if (!numTwo) {
```

```
      $result.value = '';
    }
    numTwo += event.target.textContent;
    $result.value += event.target.textContent;
  };
```

이렇게 중첩 if 문이 사라졌습니다. else 문도 사라져서 읽기 어렵다고 생각할 수 있습니다. 하지만 익숙해지면 오히려 읽기 편합니다. 짧은 절차가 먼저 나온다고 생각하면 됩니다.

코드에서 몇 중첩을 허용할지에 대한 정답은 없습니다. 다만, 대부분 3중첩부터 코드가 읽기 어려워진다고 여기므로 3중첩까지는 가지 않기를 추천합니다.

1분 퀴즈

해설 노트 p.571

1. 다음 if 문의 중첩을 줄여 보세요.

힌트 if (!b)의 경우는 else 문이 없지만 중첩을 제거할 수 있습니다. 뒤에 아무것도 실행하지 않는 else 문이 있다고 가정하면 됩니다.

```
function test() {
  let result = '';
  if (a) {
    if (!b) {
      result = 'c';
    }
  } else {
    result = 'a';
  }
  result += 'b';
  return result;
}
```

6.5

결과 계산하기

다음으로 = 버튼이 클릭될 때 결과를 출력하도록 #calculate 태그에 단 이벤트 리스너를 작성해 보겠습니다.

= 버튼 클릭 부분의 순서도를 보면 '숫자 1과 2에 연산자를 적용해 계산한다'라는 절차를 어떻게 구현해야 할지 고민될 겁니다. 현재 operator 변수는 +, -, *, / 같은 연산자를 문자열로 저장하고 있습니다. 문자열은 연산자로 바꿔야 계산할 수 있습니다. 그런데 문자열은 자료형이고 연산자는 문법 기호라서 문자열을 연산자로 직접 바꿀 수는 없습니다. 그 대신 문자열에 맞는 연산자를 사용하도록 조건문을 사용해 분기 처리하는 방법이 있습니다.

```
document.querySelector('#calculate').addEventListener('click', () => {
  if (numTwo) {
    switch (operator) {
      case '+':
        $result.value = parseInt(numOne) + parseInt(numTwo);
        break;
      case '-':
        $result.value = numOne - numTwo;
        break;
      case '*':
        $result.value = numOne * numTwo;
        break;
      case '/':
        $result.value = numOne / numTwo;
        break;
      default:
```

```
        break;
      }
    } else {
      alert('숫자를 먼저 입력하세요.');
    }
  });
```

switch 문 말고 if 문을 사용해도 됩니다. 다만, 조건에 해당하는 변수가 operator로 계속 같으므로 switch 문이 조금 더 깔끔해 보입니다.

'+'일 때 다른 경우와 달리 parseInt() 함수를 사용합니다. numOne과 numTwo 변수에 문자열을 저장했다는 사실을 기억하세요. 문자열끼리 더하면 문자열이 하나로 연결됩니다. '34' + '26'을 하면 60이 아니라 '3426'이 되죠. 그래서 각 변수의 값을 parseInt() 함수를 통해 숫자로 바꾼 후 더해야 합니다.

뺄셈, 곱셈, 나눗셈을 할 때는 숫자로 바꿀 필요가 없습니다. 해당 연산자들은 자동으로 문자열을 숫자로 바꾼 후에 계산합니다.

Note **eval() 함수**

앞에서 문자열을 연산자로 바꿀 수 없다고 했지만, 문자열을 자바스크립트 코드처럼 실행하는 방법이 있습니다. eval() 함수를 사용하는 방법입니다.

```
eval('1 + 2'); // 3
```

예를 들어, numOne이 5, operator가 −, numTwo가 2일 때 numOne + operator + numTwo는 '5 − 2'라는 문자열이 됩니다. 이 문자열을 eval() 함수로 실행하면 3이 반환됩니다.

```
document.querySelector('#calculate').addEventListener('click', () => {
  if (numTwo) {
    $result.value = eval(numOne + operator + numTwo);
  } else {
    alert('숫자를 먼저 입력하세요.');
  }
});
```

코드가 간단해져서 편리하지만, eval( ) 함수는 해커가 악용할 가능성이 있습니다. eval( ) 함수에 문자열을 입력하면 그대로 실행되므로 해커가 이를 통해 프로그램에 위험한 코드를 실행할 수 있습니다. 따라서 실무에서는 eval( ) 함수를 사용하지 않는 것이 보안상 안전합니다.

1분 퀴즈 해설 노트 p.574

2. (가) 부분에 어떤 문자열을 넣어야 alert() 메서드가 실행될까요? 단, eval() 함수의 실행을 막은 사이트들도 있으므로 calculator.html을 실행한 후 웹 브라우저의 콘솔에서 실행해야 합니다.

```
const str = (가);
eval('a'+ str +'t("eval은 위험해요")');
```

6.6

계산기 초기화하기

마지막으로 #clear 태그(C 버튼)가 클릭되는 것을 감지할 이벤트 리스너를 작성하겠습니다. 모든 것을 초기화하면 됩니다. 초기화한다는 것은 처음 상태로 되돌린다는 것을 의미합니다. 변수와 함수 모두 초기 상태로 설정하면 됩니다.

#clear 태그까지 합쳐 완성된 자바스크립트 코드는 다음과 같습니다.

```
<script>
let numOne = '';
let operator = '';
let numTwo = '';
const $operator = document.querySelector('#operator');
const $result = document.querySelector('#result');
const onClickNumber = (event) => {
  if (!operator) {
    numOne += event.target.textContent;
    $result.value += event.target.textContent;
    return;
  }
  if (!numTwo) {
    $result.value = '';
  }
  numTwo += event.target.textContent;
  $result.value += event.target.textContent;
};
document.querySelector('#num-0').addEventListener('click', onClickNumber);
document.querySelector('#num-1').addEventListener('click', onClickNumber);
```

```javascript
document.querySelector('#num-2').addEventListener('click', onClickNumber);
document.querySelector('#num-3').addEventListener('click', onClickNumber);
document.querySelector('#num-4').addEventListener('click', onClickNumber);
document.querySelector('#num-5').addEventListener('click', onClickNumber);
document.querySelector('#num-6').addEventListener('click', onClickNumber);
document.querySelector('#num-7').addEventListener('click', onClickNumber);
document.querySelector('#num-8').addEventListener('click', onClickNumber);
document.querySelector('#num-9').addEventListener('click', onClickNumber);
const onClickOperator = (op) => () => {
  if (numOne) {
    operator = op;
    $operator.value = op;
  } else {
    alert('숫자를 먼저 입력하세요.');
  }
};
document.querySelector('#plus').addEventListener('click', onClickOperator('+'));
document.querySelector('#minus').addEventListener('click', onClickOperator('-'));
document.querySelector('#divide').addEventListener('click', onClickOperator('/'));
document.querySelector('#multiply').addEventListener('click', onClickOperator('*'));
document.querySelector('#calculate').addEventListener('click', () => {
  if (numTwo) {
    switch (operator) {
      case '+':
        $result.value = parseInt(numOne) + parseInt(numTwo);
        break;
      case '-':
        $result.value = numOne - numTwo;
        break;
      case '*':
        $result.value = numOne * numTwo;
        break;
      case '/':
        $result.value = numOne / numTwo;
        break;
      default:
        break;
    }
  } else {
    alert('숫자를 먼저 입력하세요.');
```

```
    }
  });
  document.querySelector('#clear').addEventListener('click', () => {
    numOne = '';
    operator = '';
    numTwo = '';
    $operator.value = '';
    $result.value = '';
  });
```

완성된 코드를 실행해 보세요. 이 코드로는 단 한 번만 계산할 수 있습니다. 계산을 더 하려면 C 버튼을 클릭해 초기화한 후 처음부터 다시 계산해야 합니다. 연달아 계산하는 기능은 셀프체크에서 직접 구현해 보세요.

그림 6-8 34+26 수행 결과

마무리

이 장에서 배운 내용을 정리해 보겠습니다.

1. 중첩 if 문 제거하기

if 문이 중첩되면 코드를 파악하기 어려우므로 다음과 같은 순서로 중첩을 제거합니다.

① if 문 다음에 나오는 공통된 절차를 각 분기점 내부에 넣는다.

② 분기점에서 짧은 절차부터 실행하게 if 문을 작성한다.

③ 짧은 절차가 끝나면 return 문(함수 내부일 때)이나 break 문(for 문 내부일 때)으로 중단한다.

④ else 문을 제거한다(이때 중첩 하나가 제거된다).

⑤ 다음 중첩된 분기점이 나오면 ①~④의 과정을 반복한다.

2. eval() 함수

eval() 함수를 사용하면 문자열을 자바스크립트 코드처럼 실행할 수 있습니다. 하지만 이를 통해 해커가 프로그램에 위험한 코드를 실행할 수 있으므로 실무에서는 eval() 함수 사용을 피하는 것이 보안상 안전합니다.

```
eval('alert("eval은 위험해요")');
```

연속 계산

앞에서 만든 계산기는 단 한 번만 계산할 수 있습니다. 계산 결과가 나오면 C 버튼을 클릭해 초기화하기 전까지 계산기가 작동하지 않습니다. '1 + 2 + 4 ='처럼 연속해서 계산하고 싶다면 코드를 어떻게 수정해야 할까요? 또한 1, +, 2, =를 순서대로 클릭해서 3을 확인한 다음, 바로 이어서 +, 4, =를 눌러도 계산하도록 수정해 보세요.

힌트 '1 + 2 + 4 ='에서 두 번째 +를 눌렀을 때 numOne, operator, numTwo 변수가 각각 어떤 값을 갖고 있어야 할지 생각해 보세요. 1, +, 2, =, +, 4, =를 순서대로 누르는 경우에도 어떤 값을 갖고 있어야 할지 생각해 보세요.

7장

반복문 사용하기: 숫자야구

반복문은 프로그램에서 매우 중요한 역할을 담당하지만, 개념을 이해하기가 조금 어렵습니다. 그래서 이 장에서는 숫자야구를 웹 프로그램으로 만들어 보면서 간단한 반복문부터 복잡한 반복문까지 연습해 보겠습니다.

이 장에서 만드는 프로그램

이 장에서 만드는 숫자야구는 다음과 같은 게임입니다. 상대편이 숫자 1~9 중에서 중복되지 않게 4개를 고릅니다(더 어렵게 만들려면 0을 포함해도 됩니다). 플레이어가 10번의 기회 동안 상대편이 고른 숫자 4개를 맞히면 됩니다. 이때 숫자만 맞히는 것이 아니라 숫자의 순서까지 맞혀야 합니다. 기회가 적은 대신, 틀릴 때마다 힌트를 줍니다. 숫자만 맞히면 볼, 순서까지 맞히면 스트라이크로 알려 줍니다. 숫자 4개와 순서까지 모두 맞히면 홈런이 됩니다. 10번의 기회 동안 맞히지 못하면 상대편이 승리합니다.

예를 들어, 상대편이 5728을 뽑았다고 합시다. 플레이어가 7129라고 하면 1 스트라이크, 1 볼이라고 알려 줍니다. 2는 숫자와 순서(세 번째)까지 맞혀서 스트라이크고, 7은 숫자만 맞혀서 볼입니다. 다시 플레이어가 7528이라고 하면 2 스트라이크 2 볼이 되고, 7285라고 하면 4 볼이됩니다. 5728이라고 하면 4 스트라이크(홈런)가 되어 플레이어가 이깁니다.

스트라이크와 볼이라는 용어를 사용해서 '숫자야구'라는 이름이 붙었지만, 야구와 아무 관련이 없는 게임입니다.

순서도부터 그려야겠죠? 숫자야구는 원래 두 사람이 하는 게임이지만, 컴퓨터와 대결하는 방식으로 바꾸겠습니다. 절차는 다음과 같습니다. 이를 만족하도록 숫자야구의 순서도를 그려 보세요.

1. 컴퓨터(상대편)가 무작위로 숫자 4개를 뽑으면 플레이어(사용자)가 입력창에 답을 입력합니다.

2. 답을 입력하는 이벤트가 발생하면 답이 형식에 맞는지(중복되지 않은 숫자 4개) 판단합니다.

3. 홈런인지 판단해서 홈런이면 승리했다고 화면에 표시합니다.

4. 10번 틀리면 패배했다고 화면에 표시하고 정답을 알려 줍니다.

5. 홈런도 패배도 아니라면 틀린 횟수와 몇 스트라이크 몇 볼인지를 화면에 표시합니다.

그림 7-1 숫자야구 순서도

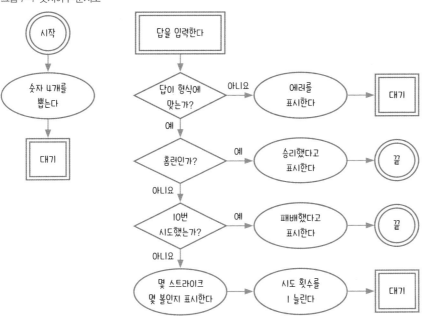

언제나 그렇지만 순서도를 한 번에 완벽하게 작성하기는 어렵습니다. 처음에는 대략 그리고, 코딩하면서 차차 보완해 나가면 됩니다. 다만 언어에 대한 이해와 프로그래밍 사고력이 길러지면 순서도를 수정하는 횟수가 점점 줄어듭니다. 답을 보지 않고 순서도를 그려 보는 연습을 꾸준히 하는 것이 중요합니다.

화면 만들고 숫자 4개 뽑기

7.2.1 화면 만들기

화면부터 구성해 보겠습니다. webgame 폴더에 **number-baseball.html** 파일을 만들고 다음과 같이 코드를 작성합니다.

```
<html>
<head>
<meta charset="utf-8">
<title>숫자야구</title>
</head>
<body>
<form id="form">
  <input type="text" id="input">
  <button>확인</button>
</form>
<div id="logs"></div>
<script>
const $input = document.querySelector('#input');
const $form = document.querySelector('#form');
const $logs = document.querySelector('#logs');
</script>
</body>
</html>
```

number-baseball.html 파일을 저장하고 실행하면 웹 브라우저에 다음과 같은 화면이 나옵니다.

그림 7-2 실행결과

입력창(#input)에 숫자를 입력하고 [확인] 버튼을 클릭하면 입력창 아래(#logs)에 몇 스트라이크 몇 볼인지, 홈런인지 패배인지를 표시합니다. 현재는 숫자를 입력해도 아무것도 표시되지 않습니다.

7.2.2 무작위로 숫자 뽑기

순서도는 **그림 7-1**처럼 간단하지만, 각 절차를 구현할 때는 더 깊게 생각해야 합니다. 프로그램을 시작하면 컴퓨터가 숫자 4개를 뽑는데, 이 절차는 사실 여러 단계로 구성되어 있습니다. 숫자 4개를 저장할 자리를 마련해야 하고, 숫자를 무작위로 하나씩 뽑아 저장하는 작업을 4번 반복해야 합니다. 이때 숫자는 무작위로 뽑지만, 중복되지 않게 뽑아야 합니다.

숫자야구 게임에서는 1에서 9까지의 숫자에서 무작위로 4개를 뽑습니다. 그래서 **4.5.2 Math 객체**에서 배운 Math.floor(Math.random( ) * 9 + 1)을 4번 사용하면 될 것 같습니다. 하지만 이렇게 하면 숫자가 중복될 수 있습니다. 중복되지 않게 뽑으려면 어떻게 해야 할까요?

실생활에서 무작위 숫자를 중복되지 않게 뽑는 경우가 언제인지 생각해 보세요. 바로 로또 6/45(이하 로또)입니다. 로또는 중복되지 않게 무작위로 숫자 7개(당첨 숫자 6개와 보너스 숫자 1개)를 뽑는 대표적인 예입니다. 로또는 통에 45개의 공을 모아 두고 공을 하나씩 일곱 번 뽑습니다. 한번 뽑은 공은 통에서 빠지므로 같은 숫자의 공이 뽑힐 일이 없습니다. 로또 추첨기는 8장에서 만들어 보겠습니다.

이 프로그램에서도 로또의 원리를 이용해 1부터 9까지의 숫자를 미리 모아 두고 하나씩 네 번 뽑으면 됩니다. 먼저 1에서 9까지의 숫자를 모아 둡니다. 여러 값을 모아 둘 때는 배열이나 객체를 사용합니다. 여기서는 배열을 사용해야 할까요? 객체를 사용해야 할까요? 이 질문은 앞으로도 상당히 자주 나옵니다. 배열을 사용할지 객체를 사용할지에 따라 프로그램 구조가 바뀌기 때문입니다. 또한, 코딩의 효율성과 성능에서도 매우 차이가 납니다. 간단하게 고르는 방법은 단순한 값들의 나열이면 배열을 사용하고, 값에 이름이 붙는다면 객체를 사용는 것입니다. 숫자야구에서 숫자들은 단순한 숫자의 나열이므로 배열로 충분합니다.

numbers라는 빈 배열을 만들고 그 안에 1부터 9까지 숫자를 넣습니다. [1, 2, 3, 4, 5, 6, 7, 8, 9] 이런 식으로 작성해도 되지만, 나중에 1부터 10000까지의 배열을 만들 일이 생길 때는 일일이 다 적을 수 없으므로 반복문으로 생성하는 방법을 배워 보겠습니다. 먼저 빈 배열을 만들고 숫자를 하나씩 push()하면 됩니다. 1부터 9까지의 숫자를 넣을 때 push()를 9번 해도 되지만, 반복문을 쓰면 코드가 더 짧아집니다. 코드가 반복되는 상황에서는 반복문을 사용하는 것이 더 효율적입니다.

반복문에서 조건식에 반복 범위를 작성하는 방법은 네 가지입니다.

- 0부터 9 미만으로 적기
- 0부터 8 이하로 적기
- 1부터 10 미만으로 적기
- 1부터 9 이하로 적기

프로그래밍에서 보통 숫자는 0부터 시작합니다. 다만, 배열을 순회(배열 내부의 요소들을 순서대로 찾는 것)하는 것이 아니라면 1부터 세는 것이 더 편할 수 있습니다. 미만으로 표기할지 이하로 표기할지는 개인의 취향입니다. 1부터 9까지의 숫자를 뽑는 것이므로 9 이하(<= 9)가 더 직관적으로 보이지만, 10 미만(< 10)을 사용하는 경우가 있습니다. 이는 **7.4.2절**에서 설명하겠습니다.

```
const $input = document.querySelector('#input');
const $form = document.querySelector('#form');
const $logs = document.querySelector('#logs');
const numbers = [];
for (let n = 1; n <= 9; n += 1) {
  numbers.push(n);
}
```

350

numbers 배열에 1부터 9까지 숫자를 담았으니 여기서 4개를 뽑아 보겠습니다.

① answer라는 빈 배열을 추가로 만듭니다.

② 정답 숫자를 4개 뽑기 위해 4번 반복합니다. 이때 n은 반복문 내에서 실제로 사용하는 변수가 아니므로 0 〈 n 〈= 3으로 해도 되고, 1 〈 n 〈 5로 해도 됩니다.

③ Math.floor() 메서드로 0~8 정수에서 인덱스(index)를 무작위로 뽑습니다.

④ numbers[index]로 해당 인덱스에 담긴 실제 숫자를 가져와 answer 배열에 추가(push())합니다.

⑤ 뽑은 숫자를 numbers 배열에서 제거(splice())합니다.

```
const $input = document.querySelector('#input');
const $form = document.querySelector('#form');
const $logs = document.querySelector('#logs');
const numbers = [];
for (let n = 1; n <= 9; n += 1) {
  numbers.push(n);
}
const answer = []; ---------------------------------------------- ①
for (let n = 0; n <= 3; n += 1) { // 4번 반복 ---------------------- ②
  const index = Math.floor(Math.random() * 9); // 0~8 정수 뽑기 ------ ③
  answer.push(numbers[index]); ---------------------------------- ④
  numbers.splice(index, 1); ------------------------------------- ⑤
}
console.log(answer);
```

number-baseball.html 파일을 저장하고 실행합니다. 웹 브라우저가 열리면 F12를 눌러 콘솔을 엽니다. [확인] 버튼을 클릭하면 숫자 4개가 저장된 배열이 보입니다. 그런데 F5를 눌러 새로고침을 하다 보면 가끔 undefined가 섞여 나올 때가 있습니다.

그림 7-3 숫자 4개가 나오는 경우와 undefined가 섞여 나오는 경우

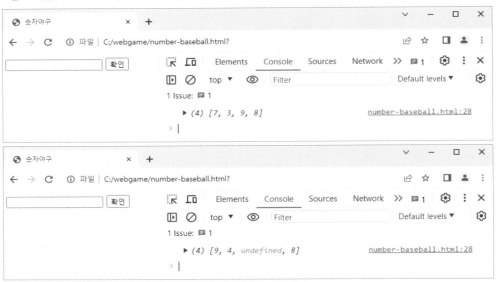

undefined가 나오는 이유는 Math.random() * 9 때문입니다. 4번 반복해서 0에서 8까지의 숫자를 뽑는데, numbers 배열에 든 숫자는 하나씩 줄고 있습니다. numbers 배열에 [1, 2, 3, 4, 5, 6, 7, 8, 9]가 있었는데 인덱스 5를 뽑았다면 numbers는 [1, 2, 3, 4, 5, 7, 8, 9]가 됩니다.

```
[1, 2, 3, 4, 5, 6, 7, 8, 9][5] === 6
```

인덱스와 실제 요소를 헷갈리지 마세요! 인덱스는 0부터 시작하는 번호고, 요소는 배열 안에 든 실제 값입니다. 이때 다음 인덱스로 8을 뽑으면 값은 undefined가 됩니다.

```
[1, 2, 3, 4, 5, 7, 8, 9][8] === undefined
```

따라서 무작위로 인덱스를 뽑을 때 9라는 고정 숫자를 곱하는 대신, numbers 배열의 길이에 맞춰 곱하는 숫자가 9, 8, 7, 6으로 줄어들어야 합니다. numbers.length를 사용하면 numbers 배열의 길이가 줄어드는 것을 반영할 수 있습니다.

```
for (let n = 0; n <= 3; n += 1) {
  const index = Math.floor(Math.random() * numbers.length); // numbers 길이에 따라
  answer.push(numbers[index]);
  numbers.splice(index, 1);
}
```

파일을 저장하고 웹 브라우저를 새로고침하면서 콘솔을 확인해 보면 undefined가 나오지 않습니다.

1분 퀴즈

해설 노트 p.577

1. 2에서 5까지의 숫자를 뽑고 싶습니다. 제대로 작동하도록 (가)~(라)를 모두 채우세요. 반복문의 조건식 범위를 입력하는 방법에 관한 문제입니다.

```
const answer = [];
for (let n = 0; n < (가); n++) {
  answer.push(n + 2);
}
```

```
const answer = [];
for (let n = 0; n <= (나); n++) {
  answer.push(n + 2);
}
```

```
const answer = [];
for (let n = 1; n < (다); n++) {
  answer.push(n + 1);
}
```

```
const answer = [];
for (let n = 1; n <= (라); n++) {
  answer.push(n + 1);
}
```

7장 반복문 사용하기: 숫자야구

7.3

입력값 검사하기

입력창으로 값을 입력받아 보겠습니다. 이번에는 버튼 태그에 click 이벤트를 달지 않고, #form 태그에 submit 이벤트를 달겠습니다. 보통 입력창이 있으면 폼 태그로 감싸서 submit 이벤트를 사용하는 것이 좋습니다. 그래야 버튼을 클릭하지 않고도 [Enter]를 눌러 값을 제출할 수 있습니다.

기존 코드 아래에 다음 코드를 작성합니다.

① 입력한 값들을 담을 tries 배열을 만듭니다('1234'처럼 하나의 문자열로 넣습니다).

② 입력한 값을 검사할 checkInput() 함수를 만듭니다. 함수 내부는 뒤에서 작성합니다.

③ #form 태그에 submit 이벤트를 답니다.

④ event.preventDefault()를 사용하는데, 이는 폼 태그의 기본 동작을 취소하는 코드입니다. 폼 태그는 submit 이벤트가 발생하면 기본으로 웹 브라우저를 새로고침합니다. 숫자야구에서는 웹 브라우저가 새로고침되면 모든 것이 초기화되므로 새로고침되는 것은 막아야 합니다.

⑤ 입력한 값은 $input.value로 가져옵니다. 이때 숫자가 아니라 문자열로 값이 들어온다는 점에 주의하세요! 값을 입력한 후에는 다시 $input 태그를 비웁니다.

⑥ checkInput() 함수를 호출해 입력한 값을 검사하고 결과를 반환합니다.

```
console.log(answer);
const tries = []; --------------------------------- ①
function checkInput(input) {} -------------------- ②
```

```
$form.addEventListener('submit', (event) => { -- ③
  event.preventDefault(); ---------------------- ④
  const value = $input.value; ------------------- ⑤
  $input.value = ''; ---------------------------- ⑤
  const valid = checkInput(value); ------------- ⑥
});
```

checkInput() 함수의 내부를 작성해 보겠습니다. checkInput() 함수는 입력값이 4글자인지, 중복 숫자는 없는지, 이미 시도한 값은 아닌지를 검사합니다. 이미 시도한 값인지를 검사하는 이유는 1234를 시도해서 어떤 결과가 나왔는데 1234를 다시 시도할 이유가 없기 때문입니다. 기회 하나를 날리는 것이므로 checkInput() 함수로 걸러 냅니다.

```
function checkInput(input) {
  if (input.length !== 4) { // 길이가 4인지
    return alert('4자리 숫자를 입력하세요.');
  }
  if (new Set(input).size !== 4) { // 중복된 숫자가 있는지
    return alert('중복된 숫자를 입력했습니다.');
  }
  if (tries.includes(input)) { // 이미 시도한 값인지
    return alert('이미 시도한 값입니다.');
  }
  return true;
}
```

검사를 통과하면 true를 반환하고, 실패하면 false를 반환합니다. 반환값은 나중에 if 문에 넣어 검사가 실패했는지 아닌지 판단할 때 사용합니다. 코드를 보면 실패하는 경우에는 alert(메시지)를 반환하고 있습니다. alert() 메서드는 undefined를 반환합니다. 즉, return undefined와 같고, undefined는 if 문에서는 false로 처리하므로 결과가 같습니다. 이러한 부분은 언어적인 특성이므로 복잡하다면 alert() 메서드를 사용한 후에 명시적으로 return 문으로 false를 반환해도 됩니다.

입력한 값의 길이가 4인지 검사하는 부분은 쉽게 이해할 겁니다. 이미 시도한 값인지는 기존에 시도한 값들을 tries 배열에 넣어 두고 배열 안에 해당 값이 존재하는지 알려 주는 includes() 메서드로 찾습니다.

중복된 숫자가 있는지는 Set 객체를 사용하면 쉽게 찾을 수 있습니다. Set은 중복을 허용하지 않으므로 new Set('1231')을 하면 Set 내부에는 1, 2, 3만 들어갑니다. 중복이 없다면 size 결과로 4가 나오지만, 중복이 있다면 4보다 작은 값이 나옵니다.

Note **HTML5의 검사 기능 활용하기**

여기서는 입력값을 자바스크립트로 검사하지만, HTML 자체에서도 입력값 검사 기능을 제공합니다. 웹 브라우저에서 자바스크립트 코드를 실행하지 않는 경우도 있으므로(사용자가 웹 브라우저 환경 설정에서 자바스크립트를 실행하지 않게 설정할 수 있음) HTML로도 검사해 보는 것이 좋습니다.

```
<input
  required
  type="text"
  id="input"
  minlength="4"
  maxlength="4"
  pattern="^(?!.*(.).*\1)\d{4}$"
>
```

앞의 코드에는 몇 가지 검사 속성을 사용했습니다. required는 입력값이 필수라는 의미고, type="text"는 입력값이 문자열로 인식된다는 뜻입니다. minlength와 maxlength는 각각 입력값의 최소 길이와 최대 길이를 의미합니다. pattern은 조금 어려운데, **정규 표현식**(regular expression)으로 입력값을 검사하는 기능입니다. 현재 작성한 정규 표현식은 중복되지 않은 4자리 숫자를 의미합니다. "^(?!.*(.).*\1)\d{4}$" 문자열의 의미를 제대로 설명하려면 책 한 권 분량이 필요하므로 여기서는 생략합니다. 하지만 짧은 코드로도 매우 강력하게 문자열을 검사할 수 있으므로 알아 두기를 권합니다. 참고할 만한 사이트로 https://github.com/ziishaned/learn-regex가 있습니다.

HTML 자체의 검사를 통과하지 못한다면 다음과 같이 에러 메시지가 표시됩니다.

그림 7-4 HTML5 검사를 통과하지 못할 때

단, 검사 기능이 다양하지 않으므로 실무에서는 자바스크립트로도 검사해야 합니다.

7.4

입력값과 정답 비교하기

나머지 부분을 완성해 보겠습니다.

7.4.1 홈런 여부와 시도 횟수 검사하기

홈런인지 검사하는 부분과 시도 횟수가 10번을 넘겼는지 검사하는 부분부터 작성해 보겠습니다.

① 입력값 검사를 통과했는지(true) 실패했는지(false)를 확인합니다.

② 검사를 통과했으면 홈런인지 확인합니다. 입력값(value)과 정답을 비교합니다. 입력값은 문자열이므로 answer 배열에 들어 있는 값을 배열로 만들어야 합니다. 이때 배열을 문자열로 만드는 join() 메서드를 사용합니다. 예를 들어, answer 배열의 값이 [1, 5, 4, 2]일 때 answer.join('')을 하면 '1542'라는 문자열이 됩니다. 이 값을 입력값과 비교하면 홈런인지를 판단할 수 있습니다. 홈런이라면 승리이므로 #logs 태그에 '홈런!'이라고 표시합니다.

③ 시도 횟수는 따로 변수에 저장하기보다는 tries 배열의 길이(length)를 검사하면 됩니다. 변수 개수는 줄일 수 있으면 최대한 줄이는 것이 좋습니다. 같은 내용에 변수를 2개 이상 사용할 필요가 없습니다. 10번의 기회를 다 날리면 패배입니다. 이는 tries.length가 9 이상인지 검사하면 알 수 있습니다. 순서도에서는 '10번 시도했는가?'로 표시했지만, 실제 코드에는 9 이상으로 작성해야 합니다. 왜 10 이상이면 안 되는지 직접 10번을 시도해서 확인해 보세요.

10번 시도했다면 패배했다고 알리고 정답을 공개합니다. 홈런 메시지를 표시할 때와 코드가 다릅니다. 기존 #logs 태그의 내용을 유지하면서 추가로 다음 줄에 기록을 남기려면

357

document.createTextNode로 먼저 텍스트를 만들고, appendChild로 화면에 추가해야 합니다. textContent를 사용하면 기존 내용이 사라져 버립니다.

```javascript
$form.addEventListener('submit', (event) => {
  event.preventDefault();
  const value = $input.value;
  $input.value = '';
  const valid = checkInput(value);
  if (!valid) -------------------------- ①
    return;
  if (answer.join('') === value) { ------ ②
    $logs.textContent = '홈런!';
    return;
  }
  if (tries.length >= 9) { ------------- ③
    const message = document.createTextNode(`패배! 정답은 ${answer.join('')}`);
    $logs.appendChild(message);
    return;
  }
  // 몇 스트라이크 몇 볼인지 검사
});
```

7.4.2 몇 스트라이크 몇 볼인지 표시하기

마지막으로 몇 스트라이크 몇 볼인지 검사해서 화면에 표시하는 부분을 작성하겠습니다. 이 장에서 가장 중요한 부분입니다.

구현할 때 아이디어가 떠오르지 않는다면 컴퓨터가 아니라 사람이라면 어떻게 할지를 생각해보세요. 사람은 몇 스트라이크 몇 볼인지를 어떻게 확인할까요? 정답 숫자를 하나씩 입력값과 비교해서 같은 숫자가 있는지 찾아보고 자릿수도 일치하는지 확인할 겁니다. 구현할 때도 마찬가지입니다.

먼저 정답 숫자를 하나씩 선택하고 정답 숫자마다 입력값에서 일치하는 숫자가 있는지 찾아냅니다. 이를 배열 길이(answer.length)만큼 반복합니다. **7.2.2 무작위로 숫자 뽑기**에서 반복문의 끝 값을 이하(<=) 대신 미만(<)으로 선택하는 경우가 있다고 했는데 바로 이 경우입니다.

answer.length는 4인데 숫자로는 0~3을 반복해야 하므로 미만으로 적습니다.

정답 숫자마다 입력값에서 일치하는 숫자가 있는지 찾을 때는 배열에서 요소를 찾는 indexOf( )를 사용합니다. value.indexOf(answer[i])로 작성하면 됩니다. 바로 이해하기 어려우니 설명을 위해 answer 배열에 든 정답이 [1, 5, 4, 2], value에 있는 입력값은 '2346'으로 가정하겠습니다. '2346'.indexOf(1)이나 '2346'.indexOf(5)를 하면 −1이 나옵니다. '2346'.indexOf(4)를 하면 인덱스 2에 4가 있으므로 2가 반환됩니다. 이때 index와 i가 일치하므로 스트라이크가 됩니다. '2346'.indexOf(2)를 하면 0이 반환됩니다. −1은 아니지만 i와 일치하지 않으므로(i === 3) 볼이 됩니다. 반복문을 다 돌고 나면 최종적으로 1 스트라이크 1 볼이 됩니다.

그림 7-5 정답과 입력값 비교

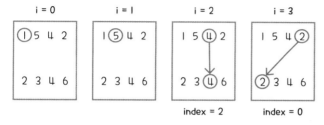

```
$form.addEventListener('submit', (event) => {
  (중략)
  // 몇 스트라이크 몇 볼인지 검사
  let strike = 0; // 스트라이크 수
  let ball = 0; // 볼 수
  for (let i = 0; i < answer.length; i++) {
    const index = value.indexOf(answer[i]);
    if (index > -1) { // 일치하는 숫자 발견
      if (index === i) { // 자릿수도 같음
        strike += 1;
      } else { // 숫자만 같음
        ball += 1;
      }
    }
  }
});
```

스트라이크와 볼의 개수를 구했으니 몇 스트라이크 몇 볼인지를 화면에 표시합니다. $logs 태그에 append() 메서드로 텍스트와 태그를 동시에 추가합니다. 메시지를 표시한 뒤에는 tries 배열에 방금 입력한 값을 저장해서 시도 횟수를 1 증가시킵니다.

```javascript
$form.addEventListener('submit', (event) => {
  (중략)
  // 몇 스트라이크 몇 볼인지 검사
  let strike = 0; // 스트라이크 수
  let ball = 0; // 볼 수
  for (let i = 0; i < answer.length; i++) {
    const index = value.indexOf(answer[i]);
    if (index > -1) { // 일치하는 숫자 발견
      if (index === i) { // 자릿수도 같음
        strike += 1;
      } else { // 숫자만 같음
        ball += 1;
      }
    }
  }
  $logs.append(`${value}: ${strike} 스트라이크 ${ball} 볼`, document.createElement('br'));
  tries.push(value);
});
```

이렇게 숫자야구 게임을 완성했습니다! 10번의 기회 안에 정답을 맞히면 됩니다.

그림 7-6 실행결과

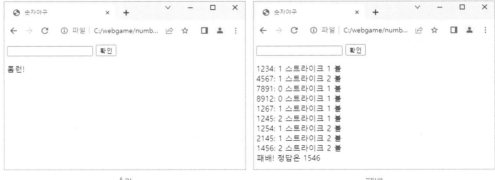

승리   패배

반복문 부분을 다음과 같이 forEach( ) 메서드로 바꿔 작성할 수 있습니다.

```javascript
answer.forEach((number, aIndex) => {
  const index = value.indexOf(String(number));
  if (index > -1) { // 일치하는 숫자 발견
    if (index === aIndex) { // 자릿수도 같음
      strike += 1;
    } else { // 숫자만 같음
      ball += 1;
    }
  }
});
```

마무리

이 장에서 배운 내용을 정리해 보겠습니다.

1. 1부터 원하는 숫자까지 들어 있는 배열 만들기

반복문을 사용해 배열에 숫자를 push()하면 됩니다.

```
const numbers = [];
for (let n = 1; n <= 숫자; n += 1) {
  numbers.push(n);
}
```

2. 중복되지 않게 무작위 숫자 뽑기

중복되지 않게 무작위 숫자를 뽑으려면 한 배열에서 무작위로 요소 하나를 지정해서 다른 배열로 옮기면 됩니다. 이때 무작위로 뽑은 값이 undefined가 되지 않도록 주의해야 합니다.

```
const numbers = [];
for (let n = 1; n <= 9; n += 1) {
  numbers.push(n);
}
const answer = [];
for (let n = 0; n <= 3; n += 1) {
  const index = Math.floor(Math.random() * 9);
  answer.push(numbers[index]);
  numbers.splice(index, 1);
}
```

아웃 표시

지금까지는 숫자만 맞히면 볼, 숫자와 자릿수까지 모두 맞히면 스트라이크였습니다. 그런데 숫자를 하나도 맞히지 못하면 어떻게 될까요? 정답이 '1357'인데 '2468'을 입력하는 경우입니다. 현재 상황에서는 '0 스트라이크 0 볼'이라고 표시합니다. 이제는 아웃으로 표시해 봅시다. 그리고 3 아웃이 되면 패배하게 합니다.

힌트 아웃 횟수도 변수에 저장해야 합니다. 메시지를 화면에 표시하는 부분은 append( ) 메서드로 만들어 보세요.

코딩
자율학습

8장

타이머 사용하기: 로또 추첨기

이 장에서는 로또 추첨기를 만들어 봅니다. 3.1절에서 배운 타이머를 집중적으로 사용해 보며 비동기라는 개념을 제대로 익혔는지 점검합니다.

8.1

이 장에서 만드는 프로그램

로또는 45개의 공이 든 통 안에서 7개의 공을 뽑습니다. 공에는 1부터 45까지 숫자가 적혀 있으며 한 번 뽑은 공은 통에서 빠지므로 같은 숫자의 공이 뽑힐 일이 없습니다. 뽑힌 숫자 중 6개는 당첨 숫자, 1개는 보너스 숫자입니다. 당첨 숫자 6개를 모두 맞추면 1등, 당첨 숫자 5개와 보너스 숫자 1개를 맞추면 2등입니다. 그리고 당첨 숫자 5개를 맞추면 3등, 당첨 숫자 4개를 맞추면 4등, 당첨 숫자 3개를 맞추면 5등입니다. 이를 웹 프로그램으로 구현한 로또 추첨기를 만들어 보겠습니다.

로또 추첨기의 순서도를 먼저 보지 말고 직접 절차를 생각한 후 그려 보세요. 사용자가 숫자 6개를 입력하면 로또 추첨기가 돌아가며 7개의 공을 뽑습니다. 이 중 하나는 보너스 숫자에 해당하는 공이 됩니다. 긴장감을 위해 뽑은 공을 1초에 하나씩 보여 줍니다. 공이 7개이므로 총 7초가 걸립니다. 공을 다 뽑고 나면 사용자가 입력한 숫자와 비교해 몇 등인지 대화상자로 표시합니다.

이 내용대로 순서도를 그리면 그림 8-1과 같습니다.

다소 황당해 보일 수 있지만 프로그램이 시작하고 나서 아무것도 하지 않습니다. 사용자가 숫자 6개를 입력해야만 프로그램이 동작하므로 입력 이벤트를 시작과 분리합니다. 순서도는 간단하지만, 비동기 특성 때문에 실제로 구현하기는 매우 어렵습니다. 순서도대로 구현하다 보면 '순서도대로 구현한 것 같은데 왜 안 되지?'라는 의문이 저절로 나오게 됩니다. 로또 추첨기를 구현해 보면서 왜 그런지 알아보겠습니다.

그림 8-1 로또 추첨기 순서도

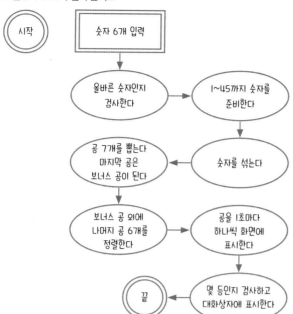

화면 만들고 숫자 입력받기

화면부터 작성하겠습니다. **lotto.html** 파일을 새로 만들고 다음과 같이 코드를 작성합니다. 숫자를 입력받을 폼을 만들고(①), 이 폼에 submit 이벤트 리스너를 답니다(②).

```html
<!DOCTYPE html>
<head>
<meta charset="utf-8">
<title>로또 추첨기</title>
<style>
.ball {
  display: inline-block;
  border: 1px solid black;
  border-radius: 20px;
  width: 40px;
  height: 40px;
  line-height: 40px;
  font-size: 20px;
  text-align: center;
  margin-right: 20px;
}
</style>
</head>
<body>
<form id="form"> ---------------------------------------- ①
  <input name="input" placeholder="숫자 6개를 쉼표로 구분해 입력하세요." />
  <button>추첨</button>
```

```
</form>
<div id="result">당첨 숫자: </div>
<div id="bonus">보너스 숫자: </div>
<script>
const $form = document.querySelector('#form');
const $result = document.querySelector('#result');
const $bonus = document.querySelector('#bonus');
$form.addEventListener('submit', (event) => {  ---------- ②
  event.preventDefault();
});
</script>
</body>
```

프로그램이 시작되면 사용자로부터 숫자 6개를 입력받아야 합니다. 이 부분을 작성해 보겠습니다.

input 태그 6개를 써서 각각 숫자를 입력받아도 되고, input 태그 하나로 숫자 6개를 전부 받아도 되는데, 이번에는 input 태그 하나만 사용합니다. 단, input 태그 안에 숫자 6개가 제대로 들어 있는지 확인해야 합니다. input 태그나 prompt() 메서드가 있을 때는 사용자가 제대로 입력했는지 확인하는 절차가 꼭 필요합니다.

숫자를 입력했는지(①), 숫자가 6개인지(②), 숫자가 중복되지 않는지(③), 1부터 45까지의 숫자 중에서 입력했는지(④)를 차례대로 검사합니다.

```
$form.addEventListener('submit', (event) => {
  event.preventDefault();
  const string = event.target.input.value;
  if (!string.trim()) {  ------------------------------- ①
    return alert('숫자를 입력하세요.');
  }
  const myNumbers = string.split(',').map((v) => parseInt(v.trim()));
  if (myNumbers.length !== 6) {  ---------------------- ②
    return alert('숫자를 6개 입력하세요.');
  }
  if (new Set(myNumbers).size !== 6) {  --------------- ③
    return alert('중복된 숫자를 입력했습니다.');
  }
  if (myNumbers.find((v) => v > 45 || v < 1)) {  ------ ④
```

```
      return alert('1부터 45까지만 입력할 수 있습니다.');
    }
  });
```

그림 8-2 검사 결과

무작위로 공 뽑고 정렬하기

입력한 숫자가 검사를 통과하고 나면 컴퓨터가 무작위로 당첨 숫자를 뽑아야 합니다. 숫자를 무작위로 뽑는 로직은 이미 7장에서 만들었습니다. 7장에서와 달리 숫자가 적힌 공을 뽑는다고 생각하면 됩니다. 이번에는 전체 숫자를 45개로 하고 이 중에서 총 7개를 뽑으면 됩니다. 마지막 숫자는 보너스 공이 됩니다. 다만, 7장과 차이를 두기 위해 숫자 45개를 섞은 뒤에 7개를 뽑겠습니다.

먼저 통에 들어갈 1에서 45까지의 숫자를 준비합니다. for 문 대신 배열의 메서드를 사용해 숫자들을 candidate 변수에 저장합니다.

```
$form.addEventListener('submit', (event) => {
  (중략)
  const candidate = Array(45).fill().map((v, i) => i + 1);
});
```

candidate 변수에는 45개의 숫자가 순서대로 저장되어 있습니다. 빈 배열(shuffle) 하나를 만들고 candidate 변수에서 무작위로 숫자를 하나씩 뽑아 옮기면 숫자가 섞입니다. 이 과정을 candidate 변수의 길이가 0이 될 때까지(candidate.length > 0) 반복하는데, 7장과 달리 이번에는 while 문을 사용합니다. 이 부분은 이어지는 **1분 퀴즈**에서 다룹니다.

while 문 내부의 과정은 7장과 동일하게 무작위로 인덱스를 뽑아서 새 배열에는 추가하고 기존 배열에서는 제거하는 방식입니다. 그러나 7장과 코드의 순서가 다릅니다. 같은 행동을 하더라도 다양한 방법으로 구현할 수 있습니다. 결과가 올바르기만 하면 됩니다.

```
$form.addEventListener('submit', (event) => {
  (중략)
  const candidate = Array(45).fill().map((v, i) => i + 1);
  const shuffle = [];
  while (candidate.length > 0) {
    const random = Math.floor(Math.random() * candidate.length); // 무작위 인덱스 뽑기
    const spliceArray = candidate.splice(random, 1); // 뽑은 값을 새로운 배열에 넣기
    const value = spliceArray[0]; // 새로운 배열에 들어 있는 값 꺼내기
    shuffle.push(value); // 꺼낸 값을 shuffle 배열에 넣기
  }
  console.log(shuffle);
});
```

여기서 작성한 코드를 **피셔-예이츠 셔플 알고리즘**(Fisher-Yates Shuffle algorithm)이라고 합니다. 평소에 알고리즘이라는 단어를 많이 들어 봤을 겁니다. 이 단어를 들으면 복잡한 코드를 떠올리지만, 지금까지 작성한 코드도 모두 알고리즘입니다. 그저 코딩테스트 문제로 어려운 알고리즘을 내서 알고리즘은 어렵다는 편견이 있을 뿐입니다.

이제 공 45개가 준비되었으니 공 7개를 뽑겠습니다. 배열 메서드인 slice()로 shuffle 배열에서 값 6개를 잘라 새로운 배열을 만듭니다. 이 배열은 당첨 숫자가 됩니다. 그리고 잘라낸 값들의 다음 값을 뽑습니다. 이 값은 보너스 숫자가 됩니다.

다만, 현재 shuffle 배열에 숫자가 무작위로 뒤섞여 있습니다. 당첨 숫자는 화면에 오름차순으로 표시합니다. 따라서 당첨 숫자를 뽑고 나면 정렬해야 합니다. 숫자를 오름차순으로 정렬하려면 어떻게 해야 할까요?

이번에도 사람이라면 숫자를 어떻게 정렬할지 생각해 보세요. 전체 숫자를 쭉 훑어보면서 가장 작은 숫자를 가져오고, 다시 전체를 쭉 훑어보다가 그다음 작은 숫자를 가져옵니다. 이렇게 작은 순으로 하나씩 가져오다 보면 모든 숫자가 정렬됩니다. 이런 정렬 방식을 **선택 정렬**(selection sort)이라고 합니다. 그러나 이 방식은 가장 효율적인 정렬 방식은 아닙니다. 사람이 직관적으로 떠올리는 방식보다 더 좋은 해결법(더 효율적인 알고리즘)이 얼마든지 있습니다.

이 책에서 각종 정렬 방법을 구현하기는 어려우므로 따로 책을 보거나 인터넷으로 검색해 보세

요. 여기서는 배열의 정렬 메서드인 sort()를 사용해 오름차순으로 정렬하겠습니다. 배열 크기가 커질수록 선택 정렬보다 효율이 훨씬 좋아집니다.

```
$form.addEventListener('submit', (event) => {
  (중략)
  console.log(shuffle);
  const winBalls = shuffle.slice(0, 6).sort((a, b) => a - b);
  const bonus = shuffle[6];
  console.log(winBalls, bonus);
});
```

각종 정렬 방법은 알고리즘 공부의 기초가 됩니다. 따로 시간을 내어 공부하기를 권합니다.

1분 퀴즈 해설 노트 p.579

1. 피셔-예이츠 셔플 알고리즘을 구현할 때 for 문 대신 while 문을 쓴 이유가 있습니다. while 문 대신 for 문으로 만들어 보고, 언제 while 문이 좋고, 언제 for 문이 좋은지 확인해 보세요. 단, for 문에서 사용하는 변수 i의 시작값을 candidate.length로 작성하세요.

8.4

공 순서대로 표시하기

이제 뽑은 공들을 화면에 표시하겠습니다. 긴장감을 위해 1초에 하나씩 뽑기로 했으니 타이머 함수(setTimeout())를 사용합니다. 첫 번째 공을 1초 뒤에 뽑는다면 다음과 같이 같이 작성합니다.

① 1000밀리초 후에 실행하도록 setTimeout()으로 지정합니다.

② document.createElement() 메서드를 사용해 기존 HTML에 없던 ball 태그를 새로 생성합니다.

③ ball 태그의 클래스를 'ball'로 지정해 style 태그에 있는 CSS를 적용합니다.

④ 태그의 내용물로는 winBalls 배열의 첫 번째 요소를 넣습니다.

⑤ #result 태그 안에 ball 태그를 추가합니다.

```
$form.addEventListener('submit', (event) => {
  (중략)
  console.log(winBalls, bonus);
  setTimeout(() => { ------------------------------------- ①
    const $ball = document.createElement('div'); ------ ②
    $ball.className = 'ball'; -------------------------- ③
    $ball.textContent = winBalls[0]; ------------------ ④
    $result.appendChild($ball); ----------------------- ⑤
  }, 1000);
});
```

코드를 저장한 뒤 HTML을 실행합니다. 입력창에 숫자 6개를 입력하면 다음과 같은 화면이 뜹니다. 당첨 숫자는 무작위로 뽑으므로 웹 브라우저를 새로고침할 때마다 달라집니다.

그림 8-3 공 하나를 뽑았을 때

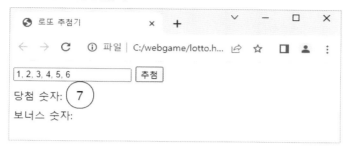

공 하나가 화면에 표시되는 것을 확인했으니 공 7개를 모두 화면에 표시해 보겠습니다. setTimeout()을 7번 사용해도 되지만, 코드가 중복되므로 반복문과 함께 사용하는 편이 좋습니다. 보너스 공은 화면에 표시하는 위치가 다르니 어떻게 해야 할지 고민해 보세요.

당첨 숫자의 공 6개는 다음과 같이 표시합니다.

① for 문으로 0부터 winBalls.length - 1(5)까지 반복합니다.

② 1000 * (i + 1)밀리초마다 공을 하나씩 생성해 winBalls[i]의 숫자를 넣습니다. 1초에는 winBalls[0], 2초에는 winBalls[1], 3초에는 winBalls[2] 공이 생성됩니다.

```
$form.addEventListener('submit', (event) => {
  (중략)
  console.log(winBalls, bonus);
  for (let i = 0; i < winBalls.length; i++) { ------ ①
    setTimeout(() => {
      const $ball = document.createElement('div');
      $ball.className = 'ball';
      $ball.textContent = winBalls[i]; ------------- ②
      $result.appendChild($ball);
    }, 1000 * (i + 1)); ---------------------------- ②
  }
});
```

보너스 공은 7초 뒤에 표시하면 됩니다.

```
for (let i = 0; i < winBalls.length; i++) {
    (중략)
}
setTimeout(() => {
  const $ball = document.createElement('div');
  $ball.className = 'ball';
  $ball.textContent = bonus;
  $result.appendChild($ball);
}, 7000);
```

당첨 공을 뽑는 코드와 중복되는 부분이 보입니다. 중복되는 부분은 함수로 뽑아내고 중복되지 않는 부분은 매개변수로 만들면 코드가 줄어듭니다.

```
$form.addEventListener('submit', (event) => {
  (중략)
  console.log(winBalls, bonus);
  function drawBall(number, $parent) {
    const $ball = document.createElement('div');
    $ball.className = 'ball';
    $ball.textContent = number;
    $parent.appendChild($ball);
  }
  for (let i = 0; i < winBalls.length; i++) {
    setTimeout(() => {
      drawBall(winBalls[i], $result);
    }, 1000 * (i + 1));
  }
  setTimeout(() => {
    drawBall(bonus, $bonus);
  }, 7000);
});
```

drawBall() 함수를 만들고 달라지는 부분인 숫자와 부모 태그를 각각 number, $parent 매개변수로 만들었습니다. 중복을 제거하니 훨씬 더 깔끔해진 모습입니다. 작성하고 실행해 보면 다음과 같은 화면이 나옵니다.

그림 8-4 7개의 공을 뽑았을 때

여기서 잠깐, 앞에서 작성한 반복문에서 let을 var로 바꿔 봅시다.

```
for (var i = 0; i < winBalls.length; i++) {
    setTimeout(() => {
        drawBall(winBalls[i], $result);
    }, 1000 * (i + 1));
}
```

그림 8-5 반복문에서 let을 var로 바꿨을 때

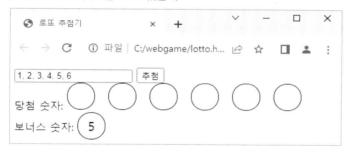

let 대신 var를 사용하면 당첨 숫자가 표시되지 않습니다. **3.2 스코프와 클로저**에서 배운 것처럼 비동기 함수인 setTimeout()과 반복문, var가 만나 이런 문제가 발생합니다. var는 함수 스코프라서 winballs[i]와 i를 콘솔로 출력하면 모두 undefined, 6으로 나옵니다. 제대로 작동하게 하려면 원래대로 var를 let으로 바꿉니다. 또는 i 값을 고정할 수 있는 함수를 추가하거나 forEach()를 사용해도 됩니다.

8.4.1 async/await로 공을 순서대로 표시하기

지금까지는 setTimeout()을 사용해서 공을 표시했습니다. 코드를 좀 더 깔끔하게 만들기 위해 프로미스와 async/await 문법을 사용해 보겠습니다. async/await 문법은 프로미스에만 적용 가능하므로 setTimeout()을 setTimeoutPromise 고차 함수로 변경합니다. 또한 함수 내부에서 await 문법을 사용하기 위해 submit 이벤트 리스너를 async() 함수로 변경합니다.

```javascript
const $form = document.querySelector('#form');
const $result = document.querySelector('#result');
const $bonus = document.querySelector('#bonus');
function drawBall(number, $parent) {
  const $ball = document.createElement('div');
  $ball.className = 'ball';
  $ball.textContent = number;
  $parent.appendChild($ball);
}
const setTimeoutPromise = (ms) => new Promise((resolve, reject) => {
  setTimeout(resolve, ms);
});
$form.addEventListener('submit', async (event) => {
  (중략)
  console.log(winBalls, bonus);
  for (let i = 0; i < winBalls.length; i++) {
    await setTimeoutPromise(1000);
    console.log(winBalls[i], i);
    drawBall(winBalls[i], $result);
  }
  await setTimeoutPromise(1000);
  drawBall(bonus, $bonus);
});
```

이렇게 수정하면 비동기 코드가 전부 순서대로 실행됩니다. setTimeoutPromise(1000)은 1초 간 대기하는 타이머입니다. 이전 코드에서는 각각의 setTimeout()에 1000, 2000, 3000, 4000, 5000, 6000, 7000을 넣었다면 이제는 1000만 넣습니다. 이렇게 바꿀 수 있는 이유 는 코드가 실행하던 내용이 다음과 같이 바뀌기 때문입니다.

표 8-1 변경된 코드 실행

이전 코드	바뀐 코드
• 정렬 후 1초 뒤에 첫 번째 공 표시	• 정렬 후 1초 뒤에 첫 번째 공 표시
• 정렬 후 2초 뒤에 두 번째 공 표시	• 첫 번째 공 표시 1초 뒤에 두 번째 공 표시
• 정렬 후 3초 뒤에 세 번째 공 표시	• 두 번째 공 표시 1초 뒤에 세 번째 공 표시
• 정렬 후 4초 뒤에 네 번째 공 표시	• 세 번째 공 표시 1초 뒤에 네 번째 공 표시
• 정렬 후 5초 뒤에 다섯 번째 공 표시	• 네 번째 공 표시 1초 뒤에 다섯 번째 공 표시
• 정렬 후 6초 뒤에 여섯 번째 공 표시	• 다섯 번째 공 표시 1초 뒤에 여섯 번째 공 표시
• 정렬 후 7초 뒤에 보너스 공 표시	• 여섯 번째 공 표시 1초 뒤에 보너스 공 표시

간단히 말하면 타이머가 생성되는 시점이 바뀌었다고 볼 수 있습니다. 이전 코드에서는 공들을 정렬한 후에 7개의 타이머를 일괄적으로 생성했다면, 바뀐 코드에서는 앞 공을 표시한 후에 타이머가 생성됩니다.

그림 8-6 타이머의 생성 시점

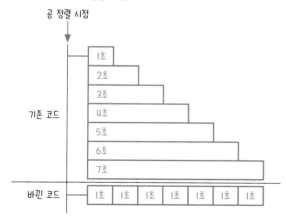

379

몇 등인지 표시하기

마지막으로 추첨 결과가 몇 등인지 대화상자로 표시해 보겠습니다. 1등과 4~5등은 당첨 숫자를 맞춘 개수에 따라 등수가 결정되고, 2등과 3등은 5개의 숫자를 맞췄을 때 보너스 공의 숫자를 맞췄는지에 따라 갈린다는 점에 유의하세요. 보너스 공을 뽑고 나면 등수를 대화상자로 표시합니다.

```
drawBall(bonus, $bonus);
let count = 0;
myNumbers.forEach((my) => {
  if (winBalls.includes(my)) {
    count++;
  }
});
if (count === 6) {
  alert('1등! 현실 로또 당첨될 운을 여기에 쓰시다니...');
} else if (count === 5) {
  if (myNumbers.includes(bonus)) {
    alert('2등! 보너스 공이지만 숫자 6개를 맞추셨네요.');
  } else {
    alert('3등! 아쉽습니다. 그래도 축하드려요.')
  }
} else if (count === 4) {
  alert('4등! 5만 원 축하드려요.');
} else if (count === 3) {
  alert('5등! 5천 원 축하드려요.');
} else {
```

```
    alert('로또 참 어렵죠?');
  }
});
```

중첩된 if 문이 존재하지만 중첩을 제거하지 않는 편이 코드를 읽기 더 편합니다. 읽기 쉬운 코드를 만드는 게 더 우선입니다.

그림 8-7 보너스 숫자가 나오지 않음

그런데 실행해 보면 alert() 대화상자가 보너스 공보다 더 먼저 보입니다. alert() 메서드는 화면을 그리는 동작보다 더 먼저 실행되는 현상이 있습니다. 따라서 화면이 그려지기까지 조금 기다리면 됩니다. 얼마나 기다려야 할지 궁금할 텐데 다음 코드처럼 0초만 기다려도 문제가 해결됩니다. 화면을 그리는 코드(drawBall())와 alert() 사이에 비동기 함수가 있기만 하면 됩니다.

```
drawBall(bonus, $bonus);
await setTimeoutPromise(0);
let count = 0;
```

그림 8-8 수정 후 보너스 숫자도 나옴

마무리

이 장에서 배운 내용을 정리해 보겠습니다.

1. 피셔-예이츠 셔플 알고리즘

숫자를 무작위로 섞는 방법입니다. 무작위 인덱스를 하나 뽑은 후, 그에 해당되는 요소를 새로운 배열로 옮깁니다. 이를 반복하다 보면 새 배열에 무작위로 섞인 숫자들이 들어갑니다.

```javascript
const candidate = Array(45).fill().map((v, i) => i + 1);
const shuffle = [];
while (candidate.length > 0) {
  const random = Math.floor(Math.random() * candidate.length); // 무작위 인덱스 뽑기
  const spliceArray = candidate.splice(random, 1); // 뽑은 값을 새로운 배열에 넣기
  const value = spliceArray[0]; // 새로운 배열에 들어 있는 값 꺼내기
  shuffle.push(value); // 꺼낸 값을 shuffle 배열에 넣기
}
console.log(shuffle);
```

2. alert() 대화상자가 앞 동작보다 더 먼저 보이는 문제

화면을 그리고 나서 alert() 메서드를 호출할 때, 대화상자가 화면을 그리는 동작보다 먼저 보이는 현상이 있습니다. 이럴 때는 화면을 그리는 코드와 alert() 메서드 사이에 비동기 함수를 넣으면 됩니다.

```javascript
drawBall(bonus, $bonus);
await setTimeoutPromise(0);
let count = 0;
```

공에 색 넣기

현재 모든 공이 흰색이라 조금 심심해 보입니다. 숫자 범위에 따라 공에 색을 넣어 봅시다. 10 미만이면 빨간색, 20 미만이면 주황색, 30 미만이면 노란색, 40 미만이면 파란색, 40 이상은 초록색으로 칠하고 싶습니다. 공이 빨간색, 파란색, 초록색일 때는 글자도 흰색으로 바꾸면 알아보기 쉬울 것 같습니다.

또한, 추첨 과정 중에는 추첨 버튼을 클릭하지 못하도록 막고, 추첨이 끝난 뒤 추첨 버튼을 누르면 다시 처음부터 추첨을 진행하도록 수정해 보세요.

그림 8-9 공에 색이 추가된 추첨 결과

코딩
자율학습

9장

객체 다루기: 가위바위보 게임

이 장에서는 가위바위보 게임을 만들겠습니다. 컴퓨터와 가위바위보를 해서 몇 번 이겼는지 점수를 기록합니다. 이 게임을 만들며 객체의 사용법을 익히고 타이머를 멈췄다가 다시 시작하는 방법도 배웁니다.

9.1

이 장에서 만드는 프로그램

가위바위보 게임은 다음과 같습니다. 게임을 시작하면 가위, 바위, 보 이미지가 매우 빠르게(0.05초마다) 바뀝니다. 그 아래에 가위, 바위, 보 버튼이 있습니다. 이 버튼 중 하나를 클릭하는 순간 이미지 회전이 멈추며 컴퓨터와 승패를 가릅니다. 이기면 1점, 비기면 0점, 지면 −1점을 누적합니다. 점수를 표시하기 위해 이미지 회전을 1초 동안 멈춥니다. 1초 뒤에는 다시 이미지가 빠르게 바뀌면서 버튼 클릭을 기다립니다.

이 내용을 참고해 가위바위보 게임의 순서도를 직접 그려 보세요.

그림 9-1 가위바위보 게임 순서도

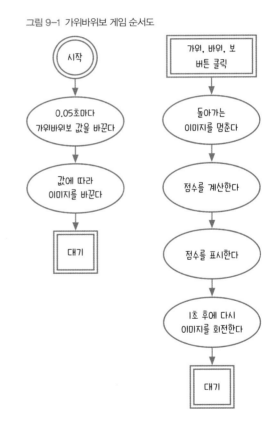

9.2

화면 만들고 일정 시간마다 이미지 바꾸기

9.2.1 화면 만들기

rsp.html 파일을 만들고 코드를 다음과 같이 작성합니다.

```html
<html>
<head>
<meta charset="utf-8" />
<title>가위바위보</title>
<style>
#computer {
  width: 165px;
  height: 200px;
}
</style>
</head>
<body>
<div id="computer"></div>
<div>
  <button id="scissors" class="btn">가위</button>
  <button id="rock" class="btn">바위</button>
  <button id="paper" class="btn">보</button>
</div>
<div id="score">0</div>
<script>
const $computer = document.querySelector('#computer');
const $score = document.querySelector('#score');
```

```
const $rock = document.querySelector('#rock');
const $scissors = document.querySelector('#scissors');
const $paper = document.querySelector('#paper');
const IMG_URL = './rsp.png';
$computer.style.background = `url(${IMG_URL}) 0 0`;
$computer.style.backgroundSize = 'auto 200px';
</script>
</body>
</html>
```

프로그램에 사용할 가위, 바위, 보 이미지는 https://raw.githubusercontent.com/ZeroCho/
es2024-webgame/master/rsp.png에서 내려받을 수 있습니다. 해당 링크로 가서 화면에
보이는 이미지에 마우스를 올리고 오른쪽 버튼을 클릭합니다. 메뉴에서 **이미지를 다른 이름으로
저장**을 선택하고, rsp.html 파일과 같은 폴더에 **rsp.png**라는 이름으로 저장합니다.

이미지를 내려받은 후 rsp.html 파일을 실행해 보면 화면에 다음과 같이 가위 그림이 나옵니다.

그림 9-2 가위바위보 게임 실행결과

rsp.html 파일에서 `IMG_URL` 변수에 주어진 값은 그림 9-3의 이미지입니다. 이 이미지는 가위,
바위, 보가 하나로 합쳐져 있습니다. 이는 서버에 이미지를 요청하는 횟수를 줄이기 위한 기법
으로, **이미지 스프라이트**(image sprite)라고 합니다.

그림 9-3 이미지 스프라이트

각 이미지를 한 번씩 요청하면 총 세 번의 요청이 전송됩니다. 하지만 하나일 때는 한 번만 요청하면 됩니다. 단, 이미지가 하나로 합쳐져 있어서 화면에 표시할 때는 CSS와 자바스크립트로 적절히 잘라야 합니다.

① 가위, 바위, 보 이미지는 #computer 태그에 CSS의 background 속성을 적용해 표시합니다.

② background 속성은 'url(주소) x좌표 y좌표'로 구성되어 있습니다. 이미지가 매우 커서 화면에 맞춰 크기를 조절해야 합니다. 여기서는 가로는 auto(자동), 세로는 200px로 설정합니다. 그러면 가로와 세로 비율을 유지하면서 세로 길이가 200px이 될 때까지 이미지 크기를 줄입니다. 이를 지정하는 backgroundSize 속성은 background 속성과 항상 같이 있어야 합니다.

③ 이미지에서 가위, 바위, 보의 위치는 각각 좌표로 표시합니다. 가위의 x 좌표를 0(0px이면 px은 생략할 수 있습니다)으로 하면, 바위는 -220px, 보는 -440px에 위치합니다. y 좌표는 모두 0이고, 각 x좌표만 변수에 따로 저장합니다.

```
$computer.style.background = `url(${IMG_URL}) 0 0`; ---- ①
$computer.style.backgroundSize = 'auto 200px'; --------- ②
const scissorsX = '0'; // 가위 ┐
const rockX = '-220px'; // 바위 ├---------------------- ③
const paperX = '-440px'; // 보 ┘
```

그런데 이 변수들은 모두 x 좌표라는 공통점이 있습니다. 따라서 객체로 묶을 수 있습니다. 나중에 점수를 계산할 때 객체로 묶은 것이 빛을 발하게 됩니다.

```
$computer.style.backgroundSize = 'auto 200px';
const rspX = {
  scissors: '0', // 가위
  rock: '-220px', // 바위
  paper: '-440px', // 보
};
```

9.2.2 일정 시간마다 이미지 바꾸기

화면 구성을 확인했으니 이제 0.05초(50밀리초)마다 이미지를 바꿔 보겠습니다. 처음에는 가위였다가 바위로, 그다음에는 보로 이미지가 바뀝니다. 이미지의 x 좌표만 바꿔서 #computer 태그의 background로 넣으면 됩니다.

```
const rspX = {
  scissors: '0', // 가위
  rock: '-220px', // 바위
  paper: '-440px', // 보
};
let computerChoice = 'scissors';
const changeComputerHand = () => {
  if (computerChoice === 'rock') {
    computerChoice = 'scissors';
  } else if (computerChoice === 'scissors') {
    computerChoice = 'paper';
  } else if (computerChoice === 'paper') {
    computerChoice = 'rock';
  }
  $computer.style.background = `url(${IMG_URL}) ${rspX[computerChoice]} 0`;
  $computer.style.backgroundSize = 'auto 200px';
}
```

처음에 컴퓨터가 가위를 내도록(computerChoice = 'scissors') 설정하고 이미지를 바꾸는 changeComputerHand() 함수를 따로 만듭니다. 함수 내부는 데이터(computerChoice)를 수정하는 부분과 화면을 수정하는 부분($computer.style.background)으로 나뉩니다. 데이터는 다른 곳에서 자주 재사용되므로 이렇게 데이터와 화면을 분리해서 프로그래밍하는 것이 좋습니다.

changeComputerHand( ) 함수를 0.05초, 즉 50밀리초마다 실행해야 하니 자체적으로 반복 기능을 수행하는 setInterval( ) 함수를 사용하면 됩니다.

```
const changeComputerHand = () => {
  (중략)
}
setInterval(changeComputerHand, 50);
```

이제 50밀리초(1초에 20번)마다 가위, 바위, 보 이미지가 바뀝니다.

그림 9-4 50밀리초마다 반복되는 가위, 바위, 보 이미지

9.3

타이머 멈췄다 다시 실행하기

컴퓨터에서 가위, 바위, 보 이미지가 돌아가고 있으니 버튼을 클릭해 컴퓨터와 대결하는 부분을
작성하겠습니다.

① 버튼을 클릭하는 순간에는 결과를 확인할 수 있게 이미지 회전을 잠깐 멈추겠습니다. **3.1.3
절**에서 배웠듯이 setInterval() 함수의 동작은 clearInterval() 함수로 취소할 수 있습
니다. 버튼을 클릭하면 setInterval() 함수가 멈췄다가 1초 뒤에 다시 실행하게 합니다.

② 가위, 바위, 보 버튼을 클릭하면 click 이벤트가 발생할 수 있게 이벤트 리스너를 답니다.

```javascript
const changeComputerHand = () => {
  (중략)
}
let intervalId = setInterval(changeComputerHand, 50);
const clickButton = () => {
  clearInterval(intervalId);
  // 점수 계산 및 화면 표시
  setTimeout(() => {
    intervalId = setInterval(changeComputerHand, 50);
  }, 1000);
};                                                              ------ ①
$rock.addEventListener('click', clickButton);
$scissors.addEventListener('click', clickButton);             ---------- ②
$paper.addEventListener('click', clickButton);
```

파일을 저장하고 실행합니다. 버튼을 클릭해 보면 이미지가 멈췄다가 1초 뒤에 다시 돌아갑니다. 그런데 여기에 한 가지 버그가 있습니다. 이미지가 멈춘 동안 버튼을 여러 번 클릭하면 1초 뒤에 평소보다 훨씬 더 빠르게 돌아갑니다. 이후 버튼을 클릭해도 그림이 멈추지 않습니다. 왜 이런 현상이 나타날까요?

이는 버튼을 클릭할 때마다 각각 setTimeout() 타이머가 실행되기 때문입니다. 버튼을 클릭할 때 clearInterval()을 수행하므로 문제없다고 생각할 수도 있습니다. 하지만 버튼은 setInterval()을 멈추는 clearInterval()을 수행할 뿐 setTimeout()을 멈추는 clearTimeout()을 수행하지는 않습니다. 그래서 버튼을 누른 횟수만큼 setTimeout() 타이머가 실행되고 각각 1초 뒤에 setInterval()을 하게 되어 이미지가 매우 빠른 속도로 돌아가는 것입니다.

이 현상을 막으려면 이미지가 멈춘 동안 버튼을 클릭해도 clickButton() 함수가 호출되지 않게 해야 합니다. 또는 clickButton() 함수를 호출해도 아무 일도 일어나지 않게 하면 됩니다.

첫 번째는 removeEventListener() 메서드를 사용하는 방법입니다. 이미지가 멈춘 동안 버튼을 클릭해도 clickButton() 함수가 호출되지 않게 removeEventListener()로 태그에 등록한 click 이벤트를 잠깐 제거했다가 1초 뒤에 다시 연결합니다.

```javascript
const clickButton = () => {
  clearInterval(intervalId);
  $rock.removeEventListener('click', clickButton);
  $scissors.removeEventListener('click', clickButton);
  $paper.removeEventListener('click', clickButton);
  // 점수 계산 및 화면 표시
  setTimeout(() => {
    $rock.addEventListener('click', clickButton);
    $scissors.addEventListener('click', clickButton);
    $paper.addEventListener('click', clickButton);
    intervalId = setInterval(changeComputerHand, 50);
  }, 1000);
};
```

두 번째는 이벤트를 제거하는 대신에 함수가 아무 일도 하지 않게 하는 방법입니다. clickable 이라는 변수를 만들고 버튼을 클릭한 동안에는 이 변수를 false로 만듭니다. 이때 if 문의 조건 식이 false가 되므로 버튼을 클릭해도 코드가 실행되지 않습니다. 1초 뒤에 타이머를 재개할 때 clickable을 다시 true로 만들어 if 문 내부 코드가 실행될 수 있게 합니다.

```javascript
let clickable = true;
const clickButton = () => {
  if (clickable) {
    clearInterval(intervalId);
    clickable = false;
    // 점수 계산 및 화면 표시
    setTimeout(() => {
      clickable = true;
      intervalId = setInterval(changeComputerHand, 50);
    }, 1000);
  }
};
```

필자는 두 번째 방법을 더 선호합니다. removeEventListener()를 사용하면 실수하기 쉽기 때 문입니다.

9.4

승패와 점수 표시하기

마지막으로 버튼을 클릭하면 점수를 계산해 승패를 결정하고 화면에 표시하는 부분을 구현하겠습니다. 먼저 어떤 버튼을 클릭했는지를 알아야 합니다. event.target.textContent를 사용하면 버튼의 글자를 알아낼 수 있습니다.

```
let clickable = true;
const clickButton = (event) => {
  if (clickable) {
    clearInterval(intervalId);
    clickable = false;
    const myChoice = event.target.textContent === '바위' ? 'rock'
      : event.target.textContent === '가위' ? 'scissors' : 'paper';
    setTimeout(() => {
      clickable = true;
      intervalId = setInterval(changeComputerHand, 50);
    }, 1000);
  }
};
```

다음으로 승패를 어떻게 결정할지 생각해야 합니다. 가위바위보에는 무승부도 존재합니다. 가장 단순하게 처리하려면 if 문으로 모든 경우를 직접 작성합니다.

```
let clickable = true;
const clickButton = (event) => {
  if (clickable) {
```

```
      clearInterval(intervalId);
      clickable = false;
      const myChoice = event.target.textContent === '바위' ? 'rock'
        : event.target.textContent === '가위' ? 'scissors' : 'paper';
    if (myChoice === 'rock') {
      if (computerChoice === 'rock') {
        console.log('무승부');
      } else if (computerChoice === 'scissors') {
        console.log('승리');
      } else if (computerChoice === 'paper') {
        console.log('패배');
      }
    } else if (myChoice === 'scissors') {
      if (computerChoice === 'rock') {
        console.log('패배');
      } else if (computerChoice === 'scissors') {
        console.log('무승부');
      } else if (computerChoice === 'paper') {
        console.log('승리');
      }
    } else if (myChoice === 'paper') {
      if (computerChoice === 'rock') {
        console.log('승리');
      } else if (computerChoice === 'scissors') {
        console.log('패배');
      } else if (computerChoice === 'paper') {
        console.log('무승부');
      }
    }
    setTimeout(() => {
      clickable = true;
      intervalId = setInterval(changeComputerHand, 50);
    }, 1000);
  }
};
```

코드가 너무 길고 중복되는 느낌이 들지만, 막상 살펴보면 중복을 제거하기도 어렵습니다. 몇 가지 아이디어를 내면 코드를 조금 더 깔끔하게 정리할 수 있습니다.

가위를 1, 바위를 0, 보를 −1이라고 합시다. 두 값의 차이를 구해 다음과 같은 표를 만들 수 있습니다. 사용자가 가위를 내고 컴퓨터가 보를 냈다면 차이는 1−(−1) = 2입니다. 사용자가 바위를 내고 컴퓨터가 보를 냈다면 차이는 0−(−1) = 1입니다.

표 9-1 가위바위보 점수 표

사용자＼컴퓨터	가위	바위	보
가위	0	1	2
바위	−1	0	1
보	−2	−1	0

규칙이 보이나요? 무승부면 0, 이기면 2 또는 −1, 지면 1 또는 −2가 나옵니다. 이렇게 승패가 결정된다면 코드를 다음과 같이 바꿀 수 있습니다.

```
const scoreTable = {
  scissors: 1,
  rock: 0,
  paper: -1,
};
let clickable = true;
const clickButton = (event) => {
  if (clickable) {
    clearInterval(intervalId);
    clickable = false;
    const myChoice = event.target.textContent === '바위' ? 'rock'
      : event.target.textContent === '가위' ? 'scissors' : 'paper';
    const myScore = scoreTable[myChoice];
    const computerScore = scoreTable[computerChoice];
    const diff = myScore - computerScore;
    if (diff === 2 || diff === -1) {
      console.log('승리');
    } else if (diff === -2 || diff === 1) {
      console.log('패배');
    } else {
      console.log('무승부');
    }
    setTimeout(() => {
```

```
          clickable = true;
          intervalId = setInterval(changeComputerHand, 50);
        }, 1000);
      }
    };
```

scoreTable 객체에 가위가 1, 바위가 0, 보가 −1임을 선언하고, 이 값들의 차를 `diff` 변수로 나타냅니다. 코드가 짧아지고 깔끔해졌지만, 제삼자가 보면 왜 2 또는 −1이 승리이고, −2 또는 1이 패배인지를 이해하지 못할 수 있습니다. 이럴 때는 주석을 추가해 주면 좋습니다.

마지막으로 승리 시 1점, 패배 시 −1점을 계산해 `#score` 태그에 점수를 표시하는 코드를 작성합니다. 값의 차를 비교하는 부분은 배열에 특정 요소가 있는지 찾는 `배열.includes()` 메서드로 변경합니다.

```
let intervalId = setInterval(changeComputerHand, 50);
// 가위: 1, 바위: 0, 보: -1
// 사용자\컴퓨터  가위  바위   보
// 가위              0    1    2
// 바위             -1    0    1
// 보               -2   -1    0
const scoreTable = {
  scissors: 1,
  rock: 0,
  paper: -1,
};
let clickable = true;
let score = 0;
const clickButton = (event) => {
  if (clickable) {
    clearInterval(intervalId);
    clickable = false;
    const myChoice = event.target.textContent === '바위' ? 'rock'
      : event.target.textContent === '가위' ? 'scissors' : 'paper';
    const myScore = scoreTable[myChoice];
    const computerScore = scoreTable[computerChoice];
    const diff = myScore - computerScore;
    let message;
    if ([2, -1].includes(diff)) {
      score += 1;
```

```
      message = '승리';
    } else if ([-2, 1].includes(diff)) {
      score -= 1;
      message = '패배';
    } else {
      message = '무승부';
    }
    $score.textContent = `${message} 총: ${score}점`;
    setTimeout(() => {
      clickable = true;
      intervalId = setInterval(changeComputerHand, 50);
    }, 1000);
  }
};
$rock.addEventListener('click', clickButton);
$scissors.addEventListener('click', clickButton);
$paper.addEventListener('click', clickButton);
```

코드 작성이 끝나면 코드를 실행해서 승패와 점수가 잘 표시되는지 확인해 보세요.

그림 9-5 승패와 점수 표시

해설 노트 p.581

1분 퀴즈

1. 표 9-1처럼 가위바위보 게임에 대한 또 다른 규칙을 만들어 보세요.

힌트 가위, 바위, 보에 할당된 숫자를 바꿔 보세요.

5판 3 선승제

가위바위보 게임은 무한히 반복되므로 어느 순간이 되면 게임을 마무리하고 싶어질 겁니다. 게임을 5판 3 선승제로 만들어 3번을 먼저 이긴 쪽이 최종 승리하는 것으로 바꿔 보세요. 단, 무승부가 나면 무효 판으로 칩니다.

힌트 컴퓨터의 점수와 사용자 점수를 따로 계산합니다.

10장

Date 사용하기: 반응속도 테스트

이 장에서는 반응속도가 얼마나 빠른지 확인하는 반응속도 테스트 프로그램을 만듭니다. 반응속도를
기록하고 평균을 내어 화면에 표시합니다. 시간을 측정해야 하므로 시간과 관련한 메서드를 제공하는
Date 객체를 사용합니다.

10.1

이 장에서 만드는 프로그램

반응속도 테스트는 초록 화면을 보자마자 얼마나 빠르게 눌렀는지 기록하는 프로그램으로 다음과 같은 절차로 이루어집니다.

1. 시작하면 대기 화면인 파란 화면이 보입니다.

2. 화면을 클릭하면 준비 화면인 빨간 화면으로 전환됩니다.

3. 준비 화면에서 임의의 시간(2~3초)이 지나면 초록 화면으로 전환됩니다.

4. 초록 화면을 클릭하면 초록 화면으로 전환된 시간과 클릭한 시간의 차이를 구해 반응속도를 측정합니다.

5. 반응속도를 여러 번 측정해 평균 시간을 화면에 표시합니다. 측정 후에는 다시 파란 화면으로 이동합니다.

6. 빨간 화면일 때 클릭하면 파란 화면으로 바뀌고 '성급했다'는 안내 메시지가 나옵니다.

절차를 바탕으로 순서도를 직접 작성해 보세요. 이때 타이머도 이벤트 리스너처럼 비동기로 작동하므로 절차를 분리해야 합니다. 다만, 프로그램 시작부터 연결되어 있는 이벤트와 달리 타이머는 프로그램 실행 도중에 생성되므로 타이머를 생성하는 절차는 분리하지 않고 화살표로 이어 두겠습니다.

그림 10-1 반응속도 테스트 순서도

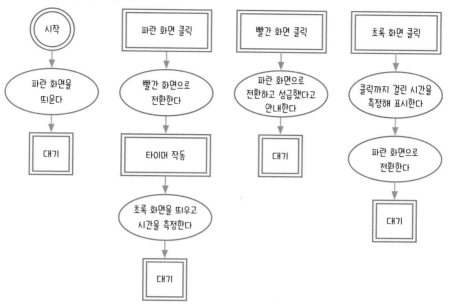

순서도대로 구현하면 될 것 같지만, 화면에서 생각해 볼 점이 있습니다. 테스트할 때 파란 화면, 빨간 화면, 초록 화면이 각각 따로 있는 것이 아니라 한 화면에서 색만 바뀝니다. 따라서 click 이벤트를 연결할 대상은 하나뿐입니다. 이를 고려해 다시 순서도를 만들면 다음과 같습니다.

그림 10-2 반응속도 테스트 순서도 수정

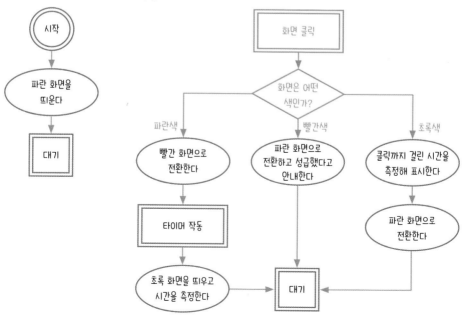

화면 만들고 전환하기

순서도에서 먼저 대기 화면(파란 화면)을 만들어 띄우고 클릭 시 화면을 전환하는 부분을 작성해 보겠습니다.

10.2.1 화면 만들기

response-check.html 파일을 만들고 대기 화면을 만드는 기본 코드를 작성합니다.

```
<!DOCTYPE html>
<html>
<head>
<meta charset="utf-8" />
<title>반응속도</title>
<style>
#screen {
  width: 300px;
  height: 200px;
  text-align: center;
  user-select: none;
}
#screen.waiting {
  background-color: aqua;
}
#screen.ready {
  background-color: red;
```

```
    color: white;
  }
  #screen.now {
    background-color: greenyellow;
  }
  </style>
  </head>
  <body>
  <div id="screen" class="waiting">클릭해서 테스트를 시작하세요</div>
  <div id="result"></div>
  <script>
  const $screen = document.querySelector('#screen');
  const $result = document.querySelector('#result');
  </script>
  </body>
  </html>
```

CSS로 클래스별로 색을 미리 지정해 둡니다. waiting 클래스는 대기 화면인 파란색이고, ready 클래스는 준비 화면인 빨간색, now 클래스는 측정 화면인 초록색입니다.

그림 10-3 실행 시 보이는 대기 화면

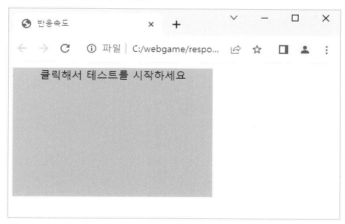

10.2.2 화면 전환하기

화면 종류에 따라 다르게 작동하도록 화면에 이벤트 리스너를 달겠습니다. 그러려면 현재 화면
이 어떤 화면인지를 알아야 합니다. 앞 절에서 waiting 클래스는 대기 화면, ready 클래스는
준비 화면, now 클래스는 측정 화면이라고 했습니다. 각 태그에 해당 클래스가 들어 있는지는
4.4.1절에서 배운 태그.classList.contains() 메서드로 확인합니다. 클래스별로 다음과 같이
분기 처리를 합니다.

```
const $screen = document.querySelector('#screen');
const $result = document.querySelector('#result');
$screen.addEventListener('click', function () {
  if ($screen.classList.contains('waiting')) { // 대기 화면
  } else if ($screen.classList.contains('ready')) { // 준비 화면
  } else if ($screen.classList.contains('now')) { // 측정 화면
  }
});
```

반응속도 테스트는 대기 화면에서 시작하고 대기 화면을 클릭하면 준비 화면으로 넘어갑니다.
이 동작을 위해 화면에서 waiting 클래스를 제거하고, ready 클래스를 추가합니다. 준비 화면
으로 전환하면 화면에 '초록색이 되면 클릭하세요'라는 메시지가 뜨게 합니다.

```
$screen.addEventListener('click', function () {
  if ($screen.classList.contains('waiting')) { // 대기 화면
    $screen.classList.replace('waiting', 'ready');
    $screen.textContent = '초록색이 되면 클릭하세요';
  } else if ($screen.classList.contains('ready')) { // 준비 화면
  } else if ($screen.classList.contains('now')) { // 측정 화면
  }
});
```

일정 시간이 지나면 준비 화면에서 측정 화면으로 넘어가게 타이머를 추가합니다. 사용자가 예
측하지 못하게 시간은 무작위로 지정합니다. 대기 시간이 너무 길지 않도록 Math.random()을
사용해 2000~3000밀리초(2~3초)로 범위를 지정합니다.

```
$screen.addEventListener('click', function () {
  if ($screen.classList.contains('waiting')) { // 대기 화면
    $screen.classList.replace('waiting', 'ready');
    $screen.textContent = '초록색이 되면 클릭하세요';
    setTimeout(function () {
      $screen.classList.replace('ready', 'now');
      $screen.textContent = '클릭하세요!';
    }, Math.floor(Math.random() * 1000) + 2000); // 2000~3000 사이
  } else if ($screen.classList.contains('ready')) { // 준비 화면
  } else if ($screen.classList.contains('now')) { // 측정 화면
  }
});
```

10.3

반응속도 측정하기

반응속도를 측정하는 부분을 작성해 보겠습니다. 반응속도는 시작 시간과 종료 시간의 차로 구합니다. 시작 시간은 준비 화면에서 일정 시간이 지난 후에 측정 화면으로 전환하는 순간의 현재 시간을 재면 됩니다. 종료 시간은 클릭 화면이 됐을 때 사용자가 화면을 클릭하는 순간의 현재 시간을 재면 됩니다.

① 시작 시간과 종료 시간을 저장할 변수를 선언합니다. startTime은 addEventListener() 바깥에 선언해야 합니다. 첫 번째로 클릭할 때 startTime을 측정하고, 두 번째로 클릭할 때 endTime을 측정합니다. startTime을 addEventListener() 안에 선언하면 이벤트 리스너가 종료될 때 startTime도 사라져 버립니다. 변수가 언제까지 유효한지는 **3.2 스코프와 클로저**에서 배웠습니다.

② 측정 화면으로 전환할 때 시간을 측정해 시작 시간으로 저장합니다.

③ 측정 화면을 사용자가 클릭할 때 시간을 측정해 종료 시간으로 저장합니다.

④ 종료 시간에서 시작 시간을 빼서 반응 속도를 구하고 화면에 표시합니다.

⑤ 대기 화면으로 전환합니다.

```
let startTime; ┐
let endTime;   ┘ ------------------------------------------------- ①
$screen.addEventListener('click', function () {
  if ($screen.classList.contains('waiting')) { // 대기 화면
    $screen.classList.replace('waiting', 'ready');
    $screen.textContent = '초록색이 되면 클릭하세요';
```

```
    setTimeout(function () {
      startTime = new Date(); ---------------------------------- ②
      $screen.classList.replace('ready', 'now');
      $screen.textContent = '클릭하세요!';
    }, Math.floor(Math.random() * 1000) + 2000); // 2000~3000
  } else if ($screen.classList.contains('ready')) { // 준비 화면
  } else if ($screen.classList.contains('now')) { // 측정 화면
    endTime = new Date(); ----------------------------------- ③
    $result.textContent = `${endTime - startTime}ms`; ---------- ④
    $screen.classList.replace('now', 'waiting');         ┐
    $screen.textContent = '클릭해서 테스트를 시작하세요';   ┘--------- ⑤
  }
});
```

10.4

평균 반응속도 구하기

이번에는 테스트를 반복 수행해서 평균 반응속도를 구해 보겠습니다.

① 평균 반응속도를 구하려면 기존 반응속도를 모두 기록해 둬야 합니다. records라는 배열을
만들어 반응속도를 기록합니다.

② records 배열에 저장된 값들의 평균을 구합니다. 평균을 구하려면 모든 값을 더한 후 전체
개수로 나누면 됩니다. 모든 값의 합을 구할 때는 배열의 reduce( ) 메서드를 사용합니다.

③ 현재 속도와 평균 속도를 표시합니다.

④ 반복해서 측정해야 하므로 측정이 끝날 때마다 startTime과 endTime을 null로 비웁니다.

```
const records = []; ----------------------------------------------------- ①
$screen.addEventListener('click', function () {
  if ($screen.classList.contains('waiting')) { // 대기 화면
    (중략)
  } else if ($screen.classList.contains('ready')) { // 준비 화면
  } else if ($screen.classList.contains('now')) { // 측정 화면
    endTime = new Date();
    const current = endTime - startTime;
    records.push(current);                                          ----- ①
    const average = records.reduce((a, c) => a + c) / records.length; ---- ②
    $result.textContent = `현재 ${current}ms, 평균: ${average}ms`; -------- ③
    startTime = null;
    endTime = null;                                                 ----- ④
    $screen.classList.replace('now', 'waiting');
```

```
        $screen.textContent = '클릭해서 테스트를 시작하세요';
    }
});
```

파일을 저장하고 실행합니다. 여러 번 실행해서 평균 반응속도를 측정하면 다음과 같이 나옵니다.

그림 10-4 평균 반응속도 측정

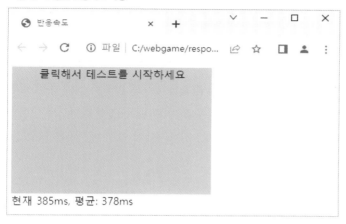

성급한 클릭 막기

반응속도 테스트를 하다 보면 예측 클릭을 해서 측정 화면(초록색)으로 바뀌기 전에 준비 화면 (빨간색)에서 클릭할 때가 있습니다. 성급하게 클릭한 경우죠. 이럴 때는 측정 화면으로 넘어가 는 타이머를 멈추고(①) 대기 화면(파란색)으로 보내고(②) 사용자에게 안내 메시지를 띄워(③) 다시 클릭하게 합니다.

여기까지 반영한 전체 코드는 다음과 같습니다.

```
const $screen = document.querySelector('#screen');
const $result = document.querySelector('#result');
let startTime;
let endTime;
const records = [];
let timeoutId;
$screen.addEventListener('click', function () {
  if ($screen.classList.contains('waiting')) { // 대기 화면
    $screen.classList.replace('waiting', 'ready');
    $screen.textContent = '초록색이 되면 클릭하세요';
    timeoutId = setTimeout(function () {
      startTime = new Date();
      $screen.classList.replace('ready', 'now');
      $screen.textContent = '클릭하세요!';
    }, Math.floor(Math.random() * 1000) + 2000); // 2000~3000
  } else if ($screen.classList.contains('ready')) { // 준비 화면
    clearTimeout(timeoutId); ---------------------------- ①
    $screen.classList.replace('ready', 'waiting'); ------ ②
```

```
        $screen.textContent = '너무 성급하군요!'; -------------- ③
    } else if ($screen.classList.contains('now')) { // 측정 화면
      endTime = new Date();
      const current = endTime - startTime;
      records.push(current);
      const average = records.reduce((a, c) => a + c) / records.length;
      $result.textContent = `현재 ${current}ms, 평균: ${average}ms`;
      startTime = null;
      endTime = null;
      $screen.classList.replace('now', 'waiting');
      $screen.textContent = '클릭해서 테스트를 시작하세요';
    }
  });
```

코드 작성이 끝나면 실행해 보세요. 준비 화면에서 클릭하면 안내 메시지가 나오면서 대기 화면
으로 돌아가는 것을 볼 수 있습니다.

그림 10-5 성급하게 클릭했을 때

셀프체크

속도 순으로 정렬

현재는 반응속도의 평균만 보여 줍니다. 추가로 가장 빠른 다섯 번의 시도가 몇 초인지를 화면에 보여 주고 싶습니다. 이를 위한 코드를 작성해 보세요. 6번 이상 시도한 경우에도 상위 5개만 보여 줍니다.

힌트 sort( ) 메서드를 사용해 보세요.

11장

이차원 배열 다루기: 틱택토

이 장에서는 틱택토(tic-tac-toe)를 프로그램으로 만듭니다. 틱택토는 오목의 축소판인 삼목이라고 보면 됩니다. 삼목은 바둑판이 아니라 3 × 3 표 위에서 진행합니다. 표와 같은 데이터는 자바스크립트에서 이차원 배열로 표현합니다. 틱택토를 만들면서 이차원 배열로 데이터를 관리하고, 배열 데이터를 HTML 화면에 그대로 표시하는 작업을 집중적으로 배워 보겠습니다.

이 장에서 만드는 프로그램

바둑에 검은 돌과 흰 돌이 있듯이 틱택토에는 O와 X가 있습니다. 크기가 3 × 3인 판에서 가로, 세로, 대각선 중 어느 한 방향으로라도 O나 X 3개가 이어지면 이깁니다. 여기서는 혼자 번갈아 가며 O와 X를 넣는 방법을 구현하고, 컴퓨터와 게임하는 방법은 셀프체크에서 구현하겠습니다. 틱택토에는 무승부도 존재합니다. 9칸을 전부 O나 X로 채웠는데도 3개가 이어지지 않으면 무승부입니다. 설명을 참고해 틱택토의 순서도를 직접 그려 보세요.

그림 11-1 틱택토의 순서도

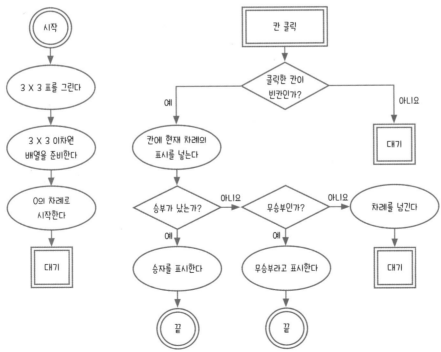

11.2

화면에 3 X 3 표 그리기

tictactoe.html 파일을 만들어 다음과 같이 코드를 작성합니다. 이번에는 HTML로 디자인하는 부분까지 자바스크립트로 작성하므로 body 태그 안에 script 태그를 제외한 다른 태그를 넣지 않습니다.

```
<!DOCTYPE html>
<html>
<head>
<meta charset="utf-8" />
<title>틱택토</title>
<style>
table {
  border-collapse: collapse;
}
td {
  border: 1px solid black;
  width: 40px;
  height: 40px;
  text-align: center;
}
</style>
</head>
<body>
<script>
</script>
</body>
</html>
```

왜 이차원 배열을 사용하는지는 틱택토의 형태를 보면 알 수 있습니다.

그림 11-2 틱택토 형태

모양이 표와 비슷하죠? 이런 표 형태를 자바스크립트에서는 이차원 배열로 표시합니다.

```
[
  ['O', null, 'O'],
  ['O', 'X', null],
  ['X', null, null],
]
```

빈칸을 null로 표현했지만, 이 데이터는 화면과 연결되어 있지 않습니다. 화면과 연결하려면 값을 저장하기보다는 칸을 나타내는 td 태그를 변수에 할당해 배열에 저장하는 것이 낫습니다. 표를 구성하는 태그를 사용해 앞의 표를 HTML로 작성하면 다음과 같습니다.

```
<table>
  <tr>
    <td id="td00"></td>
    <td id="td01">X</td>
    <td id="td02"></td>
  </tr>
  <tr>
    <td id="td10">O</td>
    <td id="td11"></td>
    <td id="td12">O</td>
  </tr>
  <tr>
    <td id="td20"></td>
    <td id="td21">O</td>
```

```
        <td id="td22">X</td>
      </tr>
   </table>
```

table은 전체 표를 담당하는 태그이고, tr은 표의 가로줄을, td는 각 칸을 담당합니다. 칸을 구별하려고 칸별로 아이디를 붙였습니다. 3줄 3칸으로 이루어진 표이므로 td 태그들을 이차원 배열로 구성하면 다음과 같습니다.

```
[
   [td00, td01, td02],
   [td10, td11, td12],
   [td20, td21, td22],
]
```

앞의 코드는 실제 코드가 아니라 이러한 형식으로 데이터를 구성하면 된다는 것을 보여 주기 위한 임의 코드입니다. td00부터 td22까지의 변수는 document.querySelector('아이디')의 결과물이라고 보면 됩니다. 이렇게 태그를 저장하고 태그 안 값은 textContent로 가져옵니다.

이제 화면에 표를 직접 그려 보겠습니다. 표를 그리면서 각 칸(td 태그)을 이차원 배열에 담아야 하니 script 태그 안에 다음과 같이 작성합니다. document.body는 구조분해 할당으로 작성합니다.

```
<script>
const { body } = document;
const $table = document.createElement('table');
const $result = document.createElement('div'); // 결과창
</script>
```

줄을 담당하는 rows 배열을 만들고 td 태그를 3 × 3 모양으로 배열에 추가합니다. 어떤 모양으로 들어가는지 궁금하면 콘솔에서 console.log(rows)를 실행해 보세요. td 태그를 배열에 추가하면서 동시에 tr 태그 안에 td 태그를 넣고, table 태그 안에 tr 태그를 넣습니다. 그리고 마지막으로 table 태그를 body 태그에 추가합니다.

```
const { body } = document;
const $table = document.createElement('table');
const $result = document.createElement('div'); // 결과창
const rows = [];
for (let i = 1; i <= 3; i++) {
  const $tr = document.createElement('tr');
  const cells = [];
  for (let j = 1; j <= 3; j++) {
    const $td = document.createElement('td');
    cells.push($td);
    $tr.appendChild($td);
  }
  rows.push(cells);
  $table.appendChild($tr);
}
body.appendChild($table);
body.appendChild($result);
```

HTML 파일을 실행하면 다음과 같은 빈 표가 화면에 나옵니다.

그림 11-3 실행결과

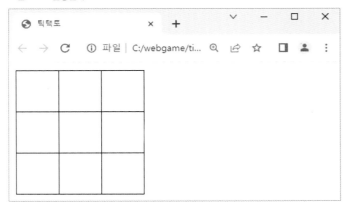

11.3

차례 바꾸면서 빈칸에 O와 X 표시하기

화면에서 표의 빈칸을 클릭하면 차례대로 O와 X가 입력되도록 코드를 작성해 보겠습니다.

① 차례(turn)는 O부터 시작합니다. 입력 모양이 O 아니면 X이므로 누구의 차례(turn)인지는 O와 X로 구분합니다.

② 클릭한 칸이 비어 있는지 확인합니다. 빈칸이 아니면 콘솔에 메시지만 출력합니다. 빈칸이면 콘솔에 메시지를 출력하고 차례에 해당하는 O나 X를 표시합니다.

③ 클릭한 칸에 O나 X를 입력하려면 td 태그에 클릭 이벤트 리스너를 붙여야 합니다. 이벤트 리스너는 td 태그를 생성할 때 바로 붙입니다. 실제 화면에 태그가 표시되기 전이라도 이벤트 리스너를 미리 붙일 수 있습니다.

④ O와 X를 번갈아 가며 표시하도록 차례를 넘깁니다. callback() 함수 마지막에서 turn이 O면 X로, X면 O로 바꿉니다.

```
let turn = 'O'; ------------------------------------------------ ①
const callback = (event) => { ------------------------------- ②
  if (event.target.textContent !== '') { // 빈칸이 아닌가?
    console.log('빈칸이 아닙니다.');
  } else { // 빈칸이면
    console.log('빈칸입니다');
    event.target.textContent = turn;
    turn = turn === 'X' ? 'O' : 'X'; --------------------- ④
  }
};
for (let i = 1; i <= 3; i++) {
```

```
  const $tr = document.createElement('tr');
  const cells = [];
  for (let j = 1; j <= 3; j++) {
    const $td = document.createElement('td');
    $td.addEventListener('click', callback); ------------ ③
    cells.push($td);
    $tr.appendChild($td);
  }
  rows.push(cells);
  $table.appendChild($tr);
}
```

O인지 X인지 확인하기 위해 조건부 연산자를 사용했는데, 헷갈린다면 다음과 같이 if 문을 사용해도 됩니다.

```
if (turn === 'X') {
  turn = 'O';
} else {
  turn = 'X';
}
```

여기까지 작성하고 실행해 보세요. 클릭할 때마다 O와 X가 번갈아 입력됩니다.

그림 11-4 O와 X가 번갈아 가며 입력되는 모습

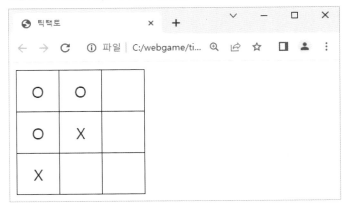

현재 코드에는 td 태그마다 클릭 이벤트 리스너가 달려 있습니다. 나중에 이벤트 리스너를 제거할 상황이 생기면 이벤트 리스너 9개를 일일이 제거해야 합니다. 이벤트 리스너를 한 번에 달고 제거할 수 있으면 좋겠죠? 코드를 다음과 같이 수정합니다. td 태그에서 이벤트를 제거하고 table 태그에 이벤트를 연결합니다.

```
for (let i = 1; i <= 3; i++) {
  const $tr = document.createElement('tr');
  const cells = [];
  for (let j = 1; j <= 3; j++) {
    const $td = document.createElement('td');
    cells.push($td);
    $tr.appendChild($td);
  }
  rows.push(cells);
  $table.appendChild($tr);
  $table.addEventListener('click', callback);
}
```

기존과 결과가 같습니다. td를 클릭할 때 table에도 click 이벤트가 발생합니다. 자식 태그에 이벤트가 발생할 때 부모 태그에도 동일한 이벤트가 발생하는 현상인 이벤트 버블링 때문입니다. 기억나지 않는다면 **4.3.4 이벤트 버블링과 캡처링**을 참고해 주세요.

승패 판단하기

마지막으로 승패를 판단하는 부분을 작성해 보겠습니다. 가로줄, 세로줄, 대각선 3칸에 같은 모양이 오면 승리입니다. 승패가 가려지면 누가 승자인지 div 태그를 만들어 표시합니다. 9칸을 다 채웠는데도 승자가 없다면 '무승부'라는 메시지를 표시합니다.

승패를 판단하는 checkWinner() 함수부터 만듭니다. 현재 클릭한 td가 몇 행, 몇 열인지 파악하고 가로줄, 세로줄, 대각선에 같은 모양이 있는지 검사합니다. 같은 모양이 있다면 hasWinner를 true로 만듭니다.

```
let turn = '0';
const checkWinner = (target) => {
  const rowIndex = target.parentNode.rowIndex; // tr의 행 인덱스
  const cellIndex = target.cellIndex; // td의 열 인덱스
  let hasWinner = false; // 세 칸이 같은 모양으로 채워졌는가?
  if ( // 가로줄 검사
    rows[rowIndex][0].textContent === turn &&
    rows[rowIndex][1].textContent === turn &&
    rows[rowIndex][2].textContent === turn
  ) {
    hasWinner = true;
  }
  if ( // 세로줄 검사
    rows[0][cellIndex].textContent === turn &&
    rows[1][cellIndex].textContent === turn &&
    rows[2][cellIndex].textContent === turn
  ) {
```

```
      hasWinner = true;
    }
    // 대각선 검사
    if (
      rows[0][0].textContent === turn &&
      rows[1][1].textContent === turn &&
      rows[2][2].textContent === turn
    ) {
      hasWinner = true;
    }
    if (
      rows[0][2].textContent === turn &&
      rows[1][1].textContent === turn &&
      rows[2][0].textContent === turn
    ) {
      hasWinner = true;
    }
    return hasWinner;
  };
  const callback = (event) => {
    (중략)
  }
```

callback() 함수에서는 checkWinner() 함수를 event.target과 함께 호출합니다. 여기에 누
가 승자인지 판단하는 코드를 추가하면 if 문에 중첩이 발생합니다. **6.4 중첩 if 문 줄이기**에서 배
운 대로 중첩 if 문을 제거하고 다음과 같이 작성합니다.

```
const callback = (event) => {
  if (event.target.textContent !== '') { // 빈칸이 아닌가?
    console.log('빈칸이 아닙니다.');
    return;
  }
  // 빈칸이면
  console.log('빈칸입니다.');
  event.target.textContent = turn;
  const hasWinner = checkWinner(event.target);
  // 승자가 있으면
  if (hasWinner) {
```

```
    $result.textContent = `${turn}님이 승리!`;
    $table.removeEventListener('click', callback);
    return;
  }
  // 승자가 없으면
  turn = turn === 'X' ? 'O' : 'X';
};
```

승자가 없는 경우에는 무승부인지 판단합니다. 9칸에 모두 textContent가 들어 있으면 무승부가 됩니다. 모든 칸이 채워져 있는지 판단할 때 draw를 true로 놓은 후, 한 칸이라도 빈칸이 있다면 draw를 false로 바꿉니다.

```
const callback = (event) => {
  (중략)
  // 승자가 없으면
  let draw = true;
  rows.forEach((row) => {
    row.forEach((cell) => {
      if (!cell.textContent) {
        draw = false;
      }
    });
  });
  if (draw) {
    $result.textContent = `무승부`;
    return;
  }
  turn = turn === 'X' ? 'O' : 'X';
};
```

이차원 배열에서는 이처럼 반복문(forEach())을 중첩해서 사용하게 됩니다. 이는 이차원 배열이 배열 안에 배열이 들어 있는 구조라서 그렇습니다. 반복문을 사용해 모든 칸에 textContent가 들어 있는지 검사할 수도 있지만, 배열 메서드인 flat()과 every()를 사용하면 훨씬 더 간단하게 검사할 수 있습니다.

기존 코드를 flat( )과 every( ) 메서드를 사용하도록 바꾸면 다음과 같습니다.

```
const callback = (event) => {
  (중략)
  // 승자가 없으면
  const draw = rows.flat().every((cell) => cell.textContent);
  if (draw) {
    $result.textContent = `무승부`;
    return;
  }
  turn = turn === 'X' ? 'O' : 'X';
};
```

그림 11-5 무승부인 경우

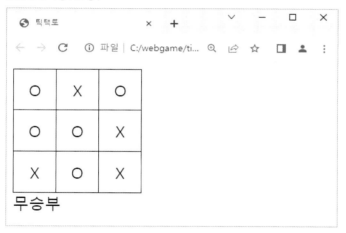

컴퓨터와 겨루기

지금까지 사용자가 O와 X의 역할을 번갈아 했습니다. 혼자서 게임하면 재미없으니 X의 역할은 컴퓨터가 하도록 코드를 작성해 보세요. 이기기 위한 최선의 전략을 구현하기는 아직 어려우므로 컴퓨터가 빈칸에 무작위로 X를 입력하게 합니다.

힌트 컴퓨터 차례는 callback( ) 함수 안에 구현합니다. rows 배열에서 빈칸을 추리면 되겠죠?

12장

클래스 다루기:
텍스트 롤플레잉 게임

이 장에서는 롤플레잉 게임(RPG, Role-Playing Game)을 만들어 보면서 클래스 문법을 익혀 보겠습니다. 그래픽까지 다루기는 어려우니 텍스트로만 진행하는 RPG를 만듭니다. 주인공, 몬스터, 보스가 나오고, 레벨 업도 하는 나름 체계적인 게임입니다.

12.1

이 장에서 만드는 프로그램

텍스트 RPG에는 크게 3가지 화면이 있습니다. 주인공의 이름을 입력받는 초기 화면, 모험/휴식/종료 중에서 선택하는 일반 메뉴 화면, 모험을 떠나면 돌입하는 전투 메뉴 화면입니다.

게임을 시작하고 초기 화면에서 이름을 입력받아 주인공을 생성하면 일반 메뉴 화면으로 전환됩니다. 일반 메뉴에서 모험을 선택하면 전투 메뉴 화면으로 전환되고 랜덤하게 몬스터를 마주하게(슬라임, 스켈레톤, 마왕 각 33% 확률) 됩니다. 휴식을 선택하면 주인공의 체력이 최대 체력으로 회복됩니다. 종료를 선택하면 게임이 종료됩니다.

전투 메뉴 화면에서는 몬스터를 공격하거나 체력을 회복하거나 도망갈 수 있습니다. 공격을 선택하면 주인공과 몬스터의 체력이 서로의 공격력만큼 깎이고, 주인공의 체력이 0이 되면 게임 오버가 됩니다. 몬스터의 체력이 0이 되면 경험치를 얻습니다. 경험치를 일정량 얻으면 레벨 업하게 됩니다. 레벨 업하면 레벨이 1씩 오르며 최대 체력과 공격력이 상승하고 체력을 회복합니다. 회복을 선택하면 체력을 20 회복하는 대신 몬스터에게 공격을 한 번 당합니다. 마지막으로 도망을 선택하면 일반 메뉴 화면으로 돌아올 수 있습니다.

내용을 참고해 순서도를 그리면 다음과 같습니다.

그림 12-1 텍스트 RPG 순서도

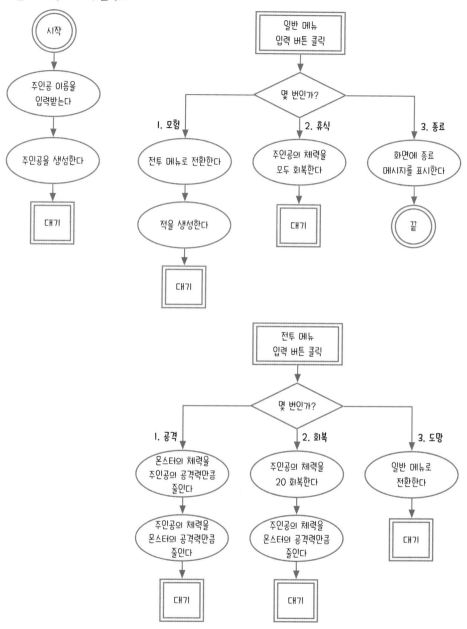

지금까지 만든 게임 중에서 순서도가 가장 복잡합니다. 초기 화면, 일반 메뉴 화면, 전투 메뉴 화면까지 세 가지 경우를 순서도로 만들기 때문입니다.

12.2

초기 화면 만들고 일반 메뉴 화면으로 전환하기

초기 화면에서는 사용자에게 이름을 입력받아 주인공을 생성합니다. 주인공 이름을 입력하고 나면 일반 메뉴 화면이 나옵니다. 일반 메뉴에서 1번 모험을 선택하면 전투 메뉴 화면이 나옵니다.

text-rpg.html 파일을 만들고 다음과 같이 코드를 작성합니다.

```html
<!DOCTYPE html>
<html lang="ko">
<head>
  <meta charset="UTF-8">
  <title>텍스트 RPG</title>
</head>
<body>
<form id="start-screen">
  <input id="name-input" placeholder="주인공 이름을 입력하세요!" />
  <button id="start">시작</button>
</form>
<div id="screen">
  <div id="hero-stat">
    <span id="hero-name"></span>
    <span id="hero-level"></span>
    <span id="hero-hp"></span>
    <span id="hero-xp"></span>
    <span id="hero-att"></span>
  </div>
  <form id="game-menu" style="display: none;">
    <div id="menu-1">1.모험</div>
```

```html
      <div id="menu-2">2.휴식</div>
      <div id="menu-3">3.종료</div>
      <input id="menu-input" />
      <button id="menu-button">입력</button>
    </form>
    <form id="battle-menu" style="display: none;">
      <div id="battle-1">1.공격</div>
      <div id="battle-2">2.회복</div>
      <div id="battle-3">3.도망</div>
      <input id="battle-input" />
      <button id="battle-button">입력</button>
    </form>
    <div id="message"></div>
    <div id="monster-stat">
      <span id="monster-name"></span>
      <span id="monster-hp"></span>
      <span id="monster-att"></span>
    </div>
  </div>
  <script>
  </script>
</body>
</html>
```

코드를 실행하면 다음과 같이 주인공 이름을 입력받는 초기 화면이 보입니다.

그림 12-2 초기 화면

초기 화면에서 주인공 이름을 입력하고 시작 버튼을 클릭하면 일반 메뉴(#game-menu) 화면으로
전환되어야 합니다. 이를 위해 style 속성을 조작해 초기 화면을 숨기고(display: none) 일반
메뉴 화면을 보이게(display: block) 설정합니다.

```
<script>
const $startScreen = document.querySelector('#start-screen'); // 초기 화면
const $gameMenu = document.querySelector('#game-menu'); // 일반 메뉴 화면
const $battleMenu = document.querySelector('#battle-menu'); // 전투 메뉴 화면
const $heroName = document.querySelector('#hero-name'); // 주인공 이름
$startScreen.addEventListener('submit', (event) => {
  event.preventDefault();
  const name = event.target['name-input'].value;
  $startScreen.style.display = 'none'; // 초기 화면 숨기기
  $gameMenu.style.display = 'block'; // 일반 메뉴 화면 보이기
  $heroName.textContent = name;
});
</script>
```

그림 12-3 일반 메뉴 화면

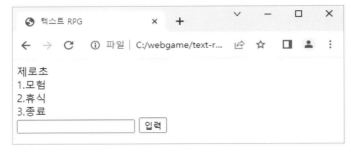

주인공, 몬스터, 일반 메뉴 구현하기

주인공 이름으로 생성할 주인공 정보부터 작성해 보겠습니다.

주인공 정보는 간단하게 객체 리터럴로 만듭니다. lev는 레벨, maxHp는 최대 체력, hp는 현재 체력, xp는 경험치, att는 공격력을 의미합니다. hp가 0이 되면 게임 오버가 됩니다. xp가 일정 수준에 도달하면 레벨 업하게 되어 체력과 공격력이 올라갑니다.

주인공을 만들었으니 몬스터도 있어야겠죠. 몬스터 정보는 객체 리터럴로 만들어 monsterList에 저장합니다. 여러분이 직접 몬스터를 더 추가해도 됩니다.

submit 이벤트 리스너에서는 추가로 주인공 정보(lev, hp, xp, att)를 화면에 표시합니다.

```
const $startScreen = document.querySelector('#start-screen'); // 초기 화면
const $gameMenu = document.querySelector('#game-menu'); // 일반 메뉴 화면
const $battleMenu = document.querySelector('#battle-menu'); // 전투 메뉴 화면
const $heroName = document.querySelector('#hero-name'); // 주인공 이름
const $heroLevel = document.querySelector('#hero-level'); // 주인공 레벨
const $heroHp = document.querySelector('#hero-hp'); // 주인공 체력
const $heroXp = document.querySelector('#hero-xp'); // 주인공 경험치
const $heroAtt = document.querySelector('#hero-att'); // 주인공 공격력
const $monsterName = document.querySelector('#monster-name'); // 몬스터 이름
const $monsterHp = document.querySelector('#monster-hp'); // 몬스터 체력
const $monsterAtt = document.querySelector('#monster-att'); // 몬스터 공격력
const $message = document.querySelector('#message');
const hero = { // 주인공 정보
  name: '', // 이름은 입력받음
  lev: 1,
```

```
      maxHp: 100,
      hp: 100,
      xp: 0,
      att: 10,
  };
  let monster = null;
  const monsterList = [ // 몬스터 정보
    { name: '슬라임', hp: 25, att: 10, xp: 10 },
    { name: '스켈레톤', hp: 50, att: 15, xp: 20 },
    { name: '마왕', hp: 150, att: 35, xp: 50 },
  ];
  $startScreen.addEventListener('submit', (event) => {
    event.preventDefault();
    const name = event.target['name-input'].value;
    $startScreen.style.display = 'none'; // 초기 화면 숨기기
    $gameMenu.style.display = 'block'; // 일반 메뉴 화면 보이기
    $heroName.textContent = name;
    // 주인공 정보 표시
    $heroLevel.textContent = `${hero.lev}Lev`;
    $heroHp.textContent = `HP: ${hero.hp}/${hero.maxHp}`;
    $heroXp.textContent = `XP: ${hero.xp}/${15 * hero.lev}`;
    $heroAtt.textContent = `ATT: ${hero.att}`;
    hero.name = name;
  });
```

그림 12-4 주인공 정보 표시

일반 메뉴에서 1번 모험을 선택하면 화면이 전투 메뉴로 바뀝니다. 이때 상대할 몬스터를
monsterList에서 무작위로 가져옵니다.

436

```
$startScreen.addEventListener('submit', (event) => {
  (중략)
}
$gameMenu.addEventListener('submit', (event) => { // 일반 메뉴
  event.preventDefault();
  const input = event.target['menu-input'].value;
  if (input === '1') { // 1번 모험 선택 시
    $gameMenu.style.display = 'none'; // 일반 메뉴 화면 숨기기
    $battleMenu.style.display = 'block'; // 전투 메뉴 화면 보이기
    monster = JSON.parse(
      JSON.stringify(monsterList[Math.floor(Math.random() * monsterList.length)])
    ); // 몬스터 무작위로 가져오기
    // 상대할 몬스터 정보 표시
    monster.maxHp = monster.hp;
    $monsterName.textContent = monster.name;
    $monsterHp.textContent = `HP: ${monster.hp}/${monster.maxHp}`;
    $monsterAtt.textContent = `ATT: ${monster.att}`;
  } else if (input === '2') { // 2번 휴식 선택 시
  } else if (input === '3') { // 3번 종료 선택 시
  }
});
```

실행하면 생성한 주인공 정보와 몬스터 정보가 보입니다. 운이 나쁘면 처음부터 약 33%의 확률로 마왕(보스 몬스터)을 만날 수도 있습니다.

그림 12-5 전투 메뉴

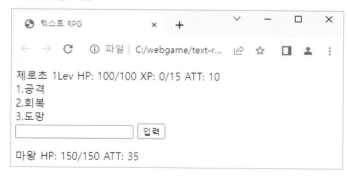

437

몬스터를 생성할 때 JSON.parse()와 JSON.stringify() 메서드로 깊은 복사를 했습니다. 여기서 얕은 복사가 아닌 깊은 복사를 하는 이유가 있습니다. 몬스터는 monsterList에서 가져옵니다. 여기에 저장된 값은 몬스터의 초기 정보입니다. 초기 정보는 바뀌면 안 됩니다.

만약 슬라임 몬스터를 얕은 복사로 생성해서 슬라임의 hp를 0으로 만들었다고 합시다. 그러면 monsterList 내부의 슬라임 hp도 같이 0이 되어 버립니다. 다음 번에 모험을 떠났을 때 다시 슬라임 몬스터를 만나게 되면 슬라임 몬스터의 체력은 0으로 시작할 것입니다. 따라서 초기 정보를 바꾸지 않기 위해 깊은 복사를 해야 합니다.

12.4

전투 메뉴 구현하기

전투 메뉴에서 주인공이 몬스터와 공격을 주고받거나 회복 또는 도망가는 것을 구현해 보겠습니다. 전투 메뉴에서는 주인공 객체와 몬스터 객체 간에 상호 작용이 일어납니다. 이런 상호 작용은 어떤 객체가 다른 객체에 특정한 기능을 수행할 때 일어나는데, 이런 기능은 함수로 구현하면 됩니다. 객체 안에 있는 함수는 메서드라고 했죠?

hero 객체에 몬스터를 공격하는 attack() 메서드와 체력을 회복하는 heal() 메서드를 다음과 같이 추가합니다. 두 메서드의 this는 주인공 객체를 가리킵니다. 또한, 전투 메뉴에서 1(공격)을 입력할 때 서로 공격을 주고받고, 그 결과를 화면에 표시하겠습니다.

```
const hero = {
  name: '',
  lev: 1,
  maxHp: 100,
  hp: 100,
  xp: 0,
  att: 10,
  attack(monster) { // 몬스터 공격 메서드
    monster.hp -= this.att;
    this.hp -= monster.att;
  },
  heal(monster) { // 체력 회복 메서드
    this.hp += 20;
    this.hp -= monster.att;
  },
};
```

```
(중략)
$gameMenu.addEventListener('submit', (event) => {
  (중략)
});
$battleMenu.addEventListener('submit', (event) => { // 전투 메뉴
  event.preventDefault();
  const input = event.target['battle-input'].value;
  if (input === '1') { // 1번 공격 선택 시
    hero.attack(monster);
    $heroHp.textContent = `HP: ${hero.hp}/${hero.maxHp}`;
    $monsterHp.textContent = `HP: ${monster.hp}/${monster.maxHp}`;
    $message.textContent = `${hero.att}의 피해를 주고, ${monster.att}의 피해를 받았다.`;
  } else if (input === '2') { // 2번 회복 선택 시
  } else if (input === '3') { // 3번 도망 선택 시
  }
});
```

그림 12-6 서로 공격을 주고받은 모습

몬스터와 주인공은 이런 식으로 상호 작용을 하게 됩니다. 앞으로도 점점 더 다양한 상호 작용이 추가됩니다. 그런데 문제가 하나 있습니다. 주인공은 공격 메서드(attack())가 있지만, 몬스터에게는 공격 메서드가 존재하지 않습니다. monsterList에 추가하면 되지 않을까 생각할 수 있지만, 메서드는 깊은 복사가 되지 않습니다. 이렇게 객체 간 상호 작용이 많을 때는 클래스로 재구성하면 좋습니다. 게임이 더 복잡해지기 전에 클래스를 도입해 보겠습니다.

12.5

클래스로 코드 재구성하기

클래스 문법을 활용해 게임을 다시 구성해 보겠습니다. 기존 코드에서 어느 부분을 클래스로 만들 수 있을까요? 주인공과 몬스터가 먼저 떠오릅니다. 주인공과 몬스터는 이름, 체력, 공격력, 경험치 같은 속성이 있고, 다른 객체를 공격하는 상호 작용을 할 수 있습니다. 그리고 게임 자체도 클래스로 만들 수 있습니다. 주인공과 몬스터는 클래스의 속성이 되고, 게임 시작, 메뉴 변경, 게임 종료까지 모두 게임 클래스의 메서드가 될 수 있습니다. 따라서 script 태그의 코드를 전부 수정합니다. 기존 파일에서 바꿔도 되고 새로운 파일을 만들어서 기존 방식과 클래스 방식을 비교해 보는 것도 좋습니다.

12.5.1 클래스 생성하기

먼저 Game 클래스를 만듭니다. 게임은 주인공 이름을 입력한 뒤 시작하므로 주인공 이름을 입력받을 때 new Game(name)으로 게임 클래스를 호출해서 게임 객체를 생성합니다. new Game을 하면 Game 클래스의 constructor 메서드가 실행되고 monster, hero, monsterList 속성을 만듭니다.

주인공과 몬스터에는 공통된 속성(name, maxHp, hp, xp, att)과 공통된 메서드(attack())가 있습니다. 공통된 속성과 메서드는 Unit 클래스를 만들어 모아 두고 Hero와 Monster 클래스에서는 Unit 클래스를 상속하게 합니다.

Hero 클래스는 super() 함수를 통해 부모 클래스인 Unit 클래스에 있는 속성을 사용합니다. 그리고 부모 클래스에 존재하지 않는 lev 속성과 heal() 메서드는 super() 함수 아래 따로 작성합니다.

Monster 클래스는 Unit 클래스에 있는 속성과 메서드를 그대로 사용합니다. 이처럼 부모 클래스 내용을 그대로 사용할 때는 자식 클래스에서 코드를 생략해도 됩니다.

```javascript
const $startScreen = document.querySelector('#start-screen'); // 초기 화면
const $gameMenu = document.querySelector('#game-menu'); // 일반 메뉴 화면
const $battleMenu = document.querySelector('#battle-menu'); // 전투 메뉴 화면
const $heroName = document.querySelector('#hero-name'); // 주인공 이름
const $heroLevel = document.querySelector('#hero-level'); // 주인공 레벨
const $heroHp = document.querySelector('#hero-hp'); // 주인공 체력
const $heroXp = document.querySelector('#hero-xp'); // 주인공 경험치
const $heroAtt = document.querySelector('#hero-att'); // 주인공 공격력
const $monsterName = document.querySelector('#monster-name'); // 몬스터 이름
const $monsterHp = document.querySelector('#monster-hp'); // 몬스터 체력
const $monsterAtt = document.querySelector('#monster-att'); // 몬스터 공격력
const $message = document.querySelector('#message');
class Game { // 게임 클래스
  constructor(name) { // 생성자
    this.monster = null;
    this.hero = null;
    this.monsterList = [
      { name: '슬라임', hp: 25, att: 10, xp: 10 },
      { name: '스켈레톤', hp: 50, att: 15, xp: 20 },
      { name: '마왕', hp: 150, att: 35, xp: 50 },
    ];
  }
}
class Unit { // 공통 클래스
  constructor(name, hp, att, xp) { // 생성자
    this.name = name;
    this.maxHp = hp;
    this.hp = hp;
    this.xp = xp;
    this.att = att;
  }
  attack(target) { // 공격 메서드
    target.hp -= this.att;
  }
}
class Hero extends Unit { // 주인공 클래스
```

```
    constructor(name) { // 생성자
      super(name, 100, 10, 0);
      this.lev = 1;
    }
    heal(monster) { // 회복 메서드
      this.hp += 20;
      this.hp -= monster.att;
    }
  }
  class Monster extends Unit { // 몬스터 클래스
  }
  let game = null;
  $startScreen.addEventListener('submit', (event) => {
    event.preventDefault();
    const name = event.target['name-input'].value;
    game = new Game(name); // 게임 객체 생성
  });
```

12.5.2 클래스에 메서드 추가하기

Game 클래스 안에 기본 메서드를 만들어 보겠습니다. 게임을 시작하는 start( ) 메서드, 화면을
전환하는 changeScreen( ) 메서드, 일반 메뉴를 담당하는 onGameMenuInput( ) 메서드, 전투 메
뉴를 담당하는 onBattleMenuInput( ) 메서드를 만듭니다. 객체의 메서드는 this를 통해 서로
호출할 수 있습니다.

```
class Game { // 게임 클래스
  constructor(name) { // 생성자
    this.monster = null;
    this.hero = null;
    this.monsterList = [
      (중략)
    ];
    this.start();
  }
  start() { // 게임 시작 메서드
```

```javascript
    $gameMenu.addEventListener('submit', this.onGameMenuInput);
    $battleMenu.addEventListener('submit', this.onBattleMenuInput);
    this.changeScreen('game');
  }
  changeScreen(screen) { // 화면 전환 메서드
    if (screen === 'start') { // 초기 화면
      $startScreen.style.display = 'block'; // 초기 화면 보이기
      $gameMenu.style.display = 'none'; // 일반 메뉴 화면 숨기기
      $battleMenu.style.display = 'none'; // 전투 메뉴 화면 숨기기
    } else if (screen === 'game') { // 일반 메뉴
      $startScreen.style.display = 'none';
      $gameMenu.style.display = 'block'; // 일반 메뉴 화면 보이기
      $battleMenu.style.display = 'none';
    } else if (screen === 'battle') { // 전투 메뉴
      $startScreen.style.display = 'none';
      $gameMenu.style.display = 'none';
      $battleMenu.style.display = 'block'; // 전투 메뉴 화면 보이기
    }
  }
  onGameMenuInput = (event) => { // 일반 메뉴 메서드
    event.preventDefault();
    const input = event.target['menu-input'].value;
    if (input === '1') { // 모험
      this.changeScreen('battle');
    } else if (input === '2') { // 휴식
    } else if (input === '3') { // 종료
    }
  }

  onBattleMenuInput = (event) => { // 전투 메뉴 메서드
    event.preventDefault();
    const input = event.target['battle-input'].value;
    if (input === '1') { // 공격
    } else if (input === '2') { // 회복
    } else if (input === '3') { // 도망
    }
  }
}
```

#start-screen의 submit 이벤트 리스너는 Game 클래스 밖에서 연결했는데, 왜 #game-menu와 #battle-menu의 submit 이벤트 리스너는 Game 클래스 안에서 연결할까요? 이는 각각의 콜백 함수인 onGameMenuInput()과 onBattleMenuInput()이 Game 클래스의 메서드이기 때문입니다. addEventListener()를 Game 클래스 밖으로 뺀다고 생각해 보세요. Game 클래스 밖에서 this는 window가 되니 문제가 생기겠죠?

또 한 가지 특이한 점은 onGameMenuInput()과 onBattleMenuInput()만 화살표 함수로 되어 있다는 점입니다. 이것은 this와 콜백 함수의 특성과 관련이 있습니다. 두 콜백 함수가 함수 선언문이라면 this는 addEventListener()에 의해 각각 $gameMenu와 $battleMenu로 바뀝니다. 이를 막으려면 화살표 함수를 사용해 기존 this(Game 객체)를 유지해야 합니다. 따라서 앞의 코드에서는 기존 this(Game 객체)를 유지해 onGameMenuInput() 메서드 안에서도 this는 Game 객체가 됩니다.

모든 콜백 함수의 this가 다른 값으로 바뀌는 것이 아닙니다. 따라서 this를 바꾸는 함수나 메서드를 볼 때마다 따로 외우고 있어야 합니다(**2.7.2 this 이해하기** 참고).

12.5.3 클래스 간 연동하기

이제 클래스 간에 상호 작용을 시작해 보겠습니다. start() 메서드에서는 이벤트 리스너 연결과 화면 전환 외에 어떤 것을 해야 할까요? 게임을 시작했으니 주인공을 만들어야 합니다.

constructor() 메서드에서 전달받은 주인공의 이름(name)을 start() 메서드를 거쳐 Hero 클래스에 전달합니다. 그러면 this.hero = new Hero(name);을 통해 주인공이 Game 클래스의 hero 속성에 등록됩니다.

```
class Game { // 게임 클래스
  constructor(name) { // 생성자
    (중략)
    this.start(name);
  }
  start(name) { // 게임 시작 메서드
    $gameMenu.addEventListener('submit', this.onGameMenuInput);
    $battleMenu.addEventListener('submit', this.onBattleMenuInput);
    this.changeScreen('game');
```

```
    this.hero = new Hero(name);
  }
  (중략)
}
```

이제는 주인공을 생성하면 바로 주인공의 체력, 공격력, 경험치가 화면에 표시되어야 합니다. 이를 담당하는 updateHeroStat( ) 메서드를 Game 클래스에 생성하고 start( ) 메뉴에서 호출하겠습니다.

updateHeroStat( ) 메서드는 this로부터 hero 속성을 변수에 구조분해 할당해서 사용합니다. hero가 null인 경우는 주인공이 죽었다는 뜻입니다. 주인공이 죽으면 주인공의 정보를 지웁니다.

```
class Game { // 게임 클래스
  (중략)
  start(name) { // 게임 시작 메서드
    (중략)
    this.hero = new Hero(name);
    this.updateHeroStat();
  }
  (중략)
  updateHeroStat() { // 주인공 정보 표시 메서드
    const { hero } = this;
    if (hero === null) { // 주인공이 죽었을 때
      $heroName.textContent = '';
      $heroLevel.textContent = '';
      $heroHp.textContent = '';
      $heroXp.textContent = '';
      $heroAtt.textContent = '';
      return;
    }
    $heroName.textContent = hero.name;
    $heroLevel.textContent = `${hero.lev}Lev`;
    $heroHp.textContent = `HP: ${hero.hp}/${hero.maxHp}`;
    $heroXp.textContent = `XP: ${hero.xp}/${15 * hero.lev}`;
    $heroAtt.textContent = `ATT: ${hero.att}`;
  }
}
```

446

12.5.4 일반 메뉴 재구성하기

일반 메뉴에서 사용자로부터 번호를 입력받아 실행하는 부분을 바꿔 보겠습니다.

사용자가 1(모험)을 입력하면 onGameMenuInput() 메서드가 실행됩니다. input이 '1'이므로 this.changeScreen('battle')이 실행되어 화면이 전투 메뉴로 전환됩니다. 모험이 시작되었으니 몬스터를 생성하고(createMonster()) 몬스터 정보를 화면에 표시(updateMonsterStat()) 해야 합니다. 추가로 몬스터가 나타났다는 메시지도 화면에 표시합니다(showMessage()).

```
class Game { // 게임 클래스
  (중략)
  onGameMenuInput = (event) => { // 일반 메뉴 메서드
    event.preventDefault();
    const input = event.target['menu-input'].value;
    if (input === '1') { // 모험
      this.changeScreen('battle');
      this.createMonster();
    } else if (input === '2') { // 휴식
    } else if (input === '3') { // 종료
    }
  }
  (중략)
  createMonster() { // 몬스터 생성 메서드
    const randomIndex = Math.floor(Math.random() * this.monsterList.length);
    const randomMonster = this.monsterList[randomIndex];
    this.monster = new Monster(
      randomMonster.name,
      randomMonster.hp,
      randomMonster.att,
      randomMonster.xp,
    );
    this.updateMonsterStat();
    this.showMessage(`몬스터와 마주쳤다. ${this.monster.name}인 것 같다!`);
  }
  updateMonsterStat() { // 몬스터 정보 표시 메서드
    const { monster } = this;
    if (monster === null) {
      $monsterName.textContent = '';
```

```
        $monsterHp.textContent = '';
        $monsterAtt.textContent = '';
        return;
      }
      $monsterName.textContent = monster.name;
      $monsterHp.textContent = `HP: ${monster.hp}/${monster.maxHp}`;
      $monsterAtt.textContent = `ATT: ${monster.att}`;
    }
    showMessage(text) {
      $message.textContent = text;
    }
  }
```

이번에는 JSON.parse(JSON.stringify(객체))를 사용하지 않았습니다. 그 대신 monsterList
로부터 name, maxHp, att, xp 값을 꺼내 game 객체(this)와 함께 Monster 클래스에 넣어 주었습니다. 문자열이나 숫자 같은 값은 참조 관계가 아니므로 깊은 복사를 할 필요가 없습니다. 깊은 복사는 객체에만 적용합니다.

그림 12-7 몬스터 생성 결과

12.5.5 전투 메뉴 재구성하기

전투 메뉴에서 1(공격)을 입력받으면 몬스터를 공격하게 해 보겠습니다. 공격한 후에는 결과를
메시지로 표시하고 주인공과 몬스터의 정보를 업데이트합니다.

```
onBattleMenuInput = (event) => { // 전투 메뉴 메서드
  event.preventDefault();
  const input = event.target['battle-input'].value;
  if (input === '1') { // 공격
    const { hero, monster } = this;
    hero.attack(monster);
    monster.attack(hero);
    this.showMessage(`${hero.att}의 피해를 주고, ${monster.att}의 피해를 받았다.`);
    this.updateHeroStat();
    this.updateMonsterStat();
  } else if (input === '2') { // 회복
  } else if (input === '3') { // 도망
  }
}
```

그림 12-8 전투 메뉴에서 1번을 눌러 몬스터를 공격한 결과

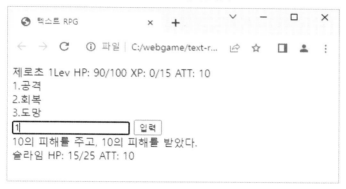

주인공과 몬스터를 만들고 서로 공격하는 부분까지 클래스로 바꿔 봤습니다. 클래스로 바꾸니 코드가 기능별로 묶여 있어 깔끔하고, 각 코드가 어떤 기능을 하는지 파악하기 쉽습니다.

그런데 코드의 작성 순서와 실행 순서가 달라 헷갈리기도 합니다. 기존에는 코드가 실행 순서대로 짜여 있어서 위에서 아래로 코드를 따라가면 됐습니다. 하지만 이제는 객체가 생성되고, 객체들이 어떻게 상호 작용을 하는지 파악해야 코드를 이해할 수 있습니다. 그래서 입문자는 코드를 읽기가 더 어려울 수 있습니다. 어떤 클래스에 어떤 메서드가 있는지 위아래로 스크롤하며 살펴봐야 하죠. 하지만 프로그램에서는 더 편할 수 있습니다. 객체 간 관계만 명확하게 프로그래밍하면 그 뒤로는 객체들끼리 알아서 상호 작용을 하기 때문입니다.

클래스를 활용하다 보면 무조건 클래스로 만드는 것이 좋은지 궁금할 수 있습니다. 클래스로 모두 만드는 사람도 있고, 클래스를 아예 사용하지 않는 사람도 있습니다. 클래스 중심으로 프로그래밍하는 것을 **객체지향 프로그래밍**이라고 하고, 함수를 조합해 가며 프로그래밍하는 것을 **함수형 프로그래밍**이라고 합니다. 11장까지 만든 프로그램처럼 순서도의 절차대로 프로그래밍하는 것은 **절차형 프로그래밍**이라고 합니다.

자바스크립트에서는 이렇게 세 가지 방식으로 프로그래밍할 수 있습니다. 어떤 방식이 다른 방식보다 더 낫다고 말하기는 어렵습니다. 개발자의 취향 차이일 수 있으니 다양한 방식을 경험해 보면서 자신과 맞는 방식 또는 프로젝트와 맞는 방식인지 판단해 보는 것이 좋습니다.

12.6

전투 결과 표시하기

마지막으로 전투 결과를 구현해 보겠습니다. 주인공과 몬스터가 서로 공격하다가 둘 중에 먼저 체력이 0이 되는 쪽이 나오면 전투 결과가 나옵니다.

주인공의 체력이 0이 되면 게임 오버가 됩니다. 게임 오버는 quit() 메서드로 구현합니다. quit() 메서드에서는 주인공과 몬스터 객체를 null로 만들고, 상태 표시를 업데이트합니다. 연결된 이벤트는 removeEventListener() 메서드로 모두 제거한 후 초기 화면으로 돌아갑니다. 마지막으로 게임 객체를 null로 만들며 새 게임을 준비합니다.

몬스터의 체력이 0이 되면 주인공이 경험치를 얻습니다. 주인공의 경험치가 주인공 레벨 × 15 보다 높으면 레벨 업을 하게 됩니다. 레벨 업을 하면 주인공은 체력을 모두 회복하고, 최대 체력 과 공격력이 각각 5씩 증가합니다. 이 부분은 Hero 클래스에 getXp() 메서드로 구현합니다.

```
class Game { // 게임 클래스
  (중략)
  onBattleMenuInput = (event) => { // 전투 메뉴 메서드
    event.preventDefault();
    const input = event.target['battle-input'].value;
    if (input === '1') { // 공격
      const { hero, monster } = this;
      hero.attack(monster);
      monster.attack(hero);
      if (hero.hp <= 0) { // 주인공 체력이 0이면 게임 오버
        this.showMessage(`${hero.lev}레벨에서 전사. 주인공을 새로 생성하세요.`);
        this.quit();
      } else if (monster.hp <= 0) { // 몬스터 체력이 0이면 경험치 획득
```

```javascript
        this.showMessage(`몬스터를 잡아 ${monster.xp} 경험치를 얻었다.`);
        hero.getXp(monster.xp);
        this.monster = null;
        this.updateHeroStat();
        this.updateMonsterStat();
        this.changeScreen('game');
      } else { // 피해 주고받기
        this.showMessage(`${hero.att}의 피해를 주고, ${monster.att}의 피해를 받았다.`);
        this.updateHeroStat();
        this.updateMonsterStat();
      }
    } else if (input === '2') { // 회복
    } else if (input === '3') { // 도망
    }
  }
  (중략)
  quit() { // 게임 오버 메서드
    this.hero = null;
    this.monster = null;
    this.updateHeroStat();
    this.updateMonsterStat();
    $gameMenu.removeEventListener('submit', this.onGameMenuInput);
    $battleMenu.removeEventListener('submit', this.onBattleMenuInput);
    this.changeScreen('start');
    game = null;
  }
}
class Hero extends Unit { // 주인공 클래스
  (중략)
  getXp(xp) { // 레벨 업 메서드
    this.xp += xp;
    if (this.xp >= this.lev * 15) { // 경험치를 다 채우면(주인공 레벨 × 15)
      this.xp -= this.lev * 15;
      this.lev += 1;
      this.maxHp += 5;
      this.att += 5;
      this.hp = this.maxHp;
    }
  }
}
```

전투 메뉴에서 공격을 여러 번 시도하다 보면 주인공이 레벨 업하는 것을 볼 수 있습니다.

그림 12-9 게임 오버되거나 레벨업 했을 때

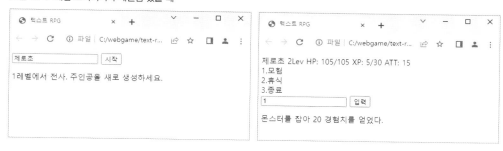

레벨 업했을 때도 화면에 메시지를 표시하고 싶습니다. 이럴 때는 gexXp( ) 메서드 내부에서 game의 showMessage( ) 메서드를 호출하면 됩니다.

```
getXp(xp) { // 레벨 업 메서드
  this.xp += xp;
  if (this.xp >= this.lev * 15) { // 경험치를 다 채우면(주인공 레벨 × 15)
    this.xp -= this.lev * 15;
    this.lev += 1;
    this.maxHp += 5;
    this.att += 5;
    this.hp = this.maxHp;
    game.showMessage(`레벨 업! ${this.lev}레벨이 되었습니다.`)
  }
}
```

하지만 이 방식은 나중에 문제가 될 수 있습니다. 만약 한 화면에서 여러 게임을 동시에 진행한다면 game 변수가 어떤 게임을 저장하고 있는지 알 수 없습니다. 가장 안전하고 확실한 방법은 game 변수가 현재 내가 진행하고 있는 게임을 가리키게 하는 것입니다. 그러려면 Hero의 속성에 현재 게임을 추가하면 됩니다. 이를 위해 new Hero로 주인공 객체를 생성할 때 this(Game 객체)를 전달합니다. 그러면 Hero 객체에서는 this.game으로 현재 진행하는 게임에 접근할 수 있습니다.

```
class Game { // 게임 클래스
  (중략)
  start(name) { // 게임 시작 메서드
```

```
    $gameMenu.addEventListener('submit', this.onGameMenuInput);
    $battleMenu.addEventListener('submit', this.onBattleMenuInput);
    this.changeScreen('game');
    this.hero = new Hero(name, this);
    this.updateHeroStat();
  }
  (중략)
}
class Hero extends Unit { // 주인공 클래스
  constructor(name, game) { // 생성자
    super(name, 100, 10, 0);
    this.lev = 1;
    this.game = game;
  }
  (중략)
  getXp(xp) { // 레벨 업 메서드
  this.xp += xp;
  if (this.xp >= this.lev * 15) { // 경험치를 다 채우면(주인공 레벨 × 15)
    this.xp -= this.lev * 15;
    this.lev += 1;
    this.maxHp += 5;
    this.att += 5;
    this.hp = this.maxHp;
    this.game.showMessage(`레벨 업! ${this.lev}레벨이 되었습니다.`)
  }
}
```

나머지 기능은 셀프체크를 통해 완성하겠습니다.

셀프체크

해설 노트 p.588

나머지 기능 구현

게임 중에서 일반 메뉴에서 휴식과 종료, 전투 메뉴에서 회복과 도망을 구현하는 부분이 남았습니다. 앞에서 구현한 내용을 참고해 나머지 기능을 구현해 보세요.

휴식은 주인공의 체력을 최대로 회복하는 기능입니다. 종료는 현재 진행 중인 게임을 종료하고 주인공을 생성하는 초기 화면으로 돌아갑니다.

회복은 전투 중에 체력을 20 회복하는 기능입니다. 다만, 체력을 회복하면 몬스터에게 한 번 공격을 당합니다. 또한, 체력은 최대 체력(maxHp) 값을 넘을 수 없습니다. 예를 들어, 최대 체력이 80이고 현재 체력이 70이라면 체력을 20 회복해도 90이 아니라 80이 됩니다.

도망은 강력한 몬스터를 만났을 때 도망가는 기능으로, 일반 메뉴로 돌아가게 합니다.

힌트 회복 기능에는 Math.min( ) 메서드를 사용하고, 종료 기능은 quit( ) 메서드를 재사용하면 됩니다.

코딩
자율학습

13장

이벤트 루프 이해하기: 카드 짝 맞추기 게임

이 장에서는 카드 짝 맞추기 게임을 만들며 비동기 코드를 더 깊게 들여다보겠습니다. 많은 카드를 실시간으로 뒤집어야 하는 만큼 자바스크립트 코드가 돌아가는 순서를 정확하게 알아야 합니다.

13.1

이 장에서 만드는 프로그램

카드 짝 맞추기 게임은 다음과 같습니다. 카드가 12장 있고, 2장씩 서로 앞면의 색이 같습니다. 게임이 시작되면 카드를 무작위로 섞어 배치한 뒤에 모든 카드의 앞면을 잠깐 보여 줍니다. 일정 시간 후에 카드가 모두 뒷면으로 돌아가면 카드를 2장씩 뒤집으며 짝을 맞춥니다. 카드 12장을 모두 뒤집을 때까지 계속하고 카드의 짝을 모두 맞추면 성공입니다.

설명한 내용을 참고해서 카드 짝 맞추기 게임의 순서도를 직접 그려 보세요.

순서도를 그리는 연습을 충실히 했다면 이제는 순서도를 더 짧게 그리는 요령을 터득했을 겁니다. 초반에 끝말잇기나 계산기, 숫자야구에서는 철저하게 하나의 작업을 하나의 절차로 만들어서 나열했습니다. 이제는 서로 관련 있는 절차를 가능한 한 하나로 묶고, 복잡한 비동기 절차나 조건문 절차에서만 순서도를 분리합니다.

서로 관련 있는 절차를 하나로 묶는 것은 순서도를 일일이 그리기 귀찮아서 그랬다고 해석할 수도 있지만, 반대로 여러분의 프로그래밍 사고력이 늘었다고 해석할 수도 있습니다. 관련 있는 절차라면 몇 줄이 됐든 하나의 함수로 만들면 되니 굳이 도형을 여러 개 그릴 필요가 없습니다.

심지어 간단한 비동기 함수는 순서도에 표시하지 않고 하나의 타원으로 표현할 수 있는 경지에 다다랐을 수도 있습니다. 이렇게 조금씩 순서도에 익숙해지다 보면 순서도가 점점 더 짧아지고, 머릿속에서 채우는 부분이 점점 더 늘어나게 됩니다. 그러다가 결국에는 순서도를 머릿속으로 그리는 경지에 오르게 되죠. 이 경지에 오를 때까지 조금 더 순서도 그리기를 해 봅시다.

그림 13-1 카드 짝 맞추기 게임 순서도

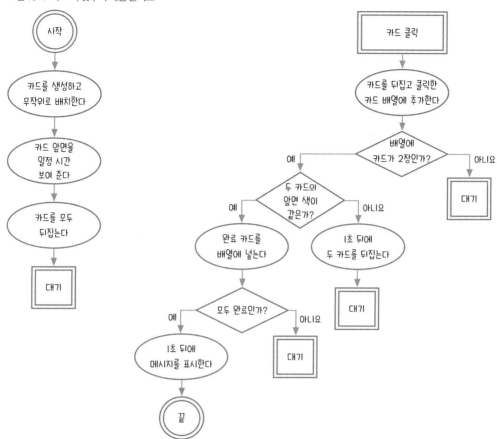

13장 이벤트 흐름 이해하기: 카드 짝 맞추기 게임

13.2

화면 만들고 카드 생성하기

카드 짝 맞추기 게임을 위한 **concentration.html** 파일을 만들고 다음과 같이 코드를 작성합니다.

카드 뒤집기를 어떻게 구현할지 감이 잡히지 않을 텐데 이 부분은 자바스크립트가 아닌 CSS로 구현합니다. `flipped` 클래스를 추가하면 카드가 앞면으로 뒤집히고, `flipped` 클래스를 제거하면 카드가 뒷면으로 뒤집히는 효과를 낼 수 있습니다.

물론 자바스크립트로도 카드 뒤집기 효과를 구현할 수 있습니다. 하지만 CSS가 디자인을 담당하므로 CSS로 표현 가능한 영역은 최대한 CSS만 사용해서 구현하는 것이 편합니다.

```
<!DOCTYPE html>
<html>
<head>
<meta charset="utf-8" />
<title>짝 맞추기</title>
<style>
.card {
  display: inline-block;
  margin-right: 20px;
  margin-bottom: 20px;
  width: 80px;
  height: 100px;
  perspective: 140px;
}
.card-inner {
  position: relative;
  width: 100%;
  height: 100%;
```

```
      text-align: center;
      transition: transform 0.8s;
      transform-style: preserve-3d;
    }
    .card.flipped .card-inner { /* 카드 뒤집기 클래스 */
      transform: rotateY(180deg);
    }
    .card-back {
      background: navy;
    }
    .card-front, .card-back {
      position: absolute;
      width: 100%;
      height: 100%;
      border: 1px solid black;
      backface-visibility: hidden;
    }
    .card-front {
      transform: rotateY(180deg);
    }
  </style>
  </head>
  <body>
  <div id="wrapper"></div>
  <script>
  const $wrapper = document.querySelector('#wrapper');
  </script>
  </body>
  </html>
```

다음으로 카드를 12장 만들겠습니다.

① 전체 카드 수는 total 변수에, 카드 색은 colors 변수에 배열로 저장합니다. 2장씩 색이 같으므로 총 6가지 색이 필요합니다. 색은 마음대로 골라도 되지만, 여기서는 빨간색(red), 주황색(orange), 노란색(yellow), 초록색(green), 하얀색(white), 분홍색(pink)을 선택합니다. 6가지 색은 앞면에 표시하고, 뒷면은 남색(navy)으로 통일합니다.

② 6가지 색의 카드를 복사해서 이어 붙이면 12장이 됩니다. colors에서 6가지 색을 두 번 복사해 colorCopy를 만들고, shuffle() 함수로 카드를 섞어 shuffled 배열로 만듭니다. 여기서 주목할 부분은 colors 변수를 수정하지 않고, 두 배열을 합쳐 하나의 새로운 배열을 만드는 concat() 메서드로 배열을 얕은 복사한 점입니다.

461

③ 카드 순서를 매번 다르게 무작위로 섞어야 합니다. 이 부분은 **8.3절**에서 배운 피셔-예이츠 셔플 알고리즘을 사용합니다.

④ 게임은 startGame( ) 함수로 시작합니다.

⑤ 게임을 시작하면 바로 카드를 섞고(shuffle( )), 카드를 12개 생성(createCard( ))합니다. 생성한 카드는 $wrapper 태그 안으로 들어갑니다.

⑥ createCard( ) 함수는 카드의 인덱스(i)를 인수로 전달받아 shuffled 배열에서 카드 색을 가져오는 데 이용합니다. 카드 색은 태그의 backgroundColor 속성에 넣습니다.

```javascript
const $wrapper = document.querySelector('#wrapper');
const total = 12; // 전체 카드 수
const colors = ['red', 'orange', 'yellow', 'green', 'white', 'pink']; // 카드 색 ─┐①
let colorCopy = colors.concat(colors); // 카드 색 복사 ─┐
let shuffled = []; // 섞은 카드 배열                    └---------------------- ②
function shuffle() { // 피셔-예이츠 셔플 알고리즘 ----------------------------- ③
  for (; colorCopy.length > 0;) {
    const randomIndex = Math.floor(Math.random() * colorCopy.length);
    shuffled = shuffled.concat(colorCopy.splice(randomIndex, 1));
  }
}
function createCard(i) { // 카드 생성 함수 ------------------------------- ⑥
  const card = document.createElement('div');
  card.className = 'card'; // .card 태그 생성
  const cardInner = document.createElement('div');
  cardInner.className = 'card-inner'; // .card-inner 태그 생성
  const cardBack = document.createElement('div');
  cardBack.className = 'card-back'; // .card-back 태그 생성
  const cardFront = document.createElement('div');
  cardFront.className = 'card-front'; // .card-front 태그 생성
  cardFront.style.backgroundColor = shuffled[i]; // 카드 색
  cardInner.appendChild(cardBack);
  cardInner.appendChild(cardFront);
  card.appendChild(cardInner);
  return card;
}
function startGame() { // 게임 시작 함수 ------------------------------- ⑤
  shuffle(); // 카드 섞기
```

```
    for (let i = 0; i < total; i += 1) {
      const card = createCard(i); // 카드 생성
      $wrapper.appendChild(card);
    }
  }
  startGame(); ----------------------------------------------------------- ④
```

한 번에 많은 코드를 추가했지만, 이제 이 정도는 위에서 아래로 순서대로 읽으며 파악할 수 있을 겁니다. 코드를 작성하고 concentration.html 파일을 실행하면 다음과 같이 화면에 카드 12장이 표시됩니다.

그림 13-2 카드 12장 생성

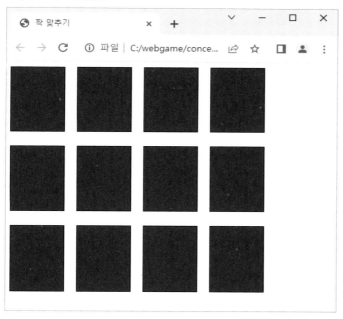

여기서는 카드가 3줄로 배치되는데, 웹 브라우저의 크기를 조정하면 카드 배치는 달라집니다. 카드마다 앞면 색을 지정했지만, 기본으로 뒷면이 보이게 CSS를 설정해서 처음에는 남색으로만 표시됩니다.

13.3

카드 앞면 보여 줬다 뒤집기

게임을 시작하면 카드 배치를 외울 수 있게 일정 시간(3초) 카드 앞면을 보여 준 뒤 다시 뒷면으로 뒤집습니다. 카드 뒤집기 효과는 flipped 클래스로 낼 수 있습니다. 모든 카드에 flipped 클래스를 추가하면 앞면이 보이고, flipped 클래스를 빼면 뒷면이 보입니다.

시각적 효과를 위해 카드별로 조금씩 시간차를 두고 뒤집겠습니다. 카드가 생성되자마자 바로 앞면을 보여 주고 일정 시간이 지난 후 다시 뒤집습니다. 이 과정을 startGame() 함수 안에 작성합니다.

```javascript
function startGame() { // 게임 시작 함수
  (중략)
  document.querySelectorAll('.card').forEach((card, index) => { // 카드 앞면 보이기
    setTimeout(() => {
      card.classList.add('flipped');
    }, 1000 + 100 * index);
  });
  setTimeout(() => { // 카드 뒷면 보이기
    document.querySelectorAll('.card').forEach((card) => {
      card.classList.remove('flipped');
    });
  }, 5000);
}
```

첫 번째 setTimeout() 함수의 시간 설정 부분(1000 + 100 * index)을 봅시다. 첫 번째 카드는 게임 시작으로부터 1초, 2번 카드는 1.1초, 3번 카드는 1.2초, 12번 카드는 2.1초 뒤에 뒤집히게 했습니다. 이렇게 시간을 살짝 다르게 주면 시각적 효과가 생깁니다. 게임을 시작한 순간부터 2.1초 뒤에 마지막 카드가 뒤집히므로 5초 후(5000)에 카드를 다시 뒤집으면 외우는 시간을 3초 정도 주게 됩니다.

코드를 실행해서 같은 시간을 줬을 때와 효과가 어떻게 다른지 비교해 보세요.

그림 13-3 카드가 순차적으로 뒤집히는 모습

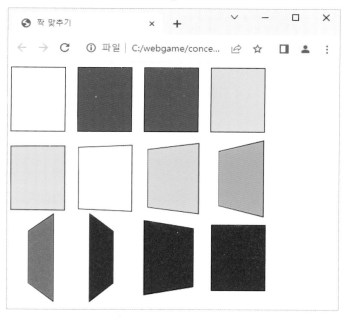

465

13.4

카드 짝 맞추기

순서도에서 카드 클릭 부분의 절차를 구현해 보겠습니다. 카드를 2장 뒤집어 카드 색이 일치하면 그대로 놔두고, 일치하지 않으면 2장 모두 다시 뒤집습니다. 모든 카드가 앞면이 되면 성공이므로 '축하합니다!'라는 메시지를 표시합니다.

① 2장의 카드를 뒤집어 카드 색이 같은지 확인해야 하므로 클릭한 카드를 담을 수 있는 클릭 배열 변수(clicked)를 선언합니다.

② 카드를 클릭해 뒤집는 부분을 위해 생성한 카드 태그에 클릭 이벤트 리스너를 붙입니다.

③ 카드를 클릭하면 해당 카드를 뒤집고('flipped') 클릭 배열에 추가합니다. 클릭 배열에 카드가 2장 있는지 확인합니다.

```
let shuffled = []; // 섞은 카드 배열
let clicked = []; // 클릭한 카드 배열 ------------------------------------ ①
  (중략)
function onClickCard() { // 클릭한 카드 확인 함수 ----------------------- ③
  this.classList.toggle('flipped');
  clicked.push(this);
  if (clicked.length !== 2) {
   return;
  }
}
function startGame() { // 게임 시작 함수
  shuffle(); // 카드 섞기
  for (let i = 0; i < total; i += 1) {
    const card = createCard(i); // 카드 생성
```

```
        card.addEventListener('click', onClickCard); // 이벤트 연결 ------ ②
        $wrapper.appendChild(card);
    }
    (중략)
}
```

onClickCard() 함수에서는 this 또는 event.target(이때는 onClickCard() 함수의 매개변수에 event를 넣어야 함)으로 클릭한 카드에 접근할 수 있습니다. onClickCard()는 화살표 함수가 아니라서 this는 클릭한 카드가 됩니다. addEventListener()가 this를 그렇게 바꾼다고 했죠?

또한, if 문에 의한 들여쓰기를 최소화하기 위해 onClickCard() 함수에서 중첩 if 문을 제거하는 기법을 적용했습니다(잊어버렸다면 **2.4.4절**을 복습해 보세요). if 문 아랫부분은 클릭한 카드가 2장일 때만 실행되고, 클릭한 카드가 2장이 아니라면 return 때문에 함수가 종료됩니다. 클릭한 두 카드의 앞면 색이 같은지 비교하기 위해 태그.style.backgroundColor 속성을 사용합니다.

```
function onClickCard() { // 클릭한 카드 확인 함수
    this.classList.toggle('flipped');
    clicked.push(this);
    if (clicked.length !== 2) {
        return;
    }
    // 클릭한 두 카드 비교
    const front1Color = clicked[0].querySelector('.card-front').style.backgroundColor;
    const front2Color = clicked[1].querySelector('.card-front').style.backgroundColor;
    if (front1Color === front2Color) { // 두 카드의 색이 같으면
        return;
    }
    // 두 카드의 색이 다르면
}
```

짝을 맞춘 카드를 담을 완료 카드 배열 변수 completed를 선언합니다. 두 카드의 색이 같으면 클릭한 카드 배열(clicked)에서 완료 카드 배열로 옮기고 클릭한 카드 배열을 비웁니다.

두 카드의 색이 다르면 클릭한 카드 배열에서 빼고 flipped 클래스를 제거해 카드를 뒤집습니다. flipped 클래스를 제거하지 않으면 카드가 계속 앞면인 상태로 있습니다.

```
let clicked = []; // 클릭한 카드 배열
let completed = []; // 완료 카드 배열
(중략)
function onClickCard() { // 클릭한 카드 확인 함수
  (중략)
  if (front1Color === front2Color) { // 두 카드의 색이 같으면
    completed.push(clicked[0]); // 완료 카드 배열에 추가
    completed.push(clicked[1]); // 완료 카드 배열에 추가
    clicked = []; // 클릭한 카드 배열 비우기
    return;
  }
  // 두 카드의 색이 다르면
  clicked[0].classList.remove('flipped'); // flipped 클래스 제거
  clicked[1].classList.remove('flipped'); // flipped 클래스 제거
  clicked = []; // 클릭한 카드 배열 비우기
}
```

여기까지 코드를 작성하고 실행해 보면 두 카드의 색이 다른 경우에 두 번째 카드는 아예 뒤집히지 않습니다. 이는 두 번째 카드를 뒤집기도 전에 flipped 클래스가 제거되어 그렇습니다. 두 카드의 색이 다르더라도 두 번째 카드의 앞면도 보여 줬다가 뒤집어야 합니다. 따라서 앞면을 보여 줄 충분한 시간을 확보해야 합니다. 여기서는 0.5초로 주겠습니다.

```
function onClickCard() { // 클릭한 카드 확인 함수
  (중략)
  // 두 카드의 색이 다르면
  setTimeout(() => {
    clicked[0].classList.remove('flipped'); // flipped 클래스 제거
    clicked[1].classList.remove('flipped'); // flipped 클래스 제거
    clicked = []; // 클릭한 카드 배열 비우기
  }, 500);
}
```

의도한 대로 작동하는지 실행해서 확인해 보세요.

그림 13-4 색이 다르더라도 두 카드 모두 앞면을 보여 줌

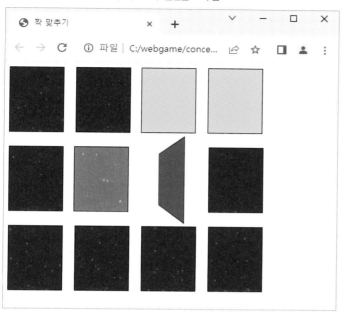

마지막으로 카드 12장이 모두 짝이 맞춰졌는지 확인하는 부분을 작성하겠습니다. 완료 카드 배열의 길이(completed.length)가 전체 카드 수(total)와 같으면 됩니다. 모두 앞면이라면 '축하합니다!'라는 메시지를 표시하는 대화상자를 alert() 메서드로 띄웁니다.

```
function onClickCard() { // 클릭한 카드 확인 함수
  (중략)
  if (front1Color === front2Color) { // 두 카드의 색이 같으면
    completed.push(clicked[0]); // 완료 카드 배열에 추가
    completed.push(clicked[1]); // 완료 카드 배열에 추가
    clicked = []; // 클릭한 카드 배열 비우기
    if (completed.length !== total) {
      return;
    }
    alert(`축하합니다!`);
    return;
  }
  (중략)
}
```

여기서도 문제가 발생합니다. 카드를 다 맞추면 모든 카드의 앞면이 보여야 하는데, 마지막 카드의 앞면을 보이기 전에 대화상자가 먼저 뜹니다.

그림 13-5 마지막 카드가 뒤집히기 전에 대화상자가 뜨는 문제

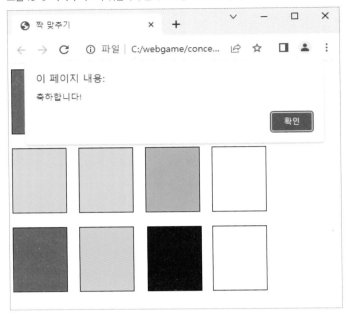

이 현상도 이전과 마찬가지로 카드가 뒤집힐 때까지 충분한 시간을 주지 않아서 그렇습니다. 따라서 1초 뒤에 대화상자를 띄우도록 바꿉니다. 그리고 대화상자가 뜨고 나면 게임을 초기화해서 다시 실행하는 resetGame() 함수를 추가합니다. 단, 짝 맞추기에 성공하면 바로 클릭한 카드 배열(clicked)을 비우므로 resetGame() 함수에서는 따로 초기화하지 않아도 됩니다. 어떤 배열을 초기화하고 어떤 배열을 초기화하지 않아도 되는지 헷갈린다면 모두 초기화해도 상관없습니다.

```
function onClickCard() { // 클릭한 카드 확인 함수
  (중략)
  if (firstBackColor === secondBackColor) { // 두 카드의 색이 같으면
    (중략)
    if (completed.length !== total) {
      return;
    }
    setTimeout(() => {
```

```
        alert(`축하합니다!`);
        resetGame();
    }, 1000);
    return;
  }
  (중략)
}
(중략)
function resetGame() { // 게임 초기화 및 재실행 함수
  $wrapper.innerHTML = '';
  colorCopy = colors.concat(colors);
  shuffled = [];
  completed = [];
  startGame();
}
startGame();
```

버그 해결하기

마지막으로 버그를 잡겠습니다. 게임을 하다 보면 미처 생각하지 못한 부분에서 버그가 발견됩니다. 여러분은 몇 가지를 발견했나요? 필자는 4가지를 발견했습니다.

1. 처음에 앞면을 보여 주는 동안에는 카드를 클릭할 수 없어야 하는데, 클릭하면 카드가 뒤집힙니다.
2. 짝을 맞춘 카드를 클릭해도 카드가 다시 뒤집힙니다.
3. 한 카드를 두 번 연이어 클릭하면 더 이상 해당 카드가 클릭되지 않습니다.
4. 서로 색이 다른 카드를 3장 이상 연달아 클릭하면 세 번째 카드부터는 앞면을 보인 채 남아 있습니다.

버그를 해결하려면 카드를 클릭할 수 있는 상황과 클릭할 수 없는 상황을 구분해야 합니다. 이를 위해 clickable이라는 변수를 선언합니다.

```
let completed = []; // 완료 카드 배열
let clickable = false; // 클릭 가능 여부
```

1번 버그는 처음에 카드를 잠깐 보여 줬다가 다시 뒤집을 때까지는 클릭할 수 없게 해서 해결할 수 있습니다.

```
function startGame() { // 게임 시작 함수
  (중략)
  setTimeout(() => { // 카드 뒷면 보이기
```

```
    document.querySelectorAll('.card').forEach((card) => {
      card.classList.remove('flipped');
    });
    clickable = true;
  }, 5000);
}
function resetGame() { // 게임 초기화 및 재실행 함수
  (중략)
  clickable = false;
  startGame();
}
```

2번과 3번 버그는 onClickCard() 함수에서 클릭한 카드가 이미 짝이 맞춰진 카드이거나 조금 전에 뒤집은 카드인 경우를 모두 걸러 내서 해결합니다.

```
function onClickCard() { // 클릭한 카드 확인 함수
  if (!clickable || completed.includes(this) || clicked[0] === this) {
    return;
  }
  this.classList.toggle('flipped');
  (중략)
}
```

앞의 3가지 버그는 쉽게 해결됩니다. 마지막으로 다른 색상의 카드 3장 이상을 연이어 클릭하면 세 번째 카드부터는 앞면인 상태로 남아 있는 이유를 알아보겠습니다.

13.5.1 카드 짝 맞추기 게임의 호출 스택과 이벤트 루프

startGame() 함수가 호출되는 시점을 **3.3 호출 스택과 이벤트 루프**에서 나온 그림으로 살펴보겠습니다.

코드가 실행되면 anonymous() 함수가 먼저 호출 스택에 들어갑니다. 그리고 startGame() 함수가 호출되면 anonymous() 함수 위에 위치합니다(①). 기존 함수가 끝나기 전에 새 함수가 실행되면 새 함수는 기존 함수 위에 위치하는 것을 잊지 않았죠?

startGame( )이 호출되면 startGame( ) 안에 있는 코드들이 위에서 아래의 순서로 실행됩니다. 먼저 shuffle( ) 함수가 실행되어 카드를 섞으면 shuffle( ) 함수가 종료됩니다. 따라서 shuffle( ) 함수는 startGame( ) 위에 위치했다가 종료되면 호출 스택을 빠져나갑니다(②).

그림 13-6 startGame( ) 함수 호출 시 호출 스택과 이벤트 루프 1

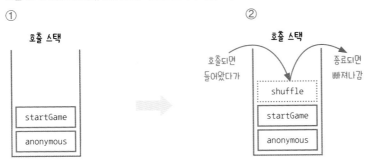

shuffle( ) 함수가 종료된 후에는 createCard( ) 함수와 addEventListener( ), appendChild( ) 메서드가 반복문에 의해 12번 호출 스택에 들어왔다 나갑니다. 물론 startGame( ) 위에서요. 여기서 주목할 점은 addEventListener( ) 메서드입니다. 이벤트 리스너는 addEventListener( ) 함수를 호출할 때 백그라운드에 등록됩니다. addEventListener( )도 반복문에 의해 12번 호출되므로 백그라운드에는 이벤트 리스너가 12개 등록됩니다.

그림 13-7 startGame( ) 함수 호출 시 호출 스택과 이벤트 루프 2

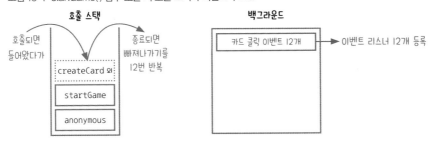

다음으로 초반에 카드를 공개하는 코드가 실행됩니다. forEach( ) 메서드가 실행되고, 여기서 setTimeout( ) 함수가 처음 나옵니다. 1번 카드는 1초 후에, 2번 카드는 1.1초 후에, 마지막 카드는 2.1초 후에 뒤집히도록 타이머를 설정했습니다. 타이머도 호출되는 순간 백그라운드에 등록됩니다. 등록만 되고 실행되지는 않습니다. 타이머 12개가 백그라운드에 등록된 후에 5초 뒤에 카드를 감추는 setTimeout( )이 호출됩니다. 이 타이머도 백그라운드에 등록됩니다.

그림 13-8 startGame( ) 함수 호출 시 호출 스택과 이벤트 루프 3

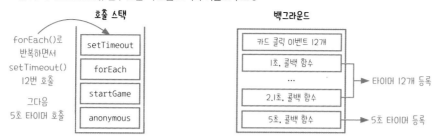

setTimeout( )이 호출되고 나면 startGame( ) 함수가 종료됩니다. 타이머들이 백그라운드에 남아 있어서 끝나지 않았다고 생각할 수도 있지만, 호출 스택에서는 동기 코드만 따져야 합니다. 동기 코드가 모두 끝났으니 호출 스택에서 지워지고, 전체 소스 코드의 동기 부분도 끝났으니 anonymous( ) 함수도 호출 스택에서 지워집니다. 호출 스택은 이제 비어 있는 상태입니다.

그림 13-9 startGame( ) 함수 호출 시 호출 스택과 이벤트 루프 4

백그라운드에는 1초부터 2.1초까지의 타이머 12개와 5초 타이머 1개가 존재합니다. 백그라운드는 시간을 재다가 1초가 지나면 1초 타이머의 콜백 함수를 태스크 큐로 보내고 해당 타이머를 백그라운드에서 제거합니다.

그림 13-10 startGame( ) 함수 호출 시 호출 스택과 이벤트 루프 5

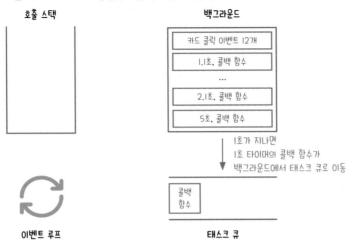

이벤트 루프는 호출 스택이 비어 있으면 태스크 큐에서 함수들을 하나씩 끌어 올립니다. 1초 타이머의 콜백 함수가 호출 스택으로 옮겨지면서 해당 카드에 flipped 클래스를 추가하고, 콜백 함수가 종료되면 호출 스택에서 빠져나갑니다. 그다음에는 1.1초 타이머의 콜백 함수가 호출 스택으로 들어갔다가 빠져나가고, 그다음에는 1.2초 타이머의 콜백 함수가 들어갔다가 빠져나갑니다. 다만, 시간이 되었다고 전부 호출 스택으로 올라가는 것이 아니라 이전 함수가 끝나서 호출 스택이 비어 있어야만 태스크 큐의 함수가 호출 스택으로 들어갑니다.

그림 13-11 startGame( ) 함수 호출 시 호출 스택과 이벤트 루프 6

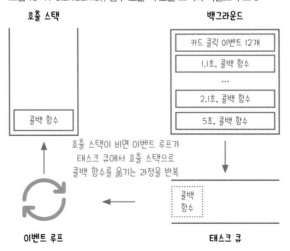

백그라운드의 타이머가 순서대로 태스크 큐에서 호출 스택으로 이동해 마지막 5초 타이머의 콜백 함수까지 호출 스택으로 들어갔다가 빠져나갑니다. 그러고 나면 호출 스택뿐만 아니라 태스크 큐마저 비게 됩니다. 이 상태가 지금까지 순서도에서 표시했던 대기 상태입니다. 이때 백그라운드는 비어 있지 않아도 됩니다.

그림 13-12 startGame() 함수 종료 후 호출 스택과 태스크 큐가 비어 있는 대기 상태

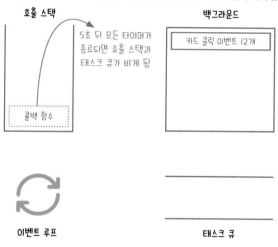

이제는 사용자가 발생시키는 이벤트를 기다리기만 하면 됩니다. 백그라운드에는 이벤트 리스너가 12개 존재하는데, 이 중에서 2, 5, 8, 9번 카드를 클릭했다고 합시다. 카드 4장이 모두 색이 다릅니다. 클릭 이벤트가 4번 발생하므로 백그라운드에서 클릭 이벤트의 콜백 함수 4개를 태스크 큐로 보냅니다. 태스크 큐에는 클릭된 순서대로 콜백 함수 4개가 대기하게 됩니다.

그림 13-13 실행된 순서대로 태스크 큐에서 대기하는 콜백 함수

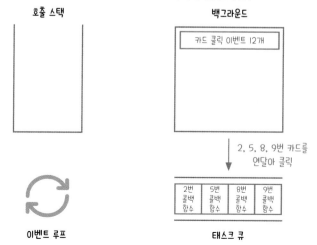

호출 스택이 비어 있으므로 이벤트 루프는 콜백 함수를 하나씩 호출 스택으로 올려 실행합니다. 2번 카드의 콜백 함수가 실행되면 카드가 clicked 배열에 추가되고 함수가 종료된 후 호출 스택을 빠져나갑니다.

그림 13-14 이벤트 루프에 의해 실행된 콜백 함수가 호출 스택으로 이동

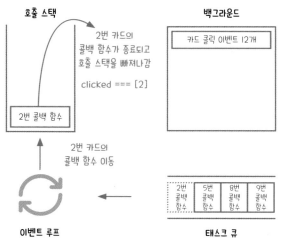

다음으로 5번 카드의 콜백 함수가 실행되면 clicked 배열에 두 카드가 추가됩니다. 두 카드의 색이 다르므로 setTimeout()이 실행되고, 0.5초 타이머가 백그라운드에 등록됩니다.

그림 13-15 두 카드의 색이 다를 때 백그라운드에 타이머 추가

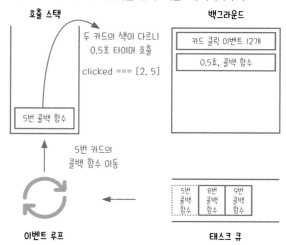

여기서 버그의 원인을 알 수 있습니다. 태스크 큐에 들어온 순서대로 호출 스택으로 가다 보니 8번과 9번 카드의 콜백 함수가 0.5초 타이머의 콜백 함수보다 먼저 실행됩니다. 8번 카드의 콜백 함수에서 clicked.push(this)가 실행되어 clicked[2]에 8번 카드가 들어가게 되고, 9번 카드의 콜백 함수에서는 clicked[3]에 9번 카드가 들어가게 됩니다.

9번 카드의 콜백 함수가 종료되고 호출 스택이 비면 5번 카드를 클릭할 때 등록되었던 0.5초 타이머의 콜백 함수가 실행됩니다. 여기서 clicked[0]과 clicked[1]인 2번과 5번 카드를 뒷면으로 뒤집고 clicked 배열을 비웁니다. clicked[2], clicked[3]에 있던 8번과 9번 카드는 앞면인 채로 남아 있게 됩니다.

정상적인 상황이라면 8번 카드가 clicked[0], 9번 카드가 clicked[1]에 들어가서 0.5초 타이머를 실행하게 되고, 0.5초 후에 8번 카드와 9번 카드가 뒷면으로 뒤집혀야 합니다. 그런데 지금은 8번 카드와 9번 카드가 clicked[2], clicked[3]에 등록됩니다. clicked.length가 4이므로 if (clicked.length !== 2)에서 return되어 타이머 또한 실행되지 않습니다.

문제를 파악했으니 해결해 보겠습니다. 카드를 뒷면으로 뒤집고 clicked를 비우기 전에 8번, 9번 카드의 클릭 이벤트에서 콜백 함수가 실행되는 것이 문제입니다. 사실 코드가 실행되는 순서는 정해져 있으므로 실행 자체를 막을 수는 없습니다. 그래서 실행되더라도 아무 일도 하지 않게 만들면 됩니다. 이를 위해 카드가 2장이 될 때 clickable을 false로 만듭니다. 그러면 세 번째 카드부터는 클릭해도 아무 일도 일어나지 않습니다. 그리고 clicked 배열을 비우고 나면 다시 클릭할 수 있게 clickable을 true로 만듭니다.

```
function onClickCard() {
  (중략)
  // 두 카드의 색이 다르면
  clickable = false;
  setTimeout(() => {
    clicked[0].classList.remove('flipped'); // flipped 클래스 제거
    clicked[1].classList.remove('flipped'); // flipped 클래스 제거
    clicked = []; // 클릭 배열 비우기
    clickable = true;
  }, 500);
}
```

자바스크립트로 코딩하다 보면 비동기 함수를 정말 많이 사용하게 됩니다. 물론 중간에 동기 함수도 섞여 있고요. 따라서 함수들의 실행 순서를 알고 있어야 자신이 원하는 대로 작동하는 프로그램을 만들 수 있습니다.

호출 스택과 이벤트 루프 원리를 여태껏 만든 모든 게임에 적용해 보세요. 머리가 아프겠지만, 작동 원리를 파악하는 것도 훈련해야 합니다. 이 과정을 익히면 모든 코드의 작동 순서를 파악할 수 있습니다.

기능 추가

게임이 끝나면 카드 짝을 맞추는 데 얼마나 걸렸는지 표시해 보세요. 또한, 최대 20장까지 카드를 만들 수 있게 수정하고 게임을 시작하면 사용자로부터 직접 전체 카드 수를 입력받게 해 보세요.

힌트 너무 복잡하게 생각하지 마세요. 카드가 최대 20장이라면 최대 10가지 색이 필요합니다. 그러면 10가지 색을 준비해야겠죠? 10가지 색을 준비했는데 사용자가 카드가 12개만 필요하다고 입력하면 어떻게 해야 할까요?

Part 3

배운 내용으로
완성하는 프로그램

14장

재귀 함수 사용하기: 지뢰 찾기

Part 3에서는 지금까지 배운 자바스크립트 문법과 개념을 활용해 좀 더 어려운 웹 프로그램으로 만들어 봅니다. 지금까지 배운 내용을 확실히 익히지 않았다면 앞으로 엄청 고생할 수 있습니다. 지금이 마지막 기회라고 생각하고 열심히 복습해 주세요. 그리고 여기부터는 코드를 단순히 따라 작성하지 말고 직접 구현해 보면서 책에 나온 코드와 얼마나 일치하는지, 어떤 점이 다른지를 비교해 보세요.

이 장에서는 재귀 함수를 집중적으로 사용해 지뢰 찾기를 구현해 보겠습니다.

14.1

이 장에서 만드는 프로그램

이 장에서 만드는 프로그램은 너무나 유명한 '지뢰 찾기' 게임입니다. 지뢰 찾기는 표 모양의 맵에서 지뢰가 있는 칸만 남기고 나머지 칸을 모두 열면 끝납니다. 게임을 시작하면 아무 칸이나 클릭합니다. 지뢰가 없는 칸을 클릭하면 해당 칸 주변에 지뢰가 없는 칸이 모두 사라집니다. 클릭한 칸 주변에 지뢰가 있으면 주변 지뢰의 개수만큼 클릭한 칸에 숫자가 표시됩니다. 지뢰가 있는 칸을 클릭하면 그 즉시 게임이 종료됩니다. 게임 이름은 '지뢰 찾기'지만 실제로 지뢰를 찾으면 게임이 끝납니다.

게임을 구현하려면 먼저 맵을 만들고 지뢰를 무작위로 배치해야 합니다. 그리고 마우스 왼쪽 버튼으로 임의의 칸을 클릭했을 때 지뢰가 아니라면 주변에 있는 지뢰 개수를 표시해야 합니다. 주변 칸에 지뢰가 없으면 한 번에 여러 칸을 여는 작업도 필요합니다. 또한, 어떤 칸에 지뢰가 있다고 확신하거나 애매할 때 마우스 오른쪽 버튼을 클릭해 물음표나 깃발을 표시해야 합니다. 구현할 기능이 많으니 코드도 상당히 길겠죠? 코드가 아무리 길더라도 호출 스택과 이벤트 루프의 원리를 이용해 실행 순서를 파악할 수 있어야 합니다.

내용에 맞춰 지뢰 찾기의 순서도를 그리면 다음과 같습니다. 전체를 시작할 때 표를 생성하는 절차, 칸을 마우스 왼쪽 버튼으로 클릭(이하 좌클릭)하는 절차, 마우스 오른쪽 버튼으로 클릭(이하 우클릭)하는 절차로 나눕니다.

그림 14-1 지뢰 찾기 순서도

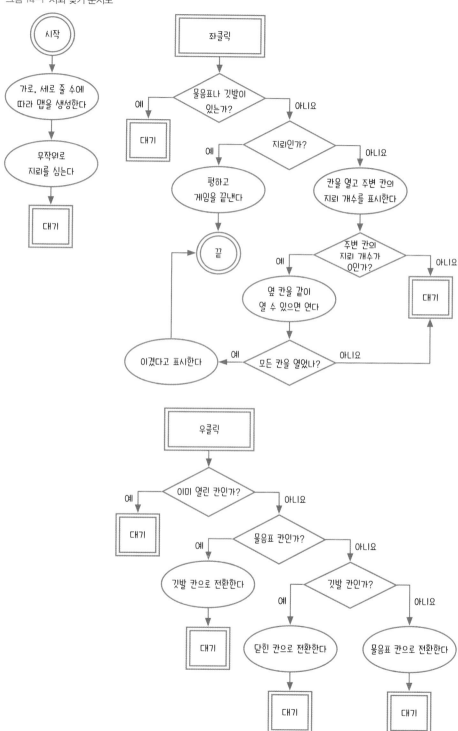

맵 그리고 지뢰 심기

앞으로는 책을 보기 전에 어떻게 게임을 구성할지 먼저 생각해 보세요. 책과 100% 일치하지 않아도 됩니다. 책에 나온 코드도 정답이 아니라 그저 하나의 예일 뿐입니다. 책에 나온 코드만 따라 작성해서는 실력이 늘지 않습니다.

mine-sweeper.html 파일을 생성하고 화면을 만드는 HTML 코드를 다음과 같이 작성합니다.

```html
<!DOCTYPE html>
<html>
<head>
<meta charset="utf-8" />
<title>지뢰 찾기</title>
<style>
table { border-collapse: collapse; }
td {
  border: 1px solid #bbb;
  text-align: center;
  line-height: 20px;
  width: 20px;
  height: 20px;
  background: #888;
}
td.opened { background: white; }
td.flag { background: red; }
td.question { background: orange; }
</style>
</head>
```

```
<body>
<table id="table">
  <tbody></tbody>
</table>
<div id="result"></div>
<script>
const $tbody = document.querySelector('#table tbody');
const $result = document.querySelector('#result');
</script>
</body>
</html>
```

지뢰 찾기 게임의 맵이 되는 표를 그리고 지뢰를 심겠습니다. 가로 10줄, 세로 10줄, 지뢰 10개로 시작합니다. 지뢰 데이터를 표현하는 배열을 만들고 반복문을 돌면서 tbody 태그 안에 tr과 td 태그를 만들어 넣으면 됩니다.

항상 강조하지만, 데이터와 화면은 구분하는 것이 좋습니다. 데이터로 먼저 표현하고, 데이터를 화면에 반영하는 순서로 진행합니다. 데이터를 제대로 표현하지 못하면 당연히 화면도 잘못 나오게 됩니다. 데이터는 어떻게 표현하는 것이 좋을까요?

데이터에 어떤 정보가 들어가야 할지를 생각해야 합니다. 단순히 열린 칸, 닫힌 칸, 물음표 칸, 깃발 칸, 지뢰 정도라고 생각하면 곤란합니다. 생각보다 더 세세하게 나뉩니다. 물음표는 해당 칸에 지뢰가 있는지 확신하지 못할 때 표시하는 기호고, 깃발은 확실히 지뢰가 있다고 생각할 때 표시하는 기호입니다. 일반 칸에서 우클릭을 1번 하면 물음표 칸이 되고, 우클릭을 2번 하면 깃발 칸이 됩니다. 우클릭을 1번 더 하면 일반 칸으로 돌아갑니다.

열린 칸부터 생각해 보겠습니다. 열린 칸은 주변 지뢰 개수를 표시합니다. 주변 지뢰 개수는 0부터 8까지입니다. 닫힌 칸에는 지뢰가 있으면서 닫힌 칸과 지뢰가 없으면서 닫힌 칸이 있습니다. 물음표 칸과 깃발 칸도 마찬가지로 지뢰가 있는 칸과 없는 칸으로 구분됩니다. 왜 물음표 칸과 깃발 칸에서도 지뢰 존재 여부를 구분해야 할까요?

구분하지 않는 경우를 살펴보죠. 지뢰가 있는 닫힌 칸이 있다고 합시다. 우클릭을 1번 해서 물음표 칸이 됐고, 다시 1번 우클릭을 해서 깃발 칸이 됐습니다. 이제 1번 더 우클릭을 하면 닫힌 지뢰 칸으로 되돌아와야 하는데, 데이터에는 깃발 칸으로 표시되어 이 칸에 지뢰가 있는지 없는지를 기억하지 않습니다. 여기서 문제가 생기죠. 그래서 물음표 지뢰 칸과 깃발 지뢰 칸을 따로 만

489

들어야 나중에 닫힌 지뢰 칸으로 되돌아올 수 있습니다.

지금까지 설명한 내용을 바탕으로 데이터 코드를 정리하면 다음과 같습니다.

표 14-1 칸 상태에 따른 데이터 코드

종류	코드 숫자	코드 이름
열린 칸	0~8	OPENED
닫힌 칸(지뢰 X)	−1	NORMAL
물음표 칸(지뢰 X)	−2	QUESTION
깃발 칸(지뢰 X)	−3	FLAG
물음표 칸(지뢰 O)	−4	QUESTION_MINE
깃발 칸(지뢰 O)	−5	FLAG_MINE
닫힌 칸(지뢰 O)	−6	MINE

이 표를 구현하면 다음과 같습니다.

```
const $tbody = document.querySelector('#table tbody');
const $result = document.querySelector('#result');
const row = 10; // 세로 줄
const cell = 10; // 가로 줄
const mine = 10; // 지뢰 개수
const CODE = { // 칸 상태 데이터
  NORMAL: -1,
  QUESTION: -2,
  FLAG: -3,
  QUESTION_MINE: -4,
  FLAG_MINE: -5,
  MINE: -6,
  OPENED: 0, // 0 이상이면 모두 열린 칸
}
let data;
function plantMine() { // 무작위로 지뢰 심기
  const candidate = Array(row * cell).fill().map((arr, i) => {
    return i;
  });
  const shuffle = [];
```

```
    while (candidate.length > row * cell - mine) {
      const chosen = candidate.splice(Math.floor(Math.random() *
                     candidate.length), 1)[0];
      shuffle.push(chosen);
    }
    const data = [];
    for (let i = 0; i < row; i++) {
      const rowData = [];
      data.push(rowData);
      for (let j = 0; j < cell; j++) {
        rowData.push(CODE.NORMAL); //
      }
    }
    for (let k = 0; k < shuffle.length; k++) {
      const ver = Math.floor(shuffle[k] / cell);
      const hor = shuffle[k] % cell;
      data[ver][hor] = CODE.MINE;
    }
    return data;
  }
  function drawTable() { // 맵 그리기
    data = plantMine();
    data.forEach((row) => {
      const $tr = document.createElement('tr');
      row.forEach((cell) => {
        const $td = document.createElement('td');
        if (cell === CODE.MINE) {
          $td.textContent = 'X'; // 지뢰는 X로 표시
        }
        $tr.append($td);
      });
      $tbody.append($tr);
    })
  }
  drawTable();
```

mine-sweeper.html 파일을 실행하면 화면에 다음과 같은 표 모양의 맵이 보입니다. 구현할 때 확인하기 쉽게 지뢰 위치를 X로 표시합니다. X 표시는 완료하기 전에 지우면 됩니다.

그림 14-2 맵을 그리고 무작위로 지뢰를 심은 모습

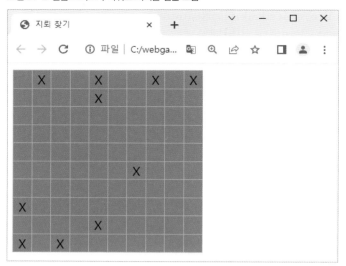

14.3

우클릭으로 물음표와 깃발 표시하기

좌클릭을 구현하기 전에 난도가 낮은 우클릭부터 구현해 보겠습니다. 깃발은 따로 이미지가 없으니 느낌표로 표시하겠습니다.

지금까지 마우스를 클릭할 때 click 이벤트를 연결했지만, 우클릭은 contextmenu라는 이벤트가 따로 존재합니다. 단, 웹 브라우저 화면에서 우클릭하면 팝업 메뉴가 기본 동작으로 뜹니다. 이 동작을 없애야(preventDefault()) 우클릭했을 때 원하는 대로 작동합니다.

그림 14-3 웹 브라우저의 우클릭 기본 동작

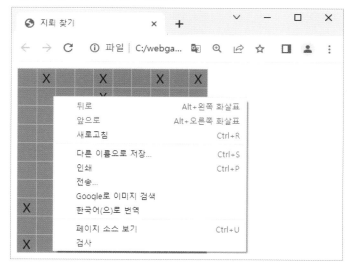

이를 고려해 우클릭 동작 부분을 다음과 같이 작성합니다.

```javascript
function onRightClick(event) { // 우클릭 동작
  event.preventDefault();
  const target = event.target;
  const rowIndex = target.parentNode.rowIndex;
  const cellIndex = target.cellIndex;
  const cellData = data[rowIndex][cellIndex];
  if (cellData === CODE.MINE) { // 지뢰이면
    data[rowIndex][cellIndex] = CODE.QUESTION_MINE; // 물음표 지뢰로
    target.className = 'question';
    target.textContent = '?';
  } else if (cellData === CODE.QUESTION_MINE) { // 물음표 지뢰이면
    data[rowIndex][cellIndex] = CODE.FLAG_MINE; // 깃발 지뢰로
    target.className = 'flag';
    target.textContent = '!'; // 깃발은 느낌표로 표시
  } else if (cellData === CODE.FLAG_MINE) { // 깃발 지뢰이면
    data[rowIndex][cellIndex] = CODE.MINE; // 지뢰로
    target.className = '';
    target.textContent = 'X'; // 지뢰는 X로 표시
  } else if (cellData === CODE.NORMAL) { // 닫힌 칸이면
    data[rowIndex][cellIndex] = CODE.QUESTION; // 물음표로
    target.className = 'question';
    target.textContent = '?';
  } else if (cellData === CODE.QUESTION) { // 물음표이면
    data[rowIndex][cellIndex] = CODE.FLAG; // 깃발로
    target.className = 'flag';
    target.textContent = '!';
  } else if (cellData === CODE.FLAG) { // 깃발이면
    data[rowIndex][cellIndex] = CODE.NORMAL; // 닫힌 칸으로
    target.className = '';
    target.textContent = '';
  }
}
function drawTable() { // 맵 그리기
  data = plantMine();
  data.forEach((row) => {
    (중략)
```

494

```
        $tbody.append($tr);
        $tbody.addEventListener('contextmenu', onRightClick); // 우클릭 이벤트 등록
    })
}
```

표에서 제공하는 rowIndex, cellIndex 속성과 이벤트 버블링을 모두 활용했습니다. 코드에 중복되는 부분이 있지만, 중복을 제거하려다 코드가 오히려 더 길어질 수 있습니다. 이럴 때는 그냥 놔두는 것이 좋습니다.

그림 14-4 우클릭 시 물음표와 깃발 표시

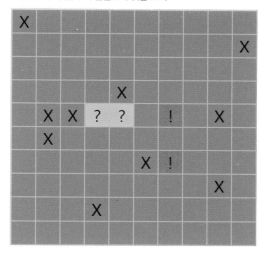

14.4

좌클릭 시 지뢰 개수 표시하기

좌클릭할 때는 해당 칸에 물음표나 깃발이 있는지로 코드가 분기됩니다. 다만 물음표나 깃발이 있는 경우는 아무것도 하지 않으므로 그다음 판단 절차인 지뢰가 있는지 없는지에 따라 코드를 다르게 만들면 됩니다.

14.4.1 지뢰가 없는 칸일 때

지뢰가 없는 칸부터 구현해 보겠습니다. 지뢰가 없는 칸이라면 주변 지뢰 개수를 화면에 표시해야 합니다. 다음은 특정 칸을 기준으로 주변 지뢰 개수를 구하는 코드입니다. 책의 코드를 보기 전에 직접 구현해 보세요.

```
function countMine(rowIndex, cellIndex) { // 주변 지뢰 개수 세기
  const mines = [CODE.MINE, CODE.QUESTION_MINE, CODE.FLAG_MINE];
  let i = 0;
  mines.includes(data[rowIndex - 1]?.[cellIndex - 1]) && i++;
  mines.includes(data[rowIndex - 1]?.[cellIndex]) && i++;
  mines.includes(data[rowIndex - 1]?.[cellIndex + 1]) && i++;
  mines.includes(data[rowIndex][cellIndex - 1]) && i++;
  mines.includes(data[rowIndex][cellIndex + 1]) && i++;
  mines.includes(data[rowIndex + 1]?.[cellIndex - 1]) && i++;
  mines.includes(data[rowIndex + 1]?.[cellIndex]) && i++;
  mines.includes(data[rowIndex + 1]?.[cellIndex + 1]) && i++;
  return i;
}
```

```
function onLeftClick(event) { // 좌클릭 동작
  const target = event.target; // td 태그
  const rowIndex = target.parentNode.rowIndex;
  const cellIndex = target.cellIndex;
  const cellData = data[rowIndex][cellIndex];
  if (cellData === CODE.NORMAL) { // 닫힌 칸이면
    const count = countMine(rowIndex, cellIndex); // 주변 지뢰 개수
    target.textContent = count || '';
    target.className = 'opened'; // 열린 칸으로
    data[rowIndex][cellIndex] = count;
  } else if (cellData === CODE.MINE) { // 지뢰 칸이면
  } // 나머지는 무시
}
function drawTable() {
  data = plantMine();
  data.forEach((row) => {
    (중략)
    $tbody.addEventListener('contextmenu', onRightClick); // 우클릭 이벤트 등록
    $tbody.addEventListener('click', onLeftClick); // 좌클릭 이벤트 등록
  });
}
```

주변 지뢰 개수를 구하고 칸을 열린 상태로 전환한 뒤 지뢰 개수를 표시하면 됩니다. 단, 0개일 때는 표시하지 않습니다.

그림 14-5 주변 지뢰 개수 표시

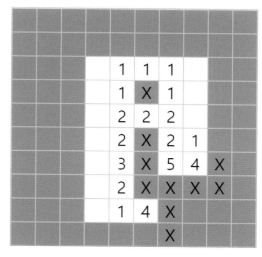

현재 클릭한 칸의 줄 수(rowIndex)는 반드시 0부터 9 사이에 있어야 합니다. 따라서 data[rowIndex]가 undefined 될 일은 없습니다. 그래서 옵셔널 체이닝 연산자(?.)를 붙일 필요가 없습니다. 그런데 data[rowIndex - 1]은 rowIndex가 0이면 data[-1]이 됩니다. 이때는 undefined가 되므로 data[rowIndex - 1][cellIndex]를 하면 에러가 납니다. 따라서 ?.를 넣어 data[rowIndex - 1]이 undefined가 되는 상황에 에러가 발생하는 것을 막습니다. data[rowIndex + 1]도 마찬가지로 rowIndex가 9(맨 아랫줄)이면 data[10]이 되어 undefined가 되는 상황입니다. 그래서 이 경우에도 ?.를 넣었습니다.

그러면 맨 왼쪽 줄과 맨 오른쪽 줄은 왜 보호하지 않을까요? 맨 왼쪽 줄을 클릭하면 cellIndex는 0이 됩니다. 이때 data[rowIndex][cellIndex - 1]은 data[rowIndex][-1]이므로 알아서 undefined가 됩니다. 따라서 따로 보호할 것이 없습니다. data[rowIndex]가 undefined 되면 문제가 되지만, data[rowIndex][cellIndex]가 undefined 되면 에러가 발생하지 않습니다(옵셔널 체이닝 연산자에 관해 기억나지 않는다면 **2.6.3절**의 **중첩된 객체와 옵셔널 체이닝 연산자** 부분을 다시 공부해 보세요).

2.2.3절의 **논리 연산자 사용 시 유의할 점**에서 && 연산자는 앞의 식이 참이면 뒤의 식을 실행하고, 앞의 식이 거짓이면 뒤의 식을 실행하지 않는다고 배웠습니다. 즉, 다음 두 코드는 같습니다. 이처럼 한 줄밖에 없는 if 문은 && 연산자로 간단히 줄일 수 있습니다.

```
if (mines.includes(data[rowIndex - 1]?.[cellIndex - 1])) {
  i++;
}
// 또는
mines.includes(data[rowIndex - 1]?.[cellIndex - 1]) && i++;
```

14.4.2 지뢰가 있는 칸일 때

지뢰 칸을 클릭한 경우를 구현해 보겠습니다.

```
function onLeftClick(event) {
  (중략)
  } else if (cellData === CODE.MINE) { // 지뢰 칸이면
```

```
        target.textContent = '펑';
        target.className = 'opened';
        $tbody.removeEventListener('contextmenu', onRightClick);
        $tbody.removeEventListener('click', onLeftClick);
    } // 나머지는 무시
}
```

지뢰 칸을 클릭하면 칸이 열리면서 '펑'이라는 글자가 나타납니다. 지뢰가 터진 후에는 더 이상
칸을 클릭할 수 없도록 좌클릭과 우클릭 이벤트 리스너를 제거합니다.

그림 14-6 지뢰 칸을 클릭한 경우

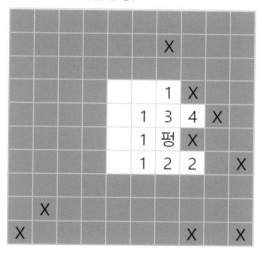

14.5

주변 칸 한 번에 열기

지뢰 게임은 지뢰를 제외한 나머지 칸을 모두 열면 승리합니다. 칸이 총 100개인데 지뢰는 10개밖에 없으므로 칸을 90번이나 클릭해야 합니다. 그래서 실제 지뢰 찾기 게임은 주변 지뢰 개수가 0개인 칸을 클릭하면 자동으로 주변 칸을 열어 줍니다. 이 부분은 다음과 같이 구현합니다.

```
function open(rowIndex, cellIndex) { // 클릭한 칸 열기
  const target = $tbody.children[rowIndex]?.children[cellIndex];
  if (!target) { // target 존재 여부 확인
    return;
  }
  const count = countMine(rowIndex, cellIndex);
  target.textContent = count || '';
  target.className = 'opened';
  data[rowIndex][cellIndex] = count;
  return count;
}
function openAround(rI, cI) { // 주변 칸 열기
  const count = open(rI, cI);
  if (count === 0) {
    open(rI - 1, cI - 1);
    open(rI - 1, cI);
    open(rI - 1, cI + 1);
    open(rI, cI - 1);
    open(rI, cI + 1);
    open(rI + 1, cI - 1);
    open(rI + 1, cI);
```

```
        open(rI + 1, cI + 1);
      }
    }
    function onLeftClick(event) {
      (중략)
      if (cellData === CODE.NORMAL) { // 닫힌 칸이면
        openAround(rowIndex, cellIndex);
      } else if (cellData === CODE.MINE) { // 지뢰 칸이면
        (중략)
      } // 나머지는 무시
    }
```

openAround() 함수는 open() 함수를 호출해 클릭한 칸을 엽니다. 그리고 클릭한 칸 주변의 지뢰 개수가 0개면 주변 칸을 엽니다. 단, open() 함수에서 클릭한 칸을 열 때 target이 존재하는지 확인해서 존재하는 경우에만 엽니다. target이 존재하지 않을 수도 있다는 점을 기억해야 합니다. 예를 들어, 가장 오른쪽 칸을 클릭한 경우에는 주변 8칸을 함께 열어야 하는데, 가장 오른쪽 칸이므로 이 칸의 오른쪽 칸은 존재하지 않습니다. 이 경우 open(rI - 1, cI + 1), open(rI, cI + 1), open(rI + 1, cI + 1)의 target은 undefined가 됩니다.

그림 14-7 주변 지뢰 개수가 0인 칸을 클릭했을 때 주변 칸을 함께 연 모습

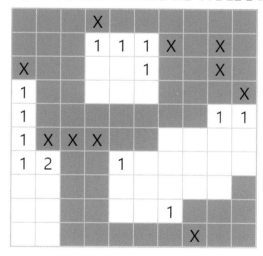

주변 지뢰 개수가 0인 칸을 클릭해서 주변 칸이 열렸는데 주변 칸의 주변 칸도 지뢰 개수가 0이라면 어떻게 할까요? 주변 칸의 주변 칸도 열어야겠죠? 이미 주변 칸을 여는 함수를 만들었으니 재귀 함수를 활용하면 주변 칸의 주변 칸도 열 수 있습니다.

```
function openAround(rI, cI) {
  const count = open(rI, cI);
  if (count === 0) {
    openAround(rI - 1, cI - 1);
    openAround(rI - 1, cI);
    openAround(rI - 1, cI + 1);
    openAround(rI, cI - 1);
    openAround(rI, cI + 1);
    openAround(rI + 1, cI - 1);
    openAround(rI + 1, cI);
    openAround(rI + 1, cI + 1);
  }
}
```

주변 지뢰 개수가 0개일 때 호출하는 open() 함수를 openAround() 함수로 바꿔서 openAround() 함수는 재귀 함수가 되었습니다. 이렇게 하면 주변 칸뿐만 아니라 주변 칸의 주변 칸도 열릴 것 같지만, 실행해 보면 Maximum call stack size exceeded 에러가 발생합니다. 웹 브라우저에서 F12 를 눌러 콘솔에서 확인해 보세요.

그림 14-8 재귀 함수 사용 시 에러 발생

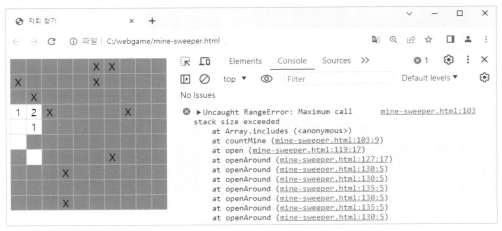

Maximum call stack size exceeded 에러를 해결하기 위해 비동기 함수인 setTimeout()으로 호출 부분을 감싸 줍니다. 시간은 0초로 설정해서 즉시 호출되게 합니다.

```javascript
function openAround(rI, cI) {
  setTimeout(() => {
    const count = open(rI, cI);
    if (count === 0) {
      openAround(rI - 1, cI - 1);
      openAround(rI - 1, cI);
      openAround(rI - 1, cI + 1);
      openAround(rI, cI - 1);
      openAround(rI, cI + 1);
      openAround(rI + 1, cI - 1);
      openAround(rI + 1, cI);
      openAround(rI + 1, cI + 1);
    }
  }, 0);
}
```

이제 칸들이 순차적으로 열리기 시작합니다. 그런데 열어야 할 칸이 많으면 칸이 열릴 때 느려지는 모습을 볼 수 있습니다. 심한 경우에는 웹 브라우저가 멈춰 버릴 수도 있습니다. 재귀 함수를 잘못 사용했을 때 연산량이 매우 많아져서 그렇습니다. 지금은 한 칸을 열 때마다 주변 8칸을 검사한 뒤 열고, 주변 8칸이 다시 주변 8칸을 검사한 뒤 열고 있습니다.

문제는 다음과 같은 경우에 발생합니다. 기준이 되는 칸을 열면 주변 8칸을 열게 됩니다. 기준 칸의 오른쪽 칸을 열면 오른쪽 칸은 다시 주변 8칸을 여는데, 주변 8칸 중에 기준 칸도 있어서 기준 칸을 다시 열게 됩니다. 다시 기준 칸은 주변 8칸을 열면서 오른쪽 칸도 다시 열게 됩니다. 이렇게 주변 칸 열기가 무한 반복되어 끝이 나지 않게 됩니다.

현재 openAround() 함수가 몇 칸을 열고 있는지 확인해 보겠습니다.

```javascript
let data;
let openCount = 0;
(중략)
function open(rowIndex, cellIndex) {
  (중략)
```

```
    openCount++;
    console.log(openCount);
    return count;
  }
```

다시 실행해 칸을 클릭하면 실제로 열어야 하는 칸보다 훨씬 더 많은 칸을 열고 있는 것이 콘솔에 보입니다. 숫자가 보이지 않는다면 open() 함수가 너무 많이 호출되어 웹 브라우저가 멈춘 상태일 겁니다.

그림 14-9 열어야 하는 칸보다 훨씬 더 많은 칸을 열고 있음

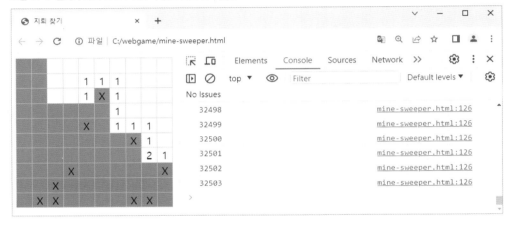

따라서 한 번 열었던 칸을 다시 열지 않게 수정해야 합니다.

```
function open(rowIndex, cellIndex) {
  if (data[rowIndex]?.[cellIndex] >= CODE.OPENED) { // 열었던 칸은 다시 열지 않기
    return;
  }
  const target = $tbody.children[rowIndex]?.children[cellIndex];
  (중략)
}
```

다시 실행해 보면 콘솔의 숫자가 열린 칸의 개수와 일치합니다.

그림 14-10 열어야 하는 칸과 실제 열린 칸의 개수 일치

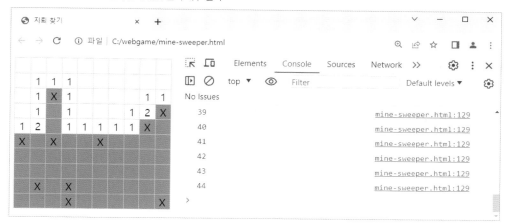

14.6

승리 표시하기

모든 칸을 열었을 때 이겼다고 사용자에게 알려 주겠습니다. 실제 지뢰 찾기 게임처럼 몇 초가 걸렸는지도 보여 주고요.

```
<body>
<div id="timer">0초</div>
(중략)
<script>
const $timer = document.querySelector('#timer'); // #timer 태그 선택
(중략)
let openCount = 0;
let startTime = new Date(); // 시작 시간
const interval = setInterval(() => { // 걸린 시간
  const time = Math.floor((new Date() - startTime) / 1000);
  $timer.textContent = `${time}초`;
}, 1000);
(중략)
function open(rowIndex, cellIndex) {
  (중략)
  if (openCount === row * cell - mine) {
    const time = (new Date() - startTime) / 1000;
    clearInterval(interval);
    $tbody.removeEventListener('contextmenu', onRightClick);
    $tbody.removeEventListener('click', onLeftClick);
    setTimeout(() => {
      alert(`승리했습니다! ${time}초가 걸렸습니다.`);
    }, 0);
```

```
    }
    return count;
  }
  (중략)
  function onLeftClick(event) {
    (중략)
    } else if (cellData === CODE.MINE) { // 지뢰 칸이면
      target.textContent = '펑';
      target.className = 'opened';
      clearInterval(interval);
      $tbody.removeEventListener('contextmenu', onRightClick);
      $tbody.removeEventListener('click', onLeftClick);
    } // 나머지는 무시
  }
```

#timer 태그를 만들고 setInterval() 함수를 사용해 경과한 시간을 초 단위로 표시합니다. 지뢰를 클릭하거나 승리하면 타이머를 멈춰야 합니다. 열린 칸의 개수(openCount)가 빈칸의 개수(row * cell - mine)와 일치하면 승리입니다. 이때 alert() 메서드를 setTimeout() 함수로 감싸지 않으면 마지막 칸이 열리기 전에 대화상자가 뜨니 주의하세요.

그림 14-11 승리했을 때 대화상자로 메시지와 걸린 시간 표시

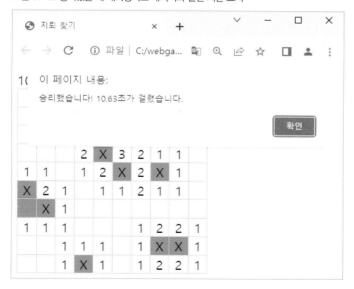

14.7

줄 수와 지뢰 개수 입력받기

지금까지는 맵을 만들 때 가로와 세로 줄 수, 지뢰 개수를 코드에 고정으로 넣었지만, 난이도 조절을 위해 사용자가 직접 입력할 수 있도록 바꿔 보겠습니다. 또한, 구현이 끝나가므로 지뢰의 X 표시는 숨기겠습니다.

```
<body>
<form id="form"> <!--입력 폼-->
  <input placeholder="가로 줄" id="row" size="5" />
  <input placeholder="세로 줄" id="cell" size="5" />
  <input placeholder="지뢰" id="mine" size="5" />
  <button>생성</button>
</form>
(중략)
const $form = document.querySelector('#form'); // 입력 폼 선택
const $timer = document.querySelector('#timer');
const $tbody = document.querySelector('#table tbody');
const $result = document.querySelector('#result');
let row; // 가로 줄
let cell; // 세로 줄
let mine; // 지뢰
const CODE = { (중략) }; // 칸 상태 데이터
let data;
let openCount = 0;
let startTime;
let interval;
function onSubmit(event) { // submit 이벤트
  event.preventDefault();
```

```
    row = parseInt(event.target.row.value);
    cell = parseInt(event.target.cell.value);
    mine = parseInt(event.target.mine.value);
    openCount = 0;
    clearInterval(interval);
    $tbody.innerHTML = '';
    drawTable(); // 맵 그리기 이동
    startTime = new Date(); // 시작 시간 측정
    interval = setInterval(() => { // 걸린 시간 측정
      const time = Math.floor((new Date() - startTime) / 1000);
      $timer.textContent = `${time}초`;
    }, 1000);
  }
  $form.addEventListener('submit', onSubmit); // submit 이벤트 등록
  (중략)
  function oRightClick(event) {
    (중략)
    } else if (cellData === CODE.FLAG_MINE) { // 깃발 지뢰이면
      data[rowIndex][cellIndex] = CODE.MINE; // 지뢰로
      target.className = '';
      target.textContent = ''; // X 표시 제거
    (중략)
  }
  (중략)
  function drawTable() {
    data = plantMine();
    data.forEach((row) => {
        (중략)
        if (cell === CODE.MINE) {
         $td.textContent = ''; // X 표시 제거
        }
        $tr.append($td);
    });
      (중략)
    });
  }
  // drawTable(); 삭제
</script>
</body>
```

#form 태그를 만들어 submit 이벤트를 추가합니다. 단순히 태그와 이벤트 리스너만 추가하는 것이 아니라 맵을 그릴 표를 만들고, 지뢰를 심고, 시간을 재는 등 초기 설정과 관련한 코드를 모두 submit 이벤트 내부로 옮겨야 합니다.

그림 14-12 줄 수와 지뢰 개수 직접 입력받기

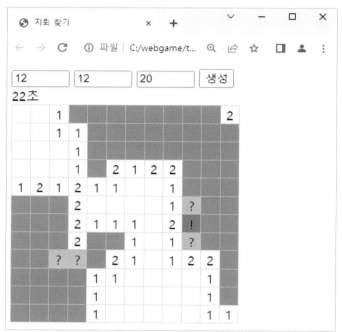

셀프체크

첫 번째로 클릭한 칸은 지뢰가 아니게 만들기

지뢰 찾기에서 숨겨진 규칙이 하나 있습니다. 바로 첫 번째로 클릭한 칸은 지뢰 칸이 아니라는 것입니다. 책에서 만든 게임은 처음에 지뢰를 클릭할 가능성이 있습니다. 다음 그림처럼 시작하자마자 지뢰를 클릭하면 엄청 짜증나겠죠? 첫 번째로 클릭한 칸은 지뢰가 아니게 바꿔 보세요. 또한, 실제 지뢰 찾기처럼 게임하다가 지뢰를 클릭하면 모든 지뢰 위치를 표시해 주세요.

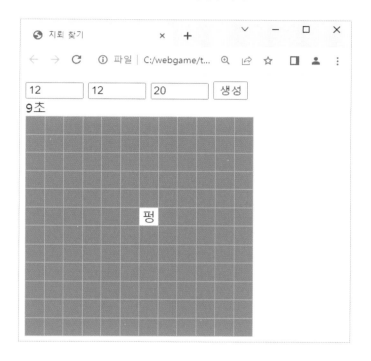

힌트 첫 번째로 클릭한 위치에 지뢰가 있다면 이것을 어떻게 해야 할까요?

15장

키보드와 마우스 이벤트 사용하기: 2048

이 장에서는 키보드와 마우스 이벤트를 사용해 웹 브라우저에서 돌아가는 2048 게임을 만들어 봅니다. 2048은 기본 4 × 4 크기의 표 모양 판에서 진행되는 퍼즐 게임입니다. 턴마다 판의 무작위 위치에 숫자 2가 적힌 타일이 생성됩니다. 사용자는 타일들을 상하좌우 중 한 방향으로 움직일 수 있습니다. 이때 움직인 방향으로 같은 숫자의 타일이 인접해 있으면 하나로 합쳐지면서 2배수(2일 때 4, 4일 때 8)의 타일이 됩니다. 이렇게 숫자 타일을 움직이고 합쳐서 최종으로 2048을 만드는 게임입니다.

15.1

이 장에서 만드는 프로그램

2048 게임은 처음에 4 × 4 크기의 표를 그리고, 무작위 위치에 숫자 2가 적힌 타일이 놓인 상태로 시작합니다. 숫자 타일을 움직이면 다음 턴으로 넘어갑니다. 숫자 2 타일은 턴마다 하나씩 새로 생깁니다. 숫자 타일을 움직이려면 마우스로 드래그하거나 키보드의 방향 키를 입력합니다. 마우스 또는 키보드 이벤트가 발생하면 어느 방향인지 확인해서 해당 방향으로 타일들을 이동해 정렬합니다. 정렬한 방향에 같은 숫자 타일이 인접해 있으면 하나로 합치면서 숫자를 2배수로 바꿉니다. 이렇게 합친 숫자가 2048이 되면 승리하고, 표의 16칸이 모두 꽉 찼는데 합칠 타일이 없다면 패배하게 됩니다.

설명에 따라 2048의 순서도를 그리면 다음과 같습니다.

그림 15-1 2048의 순서도

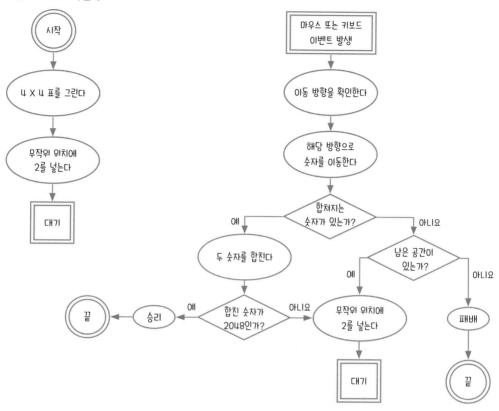

15.2

표 그리고 무작위로 숫자 2 넣기

2048.html 파일을 만들고 다음 코드를 작성합니다. 코드는 크게 3가지 함수로 구성되어 있습니다.

- **startGame() 함수**: 게임 시작 시 호출되는 함수로, 4 × 4 표를 그립니다.
- **put2ToRandomCell() 함수**: 표에서 빈칸을 모두 찾고 무작위로 빈칸을 하나 선택해 숫자 2를 넣습니다.
- **draw() 함수**: 반복문으로 표에 칸 16개를 그리고, 각 칸에 텍스트와 클래스를 부여합니다.

```html
<html>
<head>
<meta charset="UTF-8">
<title>2048</title>
<style>
#table { border-collapse: collapse; user-select: none; }
#table td {
  border: 10px solid #bbada0; width: 116px; height: 128px;
  font-size: 50px; font-weight: bold; text-align: center;
}
#score { user-select: none; }
.color-2 { background-color: #eee4da; color: #776e65; }
.color-4 { background-color: #eee1c9; color: #776e65; }
.color-8 { background-color: #f3b27a; color: 'white'; }
.color-16 { background-color: #f69664; color: 'white'; }
.color-32 { background-color: #f77c5f; color: 'white'; }
.color-64 { background-color: #f75f3b; color: 'white'; }
.color-128 { background-color: #edd073; color: #776e65; }
.color-256 { background-color: #edcc62; color: #776e65; }
```

```css
.color-512 { background-color: #edc950; color: #776e65; }
.color-1024 { background-color: #edc53f; color: #776e65; }
.color-2048 { background-color: #edc22e; color: #776e65; }
</style>
</head>
<body>
<table id="table"></table>
<div id="score">0</div>
<script>
const $table = document.getElementById('table');
const $score = document.getElementById('score');
let data = [];
function startGame() { // 4 × 4 표 그리기
  const $fragment = document.createDocumentFragment();
  [1, 2, 3, 4].forEach(function () {
    const rowData = [];
    data.push(rowData);
    const $tr = document.createElement('tr');
    [1, 2, 3, 4].forEach(() => {
      rowData.push(0);
      const $td = document.createElement('td');
      $tr.appendChild($td);
    });
    $fragment.appendChild($tr);
  });
  $table.appendChild($fragment);
  put2ToRandomCell();
  draw();
}
function put2ToRandomCell() { // 빈칸을 찾아 무작위로 숫자 2 넣기
  const emptyCells = [];
  data.forEach(function (rowData, i) {
    rowData.forEach(function (cellData, j) {
      if (!cellData) {
        emptyCells.push([i, j]);
      }
    });
  });
  const randomCell = emptyCells[Math.floor(Math.random() * emptyCells.length)];
  data[randomCell[0]][randomCell[1]] = 2;
}
```

```
function draw() { // 표에 16개 칸 그리기
  data.forEach((rowData, i) => {
    rowData.forEach((cellData, j) => {
      const $target = $table.children[i].children[j];
      if (cellData > 0) {
        $target.textContent = cellData;
        $target.className = 'color-' + cellData;
      } else {
        $target.textContent = '';
        $target.className = '';
      }
    });
  });
}
startGame();
</script>
</body>
</html>
```

작성한 2048.html 파일을 실행하면 다음과 같이 시작 화면이 보입니다(2 타일의 위치는 무작위이므로 책과 다를 수 있습니다).

그림 15-2 시작 화면

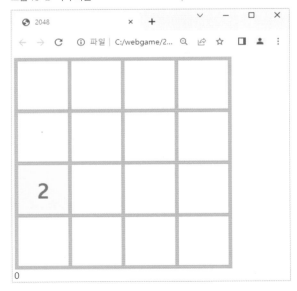

15.3

이동 방향 확인하기

코드에 마우스와 키보드 이벤트를 추가해서 어느 방향으로 움직이는지 확인하는 부분을 작성해 보겠습니다. 먼저 키보드의 방향 키와 이벤트를 연결해 어떤 키가 눌렸는지 확인합니다.

```
startGame();
function moveCells(direction) {} // 숫자 이동 함수 선언
window.addEventListener('keyup', (event) => { // 키보드 이벤트 등록
  if (event.key === 'ArrowUp') {
    moveCells('up');
  } else if (event.key === 'ArrowDown') {
    moveCells('down');
  } else if (event.key === 'ArrowLeft') {
    moveCells('left');
  } else if (event.key === 'ArrowRight') {
    moveCells('right');
  }
});
```

마우스가 움직인 방향을 판단할 때는 mousedown과 mouseup 이벤트만 필요합니다.

```
window.addEventListener('keyup', (event) => { // 키보드 이벤트 등록
  (중략)
});
let startCoord; // 기준 좌표(시작점)
// 마우스 이벤트 등록
window.addEventListener('mousedown', (event) => {
```

```
      startCoord = [event.clientX, event.clientY];
    });
    window.addEventListener('mouseup', (event) => {
      const endCoord = [event.clientX, event.clientY];
      const diffX = endCoord[0] - startCoord[0];
      const diffY = endCoord[1] - startCoord[1];
      if (diffX < 0 && Math.abs(diffX) > Math.abs(diffY)) {
        moveCells('left');
      } else if (diffX > 0 && Math.abs(diffX) > Math.abs(diffY)) {
        moveCells('right');
      } else if (diffY > 0 && Math.abs(diffX) <= Math.abs(diffY)) {
        moveCells('down');
      } else if (diffY < 0 && Math.abs(diffX) <= Math.abs(diffY)) {
        moveCells('up');
      }
    });
```

4.3.3절의 **마우스 이벤트**에 나온 예제 코드를 수정해 사용했습니다.

숫자 이동하고 합치기

다음으로 moveCells() 함수를 구현해 보겠습니다. 이 함수는 각 숫자 타일을 앞에서 확인한 이동 방향으로 정렬합니다. 그리고 숫자가 같은 타일이 연달아 있는지 확인합니다. 있으면 두 타일을 합치고 숫자를 2배수로 바꿉니다. 상당히 복잡하므로 차분히 생각해야 구현할 수 있습니다.

15.4.1 왼쪽 정렬하기

왼쪽 정렬부터 구현해 보겠습니다. 왼쪽 정렬을 구현하면 나머지는 방향만 바꾸면 됩니다. 숫자를 합치는 부분은 아직 구현하지 말고 정렬하는 부분만 구현해 봅니다. 여기서 막히기 시작할 텐데 생각보다 쉽습니다. 너무 복잡하게 생각하지 마세요.

숫자를 왼쪽으로 정렬하는 코드는 다음과 같습니다. case 안에 임시로 데이터를 저장할 newData 변수를 하나 선언합니다. 이때 const로 선언하므로 case에 블록을 추가합니다.

```
data = [ // 더미 데이터
  [0, 2, 4, 2],
  [0, 0, 8, 0],
  [2, 2, 2, 2],
  [0, 16, 0, 4],
];
draw();
function moveCells(direction) { // 숫자 이동하고 합치기
  switch (direction) {
    case 'left': { // 왼쪽 정렬, 블록 추가
```

```
      const newData = [[], [], [], []]; // 임시 저장용
      data.forEach((rowData, i) => {
        rowData.forEach((cellData, j) => {
          if (cellData) { // 숫자가 0이 아니면
            newData[i].push(cellData);
          }
        });
      });
      console.log(newData);
      [1, 2, 3, 4].forEach((rowData, i) => {
        [1, 2, 3, 4].forEach((cellData, j) => {
          data[i][j] = Math.abs(newData[i][j]) || 0;
        });
      });
      break;
    }
    case 'right':
      break;
    case 'up':
      break;
    case 'down':
      break;
  }
  draw();
}
```

다양한 예제를 테스트해야 해서 moveCells() 함수 위에 더미 데이터를 넣었습니다. 더미 데이터를 원하는 대로 바꾸면서 모든 경우에 잘 작동하는지 테스트해 보세요.

그림 15-3 더미 데이터를 넣은 모습

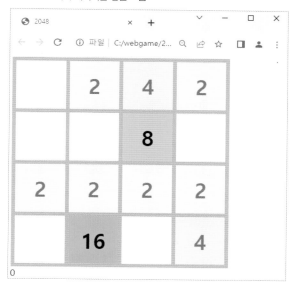

반복문을 돌면서 각 줄에 있는 숫자를 newData 배열에 차례대로 넣습니다. 첫 번째 줄에 있는 0,
2, 4, 2를 newData 배열의 첫 번째 줄에 넣고, 두 번째 줄에 있는 0, 0, 8, 0을 newData 배열의
두 번째 줄에 넣는 식입니다. 단순히 data 배열에 있던 값을 newData 배열에 옮겼을 뿐인데 왼쪽
방향 키를 누르거나 마우스를 왼쪽으로 드래그하면 왼쪽으로 정렬됩니다. 왜 그럴까요?

그림 15-4 왼쪽으로 정렬된 모습

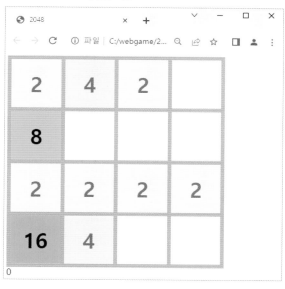

더미 데이터를 newData로 옮길 때 cellData가 0이 아닌 값만 옮겨서 그렇습니다. 0을 제외한 나머지 값을 newData로 옮기니 왼쪽 정렬한 효과가 나타납니다.

15.4.2 숫자 합치기

인접한 두 숫자는 어떻게 합치면 될까요? 줄마다 왼쪽부터 검사해서 다음 칸의 숫자와 같은 숫자가 있으면 합치면 될 것 같습니다. 다만, 여기에는 한 가지 함정이 있습니다. 그림과 같은 더미 데이터가 있을 때 세 번째 줄을 보세요. 2, 2, 4, 8이라는 숫자가 있고, 이를 왼쪽으로 몰면 두 개의 2가 합쳐져서 4, 4, 8이 돼야 합니다. 그런데 앞에서 생각한 방식을 잘못 적용하면 16 하나만 남을 수도 있습니다. 왼쪽부터 차례대로 검사하면 처음에 2, 2가 만나서 4가 됩니다. 그러면 4, 4, 8이 남겠죠. 다시 4와 4가 만나서 8이 되고, 8과 8이 남습니다. 마지막에 8과 8이 만나서 16이 되죠.

그림 15-5 함정 상황

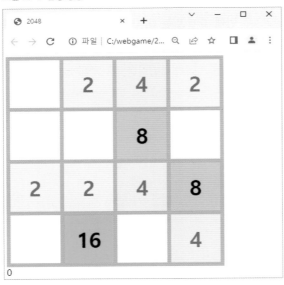

직접 테스트해 보기 전까지는 이러한 상황을 찾기 어렵습니다. 그래서 프로그램을 만들고 나면 반드시 테스트해 봐야 합니다. 이런 상황을 방지하려면 두 숫자를 합친 후에 합친 숫자를 다시 다음 칸과 비교하지 않게 해야 합니다. 어떻게 하면 좋을까요? 아이디어가 필요합니다.

여기서는 두 숫자를 합친 후 −1을 곱했습니다. 2, 2, 4, 8이 있다면 2, 2를 합친 4에 −1을 곱해 −4로 만듭니다. 그러면 −4, 4, 8이 남아서 더 이상 합칠 숫자가 없습니다. 나중에 newData에서 data로 옮길 때 음수만 양수로 바꾸면 됩니다.

```
if (cellData) { // 숫자가 0이 아니면
  const currentRow = newData[i];
  const prevData = currentRow.at(-1);
  if (prevData === cellData) { // 이전 숫자와 지금 숫자의 값이 같으면
    currentRow[currentRow.length - 1] *= -2;
  } else {
    newData[i].push(cellData);
  }
}
```

더미 데이터의 셋째 줄을 [2, 2, 4, 8]로 바꾼 뒤 코드에서 −2를 2로 바꾸고 왼쪽으로 몰아 보면 앞에서 언급한 문제가 발생합니다. 직접 확인해 보세요.

15.4.3 나머지 방향 정렬하기

오른쪽 정렬은 왼쪽 정렬과 반대로 하면 됩니다. 왼쪽 정렬할 때 왼쪽부터 값을 검사했다면, 오른쪽 정렬할 때는 오른쪽부터 검사합니다. cellData를 rowData[3 - j]로 바꾸면 cellData는 rowData[j]와 같으므로 j가 3 - j로 바뀐 셈입니다. 칸 번호가 0, 1, 2, 3이라면 3 - j를 했을 때 3, 2, 1, 0 순서로 검사하므로 오른쪽 정렬이 됩니다(여기서는 왼쪽 정렬과 다른 부분에 배경색을 표시했습니다).

```
case 'right': { // 오른쪽 정렬
  const newData = [[], [], [], []];
  data.forEach((rowData, i) => {
    rowData.forEach((cellData, j) => {
      if (rowData[3 - j]) {
        const currentRow = newData[i]
        const prevData = currentRow.at(-1);
        if (prevData === rowData[3 - j]) {
          currentRow[currentRow.length - 1] *= -2;
```

```
      } else {
        newData[i].push(rowData[3 - j]);
      }
    }
  });
});
console.log(newData);
[1, 2, 3, 4].forEach((rowData, i) => {
  [1, 2, 3, 4].forEach((cellData, j) => {
    data[i][3 - j] = Math.abs(newData[i][j]) || 0;
  });
});
break;
}
```

위쪽 정렬은 왼쪽 정렬과 비교했을 때 행과 열이 바뀝니다. 즉, i와 j가 반대입니다(여기도 마찬가지로 왼쪽 정렬과 다른 부분에 배경색을 표시했습니다).

```
case 'up': { // 위쪽 정렬
  const newData = [[], [], [], []];
  data.forEach((rowData, i) => {
    rowData.forEach((cellData, j) => {
      if (cellData) {
        const currentRow = newData[j]
        const prevData = currentRow.at(-1);
        if (prevData === cellData) {
          currentRow[currentRow.length - 1] *= -2;
        } else {
          newData[j].push(cellData);
        }
      }
    });
  });
  console.log(newData);
  [1, 2, 3, 4].forEach((cellData, i) => {
    [1, 2, 3, 4].forEach((rowData, j) => {
      data[j][i] = Math.abs(newData[i][j]) || 0;
    });
```

```
        });
        break;
    }
```

아래쪽 정렬은 위쪽 정렬과 반대입니다(여기는 위쪽 정렬과 다른 부분에 표시했습니다).

```
case 'down': { // 아래쪽 정렬
  const newData = [[], [], [], []];
  data.forEach((rowData, i) => {
    rowData.forEach((cellData, j) => {
      if (data[3 - i][j]) {
        const currentRow = newData[j];
        const prevData = currentRow.at(-1);
        if (prevData === data[3 - i][j]) {
          currentRow[currentRow.length - 1] *= -2;
        } else {
          newData[j].push(data[3 - i][j]);
        }
      }
    });
  });
  console.log(newData);
  [1, 2, 3, 4].forEach((cellData, i) => {
    [1, 2, 3, 4].forEach((rowData, j) => {
      data[3 - j][i] = Math.abs(newData[i][j]) || 0;
    });
  });
  break;
}
```

네 방향으로 정렬하기와 숫자 합치기까지 모두 구현했습니다. i와 j 때문에 무척 헷갈렸을 겁니다. 생각만으로 구현하기 어렵다면 노트에 배열을 그리고 순서대로 숫자를 대입해 보는 것도 방법입니다.

마지막으로 moveCells() 함수의 끝부분에서 put2ToRandomCell() 함수를 호출합니다. 그러면 숫자를 정렬하고 합친 후 무작위 위치에 숫자 2 타일을 새로 생성합니다. draw() 함수보다는 위에 있어야 새로운 타일이 화면에 표시됩니다.

```
function moveCells(direction) {
  (중략)
  put2ToRandomCell(); // 무작위 위치에 새로운 숫자 2 넣기
  draw();
}
```

15.5

승패와 점수 표시하기

숫자들이 이동 방향으로 잘 정렬되어 합쳐집니다. 마지막으로 승리와 패배를 표시하는 부분만 구현하면 완성입니다. 숫자를 합쳐 2048을 만들면 승리하고, 16칸이 모두 찼는데 합쳐질 숫자가 없어서 새로운 2를 생성할 수 없다면 패배입니다.

64까지 만들고 패배하는 것과 1024까지 만들고 패배하는 것을 똑같이 취급할 수는 없으니 점수를 부여하겠습니다. 2를 두 개 합치면 4점을 얻고, 16을 두 개 합치면 32점을 얻는 식입니다. 패배하면 지금까지 얻은 점수를 함께 표시합니다.

승패를 표시하는 부분부터 구현해 보겠습니다. 승패 표시 부분은 switch 문 아래에 작성합니다.

```
data = [ // 더미 데이터
  [32, 2, 4, 2],
  [64, 4, 8, 4],
  [2, 1024, 1024, 32],
  [32, 16, 64, 4],
];
draw();
function moveCells(direction) { // 숫자 이동하고 합치기
  (중략)
  if (data.flat().includes(2048)) { // 2048을 만들면 승리
    draw();
    setTimeout(() => {
      alert('축하합니다. 2048을 만들었습니다!');
    }, 0);
  } else if (!data.flat().includes(0)) { // 빈칸이 없으면 패배
```

```
      alert('패배했습니다. ㅠ.ㅠ');
    } else {
      put2ToRandomCell();
      draw();
    }
  }
```

실제로 2048을 만들기가 매우 어려우므로 data에 더미 데이터를 넣어 테스트해 보는 것이 좋습니다. 왼쪽이나 오른쪽으로 이동하면 승리하고, 위쪽이나 아래쪽으로 이동하면 패배합니다.

그림 15-6 승리와 패배 표시

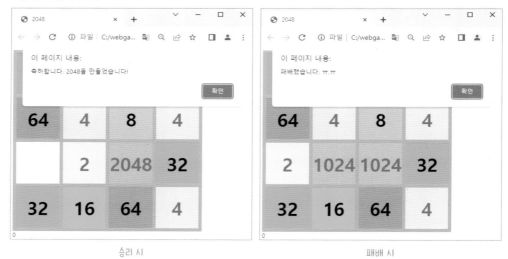

승리 시   패배 시

점수는 정렬할 때 계산하면 됩니다.

```
case 'left': {
  (중략)
        if (prevData === cellData) { // 이전 숫자와 지금 숫자의 값이 같으면
          const score = parseInt($score.textContent);
          $score.textContent = score + currentRow.at(-1) * 2;
          currentRow[currentRow.length - 1] *= -2;
  (중략)
}
case 'right': {
  (중략)
```

```
            if (prevData === rowData[3 - j]) {
              const score = parseInt($score.textContent);
              $score.textContent = score + currentRow.at(-1) * 2;
              currentRow[currentRow.length - 1] *= -2;
      (중략)
    }
  case 'up': {
    (중략)
            if (prevData === cellData) {
              const score = parseInt($score.textContent);
              $score.textContent = score + currentRow.at(-1) * 2;
              currentRow[currentRow.length - 1] *= -2;
      (중략)
    }
  case 'down': {
    (중략)
            if (prevData === data[3 - i][j]) {
              const score = parseInt($score.textContent);
              $score.textContent = score + currentRow.at(-1) * 2;
              currentRow[currentRow.length - 1] *= -2;
      (중략)
    }
```

패배 메시지에 지금까지 계산한 점수를 함께 표시하겠습니다.

```
if (data.flat().includes(2048)) { // 2048을 만들면 승리
  draw();
  setTimeout(() => {
    alert('축하합니다. 2048을 만들었습니다!');
  }, 0);
} else if (!data.flat().includes(0)) { // 빈칸이 없으면 패배
    alert(`패배했습니다. ㅠ.ㅠ ${$score.textContent}점`);
} else {
  put2ToRandomCell();
  draw();
}
```

게임을 완성하기 전에 startGame() 함수와 moveCells() 함수 사이에 있는 더미 데이터(data)와 draw() 함수를 없애는 것도 잊지 마세요!

그림 15-7 패배 시 점수도 함께 표시되는 모습

되돌리기 기능

2048 게임은 이동 방향을 선택하는 것이 매우 중요합니다. 잘못 선택하면 패배로 이어질 수 있으니 선택을 잘못했을 때 되돌릴 기회를 주고 싶습니다. 셀프체크에서 이 기능을 구현해 보세요.

힌트 과거 데이터를 저장해 두었다가 되돌리기를 누를 때 저장된 데이터로 복구하면 됩니다. 참고로 점수도 되돌려야 합니다.

코딩
자율학습

16장

복습: 두더지 잡기

이 장에서는 책 전체에서 배운 내용을 종합해 두더지 잡기 게임을 웹 프로그램으로 만들어 보겠습니다.

16.1

이 장에서 만드는 프로그램

두더지 잡기는 구멍에서 두더지들이 무작위로 튀어나오고 정해진 시간 안에 더 많은 두더지를 클릭하면 이기는 게임입니다. 가끔 두더지 대신 폭탄이 튀어나오는데, 폭탄을 클릭하면 목숨이 하나 줄어듭니다. 목숨은 3개가 주어지고 목숨이 0개가 되면 게임이 끝납니다. 게임이 끝나면 60초 안에 얼마나 많은 두더지를 잡았는지 점수로 표시합니다.

두더지 잡기의 순서도는 다음과 같습니다.

그림 16-1 두더지 잡기 순서도

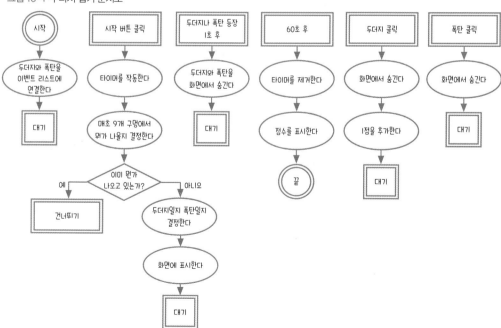

16.2

화면 만들고 애니메이션 처리하기

whack-a-mole.html 파일을 만들고 다음과 같이 코드를 작성합니다. 코드가 길어서 어떤 역할을 하는지 간단히 설명하겠습니다.

두더지 잡기도 언뜻 보면 3 × 3 크기의 표 구조를 띄고 있습니다. 하지만 코드에서는 table 태그 대신 div 태그를 사용합니다. 화면이 복잡해질수록 table 태그보다는 div 태그로 화면을 구성하는 것이 좋습니다. table 태그는 원래 표를 그리는 용도라서 다양한 화면을 표시하는 데는 제약이 있습니다.

두더지 잡기에서는 두더지나 폭탄이 움직이는 동작이 많은데, 이런 효과를 **애니메이션** (animation)이라고 합니다. 애니메이션을 자바스크립트로 처리하면 복잡할 뿐만 아니라 성능도 좋지 않습니다. 그래서 HTML과 CSS로 처리하다 보니 코드가 길어졌습니다. CSS에서 transition이 애니메이션을 처리합니다.

또한, 두더지 구멍을 CSS로 표현하려고 cell 클래스 태그에 div를 여러 겹 사용했습니다. 구멍 이미지(.hole 태그, mole-hole.png)를 화면상 가장 뒤에 놓고, 두더지(.gopher 태그, gopher.png)와 폭탄 이미지(.bomb 태그, bomb.png)를 그 앞에, 구멍 바깥쪽 이미지(.hole-front 태그, mole-hole-front.png)를 가장 앞에 놓았습니다. HTML에서는 코드에서 아래에 위치한 태그가 화면상으로는 앞에 오게 됩니다. 따라서 코드에서는 .hole 태그가 가장 위에, .hole-front 태그가 가장 아래에 있습니다.

```
<html>
<head>
<meta charset="UTF-8">
```

```
<title>두더지 잡기</title>
<style>
.cell {
  display: inline-block; position: relative;
  width: 200px; height: 200px;
  background: 'yellow'; overflow: hidden;
}
.gopher, .bomb {
  width: 200px; height: 200px; bottom: 0;
  position: absolute; transition: bottom 1s;
}
.gopher {
  background: url('./gopher.png') center center no-repeat;
  background-size: 200px 200px;
}
.dead {
  background: url('./dead_gopher.png') center center no-repeat;
  background-size: 200px 200px;
}
.bomb {
  background: url('./bomb.png') center center no-repeat;
  background-size: 200px 200px;
}
.boom {
  background: url('./explode.png') center center no-repeat;
  background-size: 200px 200px;
}
.hidden {
  bottom: -200px;
}
.hole {
  width: 200px; height: 150px; position: absolute; bottom: 0;
  background: url('./mole-hole.png') center center no-repeat;
  background-size: 200px 150px;
}
.hole-front {
  width: 200px; height: 30px; position: absolute; bottom: 0;
  background: url('./mole-hole-front.png') center center no-repeat;
  background-size: 200px 30px;
}
```

```html
    </style>
  </head>
  <body>
  <div>
    <span id="timer">0</span>초 
    <span id="score">0</span>점
    <button id="start">시작</button>
  </div>
  <div id="game">
    <div class="row">
      <div class="cell">
        <div class="hole"></div>
        <div class="gopher hidden"></div>
        <div class="bomb hidden"></div>
        <div class="hole-front"></div>
      </div>
      <div class="cell">
        <div class="hole"></div>
        <div class="gopher hidden"></div>
        <div class="bomb hidden"></div>
        <div class="hole-front"></div>
      </div>
      <div class="cell">
        <div class="hole"></div>
        <div class="gopher hidden"></div>
        <div class="bomb hidden"></div>
        <div class="hole-front"></div>
      </div>
    </div>
    <div class="row">
      <div class="cell">
        <div class="hole"></div>
        <div class="gopher hidden"></div>
        <div class="bomb hidden"></div>
        <div class="hole-front"></div>
      </div>
      <div class="cell">
        <div class="hole"></div>
        <div class="gopher hidden"></div>
        <div class="bomb hidden"></div>
```

```html
          <div class="hole-front"></div>
        </div>
        <div class="cell">
          <div class="hole"></div>
          <div class="gopher hidden"></div>
          <div class="bomb hidden"></div>
          <div class="hole-front"></div>
        </div>
      </div>
      <div class="row">
        <div class="cell">
          <div class="hole"></div>
          <div class="gopher hidden"></div>
          <div class="bomb hidden"></div>
          <div class="hole-front"></div>
        </div>
        <div class="cell">
          <div class="hole"></div>
          <div class="gopher hidden"></div>
          <div class="bomb hidden"></div>
          <div class="hole-front"></div>
        </div>
        <div class="cell">
          <div class="hole"></div>
          <div class="gopher hidden"></div>
          <div class="bomb hidden"></div>
          <div class="hole-front"></div>
        </div>
      </div>
    </div>
  </div>
  <script>
  const $timer = document.querySelector('#timer');
  const $score = document.querySelector('#score');
  const $game = document.querySelector('#game');
  const $start = document.querySelector('#start');
  const $$cells = document.querySelectorAll('.cell');
  </script>
</body>
</html>
```

이처럼 웹 게임을 만들 때는 자바스크립트만 사용하지 말고 HTML과 CSS에도 적절한 역할을 주는 것이 좋습니다. 특히 화면의 배치와 애니메이션은 CSS를 적극적으로 사용합시다.

코드에 사용할 6개의 이미지(gopher.png, dead_gopher.png, bomb.png, explode. png, mole-hole.png, mole-hole-front.png)는 따로 내려받습니다. 주소는 'https:// raw.githubusercontent.com/ZeroCho/es2024-webgame/master/파일명' 형태입니다. 예를 들어 gopher.png 파일을 내려받으려면 https://raw.githubusercontent.com/ ZeroCho/es2024-webgame/master/gopher.png에 접속하면 됩니다.

해당 주소에 접속하면 화면에 보이는 이미지에 마우스를 올리고 왼쪽 버튼을 클릭합니다. 메뉴가 나오면 **이미지를 다른 이름으로 저장**을 선택해 파일을 내려받습니다. 이때 모든 이미지를 whack-a-mole.html 파일과 같은 폴더에 저장해야 이미지가 제대로 보입니다.

다음 절부터 게임 동작을 하나씩 구현해 보겠습니다. 두더지 잡기 게임에는 이벤트 리스너와 타이머 등 비동기 코드가 많이 나오므로 순서를 정확히 지키도록 호출 스택과 이벤트 루프를 생각하며 코딩해야 합니다.

16.3

두더지와 폭탄 올리고 내리기

앞 절에서 애니메이션을 CSS로 처리했다고 했습니다. 예를 들어, 폭탄이나 두더지의 div 태그에 hidden 클래스를 주면 폭탄이나 두더지가 구멍 아래로 내려가고, hidden 클래스를 빼면 구멍 위로 올라옵니다. 즉, 자바스크립트로 태그에 클래스를 넣을지 뺄지만 지정하면 애니메이션을 조작할 수 있습니다.

시작 버튼을 누르면 모든 칸에서 두더지가 나타나게 하겠습니다. 두더지가 올라오는 애니메이션을 1초 동안 지속합니다. 1초 후에는 두더지가 다시 구멍으로 들어갑니다. 내려가는 애니메이션도 1초 동안 지속합니다. 따라서 두더지는 올라왔다 내려가는 데 총 2초가 걸립니다.

① 9개 구멍에 대한 정보를 담당할 holes 배열을 선언합니다.

② #start 버튼을 누를 때 작동할 이벤트 리스너를 연결합니다. 이벤트 리스너가 한 번만 작동하도록 started 변수를 만들어서 관리합니다.

③ 시작 버튼을 클릭하면 tick() 함수가 호출됩니다. tick()은 두더지나 폭탄을 빈 구멍에 보여 주는 함수입니다. tick() 함수에서는 holes 배열로 반복문을 돌며 각 구멍의 두더지 태그에서 hidden 클래스를 제거합니다. hidden 클래스를 제거하는 순간 두더지가 구멍에서 올라옵니다. 1초 뒤에 hidden 클래스를 두더지 태그에 다시 추가해 두더지가 구멍으로 들어가게 합니다.

④ 각 타이머의 아이디를 holes 배열에 저장해 나중에 타이머를 취소할 때 사용합니다. 타이머가 등록되어 있으면 0이 아닌 값이 배열에 저장됩니다. 타이머가 없으면 0이 들어 있으므로 각 구멍에 두더지가 있는지 없는지를 구분할 수 있습니다.

```
const $$cells = document.querySelectorAll('.cell');
const holes = [0, 0, 0, 0, 0, 0, 0, 0, 0]; --------------------------------- ①
let started = false; // 시작 버튼 클릭 이벤트 관리 --------------------------- ②
$start.addEventListener('click', () => { // 시작 버튼 클릭 이벤트 등록 ------ ②
  if (started) { // 이미 시작했으면 무시
    return;
  }
  started = true;
  console.log('시작');
  tick();
});
function tick() { // 두더지와 폭탄 보여 주기 ---------------------------------- ③
  holes.forEach((hole, index) => {
    const $gopher = $$cells[index].querySelector('.gopher');
    holes[index] = setTimeout(() => { // 1초 뒤에 사라짐 -------------------- ④
      $gopher.classList.add('hidden'); // hidden 클래스 추가, 두더지 내리기
      holes[index] = 0;
    }, 1000);
    $gopher.classList.remove('hidden'); // hidden 클래스 제거, 두더지 올리기
  });
}
```

이번에는 두더지가 올라왔다가 내려가는 동작을 반복하게 하겠습니다. 1초마다 tick() 함수를 반복 호출하도록 수정하면 tick() 함수는 빈 구멍을 찾아 두더지를 보여 줍니다.

```
console.log('시작');
const tickId = setInterval(tick, 1000); // 1초마다 반복
tick();
```

기존 tick() 함수 호출을 남겨 둔 이유는 setInterval()의 콜백 함수로 넣은 tick() 함수가 1초 뒤에 실행되기 때문입니다. 게임이 시작하자마자 tick() 함수가 실행되게 하려면 한 번은 직접 호출해야 합니다. 그런데 실행해 보면 두더지가 한 번 올라왔다 내려간 뒤로 다시는 올라오지 않습니다. 왜 그럴까요?

그림 16-2 두더지가 한 번 올라왔다 내려간 뒤로 다시 올라오지 않음

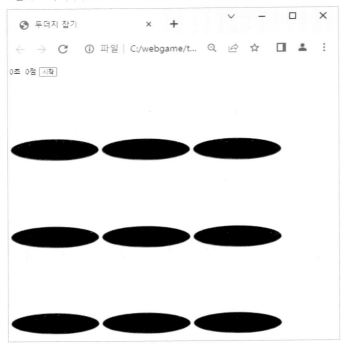

앞에서 두더지가 올라왔다가 내려가는 데 총 2초가 걸린다고 했습니다. tick( ) 함수는 1초마다 호출되는데, tick( ) 함수 내부에도 1초 타이머가 있습니다. tick( ) 함수가 실행된 지 1초가 지나고 다음 tick( ) 함수가 호출될 때 이전 tick( ) 함수의 내부의 타이머도 실행됩니다. 이렇게 동시에 여러 타이머가 실행되어 발생하는 문제입니다.

이 문제를 이벤트 루프로 분석해 보겠습니다. 9개 구멍에서 발생하는 이벤트를 모두 분석하면 복잡하니 한 구멍만 분석하겠습니다. 각 이벤트가 서로 영향을 미치지 않는다면 전부 분석할 필요는 없습니다.

다음 그림은 첫 번째 tick( ) 함수가 실행되는 상황입니다. tick( ) 함수 내부에서 forEach( ) 메서드가 실행되고 그 안에서 다시 hidden 클래스를 제거하는 remove( ) 메서드가 실행됩니다. hidden 클래스가 제거됐으므로 두더지가 구멍에서 올라옵니다. 이때 백그라운드에는 1초마다 tick( ) 함수를 호출하는 setInterval( )과 첫 번째 tick( ) 함수에서 등록한 1초 타이머가 들어 있습니다.

그림 16-3 시작 버튼 클릭 후 상황

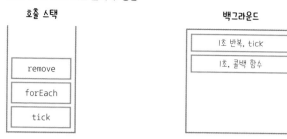

호출 스택에 있던 함수들은 실행 즉시 종료되어 호출 스택을 빠져나갑니다. 여기서 다시 1초가 지나면 백그라운드에 있던 타이머들이 태스크 큐로 넘어갑니다. 1초 반복 타이머가 1초 타이머 보다 먼저 등록됐으므로 1초 반복 타이머의 콜백 함수인 tick()이 태스크 큐에 먼저 들어갑니다. 이어서 1초 타이머의 콜백 함수가 태스크 큐에 들어갑니다.

호출 스택이 비어 있으므로 tick() 함수가 호출 스택으로 이동해 실행됩니다. 이때 다시 1초 타이머가 백그라운드에 등록되고 hidden 클래스를 제거합니다. 뒤이어 실행되는 1초 타이머의 콜백 함수에서 다시 hidden 클래스를 추가합니다. 그래서 hidden 클래스가 사라지지 않고 계속 남아 있게 됩니다.

그림 16-4 1초(전체 2초) 후 상황

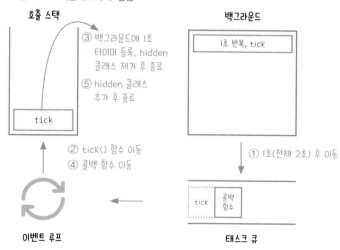

이 상황이 매초 반복됩니다. tick() 함수와 1초 타이머의 콜백 함수가 연달아 실행되어 tick() 함수에서 hidden 클래스를 없애자마자 1초 타이머에서 hidden 클래스를 추가해 버립니다. 그래서 한 번 구멍 속으로 들어간 두더지는 다시 구멍 위로 올라오지 못합니다. 두더지가 올라오게 하려면 어떻게 해야 할까요?

hidden 클래스가 자꾸 추가되어 두더지가 올라오지 않으니 hidden 클래스를 추가하는 1초 타이머를 실행하지 않으면 됩니다. holes 배열 안에 값이 있으면 두더지가 올라온 상황이므로 이때는 타이머를 추가하지 않게 하겠습니다. 이제 두더지가 내려갔다가 다시 올라옵니다.

```
function tick() {
  holes.forEach((hole, index) => {
    if (hole) { // 무언가 일어나고 있으면 return
      return;
    }
    const $gopher = $$cells[index].querySelector('.gopher');
    (중략)
  });
}
```

이번에는 두더지 대신 구멍에서 폭탄이 나오게 해 봅시다.

```
function tick() {
  holes.forEach((hole, index) => {
    if (hole) { // 무언가 일어나고 있으면 return
      return;
    }
    const $bomb = $$cells[index].querySelector('.bomb');
    holes[index] = setTimeout(() => { // 1초 뒤에 사라짐
      $bomb.classList.add('hidden');
      holes[index] = 0;
    }, 1000);
    $bomb.classList.remove('hidden');
  });
}
```

이렇게 하면 모든 구멍에서 폭탄이 나옵니다.

그림 16-5 모든 구멍에서 폭탄이 나오는 모습

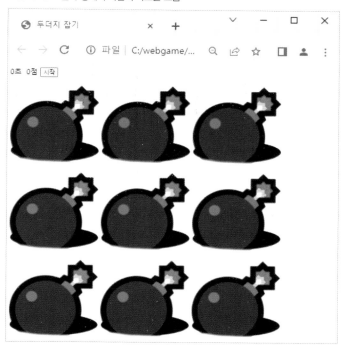

16.4

두더지일지 폭탄일지 결정하기

이제 두더지와 폭탄이 골고루 나오게 하겠습니다. 그리고 아무것도 안 나오는 구멍도 있어야겠죠? 두더지와 폭탄, 빈 구멍의 출현 확률은 tick() 함수에서 설정합니다. 두더지를 30%, 폭탄을 20%, 빈 구멍을 50%로 설정하겠습니다.

```
let gopherPercent = 0.3;
let bombPercent = 0.5;
function tick() {
  holes.forEach((hole, index) => {
    if (hole) { // 무언가 일어나고 있으면 return
      return;
    }
    const randomValue = Math.random();
    if (Math.random() < gopherPercent) {
      const $gopher = $$cells[index].querySelector('.gopher');
      holes[index] = setTimeout(() => { // 1초 뒤에 사라짐
        $gopher.classList.add('hidden');
        holes[index] = 0;
      }, 1000);
      $gopher.classList.remove('hidden');
    } else if (Math.random() < bombPercent) {
      const $bomb = $$cells[index].querySelector('.bomb');
      holes[index] = setTimeout(() => { // 1초 뒤에 사라짐
        $bomb.classList.add('hidden');
        holes[index] = 0;
      }, 1000);
```

```
        $bomb.classList.remove('hidden');
    }
  });
}
```

Math.random() 메서드로 무작위 값을 얻을 수 있습니다. 두더지 확률이 30%라서 0.3으로 설정했는데, 폭탄 확률(20%)은 0.2가 아닌 0.5입니다. 그리고 빈 구멍 확률은 아예 설정하지 않았습니다. 그 이유는 if 문을 보면 알 수 있습니다. Math.random()의 결과가 0부터 0.3까지는 두더지를 표시하고, 0.3부터 0.5까지는 폭탄을 표시합니다. 그 이후는 무시합니다.

이렇게 해서 tick() 함수를 실행할 때마다 구멍에서 두더지나 폭탄 중 어떤 것이 나올지 결정할 수 있습니다. 두더지, 폭탄, 빈 구멍의 확률을 시간 흐름에 따라 조정하면 게임 난이도를 조절할 수도 있습니다.

16.5

두더지 잡고 점수 표시하기

현재는 두더지가 구멍에서 올라왔다가 1초 뒤에 자동으로 내려가지만, 실제 게임에서는 두더지를 클릭하면 바로 내려가야 합니다. 폭탄도 마찬가지고요. 두더지와 폭탄을 클릭했을 때 바로 내려가도록 이벤트 리스너를 연결해 보겠습니다.

script 태그 끝에 다음 코드를 작성합니다. 두더지를 클릭하는 부분에 dead와 hidden 클래스가 추가됩니다. dead 클래스가 추가되면 두더지가 우는 두더지로 바뀌고, hidden 클래스가 추가되면 두더지가 구멍 속으로 내려갑니다.

```
$$cells.forEach(($cell, index) => {
  $cell.querySelector('.gopher').addEventListener('click', (event) => { // 두더지 클릭
    event.target.classList.add('dead');   // 우는 두더지
    event.target.classList.add('hidden');
    clearTimeout(holes[index]); // 기존 내려가는 타이머 제거
    setTimeout(() => {
      holes[index] = 0;
      event.target.classList.remove('dead');
    }, 1000);
  });
});
</script>
```

폭탄에도 이벤트 리스너를 연결합니다. 폭탄을 클릭하는 부분에 boom 클래스가 추가되면 폭탄이 폭발하는 폭탄으로 바뀌고, hidden 클래스를 추가되면 폭탄이 구멍 속으로 내려갑니다.

```
$$cells.forEach(($cell, index) => {
  $cell.querySelector('.gopher').addEventListener('click', (event) => { // 두더지 클릭
    (중략)
  });
  $cell.querySelector('.bomb').addEventListener('click', (event) => { // 폭탄 클릭
    event.target.classList.add('boom'); // 폭발하는 폭탄
    event.target.classList.add('hidden');
    clearTimeout(holes[index]); // 기존 내려가는 타이머 제거
    setTimeout(() => {
      holes[index] = 0;
      event.target.classList.remove('boom');
    }, 1000);
  });
});
```

두더지를 클릭하면 점수를 1점씩 부여해 보겠습니다. 같은 두더지를 여러 번 클릭했을 때 점수가 추가되지 않게 조심해야 합니다.

```
let started = false;
let score = 0; // 점수 계산용
(중략)
$$cells.forEach(($cell, index) => {
  $cell.querySelector('.gopher').addEventListener('click', (event) => { // 두더지 클릭
    if (!event.target.classList.contains('dead')) { // 점수 계산
      score += 1;
      $score.textContent = score;
    }
    event.target.classList.add('dead');
    (중략)
  });
  (중략)
});
```

마지막으로 제한 시간을 설정하고 제한 시간이 다 되면 타이머를 멈춘 뒤 몇 점을 얻었는지 표시해 보겠습니다. 제한 시간은 60초로 설정합니다. 타이머를 0.1초마다 작동하게 해서 화면에 표시되는 시간을 0.1초씩 줄어들게 합니다.

```javascript
let time = 60; // 제한 시간
$start.addEventListener('click', () => {
  if (started) { // 이미 시작했으면 무시
    return;
  }
  started = true;
  console.log('시작');
  const timerId = setInterval(() => { // 0.1초 타이머 추가
    time = (time * 10 - 1) / 10; // 소수점 계산 시 문제 있음
    $timer.textContent = time;
    if (time === 0) {
      clearInterval(timerId);
      clearInterval(tickId);
      setTimeout(() => {
        alert(`게임 오버! ${score}점입니다.`);
      }, 50);
    }
  }, 100);
  const tickId = setInterval(tick, 1000);
  // tick(); 삭제
});
```

기존 시간에서 0.1을 빼는 코드가 보이지 않습니다. 그 대신 time = (time * 10 - 1) / 10이라는 코드가 있습니다. 이 코드는 기존 시간에 10을 곱한 뒤 1을 빼고 다시 그 값을 10으로 나누는 것이므로 0.1을 빼는 것과 같습니다. 단순히 0.1을 빼는 대신 이와 같이 복잡하게 계산하는 이유를 모르겠다면 **2.2.2절**의 **실수 연산 시 주의할 점**을 다시 살펴보기 바랍니다.

코드를 보면 time이 0이 됐을 때(시간 초과) setTimeout()을 호출합니다. alert() 메서드는 화면이 움직이는 것을 즉시 멈추고 대화상자를 띄우기 때문에 화면의 변경 사항이나 애니메이션이 있으면 이것까지 멈추게 합니다. 실제로 setTimeout()을 제거하고 실행해 보면 alert() 메서드가 0초로 바뀌는 것을 막아 버려 0.1초에서 대화상자가 표시되는 것을 볼 수 있습니다.

그림 16-6 setTimeout( ) 사용 전과 후

setTimeout() 사용 전   setTimeout() 사용 후

그래서 필자는 alert( ) 메서드를 사용할 때 보통 setTimeout( )과 함께 호출합니다. setTimeout( )
을 추가하면 0초로 화면이 바뀐 후에 대화상자가 뜹니다. 백그라운드로 타이머의 콜백 함수를
보내는 사이에 화면이 바뀌기 때문입니다.

테스트할 때는 3초 정도로 설정해 게임 오버 표시가 제대로 되는지 테스트한 후 다시 60초로
바꾸면 테스트하는 시간을 아낄 수 있습니다.

지금까지 고생 많았습니다! 12가지 웹 프로그램 만들면서 자바스크립트와 조금 더 친해졌길 바랍니다. 코드를 작성하면서 프로그램은 정말 여러분이 입력한 그대로 움직인다는 것을 느꼈을 겁니다. 정말 사소한 오타 때문에 프로그램이 돌아가지 않는 경험도 했을 거고요.

이 책에서는 어떤 프로그램을 만들든지 순서도를 먼저 그리고(숙련되면 머릿속으로 그릴 수 있다고 했죠?) 그 후 코드로 구현했습니다. 구현할 때는 자바스크립트의 언어적 특성(기본 문법과 변수의 스코프, 이벤트 루프 등)을 잘 알아야 합니다.

이 책에서는 자바스크립트의 핵심 개념을 설명하려 노력했지만, 지면상 모든 것을 다 설명하지는 못했습니다. 부족한 부분은 **1.1.1 자바스크립트를 배울 때 도움이 되는 자료**에서 소개한 내용을 참고해 스스로 보충해 보세요.

여기서 책을 덮지 말고 이 책에서 만든 프로그램에 기능을 추가해 여러분만의 프로그램을 만들어 보세요. 이 책에 없는 새로운 게임(바둑이나 체스, 테트리스 등)이나 웹 사이트를 만들어 봐도 좋습니다.

프로그래밍 실력은 책을 읽는다고 해서 늘지 않습니다. 끝없이 새로운 개념을 배우고, 직접 코드를 짜면서 온갖 고생을 해 봐야만 늡니다. 앞으로도 많은 난관에 부딪히겠지만, 하나씩 해결하면서 얻는 성취감은 고생만큼 클 것입니다.

자바스크립트 프로그래밍에 입문한 여러분, 축하합니다!

마무리

이 장에서 배운 내용을 정리해 보겠습니다.

1. HTML과 CSS 활용

웹 게임은 HTML과 CSS, 자바스크립트가 어우러져 제작됩니다. 웹 게임뿐만 아니라 웹 사이트를 포함한 모든 웹 프로그램이 그렇습니다. 이 책에서는 자바스크립트 위주로 프로그래밍했지만, 자바스크립트만 사용해야 하는 것은 아닙니다. HTML이나 CSS가 자바스크립트의 역할을 분담할 수 있으면 좋습니다. 특히 애니메이션 처리나 화면 요소들의 배치는 자바스크립트보다는 HTML과 CSS에 맡기는 것이 더 나은 경우가 많습니다.

2. 이벤트 루프를 분석할 때

이벤트가 많이 발생할 때 프로그램 전체에서 발생하는 이벤트를 모두 분석하면 매우 복잡합니다. 이럴 때는 관련 있는 이벤트만 분석해도 됩니다. 한 이벤트를 분석하는 데 영향을 미치지 않는 다른 이벤트가 있다면 해당 이벤트는 이벤트 루프 분석에서 제외해도 됩니다.

3. alert() 메서드 사용 시 주의점

alert() 메서드는 현재 진행되는 화면 변경 사항이나 애니메이션을 즉시 멈추고 대화상자를 띄웁니다. 그래서 대화상자가 뜰 때 마지막 화면 변경 사항이나 애니메이션이 적용되지 않는 경우가 많습니다. 이럴 때는 setTimeout()과 함께 호출해서 마지막 화면 변경 사항이나 애니메이션이 적용될 시간을 주면 좋습니다.

목숨 구현

현재 게임에서는 폭탄을 클릭해도 아무런 벌칙이 없습니다. 사용자가 화면을 마구 클릭해도 게임이 끝나지 않죠. 마지막 과제로 두더지 잡기에 목숨 요소를 넣어서 목숨이 0이 되면 게임 오버가 되도록 만들어 보세요. 목숨은 3개로 제한합니다.

힌트 폭탄을 클릭할 때 목숨을 하나씩 깎으면 됩니다. 목숨이 0이 되면 '게임 오버'를 표시합니다.

해설 노트

2장

1분 퀴즈

1.

```
'문자열이 긴 경우에는 ' + '문자열을 ' + '나눈 뒤 ' + '다시 합칩니다.';
```

2.

```
3 ** (2 + 1);
```

3. 여기 나온 코드 외에 정답이 더 있을 수 있습니다.

```
!(5 + 4 * 3 === 27);
(5 + 4) * 3 === 27;
5 + 4 * 3 !== 27;
5 + 4 * 3 < 27;
```

4. ②, ④, ⑤

5.

```
let a = 5;
let b = 3;
let temp = a;
a = b;
b = temp;
```

자주 사용되는 코드이므로 기억해 두세요. 구조분해 할당을 적용하면 다음과 같은 코드도 가능합니다.

```
let a = 5;
let b = 3;
[b, a] = [a, b];
```

6. switch 문

```javascript
let cond = true
let value = '';
switch (cond) {
  case true:
    value = '참';
    break;
  case false:
    value = '거짓';
    break;
}
```

조건부 연산자

```javascript
let cond = true
let value = cond ? '참' : '거짓';
```

7.

```javascript
for (let i = 0; i < 100; i++) {
  console.log(i + 1);
}
// 또는
for (let i = 1; i <= 100; i++) {
  console.log(i);
}
```

8.

```javascript
for (let i = 0; i < 10; i++) {
  for (let j = 0; j < 10; j++) {
    if (i % 2 === 0 || j % 2 === 0) {
      continue;
    }
    console.log(i, '*', j, '=', i * j);
  }
}
```

9.

```
arr[arr.length - 3];
// 또는
arr.at(-3);
```

10.

```
let index = arr.indexOf('라');
while (index > -1) {
  arr.splice(index, 1);
  index = arr.indexOf('라');
}
```

11.

```
const arr = [
  ['a', null],
  [1, undefined],
  [NaN, true],
  ['', 0],
];
```

12.

```
const array = [];
for (let i = 0; i < 5; i++) {
  const innerArray = [];
  for (let j = 0; j < 4; j++) {
    innerArray.push(1);
  }
  array.push(innerArray);
}
console.log(array);
```

실행결과	— □ ×
(5) [Array(4), Array(4), Array(4), Array(4), Array(4)]	
0: (4) [1, 1, 1, 1]	
1: (4) [1, 1, 1, 1]	
2: (4) [1, 1, 1, 1]	
3: (4) [1, 1, 1, 1]	
4: (4) [1, 1, 1, 1]	

13.

```
const multiply = (x, y, z) => {
  return x * y * z;
}
```

14. 23

해설 first, second, third가 각각 어떤 반환값을 가지는지 확인해 보세요.

```
// first
(b) => (c) => {
  return 3 + (b * c);
}
// second
(c) => {
  return 3 + (4 * c);
}
// third
3 + (4 * 5);
```

15.

```
zerocho.name.last = '김';
// 또는
zerocho['name']['last'] = '김';
```

16.

```
a.name = '고양이';
```

17.

```
const a2 = a;
const c2 = c.slice();
const e2 = { ...e };
```

```
const i2 = JSON.parse(JSON.stringify(i));
const n2 = JSON.parse(JSON.stringify(n));
```

해설 문자열, 불 값, 숫자 같은 자료형은 단순히 다른 변수에 대입하는 것만으로도 복사가 되며, 복사된 값을 바꿔도 원본이 바뀌지 않습니다. 내부에 객체가 들어 있지 않은 배열은 slice()나 concat() 메서드를 사용하면 되고, 내부에 객체가 들어 있지 않은 객체 리터럴은 ... 연산자를 사용하면 됩니다. 내부에 객체가 들어 있으면 복사가 까다롭습니다. slice() 메서드나 스프레드 문법은 내부 객체를 복사 대신 참조로 연결(얕은 복사)하므로 JSON.parse(JSON.stringify(객체))로 깊은 복사를 해야 합니다.

18.

```
const a = obj.a;
const c = obj.b.c;
const e = obj.b.d.e;
const { a, b: { c, d: { e } } } = obj; // 앞의 세 줄을 한 줄로 표현
```

19.

```
const array = [1, 3, 5, 7];
for (let i = 0; i < array.length; i++) {
  console.log(array[i], i);
}
```

20.

```
Array(5).fill().map((v, i) => i * 2 + 3);
```

21.

```
const find = (array, callback) => {
  for (let i = 0; i < array.length; i++) {
    if (callback(array[i])) { // 조건을 만족하면
      return array[i]; // 바로 return
    }
  }
};
```

22.

```javascript
const filter = (array, callback) => {
  const result = []; // 반환할 배열 선언
  for (let i = 0; i < array.length; i++) {
    if (callback(array[i])) { // 조건을 만족하면
      result.push(array[i]); // 반환할 배열에 추가
    }
  }
  return result;
};
```

23.

```javascript
{1: 10, 2: 20, 3: 30, 4: 40, 5: 50}
```

해설 reduce( )는 숫자 연산만 하는 것이 아니라 누적값을 활용해서 다양한 것을 할 수 있습니다. 여기서는 배열을 객체로 바꿉니다. 누적값이 객체이므로 배열 요소를 순회하며 객체 안에 속성을 하나씩 추가합니다.

24.

```javascript
const some = array.some((value) => value !== null);
console.log(some); // true
```

25.

```javascript
let some = false;
for (let i = 0; i < array.length; i++) {
  if (array[i] !== null) {
    some = true;
    break;
  }
};
console.log(some); // true
```

26.

```javascript
class Human {
  constructor(name, age) {
    this.name = name;
    this.age = age;
```

```
  }
  sayName() {
    console.log(this.name);
  }
  sayAge() {
    console.log(this.age);
  }
}
```

해설 속성은 constructor() 안에 선언하고, 메서드는 constructor() 아래에 선언하면 됩니다. 이름(name)과 나이(age) 속성, 이름 출력(sayName)과 나이 출력(sayAge) 메서드를 선언했습니다.

27.

```
class Programmer extends Human {
  constructor(name, age, languages) {
    super(name, age);
    this.availableLanguages = languages;
  }
  showAvailableLanguages() {
    console.log(this.availableLanguages);
  }
}
const programmer = new Programmer('제로초', 29, ['html', 'css', 'js'],);
programmer.showAvailableLanguages(); // ['html', 'css', 'js']
```

3장

1분 퀴즈

1.

```
setTimeout(func, 3500);
```

해설 다음과 같이 작성했을 수도 있습니다. 물론 이 코드도 정상적으로 작동하지만, 내부 함수가 하나이고 인수가 없는 경우에는 첫 번째 코드처럼 줄여 쓸 수 있습니다.

```
setTimeout(() => {
  func();
}, 3500);
```

2.

(2) 2초마다 실행됩니다.

해설 '2초마다 실행됩니다.'가 콘솔에 두 번 출력되고 setInterval()이 종료됩니다.

3.
```
const log = () => {
  console.log('hello');
  setTimeout(log, 1000);
};
setTimeout(log, 1000);
```

4. a, c, c, b, d, d

해설 호출 스택과 이벤트 루프의 작동 원리를 제대로 익히지 못했다면 정답을 보고도 왜 이렇게 실행되는지 알 수 없습니다. 가장 많이 나오는 오답은 a, c, d, c, b, d입니다. 왜 이것이 오답인지 호출 스택과 이벤트 루프로 분석하겠습니다. 소스 코드가 실행되면 anonymous() 함수가 호출 스택에 들어가고, 그 위에서 setTimeout()이 실행됩니다. setTimeout() 함수가 2개 호출되므로 타이머 2개가 백그라운드로 이동합니다. 0초 타이머라도 비동기 함수이므로 백그라운드로 넘어가는 것이 이 문제의 핵심입니다.

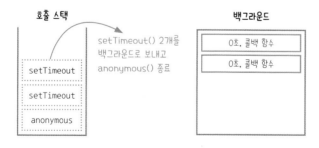

백그라운드에 타이머가 2개 존재하는데, `console.log('a')`가 들어 있는 타이머가 먼저 호출됐으므로 먼저 태스크 큐로 이동합니다. 호출 스택이 비어 있으니 첫 번째 타이머가 호출 스택으로 보내져 `console.log('a')`를 수행하고 다음에 aaa() 함수를 호출합니다. aaa() 함수 안에는 setTimeout()이 들어 있어서 다시 백그라운드로 타이머를 보냅니다. 그다음에 `console.log('c')`가 수행됩니다.

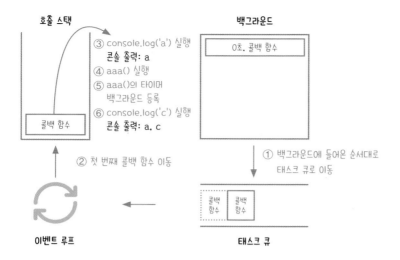

이제 두 번째 타이머의 콜백 함수가 호출 스택으로 이동해 실행됩니다. 이번에는 aaa( ) 함수가 먼저 호출되어 내부의 setTimeout( ) 타이머가 백그라운드에 등록됩니다. console.log('c')가 수행된 뒤 aaa( )는 종료됩니다. 마지막으로 console.log('b')가 수행된 뒤 두 번째 타이머도 종료됩니다.

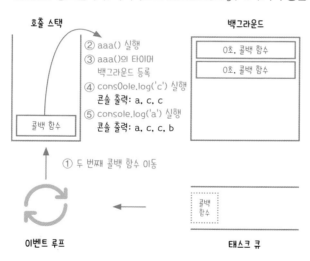

남은 것은 백그라운드에 있는 aaa( )의 0초 타이머 2개입니다. 역시 순서대로 태스크 큐로 이동하고, 이벤트 루프에 의해 하나씩 호출 스택으로 옮겨진 후 실행됩니다. 여기서 d, d가 출력되어 최종적으로 콘솔에는 a, c, c, b, d, d가 출력됩니다.

5.

```
await setTimeoutPromise(0);
const data1 = await 'a';
console.log(data1);
const data2 = await 'b';
console.log(data2);
```

해설 then의 반환값이 await 뒤에 오게 됩니다. await한 값은 다음 then의 매개변수로 대입됩니다.

4장

1분 퀴즈

1. ③

2. ① value ② textContent ③ value ④ textContent ⑤ value ⑥ textContent

3. ③

4.

```
const fun = (값) => () => {
  console.log('고차 함수입니다.', 값);
}
const fun1 = fun(1);
태그.addEventListener('click', fun1);
태그.removeEventListener('click', fun1);
```

해설 가장 흔한 오답은 다음과 같습니다.

```
태그.removeEventListener('click', fun(1));
```

removeEventListener()를 설명하면서 addEventListener()에 넣은 함수와 === 연산자로 연산할 때 결과가 true가 되어야 한다고 했습니다. 하지만 연산해 보면 항상 false가 나옵니다.

```
fun(1) === fun(1); // false
```

고차 함수인 fun()은 항상 새로운 함수를 반환하기 때문입니다. 같은 함수가 아니므로 이벤트가 제거되지 않습니다. 따라서 이벤트를 제거하고 싶다면 fun(1)을 fun1 변수에 저장해서 같은 함수라는 것을 보장해야 합니다.

5.

```
<script>
document.querySelector('header').addEventListener('click', () => {
  console.log('hello, event bubbling');
});
</script>
```

해설 이벤트 버블링을 활용해 header나 div 태그에 이벤트 리스너를 연결하면 됩니다.

6. wow hello hi seeu

해설 add() 메서드로 한 번에 여러 개의 클래스를 추가합니다. 이때 중복 코드는 무시하고 한 번씩만 추가됩니다. remove() 메서드는 여러 개의 클래스를 동시에 제거합니다. 이때 존재하지 않는 클래스는 무시합니다. bye는 이전에 seeu로 이미 바꿨으므로 제거되지 않습니다.

7. ①

8. 11일

```
function dateDiff(start, end) {
  return Math.floor((end - start) / 1000 / 60 / 60 / 24);
}
dateDiff(new Date(2024, 1, 21), new Date(2024, 2, 3));
```

해설 미래의 날짜에서 과거의 날짜를 빼야 합니다. 두 날짜의 차이를 구해 1000밀리초, 60초, 60분, 24시간으로 나누면 며칠 차이가 나는지 나옵니다. 참고로 2024년 2월은 29일까지 있습니다.

5장

셀프체크

지면 관계상 수정된 코드만 수록합니다. 전체 코드는 제공되는 예제 파일에서 확인해 주세요.

쿵쿵따는 끝말잇기와 다른 부분은 거의 같고 참가자가 단어를 입력한 후 입력 버튼을 클릭하는 부분만 달라집니다. 먼저 세 글자인지 검사하고 나서 그 단어가 올바른 단어인지 추가로 검사하면 됩니다. 판단하는 절차에 조건 하나가 더 들어가서 순서도는 다음과 같이 바뀝니다.

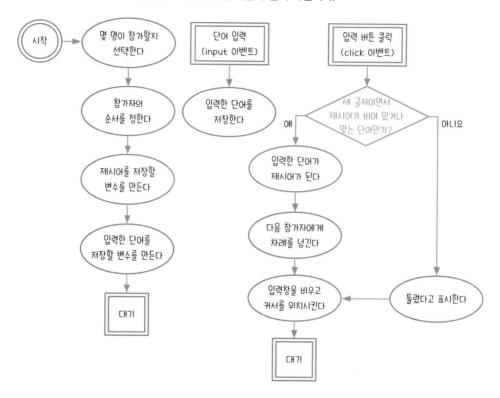

판단문이 조건 3개로 복잡해졌습니다.

① 세 글자인가?

② 제시어가 비어 있는가?

③ 맞는 단어인가?

한 가지 주의할 것은 1번은 2, 3번 조건과 판단 기준이 다르다는 점입니다. 세 글자가 아니면 나머지 두 조건을 검사할 필요 없이 바로 '아니요'로 넘어가지만, 1번 조건이 맞으면 2번과 3번 조건 중 하나 이상을 만족해야 '예'로 넘어갈 수 있습니다. 2번과 3번 둘 다 만족하지 않으면 '아니요'로 넘어갑니다. 즉, 2번과 3번 조건은 OR 관계이고, 1번과 2, 3번 조건은 AND 관계입니다. 따라서 조건을 다음과 같이 표현할 수 있습니다.

세 글자인가 AND (제시어가 비어 있는가 OR 맞는 단어인가)

이를 그대로 코드로 옮기면 됩니다. 괄호가 없으면 AND가 OR보다 우선순위가 높아 결과가 달라집니다. 괄호 유무에 따라 결과가 달라지는 경우가 많으니 우선순위가 헷갈린다면 괄호를 적극 활용하세요.

```
const onClickButton = () => {
  // 세 글자이면서 제시어가 비어 있거나 입력한 단어가 맞는 단어인가?
  if (newWord.length === 3 && (!word || word.at(-1) === newWord[0])) {
    (중략)
  }
  $input.value = '';
  $input.focus();
};
```

마지막으로 prompt()로 연 대화상자에서 취소를 클릭하면 다음 코드가 실행되지 않게 해야 합니다. 이 부분을 어려워하는데 생각보다 간단합니다. 오래 고민했다면 간단하게 생각하는 연습을 해야 합니다.

```
const number = Number(prompt('참가자는 몇 명인가요?'));
if (number) {
  const $button = document.querySelector('button');
  (중략)
  $button.addEventListener('click', onClickButton);
}
```

이처럼 number 값에 따라 if 문으로 나머지 코드를 감싸면 됩니다. prompt()로 연 대화상자에서 취소를 클릭하면 값이 null이 되고, 그 값이 Number 함수에 들어가면 NaN이 됩니다. NaN은 if 문에 들어가면 항상 false로 취급되므로 number가 null이면 if 문 내부는 실행되지 않습니다.

6장

1분 퀴즈

1. if 문의 중첩을 줄이는 절차를 그대로 따라 하면 됩니다.

① if 문 다음에 나오는 공통된 절차를 각 분기점 내부에 넣는다.

```
function test() {
  let result = '';
  if (a) {
    if (!b) {
      result = 'c';
    }
    result += 'b';
    return result;
  } else {
    result = 'a';
    result += 'b';
    return result;
  }
}
```

② 분기점에서 짧은 절차부터 실행하게 if 문을 작성한다.

```
function test() {
  let result = '';
  if (!a) {
    result = 'a';
    result += 'b';
    return result;
  } else {
    if (!b) {
      result = 'c';
    }
    result += 'b';
    return result;
  }
}
```

③ 짧은 절차가 끝나면 return 문(함수 내부일 때)이나 break 문(for 문 내부일 때)으로 중단한다. 짧은 절차에 이미 return이 들어 있으므로 따로 할 일은 없습니다.

④ else 문을 제거한다(이때 중첩 하나가 제거된다).

```
function test() {
  let result = '';
  if (!a) {
    result = 'a';
    result += 'b';
    return result;
  }
  if (!b) {
    result = 'c';
  }
  result += 'b';
  return result;
}
```

⑤ 다음 중첩된 분기점이 나올 때 ①~④의 과정을 반복한다.

다음 분기점은 중첩되지 않으므로 중첩을 제거하는 과정이 마무리됩니다.

> **Note 추가 변환**
>
> if (!b)처럼 else 문이 없는 if 문도 변환할 수 있습니다. 빈 else 문이 있다고 생각하면 됩니다.
>
> ```
> (중략)
>   if (!b) {
>     result = 'c';
>   } else {
>   }
>   result += 'b';
>   return result;
> }
> ```
>
> 이후 ①~④번을 다시 순서대로 진행합니다. ①번을 진행하면 다음과 같이 됩니다.
>
> ```
> (중략)
>   if (!b) {
>     result = 'c';
> ```

```
      result += 'b';
      return result;
    } else {
      result += 'b';
      return result;
    }
  }
```

②번을 진행하면 다음과 같이 됩니다.

```
(중략)
  if (b) {
    result += 'b';
    return result;
  } else {
    result = 'c';
    result += 'b';
    return result;
  }
}
```

③번에서는 짧은 절차에 이미 return이 들어 있으므로 따로 할 일은 없고, ④번까지 진행한 최종 결과는
다음과 같습니다.

```
function test() {
  let result = '';
  if (!a) {
    result = 'a';
    result += 'b';
    return result;
  }
  if (b) {
    result += 'b';
    return result;
  }
  result = 'c';
  result += 'b';
  return result;
}
```

해설 노트

2. 'ler'

1 + 2 + 4 =나 1 + 2 = + 4 =나 수정해야 할 부분은 비슷합니다. +나 =를 눌렀을 때 연달아 계산할 수 있게 수정하는 것입니다. 수정한 순서도를 보면서 생각해 보세요.

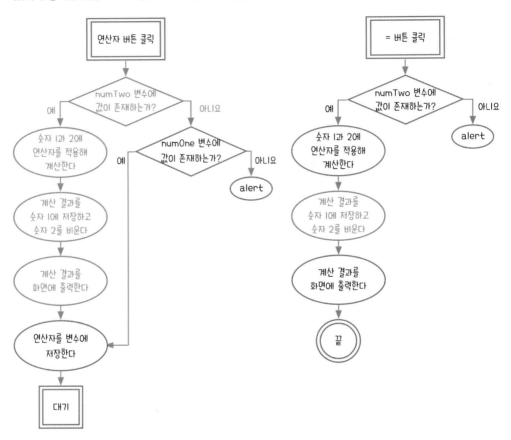

numTwo 값이 있는 경우에 연산자를 클릭하면 numOne + numTwo의 계산 결과를 numOne 변수에 저장하고 numTwo 변수를 비워 놓으면 연이어 계산할 수 있지 않을까요? 예를 들어, 1 + 2 + 4를 계산한다면 먼저 1 + 2를 계산해 3이 되고, 그다음 3 + 4를 계산하게 됩니다. 두 번째 +를 눌렀을 때 operator에는 +를 저장하고, 기존 numOne과 numTwo의 결과인 3은 numOne에 저장한 후 numTwo는 비워 두는 것이죠. 그다음 4를 누르면 비워 둔 numTwo에 저장합니다. 이제 =를 누르면 3과 4가 더해집니다. 이 과정을 표로 정리하면 다음과 같습니다.

버튼 순서	1	+	2	+	4	=
numOne	1	1	1	3	3	7
operator		+	+	+	+	
numTwo			2		4	
$result	1		2	3	4	7

순서도에 따라 코드를 바꿔 보겠습니다. 계산 결과를 구하는 함수(#calculate의 이벤트 리스너)를 calculate 변수로 분리합니다. calculate 함수가 계산한 후(switch 문 부분) numOne 변수에 계산 값을 저장하고 operator와 numTwo 변수를 비워 놓게 수정합니다. 그러면 두 번째 연산자 버튼을 클릭할 때(onClickOperator), calculate 함수를 재사용할 수 있습니다. 단, 여기서 operator 변수도 비워 버렸으므로 onClickOperator 함수에서는 다시 operator 변수를 채워 넣어야 합니다.

```javascript
document.querySelector('#num-9').addEventListener('click', onClickNumber);
const calculate = () => {
  if (numTwo) {
    switch (operator) {
      case '+':
        $result.value = parseInt(numOne) + parseInt(numTwo);
        break;
      case '-':
        $result.value = numOne - numTwo;
        break;
      case '*':
        $result.value = numOne * numTwo;
        break;
      case '/':
        $result.value = numOne / numTwo;
        break;
      default:
        break;
    }
    $operator.value = '';
    numOne = $result.value;
    operator = '';
    numTwo = '';
  } else {
    alert('숫자를 먼저 입력하세요.');
  }
}
```

```
  };
  const onClickOperator = (op) => () => {
    if (numTwo) {
      calculate();
      operator = op;
      $operator.value = op;
    } else if (numOne) {
      operator = op;
      $operator.value = op;
    } else {
      alert('숫자를 먼저 입력하세요.');
    }
  };
  document.querySelector('#plus').addEventListener('click', onClickOperator('+'));
  document.querySelector('#minus').addEventListener('click', onClickOperator('-'));
  document.querySelector('#divide').addEventListener('click', onClickOperator('/'));
  document.querySelector('#multiply').addEventListener('click', onClickOperator('*'));
  document.querySelector('#calculate').addEventListener('click', calculate);
```

1 + 2 =를 순서대로 클릭해 3을 확인하고, 다시 + 4 =를 클릭하는 경우에 변수는 다음과 같이 바뀌어야
합니다.

버튼 순서	1	+	2	=	+	4	=
numOne	1	1	1	3	3	3	7
operator		+	+		+	+	
numTwo			2			4	
$result	1		2	3	3	4	7

=를 누를 때 calculate( ) 함수가 이 과정을 제대로 수행하고 있으므로 더 수정할 것이 없습니다.

576

7장

1분 퀴즈

1. (가) 4, (나) 3, (다) 5, (라) 4

셀프체크

순서도가 다음과 같이 바뀝니다.

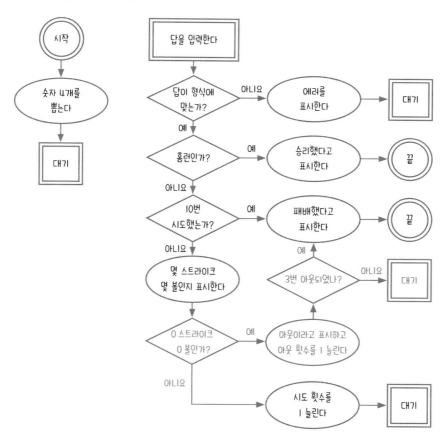

순서도대로 코드를 수정하면 다음과 같습니다.

```
let out = 0; // 아웃 횟수
$form.addEventListener('submit', (event) => {
  (중략)
  // $logs.append(`${value}: ${strike} 스트라이크 ${ball} 볼`,
    document.createElement('br')); 삭제
  if (strike === 0 && ball === 0) { // 0 스트라이크 0 볼인가?
    out++;
    $logs.append(`${value}:아웃`, document.createElement('br'));
  } else {
    $logs.append(`${value}:${strike} 스트라이크 ${ball} 볼`,
    document.createElement('br'));
  }
  if (out === 3) { // 패배 메시지 표시
    const message = document.createTextNode(`패배! 정답은 ${answer.join('')}`);
    $logs.appendChild(message);
    return;
  }
  tries.push(value);
});
```

스트라이크와 볼이 모두 0인지 확인해서 이 경우만 특별히 아웃으로 처리하면 됩니다. 또한, out 변수가 3이 됐을 때는 패배 메시지를 추가로 표시합니다. 그런데 시도 횟수가 10번이 넘거나 3번 아웃되어 패배하면 패배 메시지를 표시하는 코드가 중복됩니다. 이런 부분은 함수로 빼서 중복을 제거하면 좋습니다.

```
function defeated() {
  const message = document.createTextNode(`패배! 정답은 ${answer.join('')}`);
  $logs.appendChild(message);
}
let out = 0;
$form.addEventListener('submit', (event) => {
  (중략)
  if (tries.length >= 9) { // 시도 횟수가 10 이상일 때
    defeated();
    return;
  }
  (중략)
  if (out === 3) { // 아웃 횟수가 3일 때
```

```
      defeated();
      return;
    }
    tries.push(value);
  });
```

8장

1분 퀴즈

1.

```
const candidate = Array(45).fill().map((v, i) => i + 1);
const shuffle = [];
for (let i = candidate.length; i > 0; i--) {
  const random = Math.floor(Math.random() * i);
  const spliceArray = candidate.splice(random, 1);
  const value = spliceArray[0];
  shuffle.push(value);
}
console.log(shuffle);
```

조건이 간단하면 while 문이 편하고, 조건이 복잡하면 for 문이 편합니다. 여기서는 while 문을 사용하는 것이 코드가 더 간단합니다.

셀프체크

colorize()는 공의 숫자에 따라 다른 색을 칠하는 함수입니다. 공을 생성할 때 이 함수를 호출해 색을 지정해 주면 됩니다. 그리고 clickable 변수를 선언해 시작 버튼을 클릭할 수 있는지를 확인합니다. 공추첨 중에는 clickable을 false로 만들어 버튼을 클릭해도 반응이 없게 하다가 7초 뒤에 clickable을 true로 만들면 됩니다. 공을 추첨할 때마다 $result와 $bonus의 innerHTML을 ''로 만들면 처음부터 로또 추첨을 진행하는 것처럼 보이게 됩니다.

```
function colorize(number, $tag) {
  if (number < 10) {
```

```javascript
      $tag.style.backgroundColor = 'red';
      $tag.style.color = 'white';
    } else if (number < 20) {
      $tag.style.backgroundColor = 'orange';
    } else if (number < 30) {
      $tag.style.backgroundColor = 'yellow';
    } else if (number < 40) {
      $tag.style.backgroundColor = 'blue';
      $tag.style.color = 'white';
    } else {
      $tag.style.backgroundColor = 'green';
      $tag.style.color = 'white';
    }
}
function drawBall(number, $parent) {
  const $ball = document.createElement('div');
  $ball.className = 'ball';
  colorize(number, $ball); // 공을 생성할 때 색 지정
  $ball.textContent = number;
  $parent.appendChild($ball);
}
const setTimeoutPromise = (ms) => new Promise((resolve, reject) => {
  setTimeout(resolve, ms);
});
let clickable = true;
$form.addEventListener('submit', async (event) => {
  event.preventDefault();
  if (!clickable) {
    return;
  }
  clickable = false; // 클릭 제한
  $result.innerHTML = '당첨 숫자: ';
  $bonus.innerHTML = '보너스 숫자: ';
  const string = event.target.input.value;
  (중략)
  } else {
    alert('로또 참 어렵죠?');
  }
  clickable = true; // 클릭 가능
});
```

미리 CSS 파일이나 style 태그를 작성하지 않아도 이처럼 자바스크립트로 CSS를 조작할 수 있습니다. colorize() 함수가 숫자와 태그를 인수로 받아 주어진 태그의 숫자에 따라 다른 CSS를 적용합니다.

9장

1분 퀴즈

1. 다양한 정답이 나올 수 있지만, 규칙은 간단할수록 좋습니다. 보를 2, 바위를 1, 가위를 0으로 정해 보죠. 이때는 숫자가 크면 이깁니다. 보는 바위를 이기는데, 보는 2이고 바위는 1이니까요. 단, 가위와 보만 예외여서 가위는 보를 이기지만 보보다 숫자가 작습니다.

```
// 가위: 0, 바위: 1, 보: 2
// 사용자\컴퓨터 가위 바위 보
// 가위           0  -1 -2
// 바위           1   0 -1
// 보             2   1  0
const scoreTable = {
  scissors: 0,
  rock: 1,
  paper: 2,
};
let clickable = true;
let score = 0;
const clickButton = () => {
  if (clickable) {
    (중략)
    let message;
```

```
      if ([1, -2].includes(diff)) {
        score += 1;
        message = '승리';
      } else if ([-1, 2].includes(diff)) {
        score -= 1;
        message = '패배';
      (중략)
    }
  };
```

셀프체크

score 대신 컴퓨터의 점수를 기록하는 computer와 사용자 점수를 기록하는 me 변수를 선언합니다.

```
let computer = 0; // 컴퓨터
let me = 0; // 사용자
const clickButton = (event) => {
  if (clickable) {
    (중략)
    if ([2, -1].includes(diff)) {
      me += 1;
      message = '승리';
    } else if ([-2, 1].includes(diff)) {
      computer += 1;
      message = '패배';
    } else {
      message = '무승부';
    }
    if (me === 3) {
      $score.textContent = `사용자의 승리 ${me}:${computer}`;
    } else if (computer === 3) {
      $score.textContent = `컴퓨터의 승리 ${me}:${computer}`;
    } else {
      $score.textContent = `${message} ${me}:${computer}`;
      setTimeout(() => {
        clickable = true;
        intervalId = setInterval(changeComputerHand, 50);
      }, 1000);
    }
```

```
    }
};
```

사용자가 승리하면 me 변수에 1을 더하고, 컴퓨터가 승리하면 computer 변수에 1을 더합니다. me나 computer가 3이 됐는지를 확인해서 3이 된 쪽이 있다면 결과 메시지를 띄우고, 없다면 1초 뒤에 게임을 재개합니다.

10장

셀프체크

sort() 메서드를 사용해 반응속도를 오름차순으로 정렬한 후, slice() 메서드로 앞에서 5개를 잘라 냅니다. 잘라낸 5개로 #result 태그에 br 태그(행갈이)와 함께 순위를 추가하면 됩니다.

```
$screen.addEventListener('click', function () {
  (중략)
  } else if ($screen.classList.contains('now')) { // 측정 화면
    endTime = new Date();
    const current = endTime - startTime;
    records.push(current);
    const average = records.reduce((a, c) => a + c) / records.length;
```

```javascript
    $result.textContent = `현재 ${current}ms, 평균: ${average}ms`;
    const topFive = records.sort((p, c) => p - c).slice(0, 5);
    topFive.forEach((top, index) => {
      $result.append(
        document.createElement('br'), `${index + 1}위: ${top}ms`,
      );
    });
    startTime = null;
    endTime = null;
    $screen.classList.replace('now', 'waiting');
    $screen.textContent = '클릭해서 테스트를 시작하세요';
  }
});
```

11장

셀프체크

순서도를 다음과 같이 수정합니다.

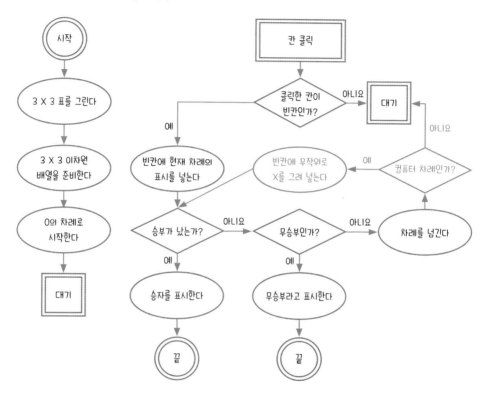

코드에서는 callback( ) 함수만 수정하면 됩니다. 컴퓨터의 차례가 추가됨에 따라 callback( ) 함수에서 승부를 확인하는 코드(checkWinner)를 두 번 사용합니다. emptyCells 변수에는 빈칸만 들어 있습니다. filter( ) 메서드로 반환값이 true가 되는 요소(빈칸인 요소)만 걸러냈습니다.

```
const callback = (event) => {
  (중략)
  turn = turn === 'X' ? 'O' : 'X';
  if (turn === 'X') {
    const emptyCells = rows.flat().filter((v) => !v.textContent);
    const randomCell = emptyCells[Math.floor(Math.random() * emptyCells.length)];
```

```
    randomCell.textContent = 'X';
    const hasWinner = checkWinner(randomCell);
    if (hasWinner) { // 승자가 있으면
      $result.textContent = `${turn}님이 승리!`;
      return;
    }
    // 승자가 없으면
    const draw = rows.flat().every((cell) => cell.textContent);
    if (draw) {
      $result.textContent = '무승부';
      return;
    }
    turn = turn === 'X' ? 'O' : 'X';
  }
};
```

승자를 판단하는 부분과 무승부를 판단하는 부분, 차례를 넘기는 부분이 중복되므로 이 부분을 함수로
빼면 좋습니다.

```
const checkWinnerAndDraw = (target) => {
  const hasWinner = checkWinner(target);
  if (hasWinner) { // 승자가 있으면
    $result.textContent = `${turn}님이 승리!`;
    $table.removeEventListener('click', callback);
    return;
  }
  // 승자가 없으면
  const draw = rows.flat().every((cell) => cell.textContent);
  if (draw) {
    $result.textContent = '무승부';
    return;
  }
  turn = turn === 'X' ? 'O' : 'X';
};
const callback = (event) => {
  (중략)
  event.target.textContent = turn;
```

```
      checkWinnerAndDraw(event.target);
    if (turn === 'X') {
      const emptyCells = rows.flat().filter((v) => !v.textContent);
      const randomCell = emptyCells[Math.floor(Math.random() * emptyCells.length)];
      randomCell.textContent = 'X';
      checkWinnerAndDraw(randomCell);
    }
  };
```

여러분이 어떤 칸을 클릭하면 컴퓨터가 바로 다음 칸을 선택합니다. 컴퓨터의 선택이 너무 빠르다면 setTimeout( )으로 지정한 시간 뒤에 칸을 선택하게 합니다. 단, setTimeout( )을 사용하려면 컴퓨터가 칸을 선택할 때까지 여러분이 빈칸을 클릭할 수 없게 막아야 합니다. 막지 않으면 컴퓨터가 클릭하기도 전에 여러분이 칸을 클릭할 수도 있으니까요. 타이머를 사용할 때는 항상 타이머의 콜백 함수가 실행되기 전에 발생할 수 있는 모든 상황을 고려해야 합니다.

```
let clickable = true;
const callback = (event) => {
  if (!clickable) {
    return;
  }
  (중략)
  if (turn === 'X') {
    const emptyCells = rows.flat().filter((v) => !v.textContent);
    const randomCell = emptyCells[Math.floor(Math.random() * emptyCells.length)];
    clickable = false;
    setTimeout(() => {
      randomCell.textContent = 'X';
      checkWinnerAndDraw(randomCell);
      clickable = true;
    }, 1000);
  }
};
```

12장

셀프체크

휴식과 종료 기능부터 추가합니다.

```javascript
class Game {
  (중략)
  onGameMenuInput = (event) => {
    (중략)
    } else if (input === '2') { // 휴식
      this.hero.hp = this.hero.maxHp;
      this.updateHeroStat();
      this.showMessage('충분한 휴식을 취했다.');
    } else if (input === '3') { // 종료
      this.showMessage('게임을 즐겨 주셔서 감사합니다!');
      this.quit();
    }
  }
}
```

회복 기능과 도망 기능도 구현합니다.

```javascript
class Game {
  (중략)
  onBattleMenuInput = (event) => {
    (중략)
    } else if (input === '2') { // 회복
      const { hero, monster } = this;
      hero.hp = Math.min(hero.maxHp, hero.hp + 20);
      monster.attack(hero);
      this.showMessage('체력을 조금 회복했다.');
      this.updateHeroStat();
    } else if (input === '3') { // 도망
      this.changeScreen('game');
      this.showMessage('부리나케 도망쳤다!');
```

```
      this.monster = null;
      this.updateMonsterStat();
    }
  }
}
```

13장

셀프체크

① 사용자가 원하는 카드 수를 prompt( )로 입력받습니다.

② colors에도 색상을 10개 준비합니다.

③ 10가지 색을 모두 사용하지 않고 사용자 입력에 따라 사용하는 색의 수가 달라집니다. 18을 입력하면 9가지 색만 쓰고, 12를 입력하면 6가지 색을 씁니다. 따라서 slice( )를 통해 사용자가 입력한 숫자의 반에 해당하는 색상 수를 잘라내면 됩니다. slice( )도 concat( )처럼 기존 배열을 직접 수정하지 않으므로 colors 배열이 바뀔 걱정은 하지 않아도 됩니다.

④ 성공할 때까지 걸린 시간은 시작 시각(startTime)에서 종료 시각(endTime)을 빼 구할 수 있습니다. 시작 시각은 처음에 카드를 보여 줬다가 감출 때 측정하고, 종료 시각은 모든 카드를 뒤집은 순간에 측정합니다. endTime에 값을 대입하는 코드가 startTime에 값을 대입하는 코드보다 위에 있지만, 호출 스택과 이벤트 루프를 익혔으므로 코드의 작동 순서 때문에 골머리를 앓는 일은 더는 없겠죠?

```
const total = parseInt(prompt('카드 수를 짝수로 입력하세요(최대 20).')); -------- ①
const colors = [ ------------------------------------------------------ ②
  'red', 'orange', 'yellow', 'green', 'white', 'pink', 'cyan', 'violet',
  'gray', 'black',
];
let colorSlice = colors.slice(0, total / 2);
let colorCopy = colorSlice.concat(colorSlice); --------------------------- ③
let shuffled = [];
let clicked = [];
let completed = [];
let clickable = false;
let startTime; ---------------------------------------------------------- ④
```

589

```
(중략)
function onClickCard() { // 클릭한 카드 확인 함수
  (중략)
  if (firstBackColor === secondBackColor) { // 두 카드의 색이 같으면
    (중략)
    const endTime = new Date(); ------------------------------------------- ④
    setTimeout(() => {
      alert(`축하합니다! ${(endTime - startTime) / 1000}초 걸렸습니다.`); ----- ④
      resetGame();
    }, 1000);
    return;
  }
  (중략)
}
function startGame() { // 게임 시작 함수
  (중략)
  setTimeout(() => {
    document.querySelectorAll('.card').forEach((card) => {
      card.classList.remove('flipped');
    });
    clickable = true;
    startTime = new Date(); --------------------------------------------- ④
  }, 5000);
}
function resetGame() { // 게임 초기화 및 재실행 함수
  $wrapper.innerHTML = '';
  colorCopy = colorSlice.concat(colorSlice); ------------------------------- ③
  shuffled = [];
  completed = [];
  startGame();
}
```

14장

셀프체크

처음 클릭한 위치에 지뢰가 있다면 지뢰를 다른 곳으로 옮깁니다. 다른 곳에 옮기는 방법은 여러 가지입니다. 지뢰를 처음 만나는 빈칸에 넣을 수도 있고, 무작위로 칸을 찾아 보낼 수도 있습니다. 이 책에서는 조금 어렵게 처음 클릭한 위치의 주변 8칸 중 빈칸으로 보냅니다. 주변 8칸이 모두 지뢰라면 다시 주변 8칸을 탐색합니다. 재귀 함수를 배웠으니 재귀 함수를 이용해 찾겠습니다.

재귀 함수를 사용할 때는 항상 호출 스택의 최대 크기를 초과하지 않게 조심하세요. 또한, 연산량이 늘어나지 않도록 코드를 잘 짜야 합니다. 가로 10줄, 세로 10줄, 지뢰 99개로 시작할 때 문제없이 작동하면 성공입니다.

transferMine( ) 함수에 들어 있는 앞의 if 문 3개는 연산량을 줄이기 위한 장치입니다. 각각 이미 빈칸을 찾았는지(normalCellFound), rowIndex와 cellIndex가 범위를 초과하지는 않았는지, 이미 한번 조사한 칸인지(searched)를 검사합니다.

searched는 지뢰 찾기 데이터와 같은 가로/세로 줄 수의 이차원 배열로, 한 번 transferMine( ) 함수로 검사한 칸은 true로 설정해 다시 검사하지 않게 합니다.

```
function onSubmit(event) {
  (중략)
  openCount = 0;
  normalCellFound = false;
  searched = null;
  firstClick = true;
  (중략)
}
(중략)
let normalCellFound = false;
let searched;
let firstClick = true;
function transferMine(rI, cI) {
  if (normalCellFound) { // 이미 빈칸을 찾았으면 종료
    return;
  }
  if (rI < 0 || rI >= row || cI < 0 || cI >= cell) {
```

```
      return;
    }
    if (searched[rI][cI]) { // 이미 찾은 칸이면 종료
      return;
    }
    if (data[rI][cI] === CODE.NORMAL) { // 빈칸인 경우
      normalCellFound = true;
      data[rI][cI] = CODE.MINE;
    } else { // 지뢰 칸인 경우 8방향 탐색
      searched[rI][cI] = true;
      transferMine(rI - 1, cI - 1);
      transferMine(rI - 1, cI);
      transferMine(rI - 1, cI + 1);
      transferMine(rI, cI - 1);
      transferMine(rI, cI + 1);
      transferMine(rI + 1, cI - 1);
      transferMine(rI + 1, cI);
      transferMine(rI + 1, cI + 1);
    }
  }
}
function onLeftClick(event) {
  const target = event.target; // td 태그
  const rowIndex = target.parentNode.rowIndex;
  const cellIndex = target.cellIndex;
  let cellData = data[rowIndex][cellIndex];
  if (firstClick) {
    firstClick = false;
    searched = Array(row).fill().map(() => []);
    if (cellData === CODE.MINE) { // 첫 클릭이 지뢰이면
      transferMine(rowIndex, cellIndex); // 지뢰 옮기기
      data[rowIndex][cellIndex] = CODE.NORMAL; // 지금 칸을 빈칸으로
      cellData = CODE.NORMAL;
    }
  }
  if (cellData === CODE.NORMAL) { // 닫힌 칸이면
    (중략)
  } // 나머지는 무시
}
```

다음은 지뢰를 클릭할 때 전체 지뢰의 위치를 보여 주는 부분입니다.

```
function showMines() {
  const mines = [CODE.MINE, CODE.QUESTION_MINE, CODE.FLAG_MINE];
  data.forEach((row, rowIndex) => {
    row.forEach((cell, cellIndex) => {
      if (mines.includes(cell)) {
        $tbody.children[rowIndex].children[cellIndex].textContent = 'X';
      }
    });
  });
}
function onLeftClick(event) {
  (중략)
  } else if (cellData === CODE.MINE) { // 지뢰 칸이면
    showMines();
    target.textContent = '펑';
    (중략)
  } // 나머지는 무시
}
```

물음표 지뢰와 깃발 지뢰도 보여 줘야 한다는 것을 잊지 마세요!

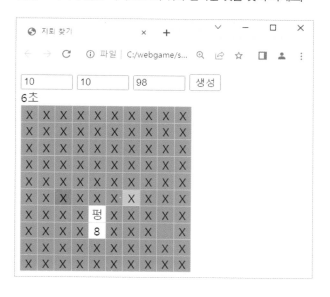

15장

셀프체크

배열 하나를 선언해 이동하기 전 점수와 표 데이터를 저장합니다(push). 화면에는 되돌리기 버튼을 생성해 되돌리기 버튼을 누르면 점수와 표 데이터를 저장된 데이터로 바꾸고 화면을 다시 그립니다. 배열에서 pop 메서드로 과거 내역을 꺼내면 되므로 몇 번이고 뒤로 되돌릴 수 있습니다.

```html
<table id="table"></table>
<div>
  <span id="score">0</span>
  <button id="back">되돌리기</button>
</div>
<script>
const $table = document.getElementById('table');
const $score = document.getElementById('score');
const $back = document.getElementById('back');
let data = [];
const history = [];
$back.addEventListener('click', () => {
  const prevData = history.pop();
  if (!prevData) { // 되돌릴 게 없으면 종료
    return;
  }
  $score.textContent = prevData.score;
  data = prevData.table;
  draw();
});
(중략)
function moveCells(direction) {
  history.push({
    table: JSON.parse(JSON.stringify(data)),
    score: $score.textContent,
  });
  (중략)
}
```

16장

점수 오른쪽에 목숨이 몇 개 남았는지 표시합니다.

```html
<div>
  <span id="timer">8</span>초 
  <span id="score">0</span>점 
  <span id="life">3</span>목숨
  <button id="start">시작</button>
</div>
```

목숨을 나타내는 `life` 변수를 선언합니다. 폭탄을 클릭하면 `life`에서 1을 빼고 `life`가 0이 됐는지를 검사해서 0이라면 게임을 끝냅니다. 이때 타이머를 정리해야 하는데, 기존 코드로는 `timerId`와 `tickId`에 접근할 수 없습니다. 따라서 `timerId`와 `tickId` 변수의 스코프를 한 단계 올려서(변수 선언을 더 위쪽 스코프에서 했습니다) 폭탄 클릭 이벤트 리스너에서도 두 변수에 접근할 수 있게 합니다.

```javascript
const $life = document.querySelector('#life');
const $$cells = document.querySelectorAll('.cell');
(중략)
let life = 3;
let timerId;
let tickId;
$start.addEventListener('click', () => {
  (중략)
  console.log('시작');
  timerId = setInterval(() => {
    (중략)
  }, 100);
  tickId = setInterval(tick, 1000);
});
(중략)
$$cells.forEach(($cell, index) => {
  (중략)
  $cell.querySelector('.bomb').addEventListener('click', (event) => {
```

```
(중략)
    setTimeout(() => {
      holes[index] = 0;
      event.target.classList.remove('boom');
    }, 1000);
    life--;
    $life.textContent = life;
    if (life === 0) {
      clearInterval(timerId);
      clearInterval(tickId);
      setTimeout(() => {
        alert(`게임 오버! ${score}점입니다.`);
      }, 50);
    }
  });
});
```

INDEX